VÍCTOR HUGO

EL JOROBADO DE NUESTRA SEÑORA DE PARÍS

astria

EL JOROBADO DE NUESTRA SEÑORA DE PARÍS
Víctor Hugo
©Astria Ediciones
Diseño de portada: Andrea Rodríguez—Lilyana Gálvez
Ilustración de portada: Wilmer Martínez
Supervisión Editorial: Óscar Flores López
Administración: Tesla Rodas y Jessica Cordero
Levantamiento de texto: Zona Creativa
Director Ejecutivo: José Azcona Bocock

Primera edición
Tegucigalpa, Honduras—Abril de 2024

ÍNDICE

El bello jorobado que se enamoró de la gitana

Quasimodo es feo. Eso explica en parte (solo en parte) que viva oculto en las profundidades de la catedral de Notre Dame.

Más bien toda su persona era una pura mueca —relata la novela Nuestra señora de París—. Una enorme cabeza erizada de pelos rojizos y una gran joroba entre los hombros que se proyectaba incluso hasta el pecho.

"Tenía una combinación de muslos y de piernas tan extravagante que sólo se tocaban en las rodillas y, además, mirándolas de frente, parecían dos hojas de hoz que se juntaran en los mangos; unos pies enormes y unas manos monstruosas y, por si no bastaran todas esas deformidades, tenía también un aspecto de vigor y de agilidad casi terribles", prosigue la narración.

Otra parte señala que "Cuando esta especie de cíclope apareció en la capilla, inmóvil, macizo, casi tan ancho como alto, cuadrado en su base, como dijera un gran hombre, el populacho lo reconoció inmediatamente por su gabán rojo y violeta cuajado de campanillas de plata y sobre todo por la perfección de su fealdad, y comenzó a gritar como una sola voz:

—¡Es Quasimodo, el campanero! ¡Es Quasimodo, el jorobado de Nuestra Señora!

¡Quasimodo, el tuerto! ¡Quasimodo, el patizambo! ¡Viva! ¡Viva!".

La gitana Esmeralda, por su parte, es bella. Los hombres enloquecen bajo la magia de su seducción. En su larga lista de enamorados están un poeta (Pierre Gringoire) y un capitán (Febo de Châteaupers).

Y alguien más… Uno que no debería, y que está dispuesto incluso a acciones extremas con tal de quedarse con ella. ¿Quién es ese extraño personaje? Y, ¿qué tiene que ver con Cuasimodo?

Sí, Cuasimodo es feo… pero con un aire de ternura que ha provocado que millones de lectores lo vean más bien bello. Nuestra señora de París… ¡Una obra de arte del genial Víctor Hugo!

Óscar Flores López/Astria Ediciones

LIBRO PRIMERO

I: La gran sala

Hace hoy trescientos cuarenta y ocho años, seis meses y diecinueve días que los parisinos se despertaron al ruido de todas las campanas repicando a todo repicar en el triple recinto de la Cité, de la Universidad y de la Ville.

De aquel 6 de enero de 1482 la historia no ha guardado ningún recuerdo. Nada destacable en aquel acontecimiento que desde muy temprano hizo voltear las campanas y que puso en movimiento a los burgueses de París; no se trataba de ningún ataque de borgoñeses o picardos, ni de ninguna reliquia paseada en procesión; tampoco de una manifestación de estudiantes en la Viña de Laas ni de la repentina presencia de Nuestro muy temido y respetado Señor, el Rey, ni siquiera de una atractiva ejecución publica, en el patíbulo, de un grupo de ladrones o ladronas por la justicia de París. No lo motivaba tampoco la aparición, tan familiar en el París del siglo XV, de ninguna atractiva y exótica embajada, pues hacía apenas dos días que la última de estas cabalgatas, precisamente la de la embajada flamenca, había tenido lugar para concertar el matrimonio entre el Delfín y Margarita de Flandes, con gran enojo, por cierto, de monseñor el Cardenal de Borbón que, para complacer al rey, hubo de fingir agrado ante todo el rústico gentío de burgomaestres flamencos y hubo de obsequiarles en su palacio de Borbón con una atractiva representación y una entretenida farsa, mientras una fuerte lluvia inundaba y deterioraba las magníficas tapicerías colocadas a la entrada para la recepción de la embajada.

Lo que aquel 6 de enero animaba de tal forma al pueblo de París, como dice el cronista Jehan de Troyes, era la coincidencia de la doble celebración, ya de tiempos inmemoriales, del día de Reyes y la fiesta de los locos.

Ese día había de encenderse una gran hoguera en la plaza de Grève, plantar el mayo en el cementerio de la capilla de Braque y representar un misterio en el palacio de justicia.

La víspera, al son de trompetas y tambores, criados del preboste de París, ataviados de hermosas sobrevestas de camelote color violeta, y con grandes cruces blancas bordadas en el pecho, habían ya hecho el pregón por las plazas y calles de la villa y una gran muchedumbre de burgueses y de burguesas acudía de todas partes, desde horas bien tempranas, hacia alguno de estos tres lugares mencionados, escogiendo según sus gustos la fogata, el mayo o la representación del misterio. Conviene precisar, como elogio al tradicional buen juicio de los curiosos de París, que la mayoría de la gente tomaba partido por la hoguera, lo que era muy propio dada la época del año o por el misterio que por ser representado en la gran sala del palacio, cubierta y bien cerrada, se encontraba al abrigo y que la mayor parte dejaba de lado al pobre «mayo» mal florido, temblando de frío y solito bajo el cielo de enero en el cementerio de la capilla de Braque.

Bajo el antiguo régimen, los burgueses y demás gentes del pueblo que habían sido condenados a muerte, eran ahorcados en esta plaza. Los nobles o personajes de relieve eran decapitados allí mismo con hacha o con espada, y los culpables de herejía eran quemados vivos, así como muchos de los acusados de brujería. A los asesinos se les colocaba en la «rueda» y a los acusados de crímenes de lesa majestad se les descuartizaba.

La afluencia de gente se concentraba sobre todo en las avenidas del Palacio de justicia pues se sabía que los embajadores flamencos, llegados dos días antes, iban a asistir a la representación del misterio y a la elección del papa de los locos que se iba a realizar precisamente en aquella misma sala.

No era nada fácil aquel día poder entrar en la Gran Sala, famosa ya por ser considerada la sala cubierta más grande del mundo (si bien es cierto que Sauval no había aún medido la gran sala del palacio de Montargis).

La plaza del palacio, abarrotada de gente, ofrecía a los curiosos que se encontraban asomados a las ventanas, la impresión de un mar, en donde cinco o seis calles, como si de otras tantas desembocaduras de ríos se tratara, vertían de continuo nuevas oleadas de cabezas. Las oleadas de tal gentío, acrecentadas a cada instante, chocaban contra las esquinas de las casas, que surgían, como si de promontorios se tratara, en la configuración irregular de la plaza.

En el centro de la alta fachada gótica del palacio, la gran escalinata utilizada sin cesar por un flujo ascendente y descendente de personas, interrumpido momentáneamente en el rellano, se expandía en oleadas hacia las dos rampas laterales. Pues bien, esa escalinata vertía gente incesantemente hacia la plaza como una cascada sus aguas en un lago.

Los gritos, las risas, el bullicio de la muchedumbre, producían un inmenso ruido y un clamor incesante. De vez en cuando el bullicio y el

12

clamor se acrecentaban y el continuo trasiego de la multitud hacia la escalera provocaba avalanchas motivadas tanto por los empujones de algún arquero, al abrirse camino, como por el cocear del caballo de algún sargento del preboste enviado al lugar para restablecer orden; tradición admirable esta que los prebostes han dejado a los condestables, éstos a su vez a los mariscales y así hasta los gendarmes de nuestros días.

Ante las puertas, en las ventanas, por las luceras o sobre los tejados, pululaban millares de rostros burgueses, tranquilos y honrados que contemplaban el palacio observando el gentío y contentándose sólo con eso; la verdad es que existe mucha gente en París que se satisface con el espectáculo de ser espectadores, pues a veces ya es suficiente entretenimiento el contemplar una maravilla tras la cual suceden cosas.

Si nos fuera permitido a nosotros, hombres de 1830, mezclarnos con el pensamiento a estos parisinos del siglo XV, y penetrar con ellos, zarandeados y empujados en aquella enorme sala del palacio, tan estrecha aquel 6 de enero de 1482, no habría dejado de ser interesante y encantador el espectáculo de vernos rodeados de cosas que, por ser tan antiguas, las hubiéramos considerado como nuevas.

Si el lector nos lo permite, vamos a intentar evocar con el pensamiento la impresión que habría experimentado al franquear con nosotros el umbral de aquella enorme sala y verse rodeado por una turba vestida con jubón, sobrevesta y cota…

En primer lugar, zumbidos de orejas y deslumbramiento en los ojos. Por encima de nuestras cabezas una doble bóveda ojival artesonada con esculturas de madera pintada en azul y con flores de lis doradas y bajo nuestros pies un pavimento de mármol alternando losas blancas y negras. A nuestro lado un enorme pilar y luego otro y otros más, hasta siete pilares en la extensión de aquella enorme sala sosteniendo en la mitad de su anchura los arranques de la doble bóveda y, en torno a los cuatro primeros pilares, tiendas de comerciantes deslumbrantes de vidrios y de oropeles y, en torno a las tres últimas, bancos de madera de roble, gastados ya y pulidos por las calzas de los pleiteantes y las togas de los abogados.

Rodeando la sala y a lo largo de sus muros entre las puertas, entre los ventanales, entre los pilares, la fila interminable de las estatuas de todos los reyes de Francia, desde Faramundo: los reyes holgazanes con los brazos caídos y los ojos bajos; los reyes valerosos y batalladores con sus manos y sus cabezas orgullosamente dirigidas al cielo. Además, en las altas ventanas ojivales, vitrales de mil colores y en los amplios accesos a la sala, riquísimas puertas delicadamente talladas y en conjunto, bóvedas, pilares, muros, chambranas, artesonados, puertas, estatuas, todo recubierto de arriba a abajo por una espléndida pintura azul y oro que, un poco descolorida en la época en que la vemos, había casi desaparecido bajo el polvo y las telarañas en el año de gracia de 1549 en que Du Breul la admiraba todavía.

Imaginemos ahora esa inmensa sala oblonga, iluminada por la claridad tenue de un día de enero, invadida por un gentío abigarrado y bullicioso deambulando a lo largo de los muros y girando en torno a sus siete pilares y obtendremos así una idea, un tanto confusa aún, del conjunto del cuadro cuyos detalles más curiosos vamos a intentar resaltar.

Es claro que si Ravaillac no hubiera asesinado a Enrique IV, no habría habido pruebas del proceso Ravaillac depositadas en la escribanía del Palacio de justicia, ni tampoco cómplices interesados en su desaparición, ni incendiarios obligados, a falta de algo mejor, a pegar fuego a la escribanía para hacerlas desaparecer ni a incendiar el Palacio de Justicia para hacer desaparecer la escribanía y en fin, en buena lógica tampoco se habría producido el incendio de 1618 y el viejo palacio permanecería aún en pie con su inmensa sala y podría yo decir al lector: «Id a verla» y así unos y otros evitaríamos: yo hacerla y él leer una descripción quizás no muy buena. Todo esto viene a probar que los grandes acontecimientos tienen consecuencias incalculables.

También es cierto en primer lugar que Ravaillac no tenía cómplices y en segundo lugar que sus cómplices, de haberlos tenido, claro, no habrían estado implicados en el incendio de 1618. Existen otras dos explicaciones muy plausibles. La primera, la gran estrella en llamas de un pie de ancha y de un codo de alto que, como todo el mundo sabe, cayó del cielo sobre el palacio el siete de marzo pasada la medianoche; en segundo lugar, está la cuarteta de Theophile:

Certes, ce fut un triste jeu, Quand à Paris dame justice, Pour avoir mangé trop d'epice, se mit tout le palais en feu.

Se piense lo que se piense de esta triple explicación política, física o poética del incendio del Palacio de justicia en 1618, lo cierto es que desgraciadamente éste se produjo.

Hoy, a causa de esta catástrofe, queda muy poco del palacio, gracias también a las sucesivas restauraciones que se han realizado y que han acabado con lo que el fuego había respetado. Queda muy poca cosa ya de la que fue primera residencia de los reyes de Francia, muy poca cosa de este palacio, hermano mayor del Louvre, de este palacio en el que en tiempos de Felipe el Hermoso buscaban los restos de las magníficas construcciones realizadas por el rey Roberto y descritas por Hergaldo. Casi todo ha desaparecido. ¿Qué se ha hecho del salón de la Cancillería en el que el rey San Luis «consumó su matrimonio»? ¿Y del jardín en donde él mismo administraba justicia «revestido de una cota de camelote, con una sobrevesta de tiritaña, sin mangas, y con una túnica de sándalo negro sobre los hombros, echado en un hermoso tapiz y con Joinville al lado»? ¿Dónde está la cámara del Emperador Segismundo? ¿Y la de Carlos IV? ¿Y la de Juan sin Tierra? ¿Dónde aquella escalinata desde la que Carlos VI promulgó su edicto de gracia? ¿Y la losa en la que Marcel degolló, en presencia del Delffn, a Robert de Clermont y al mariscal de Champagne? ¿Y la portilla donde fueron rotas las bulas del antipapa Benedicto y por donde se marcharon los que las habían traído, castrados y encapirotados, con mofas y cantando la palinodia por todo París? ¿Y la gran sala con sus dorados, sus azules, sus ojivas, sus estatuas y pilares y su bóveda inmensa toda esculpida? ¿Y la cámara dorada? ¿Y el león de piedra que había en la entrada con la cabeza baja y la cola entre las piernas, como los leones del trono de Salomón en actitud sumisa como cuadro a la fuerza cuando se encuentra ante la justicia? ¿Y las hermosas puertas? ¿Y los bellísimos vitrales? ¿Y los herrajes cincelados que provocaban la envidia de Biscornette? ¿Y las delicadas obras de ebanistería de Du Hancy…? ¿Qué han hecho el tiempo y los hombres de tales maravillas? ¿Qué hemos recibido por todo eso, por toda esta historia gala, por todo este arte gótico?

Por lo que al arte se refiere, las pesadas cimbras rebajadas de M. de Brosse, este torpe arquitecto del pórtico de Gervais y, en cuanto a la historia, los recuerdos parlanchines del gran pilar en donde aún resuenan los comadreos de los Patru.

No es mucho, la verdad, pero volvamos a la auténtica gran sala del verdadero y viejo palacio.

Las dos extremidades de este gigantesco paralelogramo estaban ocupadas, una por la famosa mesa de mármol, tan larga, tan ancha, tan gruesa como jamás se vio —dicen los viejos pergaminos en un estilo que hubiera provocado el apetito de Gargantúa—, semejante loncha de mármol en el mundo, otra por la capilla en donde Luis XI se había hecho esculpir de rodillas ante la Virgen y a donde había hecho llevar sin preocuparle un ápice los dos nichos vacíos que dejaba en la fila de las estatuas reales, las de Carlomagno y San Luis, dos santos a los que suponía él gran influencia en el cielo por haber sido reyes de Francia.

La capilla aún nueva, construida hace apenas seis años, tenía ese gusto encantador de arquitectura delicada, de escultura admirable, finamente cincelada, que define en Francia el fin del gótico y continúa hasta mediados del siglo XVI en esas fantasías esplendorosas del Renacimiento. El pequeño rosetón abierto sobre el pórtico era una obra maestra de delicadeza y de gracia, habríase dicho una estrella de encaje.

En el centro de la sala frente a la puerta, se alzaba un estrado de brocado de oro, adosado al muro, en donde se había abierto un acceso privado mediante una ventana al pasillo de la cámara dorada para la legación flamenca y los demás invitados de relieve a la representación del Misterio.

En esa mesa de mármol, según la tradición, debía representarse el misterio y a tal fin había sido ya preparada desde la mañana. La rica plancha de mármol muy rayada ya por las pisadas, sostenía una especie de tablado bastante alto, cuya superficie superior, bien visible desde toda la sala, debía servir de escenario y cuyo interior, disimulado por unos tapices, serviría de vestuario a los diferentes personajes en la obra. Una escalera, colocada sin disimulo por fuera, comunicaría el escenario y el vestuario y sus peldaños asegurarían la entrada y salida de los actores. No había personaje alguno, ni peripecia, ni golpe de teatro que no necesitara servirse de aquella escalera ¡inocente y adorable infancia del arte y de la tramoya!

Cuatro agentes del bailío del palacio, guardianes forzosos de todos los placeres del pueblo, tanto en los días de fiesta como en los días de ejecución, permanecían de pie en cada una de las cuatro esquinas de la mesa de mármol.

La representación tenía que comenzar tras la última campanada de las doce del mediodía en el gran reloj del palacio. No era muy pronto precisamente para una representación teatral, pero había sido preciso acomodarse al horario de los embajadores flamencos.

Ocurría, sin embargo, que todo aquel gentío estaba allí desde muy temprano y no pocos de aquellos curiosos temblaban de frío desde el amanecer ante la gran escalinata del palacio. Los había incluso que afirmaban haber pasado la noche a la intemperie, tumbados ante el gran portón, para tener la seguridad de entrar los primeros. La muchedumbre crecía por momentos y, como el agua que rebasa el nivel, empezaba a trepar por los muros, a agolparse en torno a los pilares, a amontonarse en las cornisas, en las balaustradas de los ventanales y en todos los salientes y relieves de la fachada. Por todo ello las molestias, la impaciencia, el aburrimiento, la libertad de un día de cinismo y de locura, las discusiones que surgían por un brazo demasiado avanzado, un zapato demasiado apretado, el cansancio de la larga espera, daban ya, bastante antes de la hora de llegada de los embajadores, un ambiente enconado y agrio al bullicio de toda aquella gente encerrada, apiñada, empujada, pisoteada y sofocada. No se oían más que quejas e improperios contra los flamencos y el preboste de los comerciantes, contra el cardenal de Borbón y el bailío de palacio, contra Margarita de Austria, contra los alguaciles, o contra el frío, el calor, o el mal tiempo, o el obispo de París o contra el papa de los locos, las pilastras las estatuas… contra una puerta cerrada o una ventana abierta. Todo ello para gran diversión de bandas de estudiantes o de lacayos que, diseminados entre la multitud, se aprovechaban del malestar general para, con sus bromas, provocar y aguijonear, por decirlo de alguna manera, aquel mal humor general.

Había entre otros un grupo de estos alegres demonios que, después de haber destrozado la cristalera de un ventanal, se había sentado descaradamente en la repisa y desde allí lanzaban sus miradas y sus burlas, tanto a los de adentro, como a los de afuera.

Por sus gestos, sus risas estentóreas, por las llamadas burlonas que se hacían de una a otra parte de la sala, se deducía con facilidad que para aquellos estudiantes no contaba el cansancio que invadía al resto de los asistentes y que disfrutaban con el espectáculo que se producía ante sus ojos esperando que aquello continuara.

—¡Por mi alma que vos sois Joannes Frollo de Molendino! —exclamó uno de ellos dirigiéndose a una especie de diablejo rubio, de buen ver y cara de pícaro, que se apoyaba en las hojas de acanto de uno de los capiteles—. Vos sois el que llaman Juan del Molino, por vuestros dos brazos y vuestras dos piernas que se asemejan a las aspas movidas por el viento. ¿Desde cuándo estáis ahí?

—Por todos los diablos —respondió Joannes Frollo—, más de cuatro horas llevo ya y espero me sean descontadas de mi tiempo en el purgatorio. Me he oído a los cuatro sochantres del rey de Sicilia entonar el versículo primero de la misa mayor de las siete en la Santa Capilla.

—Son magníficos —replicó el otro—, y su voz es más aguda aún que sus bonetes. Antes de fundar una misa para San Juan, el Rey debería haberse informado de si a San Juan le gusta el latín cantado con acento provenzal.

—¡Sólo lo ha hecho para dar empleo a esos malditos chantres del Rey de Sicilia! — exclamó secamente una vieja del gentío, situada bajo el ventanal—. ¡No está mal! ¡Mil libras parisinas por una misa!, ¡y por si fuera poco con cargo al arrendamiento de la pesca de mar del mercado de París!

—Calma, señores —replicó un grave personaje, rechoncho que se tapaba la nariz junto a la vendedora de pescado—, había que fundar una misa, ¿no?, ¿o queréis que el rey vuelva a enfermar?

—Así se habla, sire Gille Lecornu, maestro peletero y vestidor del Rey —exclamó el estudiante desde el capitel.

Una carcajada de todos los estudiantes acogió el desafortunado nombre del pobre peletero y vestidor real.

—El Cornudo ¡Gil Cornudo! —decían unos.

—Cornutus et hirsutus —replicaba otro.

—Pues claro —añadía el diablejo del capitel—, ¿de qué se ríen? Es el honorable Gil Cornudo, hermano de maese Juan Cornudo, preboste del palacio del Rey, e hijo de maese Mahiet Cornudo, portero primero del Parque de Vincennes, burgueses todos de París y todos casados de padres a hijos.

La algazara aumentaba y el obeso peletero del rey, sin decir palabra, procuraba sustraerse a las miradas que le clavaban de todos los lados, pero en vano sudaba y resoplaba pues, como una cuña que se clava en la madera, todos sus esfuerzos no servían sino para encajar su oronda cara roja de ira y de despecho en los hombros de quienes le rodeaban. Finalmente, uno de ellos, gordo y bajo, y honrado como él, salió en su ayuda:

—¡Maldición! ¡Estudiantes hablando así a un burgués! En mis tiempos se los habría azotado y con palos que luego habrían servido para quemarlos.

Al oír esto, toda la banda se rio a carcajadas.

—¡Hala! ¿Quién canta tan fino? ¿Quién es ese pájaro de mal agüero?

—¡Toma!, ¡si yo le conozco!: es maese André Musnier.

—¡Claro! ¡Como que es uno de los cuatro libreros jurados de la Universidad! —dijo otro.

—Todo es cuádruple en esa tienda —añadió un tercero—: las cuatro naciones, las cuatro facultades, las cuatro fiestas, los cuatro procuradores, los cuatro electores, los cuatro libreros.

—Pues habrá que armarles un follón de todos los demonios —dijo Jean Frollo.

—Musnier, te quemaremos los libros.

—Musnier, apalearemos a tus lacayos.

—Musnier, nos meteremos con tu mujer, con la gorda de la señora Oudarde que está tan fresca y alegre como si estuviera viuda.

—¡Que el diablo os lleve! —masculló maese André Musnier.

—Maese Andrés —dijo Juan Frollo, colgado aún de su capitel—, o te callas o me tiro encima.

Entonces maese Andrés levantó la vista como para medir la altura del pilar y el peso del guasón, multiplicó su peso por el cuadrado de la velocidad y se calló.

Juan, dueño ya del campo de batalla, dijo altaneramente:

—Te aseguro que lo haré aunque sea hermano de un archidiácono. ¡Vaya gentuza nuestros señores de la Universidad! ¡Ni siquiera han sabido hacer respetar nuestros privilegios en un día como el de hoy! Porque en la Ville tenemos hoy el fuego y el mayo; misterio, papa de los locos y flamencos en la Cité, y en la Universidad, nada.

—¡Aunque la plaza Maubert es lo suficientemente grande! —dijo uno de los estudiantes que estaban sentados en la repisa de la ventana.

—¡Abajo el rector, los electores y los procuradores! —gritó Juan.

—Habrá que hacer otra fogata esta tarde en el Champ-Gaillard, con todos los libros de maese Andrés —replicó el otro.

—¡Y con los pupitres de los escribas!

—¡Y con las varas de los bedeles!

—¡Y con las escupideras de los decanos!

—¡Y con las arcas de los electores!

—¡Y con los escabeles del rector!

—¡Fuera! —replicó, zumbón, el pequeño Juan—, fuera maese Andrés, bedeles y escribas. ¡Fuera teólogos, médicos y decretistas! ¡Fuera los procuradores, fuera los lectores, fuera el rector!

—¡Es el fin del mundo! —murmuró maese Andrés, tapándose los oídos.

—A propósito, ¡mirad, el rector! ¡Miradle ahí, en la plaza! —gritó uno de los de la ventana y todos se volvieron a mirar hacia la plaza.

—¿Es de verdad nuestro venerable rector, maese Thibaut? —preguntó Juan Frollo del Molino, que no podía ver lo que ocurría en la plaza, por estar asido a uno de los pilares interiores.

—Sí, sí —respondieron los otros—; seguro que es él, el rector.

En efecto, en aquel momento el rector y todos los representantes de la Universidad se dirigían en grupo hacia la embajada y estaban cruzando la plaza del palacio.

Los estudiantes, apiñados en la ventana, les saludaron al pasar con mofas y aplausos irónicos. El rector, que encabezaba la comitiva, recibió la primera andanada, que no fue pequeña.

—¡Buenos días, señor rector!; ¡hola a los buenos días!

—¿Cómo así, por aquí, jugador empedernido? ¿Así que habéis dejado vuestra partida de dados?

—¡Mira cómo trota en su mula! ¡Pero si sus orejas son más grandes que las de ella!

—¡Hola, hola! ¡A los buenos días, señor rector Thibaut!

—¡Tybalde aleator!; ¡jugador, viejo imbécil!

—¡Que dios os guarde! ¿Os han salido seis dobles esta noche?

—¡Mírale! ¡Mira qué cara arrugada y pastosa de tanto jugar a los dados!

—¿A dónde vais así Tybalde ad dados, de espalda a la Universidad, trotando hacia la Ville?

—Seguro que va a buscar su tugurio de la calle Thibautodé —exclamó Juan del Molino.

Toda la banda acogió la rechifla con voz de trueno y aplausos furiosos.

—Vais a buscar vuestro tugurio de la calle Thibautodé, ¿no es así, señor rector, jugador del demonio?

Después les tocó a los demás dignatarios.

—¡Fuera los bedeles! ¡Fuera los maceros!

—Eh, oye, Robin Poussepain, ¿quién es ese tipo?

—¡Pero si es Gilbert de Sully, Gilbertus Soliaco, el canciller del colegio de Autun!

—Eh, tú que estás mejor situado que yo, toma mi zapato y tíraselo a la cara.

—Saturnalitias mittimut ecce nucets.

—¡Mueran los seis teólogos con sus sobrepellices blancas!

—Ah, ¿pero son los teólogos?; creí que eran las seis ocas blancas que Santa Genoveva regaló a la Ville por el feudo de Roogny.

—¡Fuera los médicos!

—¡Fuera diputados y cardenales!

—¡Ahí va mi birrete, canciller de Santa Genoveva! ¡Me hicisteis una faena! ¡Os digo que es cierto!, mi puesto en la nación de Normandía se lo dio al pequeño Ascanio Falzaespada, de la provincia de Burges, que era italiano.

—¡Es una injusticia! —gritaron los demás estudiantes—. ¡Fuera el Canciller de Santa Genoveva!

—Eh, eh. ¡Fijaos! Es Maese Joaquin de Ladehors.

—¡Anda! y Luis Dahuille y Lamberto Hoctement.

—¡Que el diablo se lleve al procurador de la nación alemana!

—¡Y a los capellanes de la Santa Capilla con sus mucetas grises! ¡Cum tunicis grisis!

—¡Seu de pellibus grisis fourratis!

—¡Mira los maestros en artes! ¡Bonitas capas negras! ¡Qué bonitas capas rojas!

—¡Mira! ¡Parecen la cola del rector! Se diría que es un dux veneciano ataviado para sus bodas con el mar.

—Eh, Juan, mira: ¡Los canónigos de Santa Genoveva!

—¡Al diablo la canonjía!

—Y ahora el Abad Claud Choart. Doctor Claudio Choart, ¿buscáis acaso a María Giffarde? La hallaréis en la calle Slatigny, preparando el lecho del rey de los ribaldos.

—Paga sus cuatro denarios; quatuor denarios.

—Aut unum bombum.

—¿Queréis que os lo haga gratis?

—¡Compañeros! maese Simon Sanguin, elector de la Picardía, con su mujer a la grupa.

—Post equitem sedet atra cura.

—¡Ánimo, maese Simon!

—¡Buenos días señor elector!

—¡Buenas noches señora electora!

—¡Qué suerte tienen de verlo todo! —suspiraba Joannes de Molendino, agarrado aún a la hojarasca de su capitel y mientras tanto el librero jurado de la Universidad maese Andrés Musnier, hablaba al oído del peletero real, maese Gil Lecornu.

—Os digo que éste es el fin del mundo, jamás se han visto tales desmanes entre los estudiantes y todo ello es debido a los malditos inventos modernos que echan todo a perder; las artillerías, las serpentinas, las bombardas, pero sobre todo la imprenta, esa peste llegada de Alemania. Ya no se hacen libros ni manuscritos, la imprenta hunde a la librería. Esto es el fin del mundo.

—Yo ya lo había observado en el aumento de ventas de terciopelo —dijo el peletero.

Justo entonces sonaron las doce.

—¡Ah…! —coreó la multitud al unísono. Los estudiantes se callaron y se produjo luego un enorme revuelo, un movimiento continuo de pies y de cabezas, carraspeos constantes… Todo el mundo se acomodó, se situó, se colocó, se agrupó. Se produjo luego un silencio con las cabezas levantadas, las bocas abiertas y las miradas fijas todas en la mesa de mármol, pero no aparecía nadie en la mesa. Los cuatro guardias del bailío seguían allí, tiesos a inmóviles como cuatro estatuas. Las miradas se dirigieron hacia el estrado, reservado a la legación flamenca, mas la puerta permanecía cerrada y el estrado vacío. Todo aquel gentío no esperaba más que tres cosas desde bien temprano: que dieran las doce, que apareciera la legación flamenca y que empezara el misterio; y hasta ahora sólo habían dado las doce. Aquello era por demás.

Esperaron todos uno, dos, tres, cinco minutos, un cuarto de hora y nada; el estrado continuaba desierto y el escenario vacío. A la impaciencia siguió la cólera; se protestaba en voz baja todavía, con gesto irritado: ¡el misterio!, ¡el misterio! murmuraba apagadamente el gentío; el ambiente se iba calentando. Una tempestad, aunque de momento sólo eran truenos, se estaba preparando entre aquella multitud y fue Juan del Molino quien produjo el primer chispazo:

—¡El misterio ya y al diablo los flamencos! —dijo a voz en grito enroscándose al capitel como una culebra. La gente aplaudió con gran calor.

—El misterio —repitieron todos—; ¡al diablo con Flandes!

—Queremos el misterio inmediatamente —dijo el estudiante—, o a fe mía que colgamos al bailío a guisa de farsa y representación.

—¡Así se habla! —exclamó la muchedumbre—, y empecemos por colgar a los guardias—. Una gran aclamación acogió estas palabras al tiempo que los cuatro pobres diablos palidecieron y se miraban incrédulos.

La gente se abalanzó sobre ellos, y veían cómo la débil balaustrada de madera que les separaba se curvaba y cedía ante la presión del gentío.

La situación era crítica.

—¡A ellos! ¡A ellos! —gritaban de todas partes. Justo en ese momento la tapicería del vestuario, ya descrita, se levantó y dio paso a un personaje ante cuya vista cesó súbitamente todo y la cólera se trocó en curiosidad como por arte de magia.

—¡Silencio! ¡Silencio!

El personaje, nada tranquilo y temblando como una hoja, avanzó hacia la mesa de mármol, haciendo reverencias a diestro y siniestro, que parecían más bien genuflexiones a medida que se iba acercando.

Ya la calma se había restablecido un tanto y sólo se oía ese ligero murmullo que surge siempre entre el silencio de la multitud.

Y el personaje comenzó a hablar:

—Señores burgueses, señoritas burguesas: vamos a tener el honor de declamar y representar ante su eminencia el señor cardenal un bellísimo paso que lleva por título El recto juicio de Nuestra Señora la Virgen María y en él yo hago el papel de Júpiter. Su eminencia acompaña ahora a la muy honorable embajada de monseñor el duque de Austria que se encuentra en estos momentos oyendo el discurso del Señor Rector de la Universidad en la puerta de Baudets. En cuanto llegue su Eminencia el Cardenal, daremos comienzo a la representación.

Nada menos que la intervención de Júpiter fue, pues, necesaria para salvar a los cuatro desdichados guardias del bailío de palacio.

Si hubiéramos tenido la dicha de haber inventado esta historia verídica y por consiguiente ser los responsables de ella ante nuestra señora la crítica, no podría habérsenos aplicado el precepto clásico Nec dens intersit. Por otra parte, el traje de júpiter era muy atractivo y contribuyó no poco a calmar al gentío, atrayendo hacia él su atención. Júpiter estaba vestido con una brigantina cubierta de terciopelo negro adornada con clavos dorados e iba tocado con un bicoquete guarnecido de botones de plata dorada y, de no ser por el maquillaje y la espesa barba que le tapaban cada uno la mitad de la cara, o por el rollo de cartón dorado cuajado de lentejuelas y cintas relucientes que empuñaba en su mano y en el que cualquier experto habría reconocido fácilmente el rayo, o, si no hubiera sido por sus piernas, color carne, con cintas entrecruzadas al estilo griego, se le podría haber tomado, tal era la seriedad de su atuendo, por un arquero bretón de la guardia del señor de Berry.

II: Pierre Gringoire

Sin embargo, mientras hablaba, la satisfacción y la admiración provocadas por su vestimenta se iban poco a poco desvaneciendo y al llegar a aquella desafortunada conclusión: «En cuanto llegue su eminencia el cardenal, daremos comienzo a la representación», su voz fue apagada por un trueno de gritos y abucheos.

—¡Empezad ahora mismo! ¡Queremos el misterio ahora mismo! —gritaba el populacho y más alta que ninguna sobresalía la voz de Juan de Molendino, traspasando el griterío como el pífano en una cencerrada de Niza.

—Que comience ahora mismo —chillaba el estudiante.

—¡Fuera Júpiter y el cardenal de Borbón! —vociferaban Robin Poussepain y los otros estudiantes encaramados en la ventana.

—¡Que empiece ya la comedia! —repetía el gentío—. ¡Ahora mismo!

¡Inmediatamente! ¡El saco y la cuerda para los cómicos y el cardenal!

El pobre Júpiter, desconcertado, amedrentado, pálido de terror bajo el maquillaje, dejó caer su rayo, se quitó el bicoquete y saludaba tembloroso y balbuciente: —Su eminencia… los embajadores… Margarita de Flandes…— no sabía qué decir. En el fondo su preocupación era ser colgado.

Colgado por el populacho si no empezaban o por el cardenal si lo hacían; en cualquier caso, su conclusión era siempre la misma: una horca.

Por fortuna alguien vino a sacarle de aquella incertidumbre y a asumir la responsabilidad del momento.

Un individuo, que permanecía de pie del lado de acá de la balaustrada, en un espacio libre en torno a la mesa de mármol, y en el que nadie hasta entonces había reparado, pues su figura alta y delgada quedaba totalmente oculta a la vista tras el pilar en el que se apoyaba; este individuo alto, delgado, pálido, rubio, todavía joven aunque se le veían ya arrugas en las sienes y en las mejillas, con ojos vivaces y una boca sonriente, con ropa larga negra, muy gastada y llena de brillo, se acercó a la mesa de mármol e hizo una seña al pobre cómico; pero éste, excitado y nervioso, no le veía.

El recién llegado avanzó unos pasos:

—¡Júpiter! —le dijo—. ¡Mi querido Júpiter!

El comediante seguía sin enterarse. Entonces el hombre rubio, impacientado ya, le gritó casi a la cara.

—¡Miguel Giborne!

—¿Quién me está llamando? —preguntó Júpiter sobresaltado, como saliendo de un sueño.

—Yo —respondió el personaje de negro.

—¡Ah! —dijo Júpiter.

—Comenzad ahora mismo; complaced al público. Yo calmaré al bailío; dejadlo de mi cuenta, y él se encargará de tranquilizar al cardenal.

Júpiter pudo por fin respirar.

—¡Señores burgueses! —gritó con toda la fuerza de sus pulmones a la multitud que seguía abucheándole. ¡Vamos a comenzar ahora mismo!

—¡Evoe, Iuppiter; plaudite, cives! —exclamaron los estudiantes.

—Aplaudid, aplaudid —gritaba el pueblo. A esto siguió una salva de aplausos atronadora que Júpiter aprovechó para colarse bajo la tapicería.

Sin embargo, el desconocido personaje que tan mágicamente acababa de trocar la tempestad en bonanza, como dice nuestro viejo y querido Corneille, había vuelto a la penumbra de su pilar y allí habría permanecido invisible, inmóvil y mudo, como hasta entonces, de no haberle sacado de aquel sitio dos mujeres que, por hallarse en primera fila, habían observado su breve coloquio con Miguel Giborne, Júpiter.

—Maestro —dijo una de ellas haciéndole señas para que se acercara.

—Callaos, querida Lienarda —le dijo su compañera, una moza guapa, lozana y muy endomingada—. No es un letrado sino un seglar, así que no hay que llamarle maestro sino micer.

—¡Eh, micer! —dijo Lienarda.

El desconocido se acercó a la balaustrada.

—¿Qué se les ofrece, señoritas? —preguntó con cortesía.

—¡Oh!, nada, nada —dijo Lienarda un tanto turbada—. Es que mi amiga Gisquette la Gencienne desea hablaros.

—¡Oh!, no —prosiguió Gisquette ruborizada—. Es que Lienarda os ha llamado maestro y yo le he indicado que tenía que decir micer.

Las dos jóvenes bajaron la vista y el otro, interesado en entablar conversación, las miraba sonriente.

—Entonces, ¿no tenéis nada más que decirme, señoritas?

—¡Oh, no, no!, nada más —respondió Gisquette.

—No, no; nada más —añadió Lienarda.

El apuesto joven hizo ademán de retirarse, pero a las dos curiosas no les seducía abandonar la presa.

—Micer —dijo abiertamente Gisquette, con el ímpetu de una exclusa que se abre o de una mujer que toma partido por algo—: ¿Conocéis a ese soldado que va a hacer el papel de Nuestra Señora la Virgen, en la representación del misterio?

—¿Os referís al papel de Júpiter? —dijo el desconocido.

—¡Claro, claro! —dijo Lienarda—. ¡Mira que es tonta! Entonces, ¿conocéis a Júpiter?

—¿A Miguel Giborne?, claro, señora.

—¡Vaya barba que lleva! —añadió Lienarda.

—¿Va a ser bonito lo que van a decir?

—Muy bonito —respondió sin dudarlo el desconocido.

—¿Qué va a ser? —preguntó Lienarda.

—El buen juicio de Nuestra Señora, la Virgen. Una obrita que os gustará, señoritas y con moraleja al final.

—Entonces, ¿va a ser diferente? —siguió Lienarda. Se hizo un breve silencio que rompió el desconocido.

—Es una obra totalmente nueva; sin estrenar aún.

—Entonces —continuó Gisquette— ¿no es la misma que dieron hace dos años, cuando la llegada del señor legado, en la que intervenían tres muchachas que hacían de…?

—De sirenas —completó Lienarda.

—Y salían desnudas del todo —añadió el joven.

Lienarda bajó púdicamente los ojos. Gisquette al verla hizo lo mismo. El joven prosiguió hablando sonriente:

—Era muy bonito y muy agradable a la vista; lo de hoy es un auto moral, hecho especialmente para la señorita de Flandes.

—¿Se cantarán serranillas? —preguntó Gisquette.

—¡Ni hablar! —respondió el desconocido. Es una obrita moral; no hay que confundir los géneros; si fuese una farsa cómica, todavía.

—Pues es una pena —dijo Gisquette—; aquel día salían en la fuente de Ponceau hombres y mujeres salvajes que luchaban haciendo grandes gestos y cantando motetes y pastorelas.

—Lo apropiado para un embajador —dijo secamente el desconocido—, puede no serlo para una princesa.

—Y cerca de ellos —interrumpió Lienarda—, y muy bajo, unos cuantos instrumentos tocaban melodías muy bonitas.

—Es verdad, y para refrescar a los que pasaban —decía Gisquette— la fuente manaba chorros de vino, de leche y de hipocras para que bebiera quien quisiera.

—Y un poco más abajo del Ponceau —añadió Lienarda—, en la Trinidad se representaba una pasión con personajes, pero sin hablar.

—¡Ah, sí! Ya me acuerdo —dijo Gisquette—; Jesús crucificado con los dos ladrones a su derecha y a su izquierda.

Entonces las dos jóvenes, excitadas por el recuerdo de la llegada del legado, comenzaron a hablar a la vez.

—Y antes, en la Porte-aux-Peintres, habíamos visto a mucha gente toda muy bien vestida.

—Y en la fuente de San Inocencio, ¿te acuerdas del cazador aquel que perseguía a una cierva con gran alboroto de trompas y perros?

—Sí; y también en la carnicería de París; acuérdate de todos aquellos andamiajes que representaban la bastilla de Dieppe.

—Y cuando pasaba el legado, ¿recuerdas, Gisquette?, dieron la señal de ataque y cortaron la cabeza a todos los ingleses.

—Y también representaban algo junto a la puerta del Châtelet.

—Y en el Pont-au-Change, que estaba también preparado para representaciones.

—Y cuando pasaba el legado dieron suelta en el puente a más de doscientas docenas de los más variados pájaros. Era precioso, ¿verdad, Lienarda?

—Pues hoy será más bonito aún, logró decir su interlocutor que ya estaba impacientado de tanto oírlas.

—¿Nos prometéis que va a ser bonita la representación de hoy? —preguntó Gisquette.

—¡Seguro! —respondió y añadió luego con cierto énfasis—: Señoritas, yo soy el autor.

—¿De verdad? —exclamaron, asombradas, las dos jóvenes a la vez.

—De verdad —respondió el poeta pavoneándose un poco—; es decir, lo hemos hecho entre los dos; Juan Marchand que ha cortado las tablas, ha construido el andamiaje y los decorados, y yo que he escrito la obra; me llamo Pierre Gringoire.

Ni el mismo autor del Cid habría dicho con tanto orgullo: Pierre Corneille. Nuestros lectores habrán podido darse cuenta del tiempo transcurrido desde que

Júpiter se escondió tras la tapicería, hasta el instante en que el autor de la nueva pieza hizo tales revelaciones ante la ingenua admiración de Gisquette y Lienarda.

Conviene también señalar como cosa extraña que todo aquel gentío que sólo unos minutos antes se mostraba tan tumultuoso, ahora esperaba pacientemente fiándose de las palabras del comediante. Esto confirma una verdad, comprobada a diario en nuestros teatros, y es que la mejor manera de conseguir que el público no se impaciente es prometerle que la función va a comenzar en seguida. Pero el estudiante Joannes no se había dormido.

—¡Eh! —exclamó, en medio de aquella apacible espera, que había seguido al tumulto anterior—. Por júpiter ¡Por la Virgen Santísima! ¡Saltimbanquis del demonio!

¿Pero estáis de broma? Venga ya, ¡la obra! ¡La obra!

No hizo falta más.

Del interior del tinglado empezó a sonar una música de instrumentos graves y agudos, al tiempo que se corrían las cortinas para dar paso a cuatro personajes muy maquillados y con vestimenta muy llamativa que comenzaron a subir por aquella empinada escalera; una vez llegados al escenario, se colocaron en fila para saludar al público con grandes reverencias. La música cesó. Comenzaba la representación del misterio.

Los cuatro personajes fueron largamente aplaudidos y, en medio de un silencio religioso, iniciaron un prólogo del que gustosamente vamos a excusar al lector pues, como ocurre aún en nuestros días, el público estaba mucho más pendiente de la vestimenta de los actores que del papel que recitaban y además es comprensible que así sea. Los cuatro iban vestidos de amarillo y blanco a partes iguales que se diferenciaban únicamente en la calidad del tejido: el primero era de brocado, oro y plata, el segundo de seda, el tercero de lana y el otro de lienzo. Además, el primer personaje llevaba una espada en la mano, el segundo dos llaves doradas, el tercero una balanza y el cuarto una pala. Además, para completar su simbolismo y facilitar así la comprensión de las inteligencias más perezosas, se podía leer en grandes letras negras bordadas: «Me llamo Nobleza» en la parte superior de la túnica del brocado;

«Me llamo Clero», sobre la túnica de seda; «Me llamo Mercancía», en la de lana y «Me llamo Trabajo», en la parte inferior de la de tela.

Las túnicas más cortas indicaban claramente al espectador atento el sexo masculino de los que las llevaban, así como su tocado que completaba la alegoría, mientras que las otras dos alegorías femeninas estaban representadas por túnicas más largas a iban trocadas con caperuzas.

Había que carecer y muy mucho de imaginación para no llegar a interpretar, ayudados por la exposición poética del prólogo, que Trabajo estaba casado con Mercancía e igualmente Clérigo con Nobleza y que además las dos felices parejas poseían como patrimonio común un delfín de oro para adjudicarle a la más bella de las mujeres. Juntos iban, pues, por el mundo a la búsqueda de tal belleza. Después de haber descartado sucesivamente a la reina Golconda, a la princesa Trebizonda, a la hija del Gran Khan de Tartaria, etc. Trabajo y Clero, Nobleza y Mercancía, habían venido a descansar sobre la mesa de mármol del Palacio de Justicia y allí, ante tan honorable auditorio, exponían tantas máximas y sentencias como pudieran oírse en los exámenes de la facultad de bellas artes, como sofismas, sentencias, conclusiones, figuras y actas necesarias para obtener una licenciatura.

Todo aquello era hermoso ciertamente.

Pero entre toda aquella gente a quienes las cuatro alegorías vertían a porfía oleadas de metáforas, no había oídos más atentos, ni corazón más dispuesto, ni mirada más perspicaz, ni cuello más tenso que los oídos, la mirada, el cuello o el corazón del autor, nuestro bravo poeta Pierre Gringoire, el mismo que no había resistido poco antes al gozo de revelar su nombre a las dos guapas mozuelas. Había vuelto a su pilar y, desde allí, muy cerca de ellas, escuchaba, observaba y saboreaba.

Los generosos aplausos con que se había acogido el comienzo de su prólogo, le resonaban aún en su interior y se encontraba totalmente absorto en esa especie de contemplación estática en la que un autor ve surgir, una a una, todas sus ideas, por boca de los actores, entre el silencio de todo el auditorio. ¡Feliz Pierre Gringoire!

Es penoso decirlo, pero este primer éxtasis se vio muy pronto turbado. Apenas si Gringoire había acercado a sus labios esa copa embriagadora de felicidad y de triunfo, cuando hubo ya de degustar una gota de amargura.

Un mendigo harapiento, a quien nadie daba limosna perdido entre tanta gente y que no se sentía satisfecho con lo robado, había decidido encaramarse a algún lugar bien visible para así atraer miradas y limosnas.

Así pues, se había subido, durante la recitación de los primeros versos del prólogo, apoyándose en el pilar del estrado, hasta la cornisa que bordeaba la balaustrada en su parte inferior, y allí estaba sentado, ante todo el gentío, en demanda de piedad y de limosna, mostrando sus harapos y una repugnante llaga que le cubría el brazo derecho. Por lo demás no decía ni una sola palabra.

Como permanecía en silencio, pudo leerse el prólogo sin ningún inconveniente y ningún desorden se habría producido si la mala fortuna no hubiera permitido que Joannes, el estudiante, le descubriera, desde lo alto de su pilar, haciendo muecas y gesticulando. El verle así provocó en el festivo joven una risa contagiosa y, sin preocuparse de si interrumpía o no el espectáculo a importándole muy poco la atención de los espectadores, gritó alegremente.

—¡Caramba! ¡Mira ese canijo tullido a donde se ha subido para pedir limosna!

Quien haya lanzado una piedra a una charca llena de ranas o haya hecho un disparo en medio de una bandada de pájaros puede hacerse una idea del efecto que aquellas palabras incongruentes provocaron en medio del silencio general de la sala.

Gringoire se estremeció como sacudido por una descarga eléctrica. El prólogo se cortó y todas las cabezas se volvieron de golpe hacia el mendigo que, lejos de desconcertarse por el incidente, vio en él la mejor ocasión para una buena cosecha y se puso a decir con tono lastimero, medio cerrando los ojos.

—¡Una caridad por el amor de Dios!

—¡Que el diablo me lleve! —exclamó Joannes, ¡pero si es Clopin Trouillefou! Qué, amigo, ¿tanto te molestaba tu herida de la pierna que has tenido que pasártela al brazo?

Y al decir esto lanzó con la habilidad de un mono un ochavo en el mugriento sombrero que el mendigo extendía con su brazo llagado. El mendigo recibió sin inmutarse la limosna y el sarcasmo, y prosiguió con un tono lastimero:

—¡Una caridad por el amor de Dios!

Este episodio había distraído enormemente al auditorio y un buen número de espectadores, Robin Poussepain y los otros estudiantes, aplaudían alegremente al dúo tan original que acababan de improvisar, en medio del prólogo, el estudiante con su voz chillona y el mendigo con su imperturbable salmodia.

Gringoire estaba indignadísimo y, una vez rehecho de su estupor, se desgañitaba gritando casi a los cuatro actores en escena:

—¡Seguid, demonios, seguid! —sin dignarse echar siquiera una mirada de desdén a aquellos provocadores.

En aquel instante sintió que alguien le tiraba de la capa; se volvió un tanto malhumorado y se esforzó en forzar una sonrisa, que bien lo merecía la ocasión, pues se trataba del bonito brazo de Gisquette la Gencienne que, a través de la balaustrada, solicitaba de esta manera su atención.

—Señor, ¿van a continuar con la representación?

—¡Claro! —respondió Gringoire, extrañado por cal pregunta.

—Entonces, micer, tendríais la gentileza de explicarme…

—¿Lo que van a decir? —le interrumpió Gringoire—. Pues sí; escuchadlos…

—No, no —dijo Gisquette—; lo que han dicho hasta ahora.

Gringoire dio un respingo como alguien a quien le hurgan en una herida.

—¡Lo que hay que oír! Niña tonta y obtusa, —masculló entre dientes. Desde entonces Gisquette dejó de interesarle lo más mínimo.

Pero los comediantes habían obedecido a las invectivas de Gringoire, y el público, al ver que seguían hablando y actuando, se puso nuevamente a escuchar, aunque ya había perdido un tanto el interés de la pieza con aquel corte tan bruscamente producido entre las dos partes. Así lo comentaba en voz baja el mismo Gringoire.

Poco a poco la tranquilidad fue completa pues el estudiante no decía ya nada más y el mendigo debía estar contando las monedas que había en su sombrero. La obra seguía, pues, nuevamente su ritmo.

Se trataba en realidad de una pieza muy bonita que hoy mismo, con algún arreglo, podría representarse y con éxito. La exposición, un poco larga quizás y un tanto hueca, conforme a las reglas, era sencilla. Gringoire, en el cándido santuario de su fuero interno, admiraba su claridad y su precisión. Como es de suponer, los cuatro personajes alegóricos se mostraban ya un tanto cansados de haber recorrido las tres partes del mundo sin llegar a poder deshacerse, en justicia, de su delfín de oro. Al llegar a este punto, comenzaron a hacer mil alabanzas del maravilloso pez con delicadas alusiones al prometido de Margarita de Flandes, a la sazón tristemente recluido en Amboise y sin llegar a imaginar todavía que Trabajo, Clero, Nobleza y Mercancía acababan de dar la vuelta al mundo justamente por él.

Así, pues, el mencionado delfín era joven, apuesto, gallardo y sobre todo —origen magnífico de todas las virtudes reales— era hijo del león de Francia.

Confieso que esta atrevida metáfora es magnífica y que la historia natural del teatro, en un día de alegrías y de epitalamios regios, no tiene por qué rechazar que un delfín pueda ser hijo de un león. Son justamente esos raros y pindáricos cruces los que prueban el entusiasmo.

Pero para que no todo sean alabanzas hay que decir que el poeta debería haber desarrollado su original idea en algo menos de los doscientos versos que empleó, aunque fuese obligado, por disposición del preboste, hacer durar la representación del misterio desde el mediodía hasta las cuatro y ¡algo hay que decir para llenar ese tiempo! Además, el público lo escuchaba pacientemente.

De pronto, en medio de una discusión entre la señorita Mercancía y doña Nobleza, justo en el instante mismo en el que maese Trabajo pronunciaba aquel verso admirable: «Onc ne vis dans les bois bête plus triomphante». La puerta del estrado, tan inconvenientemente cerrada hasta entonces, se abrió en el momento más inoportuno, haciendo coincidir el último verso con la vos resonante del ujier que anunció secamente:

—Su eminencia el Cardenal de Borbón.

III: Monseñor el Cardenal

¡Pobre Gringoire! El estruendo de todos los bombazos de la noche de San Juan o la descarga cerrada de veinte arcabuces o la detonación de aquella famosa traca de la Tour de Billy que, durante el asedio de París aquel domingo 29 de septiembre de 1465, mató de golpe a siete borgoñeses, o la explosión de toda la pólvora almacenada en la Porte du Temple, le habrían desgarrado con menos rudeza los oídos, en aquel momento solemne y democrático, que aquellas breves palabras, salidas de la boca del ujier: «Su eminencia el Cardenal de Borbón».

No es que Pierre Gringoire temiese a monseñor el Cardenal o le desdeñara pues no tenía ni esa cobardía ni ese atrevimiento; era un verdadero ecléctico, como hoy se diría; era uno de esos espíritus elevados y firmes, moderados y serenos, que siempre saben mantener el justo medio (stare in dimidio rerum) y que son verdaderos filósofos liberales y razonables, sin negar su categoría a los cardenales. Raza preciosa y nunca extinguida la de estos filósofos a quienes la prudencia, como si de una nueva Adriana se tratara, parece haber dado un ovillo de hilo, que, poco a poco, van devanando desde el origen del mundo a través del laberinto de los aconteceres humanos.

Aparecen en todas las épocas, siempre los mismos, es decir conformes al tiempo en que viven y, sin contar a nuestro Pierre Gringoire que sería su representante en el siglo XV, si llegáramos a concederle la categoría que merece sería ciertamente el espíritu de estos filósofos el que animaba al padre du Breul cuando escribía, allá en el siglo XVI, estas palabras, sublimes en su ingenuidad y dignas de cualquier siglo: «Soy parisino de origen y parrhisino en el hablar, puesto que en griego Parrhisia significa libertad de hablar y ésta la he utilizado incluso con sus eminencias los cardenales, el tío y el hermano del príncipe de Conty: siempre con respeto a su categoría y sin ofender a nadie de su séquito que resulta en todas las ocasiones muy numeroso».

Así, pues, no existía ni odio al cardenal, ni desdén hacia su presencia en la impresión desagradable que ésta produjo en Pierre Gringoire. Antes, al contrario, nuestro poeta tenía el buen juicio suficiente y una blusa demasiado raída para no conceder la necesaria importancia al hecho que muchas de las alusiones de su prólogo, particularmente la glorificación del delfín, como hijo del león de Francia, fueran a ser recogidas por el eminentísimo oído del cardenal. Sin embargo, no es el interés ciertamente el que priva en la naturaleza de los poetas. Considerando que la entidad de un poeta pueda estar catalogada con la calificación de diez al ser analizada por un químico —o farmacopolizada como diría Rabelais—, la encontraría compuesta por una parte, de interés y nueve de amor propio. Ahora bien, en el momento de abrir la puerta al cardenal, las nueve partes del amor propio de Gringoire, hinchadas y tumefactas por la admiración popular, se hallaban en un estado prodigioso de crecimiento, bajo cuya presión desaparecería, ahogada, esa mínima molécula de interés que acabamos de citar como componente de los poetas; ingrediente precioso por otra parte, lastre de realismo y de humanidad, sin cuya existencia no podrían pisar la tierra.

Gringoire gozaba al sentir, al ver, al palpar, podríamos decir, la presencia de un gran público —de pícaros y de bribones en buena parte, es cierto, pero de un gran público al fin—, de un público estupefacto, petrificado y como asfixiado ante las inconmensurables tiradas que brotaban sin cesar de cada una de las partes de su epitalamio.

Puedo asegurar que él mismo compartía la aprobación general y que, opuestamente a La Fontaine, que en la representación de su comedia El florentino preguntaba: «¿Quién es el zopenco que ha compuesto esta comedia?». Gringoire habría preguntado gustosamente: «¿De quién es esta obra maestra?». Júzguese, pues, el efecto que en él produjo la brusca a intempestiva aparición del cardenal.

Desgraciadamente ocurrió lo que él temía ya que la aparición de su eminencia trastornó a los espectadores. Todas las cabezas se volvieron hacia el estrado y ya no había manera de entenderse:

—¡El cardenal! ¡El cardenal! —repetían a coro, interrumpiendo por segunda vez el desventurado prólogo.

El cardenal se detuvo un momento en el umbral, paseando indiferente su mirada por todo el auditorio, hecho que provocó el delirio.

Todos pretendían verle mejor y empujaban a los demás y metían sus cabezas por entre los hombros de los de delante.

Se trataba de un personaje de gran relieve y el verle era más importante que cualquier representación. Carlos, cardenal de Borbón, arzobispo y conde de Lyon, primado de las Galias, estaba a la vez emparentado con Luis XI por parte de su hermano Pedro, señor de Beaujeu, casado con la hija mayor del rey. También emparentaba con Carlos el Temerario por parte de su madre Agnès de Borgoña. Ahora bien, el rasgo dominante, el rasgo que distinguía y definía el carácter del primado de las Galias, era su espíritu cortesano y su devoción al poder.

Podemos imaginar los innumerables apuros que este doble parentesco le habían acarreado, los escollos y tempestades que su barca espiritual tuvo que sortear para no estrellarse ni con Luis ni con Carlos; ese Caribdis y ese Escila que habían devorado nada menos que al duque de Nemours y al condestable de Saint-Paul. Gracias al cielo se había defendido bien en aquella travesía y había conseguido llegar a Roma sin tropiezos. Pero, aunque se encontrara ya a salvo, en puerto, o precisamente por eso mismo, nunca recordaba sin inquietud los diversos avatares de su vida política, tan laboriosa siempre y con tantos contratiempos. Tenía la costumbre de decir que el año de 1476 había sido para él, el negro y blanco, ya que, en ese mismo año, habían muerto su madre, la duquesa de Bourbonnais y su primo el duque de Borgoña, y que un luto le había consolado del otro.

Además era también un buen hombre; llevaba una vida alegre, de cardenal, y degustaba con placer los vinos reales de Challuau. Tampoco despreciaba a Ricarda la Garmoise, ni a Tomasa la Saillarde y prefería dar limosna a lindas jóvenes más que a mujeres ya viejas; razones todas ellas por las que caía muy simpático al populacho de París.

No se desplazaba si no era rodeado de una pequeña corte de obispos y abates de alto linaje, galantes, decididos y prestos a divertirse si la ocasión lo requería. En más de una ocasión las beatas de Saint-Germain-d'Auxerre, al pasar, anochecido ya, bajo las ventanas iluminadas de la residencia del Borbón, se habían escandalizado al oír que las mismas voces que habían cantado las vísperas durante el día, salmodiaban ahora, entre un entrechocar de copas, el proverbio báquico de Benedicto XII, aquel papa que añadió una tercera corona a la tiara: «Bibamus papaliter».

Su popularidad, tan justamente adquirida, le preservó de un mal recibimiento por parte de la multitud que poco antes se mostraba tan disconforme con su retraso y muy poco dispuesta a respetar a un cardenal, justo en el mismo día en que iban a elegir a un papa. Pero los parisinos son poco rencorosos y como además se había comenzado la representación sin su presencia, era como si los buenos burgueses hubieran quedado un poco por encima de él, y se daban por satisfechos.

Por otra parte, como el cardenal era un hombre apuesto y llevaba un hermoso ropaje de color rojo, que le iba muy bien, tenía de parte suya a las mujeres, es decir, a la mitad del auditorio. Tampoco sería justo ni de buen gusto chillar a un cardenal por haberse hecho esperar, tratándose de un hombre tan apuesto y al que tan bien le iban los ropajes de color rojo.

Así que entró, saludó luego a la asistencia, con esa sonrisa hereditaria que los grandes tienen para con el pueblo, y se dirigió lentamente hacia su butaca de terciopelo escarlata con aspecto de estar pensando en otras cosas.

Su cortejo —al que vamos a llamar su estado mayor— de obispos y de abates siguió hacia el estrado, con gran revuelo y curiosidad por parte de la asistencia.

La gente presumía señalándolos, diciendo a quién de todos ellos conocía: uno indicaba quién era el obispo de Marsella, Alaudet, si no recuerdo mal; otro señalaba al chantre de Saint-Denis o a Robert de Lespinasse, abad de Saint-Germain-des-Prés, hermano libertino de una de las amantes de Luis XI... todo ello, en fin, dicho con errores y cacofonías. Los estudiantes, por su parte, seguían con sus palabrotas; era su día; la fiesta de los locos; su fiesta saturnal; la orgía anual de la curia y de las escuelas. Ese día no existían salvajadas a las que no se tuviese derecho, como si de cosas sagradas se tratara. Además se hallaban entre el gentío muchas mujeres alegres, como Simona Quatrelivres, Inés la Gadina o Robin Piédebou; así que, lo menos que se podía hacer en aquella fecha, era decir salvajadas, maldecir de Dios de vez en cuando, sobre todo estando, como estaban, en buena compañía de gentes de iglesia y de chicas alegres. No se privaban de ello y, en medio de todo aquel jaleo, se oían blasfemias y procacidades, salidas de todas aquellas lenguas desatadas de clérigos y estudiantes, que habían estado amordazadas durante el resto del año, por temor al hierro rojo de San Luis. ¡Cómo se burlaban de él en el propio Palacio de Justicia! ¡Pobre San Luis!

Arremetían contra los recién llegados al estrado y atacaban al de sotana negra o blanca, gris o violeta. Joannes Frollo de Molendino, como hermano que era de un archidiácono, había arremetido osadamente contra la sotana roja y cantaba a voz en grito, clavando sus ojos descarados en el cardenal: «Capra repelta mero».

Todos estos detalles que, para edificación del lector, exponemos al desnudo, estaban de tal manera mezclados con el bullicio general que prácticamente quedaban ahogados antes de llegar al estrado reservado a los personajes. Además, el cardenal no se habría sentido muy impresionado por los excesos de aquel día, dado el arraigo que el pueblo tenía por estas tradiciones. Le preocupaba mucho más y su aspecto así lo denotaba, algo que le seguía de cerca y que hizo su aparición en el estrado casi al mismo tiempo que él: la delegación flamenca.

No es que él fuera un político profundo ni que le preocuparan nada las posibles consecuencias de la boda de su señora prima, Margarita de Borgoña con su señor primo Carlos, el delfín de Viena, ni cuánto pudieran durar las buenas relaciones, un tanto deterioradas ya, entre el duque de Austria y el rey de Francia, ni cómo tomaría el rey de Inglaterra este desdén hacia su hija. Todo eso le inquietaba muy poco y no le impedía degustar cada noche el buen vino de las cosechas reales de Chaillot, sin sospechar que acaso algunos frascos de aquel vino (un poco revisado y corregido, es cierto, por el médico Coictier), cordialmente ofrecidos a Eduardo IV por Luis XI, librarían un buen día a Luis XI de Eduardo IV.

La muy honorable embajada de monseñor el duque de Austria no traía al cardenal ninguna de las preocupaciones reseñadas. Le preocupaba más bien en otros aspectos porque, en efecto, era bastante penoso y ya hemos aludido a ello en este mismo libro, el verse obligado a festejar y a acoger con buen semblante, él, Carlos de Borbón, a unos burgueses de poca monta; él, todo un cardenal, a unos simples regidores; él, un francés, amable degustador de buenos vinos, a unos flamencos, vulgares bebedores de cerveza; y todo ello en público. Era ciertamente uno de los gestos más fastidiosos que nunca habría hecho para complacer al rey.

Así, pues, cuando el ujier anunció con su voz sonora: «Sus señorías, los enviados del señor duque de Austria», él se volvió hacia la puerta, con las más cuidadosas maneras del mundo. Ni que decir tiene que, al verlos, toda la sala hizo lo mismo.

Entonces fueron entrando de dos en dos —con una seriedad que contrastaba con el ambiente petulante del cortejo eclesiástico del cardenal de Borbón— los cuarenta y ocho embajadores de Maximiliano de Austria, figurando en cabeza el muy reverendo padre Jehan, abad de

Saint-Bertain, canciller del Toisón de Oro y Jacques de Goy, señor de Dauby, gran bailío de Gante. Se produjo en la asamblea un gran silencio, acompañado de risas reprimidas al escuchar todos aquellos nombres estrambóticos y todos aquellos títulos burgueses que cada personaje comunicaba imperturbablemente al ujier, para que éste los anunciase inmediatamente, mezclando y confundiendo sus nombres y títulos.

Eran maese Loys Roelof, magistado de la villa de Lovaina, micer Clays d'Estuelde, concejal de Bruselas, micer Paul de Baeust, señor de Voirmizelle presidente de Flandes; maese Jean Coleghens, burgomaestre de la villa de Anvers; maese George de la Moere, primer magistrado de la villa de Gante; micer Gheldof Van der Hage, primer concejal de los parchones de la misma villa… y el señor de Bierbecque y Jean Pinnock y Jean Dymaerzelle… etc., bailíos, magistrados, burgomaestres; burgomaestres, magistrados y bailíos, tiesos todos, envarados, almidonados, endomingados con terciopelos y damascos con birretes de terciopelo negro y grandes borlas bordeadas con hilo de oro de Chipre; honorables cabezas después de todo; dignas y severas figuras del mismo corte de las que Rembrand pinta tan serias y graves sobre el fondo negro en su Ronda de Noche; personajes todos que llevaban inscrito en su frente que Maximiliano de Austria había tenido razón en confiarse de lleno, como decía en su manifiesto, a su buen sentido, valor, experiencia, lealtad y hombría de bien.

Pero había una excepción: se trataba de un personaje de rostro fino, inteligente, astuto, con una especie de hocico de mono y diplomático, ante quien el cardenal dio tres pasos a hizo una profunda reverencia y que tan sólo se llamaba Guillermo Rym, «consejero y pentionario de la villa de Gante».

Muy pocas personas conocían entonces la identidad de Guillermo Rym, raro genio que, de haber vivido en tiempos de la revolución, habría brillado con luz propia, pero que en el siglo XV se veía reducido a actuar soterradamente y a vivir en las intrigas, como dice el duque de Saint-Simon.

Era muy estimado por el intrigante más destacado de Europa.

Maquinaba familiarmente con Luis XI y con frecuencia metía la mano en los proyectos secretos del rey.

De todo esto, claro, era ignorante aquel gentío que se maravillaba viendo cómo su cardenal hacía reverencias a aquel enclenque personaje del bailío flamenco.

IV: Maese Jacques Coppenole

Mientras el pensionario de Gante y su eminencia el cardenal cambiaban una profunda reverencia y algunas palabras en voz baja, un hombre alto, fornido de hombros y de cara larga, pretendía entrar al mismo tiempo que Guillermo. Habríase dicho un dogo persiguiendo a un zorro. Su gorro de fieltro y su chaqueta de cuero chocaban con los cuidados terciopelos y las finas sedas de su entorno. Juzgándole por un palafrenero cualquiera, el ujier le detuvo.

—¡Eh, amigo! ¡No se puede pasar!

El hombre de la chaqueta de cuero le rechazó de un empujón.

—¿Qué pretende este tipo? —preguntó con un tono de voz, que atrajo la atención de la sala hacia el extraño coloquio—. ¿No ves quién soy?

—¿Vuestro nombre? —preguntó el ujier. Jacques Coppenole.

—¿Vuestros títulos?

—Calcetero; del comercio conocido por las tres cadenillas, en Gante.

El ujier quedó desconcertado. Pase el anunciar concejales y burgomaestres, pero anunciar a un calcetero... era demasiado. El cardenal estaba sobre ascuas. El pueblo escuchaba y miraba. Dos días llevaba su eminencia intentada peinar a aquellos osos flamencos para hacerlos un poco más presentables en público; pero aquella inconveniencia era ya demasiado. Guillermo Rym, con su fina sonrisa, se acercó al ujier.

—Anunciad a maese Jacques Coppenole, secretario de los concejales de la villa de Gante —le sugirió en voz baja.

—Ujier —confirmó el cardenal en alta voz—, anunciad a maese Jacques Coppenole, secretario de los concejales de la ilustre villa de Gante.

Esto fue un error porque Guillermo Rym, él solo, habría arreglado aquel embrollo, pero Coppenole había oído las palabras del cardenal.

—¡Ni hablar! ¡Por los clavos de Cristo! —gritó con su voz de trueno—. ¡Jacques Coppenole, calcetero! ¿Me has oído, ujier?, ni más ni menos. ¡Por los clavos de Cristo! Calcetero es bastante importante y más de una vez monseñor el archiduque ha venido a mi comercio.

Estallaron risas y aplausos, pues cosas así las comprende y las aplaude en seguida el pueblo de París.

Conviene saber que Coppenole era un hombre del pueblo y pueblo era el público allí congregado; por eso la comunicación entre ambos había sido rápida; casi como un chispazo. Aquella altiva salida del calcetero flamenco, humillando a la gente de la corte, había removido en el corazón de aquellos plebeyos no sé qué sentimiento de orgullo y dignidad, todavía un tanto impreciso en el siglo XV. Aquel calcetero, que acababa de plantarle cara al cardenal, era como ellos, era de su clase, y representaba ciertamente un sentimiento agradable para unos pobres infelices, acostumbrados al respeto y a la obediencia hacia los criados mismos de los guardias del bailío o del abad de Santa Genoveva, servidor a su vez del cardenal.

Coppenole saludó con altivez a su eminencia que, a su vez devolvió el saludo a aquel poderoso burgués, temido de Luis XI. Después, mientras Guillermo Rym, hombre prudente y maligno, como dice Philippe de Comines, les seguía con una sonrisa burlona y de superioridad, se dirigió cada uno a su sitio; el cardenal nervioso y preocupado, Coppenole tranquilo y altivo, pensando sin duda que, después de todo, su título de calcetero era tan importante como cualquier otro y que María de Borgoña, madre de esta Margarita, cuyas bodas concertaba hoy Coppenole, le hubiera temido menos como cardenal que como calcetero. ¿Por qué? Pues porque un cardenal no habría podido amotinar a los ganteses contra los partidarios de la hija de Carlos el Temerario. Tampoco habría servido un cardenal para animar a la muchedumbre con unas palabras y que ésta resistiera a sus lágrimas y a sus ruegos, cuando la señorita de Flandes fue a suplicar por ellos ante el pueblo al pie mismo del patíbulo. El calcetero sin embargo sólo tuvo que levantar su brazo, revestido de cuero, para hacer rodar vuestras dos cabezas, ilustrísimos señores Guy de Hymbercourt y canciller Guillermo Hugonet.

Pero aún no había pasado todo para el pobre cardenal; aún tenía que apurar hasta la última gota el cáliz de la mala compañía en que se encontraba.

Seguro que el lector no se habrá olvidado del descarado mendigo, colocado desde el comienzo del prólogo a los bordes del estrado cardenalicio. La llegada de tan ilustres huéspedes no le había desplazado de aquel lugar y, mientras prelados y embajadores se apretujaban como auténticos arenques flamencos en los asientos de la tribuna, él se había puesto cómodo, cruzando tranquilamente sus piernas sobre el arquitrabe. Era de una insolencia increíble, no observada en principio por nadie, pues la atención se centraba en otros puntos; tampoco él estaba pendiente de lo que ocurría en la sala y balanceaba su cabeza con una despreocupación de napolitano, repitiendo de vez en cuando, entre el rumor general: «Una limosna, por caridad».

Seguramente había sido el único de entre los asistentes que no se había dignado volver la cabeza cuando el altercado entre Coppenole y el ujier. Ahora bien, quiso la casualidad que el maestro calcetero de Gante, con quien el pueblo simpatizaba ya vivamente y en quien todas las miradas estaban clavadas, fuera a sentarse precisamente en la primera fila del estrado, encima del mendigo; y la sorpresa no fue pequeña cuando todos pudieron ver cómo el embajador flamenco, después de haber examinado al extravagante tipo sentado bajo sus ojos, le daba una palmada amistosa en el hombro cubierto de harapos. El mendigo se volvió y los dos rostros reflejaron la sorpresa, el reconocimiento y la alegría… Después sin preocuparse para nada de los espectadores, el calcetero y el lisiado se pusieron a hablar en voz baja apretándose las manos, mientras que los andrajos de Clopin Trouillefou, extendidos sobre el paño dorado del estrado, daban más bien la impresión de un gusano en una naranja.

La originalidad de esta escena tan singular provocó tales rumores de locura y de satisfacción entre el gentío que no pasó mucho tiempo sin que el cardenal se apercibiera de ello. Entonces se asomó y, no pudiendo ver desde donde estaba, más que de una manera muy incómoda a imperfecta, la casaca ignominiosa de Trouillefou, dedujo claramente que el mendigo andaba pidiendo limosna e, indignado por su audacia, exclamó:

—Señor bailío del palacio, hacedme el favor de lanzar a ese tipejo al río.

—¡Por los clavos de Cristo!, señor cardenal —dijo Coppenole, sin dejar la mano de Clopin—: ¡Si es uno de mis amigos!

—¡Bravo! ¡Bravo! —gritaron todos. Desde entonces maese Coppenole gozó en París, como en Gante, de un gran prestigio entre el pueblo pues las personas como él lo tienen cuando actúan con esta desenvoltura, dice Philippe de Comines.

El cardenal se mordió los labios y, volviéndose hacia su vecino, el abad de Santa Genoveva, le dijo a media voz:

—Valientes embajadores nos envían el señor archiduque para anunciarnos a su madame Margarita.

—Vuestra eminencia —le respondió el abad— se excede en cortesías con estos cochinos flamencos. Margaritas ante porcos.

—Más bien habría que decir —le respondió el cardenal con una sonrisa—: Porcos ante Margaritam.

Todo el cortejo de sotanas se maravilló con aquel juego de palabras, lo que tranquilizó un tanto al cardenal pues con ello había quedado en paz con Coppenole, al ser también aplaudido su retruécano.

Permítasenos preguntar a aquellos de nuestros lectores que tienen capacidad de generalizar una imagen y una idea, si se imaginan claramente el espectáculo que ofrecía, en el instante en que solicitamos su atención, aquel enorme paralelogramo que era la gran sala del palacio. En el centro, adosado al muro occidental, un amplio y magnífico estrado de brocado de oro por el que van entrando en procesión, por una puertecilla en arco de ojiva, graves personajes anunciados uno tras otro por la voz chillona de un ujier. En los primeros bancos se ven ya muchas y venerables figuras vestidas de armiño, terciopelo y escarlata. En torno al estrado, que permanece silencioso y digno, surge frente a él, por debajo de él, por todas partes, un gran gentío y un rumor confuso de voces. Miles de miradas populares y miles de murmullos se dirigen hacia cada parte del estrado, pues el espectáculo es ciertamente curioso y atrae la atención de los espectadores. Pero, ¿qué es esa especie de tablado, con cuatro fantoches embadurnados encima y otros cuatro debajo, que se ve allá, al fondo? ¿Quién es aquel hombre de blusón negro y de figura pálida que se encuentra junto al tablado? ¡Ay, querido lector! Es Pierre Gringoire y su prólogo. Nos habíamos olvidado de él y era eso lo que él se temía.

Desde la entrada del cardenal, Gringoire no había cesado de preocuparse por su prólogo. Primero había pedido a los actores, que se habían quedado cortados, que continuasen y que alzasen su voz; después, al ver que nadie escuchaba, les había hecho callar y, desde entonces, hacía ya prácticamente más de un cuarto de hora, andaba agitándose, moviéndose de un lado para otro, hablando con Gisquette y Lienarda y animando en fin a los espectadores más próximos a que le escuchasen, pero todo era en vano, pues nadie dejaba de mirar al cardenal, a la embajada flamenca y al estrado, único centro de atracción de todas las miradas.

Hay que decir, y lo hacemos con pena, que el prólogo comenzaba ya a aburrir ligeramente al auditorio, en el momento en que su eminencia había venido a distraer la atención de una manera tan terrible.

Después de todo, tanto en el estrado como en la mesa de mármol, tenía lugar el mismo espectáculo: el conflicto entre Trabajo, Clero,

Nobleza y Mercancía. Además muchos de los allí presentes preferían sencillamente verlos vivos; respirando, actuando, en carne y hueso, en la embajada flamenca o en aquella corte episcopal, bajo el ropaje del cardenal o la chaqueta de cuero de Coppenole; prefería verlos a lo vivo que maquillados o, por decirlo así, disecados bajo sus ropajes amarillos y blancos con que les había disfrazado Gringoire.

Éste, sin embargo, al ver que la calma había renacido, imaginó una estratagema que habría podido arreglarlo todo.

—Señor —dijo volviéndose hacia uno de los espectadores más próximos, un hombre de aspecto pacífico y un poco rechoncho—. ¿Y si recomenzamos?

—¿Cómo? —dijo aquel hombre.

—Eso; que si seguimos con la representación —dijo Gringoire.

—Como os plazca —respondió el hombre.

Esta semi aprobación le fue suficiente a Gringoire que, tomando la iniciativa, comenzó a vociferar intentando pasar lo más posible por un espectador.

—¡Que recomience el misterio! ¡Que recomience!

—¡Demonios! —dijo Joannes de Molendino—, ¿qué es lo que dicen allá abajo? — la verdad es que Gringoire hacía tanto ruido como cuatro—. Pero bueno, amigos, ¿no ha terminado aún el misterio? ¿Y quieren empezarlo otra vez? ¡Ni hablar! ¡No hay derecho!

—¡Ni hablar!, ¡ni hablar! —gritaron los estudiantes. ¡Fuera! ¡Fuera el misterio! Pero Gringoire se multiplicaba y chillaba más fuerte que ellos.

—¡Que empiece! ¡Que empiece!

Todo aquel ruido atrajo la atención del cardenal.

—Señor bailío del palacio —dijo a un hombre alto, vestido de negro que se encontraba a unos pasos de él—. ¿Esos villanos están acaso metidos en la pila del agua bendita para armar tanto jaleo?

El bailío del palacio era algo así como un magistrado anfibio; una especie de murciélago del orden judicial y, a la vez, algo de rata y de pájaro, de juez y de soldado.

Se aproximó a su eminencia y, no sin temer su enojo, intentó explicarle, entre balbuceos, la incongruencia del pueblo; que hacía ya tiempo que habían dado las doce sin que su eminencia hubiera hecho su aparición, y que los comediantes se habían visto obligados a comenzar sin su presencia.

El cardenal se echó a reír.

—A fe mía que el señor rector de la Universidad debería haber hecho otro tanto.

¿Qué opináis vos, micer Guillermo Rym?

—Monseñor —respondió—, debemos darnos por satisfechos con habernos librado de la mitad de la comedia; eso hemos salido ganando.

—¿Pueden, pues, esos rufianes proseguir su farsa? —Preguntó el bailío.

—Que sigan, que sigan —dijo el cardenal—; me da lo mismo; mientras tanto voy a leer el breviario.

El bailío se acercó al borde del estrado y, haciendo con su mano un gesto de silencio gritó:

—¡Burgueses y villanos todos! Para satisfacción de quienes quieren que recomience la representación y de los que desean ver cómo acaba, su eminencia ordena que prosiga.

Tuvieron, pues, que resignarse ambos bandos, aunque público y autor guardaron por ello un cierto rencor hacia el cardenal.

Así que los personajes continuaron su representación con la esperanza de Gringoire de que su obra fuera oída hasta el final y esta esperanza y otras de sus ilusiones se vieron decepcionadas porque, si bien se había conseguido restablecer el silencio entre el auditorio, no se había fijado Gringoire en que, cuando el cardenal dio la orden de proseguir, el estrado no se encontraba aún lleno y que, después de la legación flamenca, seguían llegando nuevos personajes integrantes del cortejo. Gringoire seguía, pues, con su prólogo mientras el ujier iba anunciando nombres y cargos de los recién llegados, organizándose, como es lógico, un bullicio considerable.

Imaginemos el efecto que pueden producir durante la representación de una obra de teatro los chillidos de un ujier, lanzando a voz en grito, entre dos rimas, cuando no entre dos hemistiquios, paréntesis como éste:

—¡Maese Jacques Charmolue, procurador real en los tribunales de la Iglesia!

—¡Jehan de Harlay, escudero, caballero de la ronda y vigilancia nocturnas de la ciudad de París!

—¡Micer Galiot de Genoilhac, caballero, señor de Brussac, jefe de los artilleros del
rey!

—¡Maese Dreux Raguier, inspector de las aguas y bosques del rey nuestro señor
en los territorios franceses de Champagne y de Brie!

—¡Maese Denis Lemercier, encargado de la casa de ciegos París!… etcétera.

Todo aquello era insoportable para Gringoire. Aquel extraño cortejo, que impedía por completo la representación, le indignaba tanto más, cuanto que se daba cuenta de que el interés por la obra iba acrecentándose, y de que sólo faltaba para el éxito el ser oída.

No era fácil imaginar una trama tan ingeniosa y tan dramática como la de aquella pieza. Los cuatro personajes del prólogo se lamentaban de la inutilidad de su incesante búsqueda, cuando la diosa Venus en persona, vera incensu patuit dea, se apareció ante ellos vestida con una espléndida túnica, bordada con el bajel de la villa de París.

Venía a reclamar para sí misma el delfín prometido a la más hermosa y era apoyada en sus pretensiones por Júpiter, cuyos truenos se oían retumbar en los vestuarios. Ya la diosa iba a conseguir su deseo, es decir, iba para expresarlo sin metáforas, a desposarse con el delfín, cuando una joven vestida de damasco blanco y llevando en su mano una margarita —clarísima personificación de la señorita de Flandes— se presentó, dispuesta a disputárselo a Venus.

Efectos de teatro y peripecias diversas después de una larga controversia. Venus, Margarita y los demás personajes deciden someterlo al recto juicio de la Santísima Virgen. Quedaba aún otro papel, el de don Pedro, rey de Mesopotamia, pero resultaba difícil con tantas interrupciones el poder determinar su importancia.

Todos ellos habían subido al escenario por la escalerilla a la que ya antes hemos hecho alusión, pero ya no había remedio y nadie podía ya comprender ni sentir los valores y la belleza de la obra. Era como si, a la entrada del cardenal, un hilo invisible y mágico hubiera atraído todas las miradas, desde la parte meridional en donde estaba la mesa de mármol, hasta la parte occidental en donde estaba el estrado. No había nada capaz de quitar el hechizo al auditorio y todas las miradas seguían atentas a la llegada de nuevos personajes; y sus malditos nombres, sus caras, su atuendo le producían una diversión continua. Era desolador aquello. Salvo Gisquette y Lienarda que se volvían hacia Gringoire cuando éste las tiraba de la manga, salvo aquel personaje paciente y rechoncho que se encontraba a su lado, nadie escuchaba, nadie se preocupaba para nada de la pobre farsa. Gringoire sólo veía los rostros de perfil.

¡Con cuanta amargura veía derrumbarse paso a paso todo aquel tinglado de gloria y de poesía! ¡Y pensar que aquella multitud había estado a punto de revelarse contra el bailío del palacio, impaciente por ver su obra! ¡Y ahora que estaba representándose no les importaba! ¡Una representación que había comenzado entre el clamor unánime del pueblo! ¡Eternos flujo y reflujo del fervor popular! ¡Y pensar que habían estado a punto de lanzarse contra los guardias del bailío! ¡Qué no habría dado él, Gringoire, por volver de nuevo a esos dulces momentos del comienzo!

Con la llegada de todos los embajadores había cesado aquel brutal monólogo del ujier y el poeta pudo por fin respirar. Los actores habían ya recomenzado valientemente, cuando he aquí que maese Coppenole, el calcetero, se levanta de pronto y, ante la atención de toda la sala, Gringoire le oye pronunciar esta abominable arenga.

—Señores burgueses y terratenientes de París, ¡en el nombre de Dios! Me estoy preguntando qué hacemos aquí. Estoy viendo allá, en aquel escenario, a gentes que parece que quieren pegarse y desconozco si es a eso a lo que vosotros llamáis misterio, pero, en cualquier caso, no es divertido. ¡Pelean con las palabras y nada más! Hace ya un buen rato que espero impaciente el primer golpe y no lo veo; son cobardes que sólo se ofenden con injurias. ¡Deberían haber traído a luchadores de Londres y de Rotterdam para saber lo que es bueno! Se habrían dado tales puñetazos que podrían oírse desde la plaza. Pero esos dan pena. ¡Si al menos nos hubieran dado una danza morisca o algo por el estilo! A mí me habían hablado de otra cosa; me habían prometido una fiesta de locos con la elección de un papa. También nosotros tenemos nuestro papa de los locos en Gante y en esto ¡voto al diablo!, no os vamos a la zaga. Os voy a decir cómo lo hacemos: nos reunimos, como vosotros, un gentío enorme, y luego, uno por uno, van metiendo su cabeza por un agujero, que da al lugar en donde se encuentra el público, y comienzan a hacer muecas. El que haya hecho la mueca más fea queda nombrado papa por aclamación popular. Os aseguro que es muy divertido.

¿Queréis elegir vuestro papa a la manera de mi tierra? Siempre será menos latoso que escuchar a estos charlatanes quienes, por cierto, también podrán entrar en el juego, si se deciden a hacer su mueca en el agujero. ¿Qué dicen a esto, señores burgueses? Hay aquí suficiente muestra grotesca de ambos sexos para divertirnos a la flamenca y somos lo suficientemente feos para hacer bonitas muecas.

Gringoire le habría respondido si la indignación, la cólera y la estupefacción, no le hubiesen dejado mudo. Pero, como además la propuesta del popular calcetero fue acogida con tan enorme entusiasmo por los burgueses —halagados al oírse llamar terratenientes— todo habría resultado inútil. No había más que seguir la corriente y Gringoire se cubrió la cara con las manos, lamentando no disponer de un manto, para taparse la cabeza como el Agamenón de Tumanto.

V: Quasimodo

En un abrir y cerrar de ojos todo se preparó para poner en práctica la idea de Coppenole. Burgueses, estudiantes y curiales se pusieron a trabajar y como escenario para las muecas se eligió una pequeña capilla que se hallaba frente a la mesa de mármol. Después se rompió uno de los cristales del bello rosetón situado sobre la puerta, dejando libre un círculo de piedra por donde se decidió que los participantes deberían meter la cabeza. Para llegar a él bastaba con subirse a dos toneles, cogidos no se sabe en dónde y puestos uno sobre otro sin apenas estabilidad. Se reglamentó también que cada candidato, hombre o mujer —también podía elegirse una papisa—, con el fin de que no se pudieran ver sus muecas antes de meter la cabeza por aquella lucera, se cubriera el rostro y lo mantuviera tapado en la capilla hasta el momento de su aparición. La capilla se llenó en muy poco tiempo con un buen número de concursantes tras los cuales se cerró la puerta.

Coppenole desde su sitio del estrado daba las órdenes, dirigía, lo arreglaba todo. En medio de aquel bullicio, el cardenal, tan desconcertado como Gringoire, so pretexto de resolver unos asuntos y de asistir a las vísperas, se retiró junto con su séquito, sin que la muchedumbre, tan vivamente agitada en el momento de su llegada, lamentara mínimamente su ausencia. Fue Guillermo Rym el único en advertirla. La atención popular, igual que hace el sol, proseguía su curso y recorría la sala de parte a parte, después de detenerse unos instantes en el centro. La mesa de mármol y el estrado habían atraído la atención, pero ahora le tocaba el turno a la capilla de Luis XI. Se había dado rienda suelta a la locura y ya no se veían más que flamencos y populacho.

Comenzaron las muecas. La primera cara que apareció por aquel agujero o tragaluz con párpados enrojecidos y con la boca tan abierta como unas fauces y con tantas arrugas en la frente como las botas de los húsares del imperio, provocó tan ruidosas risotadas, que el mismo Homero habría confundido a aquellos villanos con dioses del Olimpo. Pero aquella sala no era, ni mucho menos, el Olimpo y el pobre Júpiter de Gringoire lo sabía mejor que nadie. Se sucedieron la segunda, la tercera y otras muecas más, y siempre provocaban las risotadas y el jolgorio de la multitud. Era como si aquel espectáculo tuviera algo de embriagador o de fascinante difícil de ser transmitido al lector de nuestros días.

Habría que imaginarse una serie de rostros que presentaran sucesivamente todas las formas geométricas, desde el triángulo hasta el trapecio, desde el cono al poliedro, todas las expresiones humanas, desde la cólera hasta la lujuria; todas las edades, desde las arrugas de un recién nacido, hasta las de una vieja moribunda; todas las fantasmagorías religiosas, desde el fauno hasta Belcebú; todos los perfiles de animales, desde unas fauces hasta un pico, desde el morro al hocico. Imaginemos aún los mascarones del Pont Neuf o las pesadillas pétreas salidas de la mano de Germain Pilon, adquiriendo vida y espíritu y acercándose para miraros frente a frente con sus ojos de fuego; o imaginad todos los disfraces del carnaval de Venecia sucediéndose ante el cristal de vuestro catalejo. En una palabra: un calidoscopio humano.

Aquella orgía era cada vez más propiamente flamenca. Un cuadro de Teniers nos daría aún una idea harto imperfecta. Imaginemos más bien, en auténtica bacanal, una de las batallas pintadas por Salvator Rosa. Allí no quedaban ya ni estudiantes, ni embajadores, ni burgueses, ni hombres, ni mujeres. No había ya ningún Clopin Trouillefou, ni Gilles Lecornu, ni Marie Quatrelivres, ni Robin Poussepain; todo se borraba en el libertinaje colectivo. La gran sala no era sino un inmenso horno de desvergüenza y jovialidad, en donde cada boca era un grito, cada ojo un destello de luz, cada rostro una mueca y cada individuo una postura.

Todo allí gritaba y rugía; los extraños rostros que llegaban, uno tras otro, al rosetón a hacer sus muecas, eran como teas encendidas echadas en aquel enorme brasero que era la sala y, de todo aquel gentío en efervescencia, subía como el vapor de un horno, un rumor agrio, agudo, duro y silbante como las alas de un moscardón.

—¡Hala! ¡Maldición!

—¡Mira ésa! ¡Fíjate qué cara!

—¡Bueno! ¡No es para tanto!

—¡Otra! ¡Que salga otra!

—¡Guillemette Maugerepuis, mira ese morro de toro! ¡Sólo le faltan los cuernos!

¿No será tu marido?

—¡Otro! ¡Que salga otro!

—¡Por la barriga del papa! ¡Qué cara es ésa!

—¡Eh eh! ¡Eso es trampa! ¡Eso no es la cara! ¡Sólo se puede enseñar la cara!

—¡Esa condenada de Perrette Callebotte es capaz de todo!

—¡Bravo! ¡Bravo!

—¡Uff! ¡Me ahogo!

—¡Mira! ¡A ése no le caben las orejas por el agujero! —Pero seamos justos con nuestro amigo Jehan. En medio de aquel alboroto, aún se le veía en lo alto del pilar, como a un grumete en su gavia. Bregaba con una furia increíble. De su boca totalmente abierta se escapaban gritos incomprensibles, no porque la intensidad del clamor general los ahogase, sino porque seguramente iban más allá del límite de la escala perceptible de los sonidos agudos: las doce mil vibraciones de Sauveur o las ocho mil de Biot.

Gringoire, por su parte, después de aquellos momentos de abatimiento, había conseguido rehacerse y se mostraba decidido a hacer frente a cualquier adversidad.

—Continuad, —repetía una vez más a sus comediantes, auténticas máquinas parlantes y, dando grandes pasos ante la mesa de mármol, le entraban deseos de acercarse también a la lucera de la capilla, aunque no fuera más que para darse el gusto de hacerle una mueca de burla a aquel pueblo ingrato.

«Nada de venganzas que serían indignas de nosotros; lucharemos hasta el fin», se repetía, «porque el influjo que la poesía tiene sobre el pueblo es muy grande y acabaré por interesarles. Veremos quién gana si las vulgaridades o las bellas letras».

Pero, ¡ay!, sólo él quedó como espectador de su propia obra y ahora era todavía peor que antes pues ya sólo veía las espaldas de la gente. Esto no es totalmente cierto, pues aquel hombre paciente y rechoncho, a quien ya había consultado poco antes, miraba aún al escenario. Gisquette y Lienarda hacía ya rato que habían desertado.

Gringoire se emocionó hasta el fondo de su corazón ante la fidelidad de aquel espectador y se acercó a él para hablarle, pero hubo de sacudirle fuertemente, pues el pobre se había adormilado, apoyado en la balaustrada.

—Muchas gracias, señor —le dijo Gringoire.

—¿De qué señor? —contestó el otro con un bostezo.

—Ya me doy cuenta de que todo ese ruido os impide oír a gusto la obra —le dijo Gringoire—. Tranquilizaos porque os prometo que vuestro nombre pasará a la posteridad. ¿Cómo os llamáis?

—Renault Château, guardasellos del Châtelet de Paris, para serviros.

—Señor, sois aquí el único representante de las musas —dijo Gringoire.

—Muchas gracias; sois muy amable —añadió el guardasellos del Châtelet.

—Sois el único que ha escuchado la obra, ¿qué os ha parecido?

—Vaya —respondió el rechoncho magistrado, un tanto adormilado aún—: interesante, bastante buena en realidad.

Hubo de contentarse Gringoire con tal elogio pues una atronadora salva de aplausos, en medio de un griterío ensordecedor, puso fin a su conversación. Se había, por fin, elegido el papa de los locos.

—¡Viva! ¡viva! —gritaba la multitud.

En efecto, la mueca que en aquel momento triunfaba en el hueco del rosetón era algo formidable.

Después de tantas caras hexagonales o pentagonales y heteróclitas que habían pasado por la lucera sin culminar el ideal grotesco, formado en las imaginaciones exaltadas por la orgía sólo la mueca sublime que acababa de deslumbrar a la asamblea habría sido capaz de arrancar los votos necesarios. Hasta el mismo maese Coppenole se puso a aplaudir y Clopin Trouillefou, que también había participado —y sólo Dios sabe cuán horrible es la fealdad de su rostro— se confesó vencido y lo mismo haremos nosotros, pues es imposible transmitir al lector la idea de aquella nariz piramidal, de aquella boca de herradura, de aquel ojo izquierdo, tapado por una ceja rojiza a hirsuta, mientras que el derecho se confundía totalmente tras una enorme verruga, o aquellos dientes amontonados, mellados por muchas partes, como las almenas de un castillo, aquel belfo calloso por el que asomaba uno de sus dientes, cual colmillo de elefante; aquel mentón partido y sobre todo la expresión que se extendía por todo su rostro con una mezcla de maldad, de sorpresa y de tristeza. Imaginad, si sois capaces, semejante conjunto.

La aclamación fue unánime. Todo el mundo se dirigió hacia la capilla y sacaron en triunfo al bienaventurado papa de los locos y fue entonces cuando la sorpresa y la admiración llegaron al colmo, al ver que la mueca no era tal; era su propio rostro.

Más bien toda su persona era una pura mueca. Una enorme cabeza erizada de pelos rojizos y una gran joroba entre los hombros que se proyectaba incluso hasta el pecho. Tenía una combinación de muslos y de piernas tan extravagante que sólo se tocaban en las rodillas y, además, mirándolas de frente, parecían dos hojas de hoz que se juntaran en los mangos; unos pies enormes y unas manos monstruosas y, por si no bastaran todas esas deformidades, tenía también un aspecto de vigor y de agilidad casi terribles; era, en fin, algo así como una excepción a la regla general, que supone que, tanto la belleza como la fuerza, deben ser el resultado de la armonía. Ése era el papa de los locos que acababan de elegir; algo así como un gigante roto y mal recompuesto.

Cuando esta especie de cíclope apareció en la capilla, inmóvil, macizo, casi tan ancho como alto, cuadrado en su base, como dijera un gran hombre, el populacho lo reconoció inmediatamente por su gabán rojo y violeta cuajado de campanillas de plata y sobre todo por la perfección de su fealdad, y comenzó a gritar como una sola voz:

—¡Es Quasimodo, el campanero! ¡Es Quasimodo, el jorobado de Nuestra Señora!

¡Quasimodo, el tuerto! ¡Quasimodo, el patizambo! ¡Viva! ¡Viva! Fíjense si el pobre diablo tenía motes en donde escoger:

—¡Que tengan cuidado las mujeres preñadas! —gritaban los estudiantes.

—¡O las que tengan ganas de estarlo! —añadió Joannes. Las mujeres se tapaban la cara.

—¡Vaya cara de mono! —decía una.

—Y seguramente tan malvado como feo —añadió otra.

—Es como el mismo demonio —porfiaba una tercera.

—Tengo la desgracia de vivir junto a la catedral y todas las noches le oigo rondar por los canalones.

—¡Como los gatos!

—Es cierto; siempre anda por los tejados.

—Nos echa maleficios por las chimeneas.

—La otra noche vino a hacerme muecas por la claraboya y me asustó tanto que creí que era un hombre.

—Estoy segura de que se reúne con las brujas; la otra noche me dejó una escoba en el canalón.

—¡Uf! ¡Qué cara tan horrorosa tiene ese jorobado!

—Pues, ¡cómo será su alma!

Los hombres, por el contrario, aplaudían encantados.

Quasimodo, objeto de aquel tumulto, permanecía de pie a la puerta de la capilla, triste y serio, dejándose admirar.

Un estudiante, Robin Poussepain creo que era, se le acercó burlón, chanceándose un poco de él y Quasimodo no hizo sino cogerle por la cintura y lanzarles a diez pasos por encima de la gente sin inmutarse y sin decir una palabra.

Entonces maese Coppenole, maravillado, se acercó a él.

—¡Por los clavos de Cristo! ¡Válgame San Pedro! Nunca he visto nadie tan feo como tú y creo que eres digno de ser papa aquí y en Roma. Al mismo tiempo, y un tanto festivamente, le pasaba la mano por la espalda. Como Quasimodo no se movía, Coppenole prosiguió:

—Eres un tipo con quien me gustaría darme una comilona, aunque me costase una moneda nueva de doce tornesas. ¿Te hace?

Quasimodo no contestaba.

—¡Por los clavos de Cristo! ¿Pero eres sordo o qué? Y en efecto, Quasimodo era sordo.

Sin embargo, estaba empezando a impacientarse por los modales de Coppenole y de pronto se volvió hacia él, con un rechinar de dientes tan terrible, que el gigante flamenco retrocedió como un perro de presa ante un gato. Se hizo entonces a su alrededor un círculo de miedo y de respeto de, por lo menos, unos quince pasos de radio. Una vieja aclaró entonces a maese Coppenole que Quasimodo era sordo.

—¡Sordo! —dijo el calcetero con una enorme carcajada flamenca—. ¡Por los clavos de Cristo! Es un papa perfecto.

—Yo le conozco —dijo Jehan, que había bajado por fin de su capitel para ver a Quasimodo de más cerca—; es el campanero de mi hermano el archidiácono.

—¡Hola, Quasimodo!

—¡Demonio de hombre! —dijo Robin Poussepain, un tanto contusionado aún por su caída—: Aparece aquí y resulta que es jorobado; se echa a andar y es patizambo; lo mira y es tuerto; hablas y es sordo. ¿Pues cuándo habla este Polifemo?

—Cuando quiere —respondió la vieja—; es sordo de tanto tocar las campanas, pero no es mudo.

—Menos mal —observó Jehan.

—¡Ah! y tiene un ojo de más —añadió Pierre Poussepaia.

—No —dijo juiciosamente Jehan—. Un tuerto es mucho más incompleto que un ciego, pues sabe lo que le falta.

Mientras tanto todos los mendigos, los lacayos, los ladrones, junto con los estudiantes habían ido a buscar en el armario de la curia la tiara de cartón y la toga burlesca del papa de los locos.

Quasimodo se dejó vestir sin pestañear con una especie de docilidad orgullosa. Despúes le sentaron en unas andas pintarrajeadas, y doce oficiales de la cofradía de los locos se lo echaron a hombros. Una especie de alegría amarga y desdeñosa iluminó entonces la cara triste del cíclope, al ver bajo sus pies deformes aquellas cabezas de hombres altos y bien parecidos.

Después se puso en marcha aquella vociferante procesión de andrajosos para, siguiendo la costumbre, dar la vuelta por el interior de las galerías del palacio, antes de hacerlo por las plazas y calles de la Villa.

VI: La Esmeralda

Informamos encantados a nuestros lectores que durante toda esta escena Gringoire y su obra habían aguantado bravamente. Los actores, espoleados por él, habían continuado recitando y él no había cesado de escucharlos. Se había resignado ante aquel enorme vocerío y decidió llegar hasta el final con la esperanza de un cambio de actitud por parte del público. Este fulgor de esperanza se reavivó al comprobar cómo Quasimodo, Coppenole y el cortejo ensordecedor del papa de los locos salían de la sala, en medio de una gran algarada, seguidos ávidamente por el gentío que se precipitó tras ellos.

—Menos mal —se dijo—; ya era hora de que todos esos alborotadores se largaran.

—Por desgracia todos los alborotadores lo formaban todo el público y, en un abrir y cerrar de ojos, la sala quedó vacía.

A decir verdad, todavía quedaban algunos espectadores; unos dispersos, otros agrupados junto a los pilares. Mujeres, viejos o niños cansados del tumulto y del jaleo. Algunos estudiantes se habían quedado a caballo en las cornisas de las ventanas y miraban lo que ocurría en la plaza.

«Bueno —pensó Gringoire—, hay gente bastante para escuchar mi obra; no son muchos, pero es un público selecto, un público culto».

Poco después debía oírse una sinfonía, encargada de producir un gran efecto a la llegada de la Santísima Virgen y entonces él cayó en la cuenta de que se habían llevado la orquesta para la procesión de los locos.

—Saltaos esa parte —les dijo estoicamente.

Se acercó poco más tarde a un grupo de gentes que le parecía interesado en la obra y... he aquí una pequeña muestra de la conversación que cogió al vuelo.

—Maese Cheneteau, ¿conocéis la residencia de Navarra, la que pertenecía al señor de Nemours?

—Sí; ¿la que estaba frente a la capilla de Braque?

—Pues bien, el fisco se la ha alquilado a Guillaume Alixandre, el historiador, por seis libras y ocho sueldos parisinos al año.

—¡Cómo suben los alquileres!

«En fin —se dijo Gringoire—; seguro que hay otros que están escuchando con más atención».

—¡Camaradas! —gritó de pronto uno de aquellos tipos de la ventana: ¡La Esmeralda! ¡Está en la plaza la Esmeralda!

Estas palabras produjeron un efecto mágico y la poca gente que aún quedaba en la sala se precipitó hacia las ventanas, subiéndose a los muros para ver, al mismo tiempo que repetían: ¡la Esmeralda! ¡La Esmeralda!

Desde la plaza se oía un gran ruido de aplausos.

—Pero, ¿qué es eso de la Esmeralda? —preguntaba Gringoire, juntando las manos desesperadamente—. ¡Dios mío! Parece que ahora les ha tocado el turno a las ventanas —volvióse hacia la mesa de mármol y vio que la representación se había interrumpido de nuevo. Era justo el momento en que Júpiter tenía que aparecer con su rayo; pero Júpiter se había quedado inmóvil, al pie del escenario.

—¡Miguel Giborne! —le gritó irritado el poeta—. ¿Qué haces ahí? Te toca a ti.

Sube ahora mismo.

—No puedo —dijo Júpiter—; un estudiante acaba de llevarse la escalera.

Gringoire miró y vio que efectivamente era así y que esta circunstancia cortaba toda la comunicación de la obra entre el nudo y el desenlace.

—¡Qué simpático! —murmuró entre dientes—. ¿Y para qué ha cogido la escalera?

—Para poder asomarse y así ver a la Esmeralda —respondió compungido Júpiter—

. Vino y dijo: «¡Anda! ¡Una escalera que no sirve para nada» y se la llevó!

Fue el golpe de gracia. Gringoire lo recibió con resignación.

—¡Podéis iros todos al diablo! —dijo a los comediantes—; y si me pagan a mí, cobraréis también vosotros.

Y se retiró cabizbajo, pero el último de todos, como un general que ha luchado con valor. Luego, mientras bajaba por las tortuosas escaleras del palacio, iba mascullando entre dientes:

—¡Maldita retahíla de asnos y buitres! ¡Vienen con la idea de asistir al misterio y… nada! Todo el mundo les preocupa: Clopin Trouillefou, el cardenal, Coppenole, Quasimodo… ¡el mismísimo demonio incluso!, pero de la Virgen María no quieren saber nada. Si lo llego a saber… ¡Vírgenes os habría dado yo a vosotros, papanatas! ¡Y yo que había venido con la idea de ver los rostros y sólo las espaldas he podido ver!

¡Ser poeta para tener el éxito de un boticario! En fin; también Homero hubo de pedir limosna por las calles de Grecia y Nasón murió en el exilio entre los moscovitas, pero… que me lleven todos los demonios si entiendo lo que han querido decir con su Esmeralda. ¿Qué significa esa palabra? Debe ser una palabra egipcia.

LIBRO SEGUNDO

I: De Caribdis a Escila

Anochece muy pronto en enero y cuando Gringoire salió del palacio, las calles estaban ya desiertas. Aquella oscuridad le agradó y se impacientaba ya por llegar a alguna callejuela sombría y desierta, para poder allí meditar a sus anchas y para que el filósofo hiciera la primera cura en la herida abierta del poeta. En aquellos momentos la filosofía era su único refugio, pues además no sabía a dónde ir. Después del estrepitoso fracaso de su intento teatral no se atrevía a volver a la habitación que ocupaba en la calle Grenier-sur-l'Eau frente al Port-au-Foin. El pobre hombre había contado con lo que el preboste le pagaría por su epitalamio para, a su vez, liquidar con maese Guillaume Droux-Sire, encargado de los arbitrios de las reses de pezuña partida de París, los seis meses de alquiler que le debía; es decir, doce sueldos parisinos. Doce veces más que todo lo que él tenía, incluidas sus calzas y su camisa. Después de pensar un momento, cobijado provisionalmente bajo el portillo de la prisión del tesorero de la Santa Capilla, en qué lugar podría pasar aquella noche, teniendo como tenía a su disposición todos los empedrados de París, se acordó de que la semana anterior había visto en la calle de la Savaterie, a la puerta de un consejero del parlamento, una de esas piedras que sirven de escalones para poder subirse a las mulas, y de haber pensado que, en caso de necesidad, podría servir de almohada a un mendigo o a un poeta, y dio gracias a la providencia por haberle sugerido tan buena idea; pero, cuando se preparaba para atravesar la plaza del palacio y adentrarse en aquel tortuoso laberinto de las calles de la Cité, por donde serpentean todas esas viejas hermanas que son las calles de la Barilleirie, de la Vieille Draperie, de la Savaterie, de la Juiverie, etcétera, que aún se mantienen hoy con sus casas de nueve pisos, vio la procesión del papa de los locos que salía también del palacio, enfilando casi su mismo camino, con acompañamiento de gran griterío de antorchas encendidas, y la orquestilla del pobre Gringoire. A su vista se reavivaron las heridas de su amor propio y huyó. En la amarga desgracia de su aventura dramática, todo recuerdo de ese día le agriaba y le abría de nuevo su llaga.

Quiso pasar entonces por el puente de Saint-Michel por el que corrían unos muchachuelos tirando petardos y cohetes.

—¡Al diablo todos los cohetes! —dijo Gringoire y se encaminó hacia el Pont-au- Change.

Habían colgado, en las casas situadas a la entrada del puente, tres telas que representaban al rey, al delfín y a Margarita de Flandes, y otros seis paños más pintados esta vez con retratos del duque de Austria del cardenal de Borbón, del señor de Beaujeu, de doña Juana de Francia así como del bastardo del Borbón y no sé qué otro más; todos ellos iluminados con antorchas para ser vistos por la multitud.

—¡Buen pintor ese Jean Fourbault! —dijo Gringoire con un profundo suspiro, dando la espalda a todas aquellas pinturas para adentrarse en una calle oscura que surgía ante él. Tan solitaria parecía que pensó que, metiéndose en ella, podría escapar a todo el bullicio y a todos los ruidos de la fiesta.

Apenas hubo dado unos pasos, cuando sus pies tropezaron contra algo y cayó al suelo, era el ramo del mayo que los de la curia habían depositado por la mañana a la puerta del presidente del parlamento, en honor a la solemnidad de aquel día. Gringoire aguantó heroicamente aquel contratiempo y levantándose, se dirigió hacia el río. Después de dejar tras de sí la torrecilla civil y la torre de lo criminal, caminó a lo largo del muro de los jardines reales por la orilla no pavimentada, en donde el barro le llegaba hasta los tobillos; llegó a la parte occidental de la isla de la Cité, se paró a mirar el islote del Passeur-aux-Vaches, desaparecido actualmente, con el caballo de bronce y el Pont-Neuf. Entre las sombras de aquel islote, parecía como una masa negra el otro lado del estrecho paso de agua blancuzca que le separaba de ella. Podía adivinarse por los rayos de una lucecita, una especie de cabaña en forma de colmena, en donde el barquero del ganado se cobijaba por las noches.

—¡Ay feliz barquero que no sueñas con la gloria ni compones epitalamios! —pensó Gringoire—. ¿Qué te importan a ti las bodas de los reyes o las duquesas de Borgoña?

¡Para ti no hay más margaritas que las que crecen en el campo y que sirven de alimento a tus vacas! Y a mí, poeta, me abuchean y paso frío y debo doce sueldos por el alquiler, y las suelas de mis zapatos están tan gastadas y transparentes que podrían muy bien utilizarse como cristales para tu farol. ¡Gracias, barquero del ganado, porque tu cabaña me permite descansar la vista y me hace olvidar París!

La explosión de un doble petardo, surgido bruscamente de la cabaña del barquero, le despertó de aquella especie de ensueño lírico en que se había sumido. Se trataba del barquero que sin duda quería también participar en las alegrías de aquella fecha y que había lanzado un cohete artificial.

Aquella explosión puso a Gringoire la piel de gallina.

—¡Maldita fiesta! ¿No podré librarme de ti ni siquiera aquí, junto al barquero?

Luego miró cómo el Sena corría a sus pies y un terrible pensamiento cruzó por su mente.

—¡Con cuanto placer me lanzaría al agua si no estuviera tan fría! —y tuvo entonces una reacción desesperada; puesto que no podía escapar ni al papa de los locos ni a las pinturas de Jehan Fourbault, ni a los ramos del mayo ni a los petardos, ni a los cohetes, lo mejor sería participar de lleno en la fiesta y acercarse a la plaza de Grève. Al menos, pensaba, allí podré encontrar un tizón de la fogata para calentarme y podré cenar algunas migas de los tres enormes escudos de armas hechos con azúcar que habrán colocado presidiendo la mesa para el banquete público de la villa.

II: La plaza de Grève

Hoy día no quedan de la plaza de Grève, tal como existía entonces, más que algunos vestigios perceptibles apenas, como la atractiva torrecilla del ángulo norte de la plaza, cubierta por un encalado vulgar que borra las aristas de las esculturas y que incluso desaparecerá absorbida por esas nuevas construcciones que están acabando con todas las viejas fachadas de París.

Quienes como nosotros no pasan por la plaza de Grève sin echar una ojeada de nostalgia y de simpatía a esa pobre torrecilla, estrangulada entre dos caserones de tiempos de Luis XV, pueden construir en su imaginación el conjunto de edificios al que pertenecía e imaginar íntegra la vieja plaza gótica del siglo XV.

Era, como lo es hoy, un trapecio irregular, limitada en una de sus partes por el muelle y por una serie de casas altas, estrechas y sombrías en las otras tres.

De día, podía admirarse la diversidad de sus edificaciones, esculpidas en piedra o talladas en madera, representando muestras completas de los diferentes modelos de arquitectura doméstica de la Edad Media, remontándose desde el siglo XV hasta el XI, desde el crucero que comenzaba a destronar la ojiva, hasta el arco románico, de medio punto, que había sido reemplazado por el arco ojival y que se extendía aún por el primer piso de aquella vieja casa de la Tour Roland que hace ángulo entre el Sena y la plaza, por el lado de la calle de la Tannerie.

De noche sólo se distinguía, entre la masa de edificios, la silueta negra de los tejados desplegando en torno a la plaza, su cadena de ángulos agudos. Y es que una de las diferencias más palpables entre las ciudades de antes y las de ahora, es que ahora las fachadas dan a las plazas y a las calles y antes eran los hastiales o los piñones los que daban a las plazas; es decir, que las casas han dado media vuelta desde hace dos siglos.

En el centro, en la parte oriental de la plaza, se veía una construcción maciza, con mezcla de estilos, formada por tres viviendas superpuestas y que era conocida por los tres nombres que definen su historia, su destino y su arquitectura: la casa del delfín, por haberla habitado el delfín Carlos V; la mercancía, por haber servido de ayuntamiento, y la casa de los pilares, a causa de unos gruesos pilares que sustentaban sus tres plantas.

Los ciudadanos encontraban en ella todo lo que una buena villa, como París, necesitaba: una capilla para rezar a Dios, una audiencia para juzgar, y parar en caso necesario los pies a los agentes del rey, y un desván, provisto de buena artillería, pues los burgueses de París saben que con frecuencia no basta con rezar y pleitear para defender los privilegios de su ciudad, sino que es necesario también disponer, en los desvanes del ayuntamiento, de buenos arcabuces, aunque estén mohosos.

La plaza de Grève tenía ya entonces ese aspecto siniestro que le confieren el recuerdo que ella misma evoca y el ayuntamiento de Dominique Boccador, sombrío sustituto de la casa de los pilares. Conviene añadir que un patíbulo y una picota o, como eran llamados entonces, una «justicia» y una «escala» erigidos juntos en medio de la plaza, tampoco contribuían mucho a no fijar la mirada en una plaza tan fatal, lugar de agonía de tanta gente y en donde cincuenta años más tarde iba a nacer la fiebre de San Vallier, enfermedad provocada por el horror al cadalso, monstruosa como ninguna otra enfermedad, por tener su origen no en Dios sino en los hombres.

Es un consuelo, dicho sea de paso, el pensar que la pena de muerte que hace trescientos años llenaba con sus ruedas de hierro; con sus patíbulos de piedra y con todos sus permanentes instrumentos de suplicio, fijos en el suelo, la plaza de Grève o los mercados o la plaza Dauphine o la Croix-du-Trahoir o el mercado de los cerdos y el horrible Montfaucon y la plaza de los gatos y la puerta de Saint-Denis y Champeaux; además de los que existían en la Puerta Baudets y en la Puerta de Saint Jacques; todo ello sin contar las numerosas escalas de los prebostes, del obispo, de los capítulos, de los abades, de los priores con derecho a administrar justicia, sin contar tampoco las condenas a morir ahogado en el Sena; es consolador que hoy, perdidas ya todas las piezas de su armadura, su derroche de suplicios, sus condenas de imaginación y fantasía, su cámara de torturas, a la que cada cinco años se añadía una cama de cuero en la prisión del Gran Châtelet, esa antigua soberana de la sociedad feudal, eliminada casi de nuestras leyes y de nuestras villas, atacada en todos los códigos, expulsada de plaza en plaza; es consolador en verdad que, después de todo esto, sólo tenga en nuestro inmenso París un rincón vergonzoso en la plaza de Grève, una miserable guillotina, furtiva, vergonzante y siempre temerosa de ser sorprendida en flagrante delito, por la rapidez con que desaparece después de haber cumplido su misión.

III: Besos para golpes

Cuando Pierre Gringoire llegó a la plaza de Grève se encontraba aterido. Había dado un rodeo por el Pont-aux-Meuniers para así evitar la multitud concentrada en el Pont-au-Changes y las pinturas de Jean Fourbault; pero las ruedas de los molinos del obispo le habían salpicado al pasar y su blusón estaba empapado. Le parecía además que el fracaso de su obra le hacía aún más friolero y por eso apresuró la marcha para llegar antes a la gran fogata de la fiesta que ardía con un fuego impresionante en medie de la plaza. Una multitud considerable se apiñaba a su alrededor.

—¡Malditos parisinos! —se dijo para sí pues Gringoire, como verdadero poeta dramático que era, utilizaba con alguna frecuencia estos monólogos—. ¡Y además no me dejan acercarme al fuego, ahora que necesito un hueco al calor! ¡Mis zapatos se han calado y esos malditos molinos me han puesto pingando! ¡Demonio de obispo y sus molinos! ¡Ya me gustaría saber para qué quiere un obispo tantos molinos! ¿Querrá hacerse obispo molinero? Si para ello necesita mi bendición, se la doy a él, a su catedral y a sus molinos. ¿Me dejarán un sitio junto al fuego todos esos mirones? ¿Qué pintarán ahí? ¡Calentarse! ¡Pues vaya cosa! ¡Menudo espectáculo mirar cómo se van quemando un centenar de leños!

Fijándose un poco mejor se dio cuenta de que el círculo era un poco más ancho de lo necesario para calentarse y que toda aquella gente estaba allí concentrada por algo más que por el simple hecho de ver cómo se quemaba un buen montón de leños.

En un buen espacio libre, abierto entre el fuego y el gentío, una joven estaba bailando.

Tan fascinado se quedó ante aquella deslumbradora visión que, por muy poeta irónico o por muy filósofo escéptico que se considerara, no fue capaz de distinguir a primer golpe de vista si en realidad se trataba de un ser humano, de un hada o de un ángel.

No era muy alta, pero lo parecía por la finura de su talle, que se erguía atrevido con agilidad; era morena pero se adivinaba que a la luz del día su tez debía tener ese reflejo dorado de las mujeres andaluzas y romanas. Sus pies, pequeños, también parecían andaluces. Se diría que estaban presos, pero cómodos a la vez, en sus graciosos zapatos. Bailaba y giraba como un torbellino sobre una vieja alfombra persa y, cada vez que se acercaba en sus giros vertiginosos, sus ojos negros lanzaban destellos de luz.

Todo el mundo tenía sus ojos clavados en ella y la miraban boquiabiertos. En efecto, al verla danzar así, al ritmo del pandero, con sus dos hermosos brazos jugando por encima de la cabeza, grácil y vivaz como una avispa, con su corpiño dorado, su vestido de mil colores lleno de vuelos, con sus hombros desnudos, sus piernas estilizadas que la falda, al hincharse, dejaba asomar con frecuencia; su pelo negro, su mirada de fuego, parecía una criatura sobrenatural.

—En verdad —pensaba Gringoire—, es una salamandra, una ninfa, una diosa o una de las bacantes del monte Menaleo. —En aquel momento una de las trenzas de la «salamandra» saltó y una moneda de latón que la sujetaba rodó por el suelo—. ¡Ah, no! —se dijo Gringoire—: ¡Es una gitana!

Todo su entusiasmo se había esfumado.

Nuevamente se puso a bailar y cogiendo del suelo dos sables, los apoyó de punta en su frente, haciéndolos girar en un sentido, al tiempo que ella lo hacía en el otro. Se trataba de una gitana efectivamente y, a pesar del desencanto de Gringoire, el conjunto aquel que la gente estaba presenciando se hallaba cargado de belleza y de magia. La fogata iluminaba con su resplandor crudo y rojizo que se reflejaba, tembloroso en los rostros de la muchedumbre y en la frente morena de la joven. Al fondo de la plaza se adivinaba un reflejo pálido y vacilante de sombras, contra la vieja fachada negra de la Maison aux Piliers y contra los brazos de piedra de la horca.

Entre los mil rostros que este fulgor teñía de escarlata había uno que parecía absorto, como ningún otro, en la contemplación de la bailarina. Se trataba de una figura de hombre, austera, serena, sombría. Aquel hombre, cuya ropa quedaba oculta por la gente que le rodeaba, no tendría más allá de los treinta y cinco años; era calvo y apenas si algún mechón de pelo ralo y gris aparecía en sus sienes. Su frente se veía surcada de incipientes arrugas, pero los ojos hundidos denotaban una juventud extraordinaria, una vida ardorosa y una profunda pasión. Los mantenía prendidos en la gitana y mientras la alocada joven de dieciséis años bailaba y revoloteaba para satisfacción de todos, los pensamientos de aquel hombre se tornaban más sombríos. A veces una sonrisa y un suspiro se encontraban juntos en sus labios, resultando la sonrisa más dolorosa que el suspiro.

La muchacha se detuvo por fin, jadeante, y el pueblo la aplaudió con delirio.

—Djali —dijo de pronto la gitana.

Entonces Gringoire vio llegar a una linda cabrita blanca, espabilada, ágil, lustrosa, con cuernos dorados, pezuñas doradas y un collar dorado. No la había visto hasta entonces pues había estado echada todo el rato en un rincón de la alfombra, mirando bailar a su ama.

—¡Djali!, ahora te toca a ti —dijo la bailarina. Y sentándose entregó graciosamente el pandero a la cabra.

—¡Djali! —continuo—; ¿en qué mes del año estamos?

La cabra levantó su pata delantera y golpeó una vez en el pandero. Era el primer mes del año, en efecto, y la multitud aplaudió.

—¡Djali! —dijo la joven volviendo el pandero al revés—. ¿En qué día del mes estamos?

La cabrita levantó su patita dorada y golpeó seis veces el pandero.

—¡Djali! —prosiguió la gitana cambiando nuevamente la posición del pandero—.

¿Qué hora es?

Djali golpeó siete veces el pandero, justo además en el instante en que daban las siete en el reloj de la Maison-aux-Piliers.

La gente estaba maravillada.

—¡Hay brujería en esto! —dijo una voz siniestra en el gentío. Era la del hombre calvo, que no había apartado sus ojos de la gitana.

La joven se estremeció y se volvió hacia él, pero los aplausos de la gente sofocaron aquella exclamación; incluso consiguieron borrarla de su mente porque la gitana continuó con su cabra.

—¡Djali! ¿Cómo hace maese Guichard Grand-Remy, el capitán de carabineros de la villa en la procesión de la Candelaria?

Djali, apoyándose en sus patas traseras, comenzó a balar y a andar con tal gracia y tan seriamente que todo el círculo de espectadores se echó a reír ante esta parodia del celo del capitán de los pistoleros.

—¡Djali! —prosiguió la joven, animada por su creciente éxito—. ¿Cómo predica maese Jacques Charmolue, procurador del rey en los tribunales de la Iglesia?

La cabra se puso nuevamente de pie, bailando y moviendo sus patas delanteras de una manera tan extraña que, exceptuando su mal francés y su mal latín, era el mismo Jacques Charmolue, con sus gestos, con su acento y en definitiva con sus mismas formas de actuar.

Y la multitud aplaudía a rabiar.

—¡Sacrilegio y profanación se llama a eso! —exclamó de nuevo la voz de aquel hombre.

La gitana se volvió de nuevo hacia él.

—¡Ah! ¡es ese hombre ruin otra vez! —y luego, haciendo una mueca con la boca, en un gesto que debía serle familiar, giro sobre sus talones y se dispuso a recoger en su pandereta los donativos del público.

Llovían las monedas, los ochavos, las de plata, grandes y pequeñas, sueldos… Cuando pasó ante Gringoire, éste se llevó la mano al bolsillo, en un gesto un tanto distraído, y ella se detuvo.

—¡Demonio! —dijo el poeta, al no encontrar más que el fondo de su bolsillo, es decir, nada. Sin embargo, allí estaba la hermosa joven mirándole con sus negros ojos, mientras esperaba con la pandereta tendida hacia él. Gringoire sudaba la gota gorda. El Perú le habría dado, si lo hubiera tenido en el bolsillo, pero Gringoire no tenía el Perú, ni tan siquiera se había aún descubierto América.

Por suerte, un pequeño incidente fortuito vino a sacarle de apuros.

—¡Quieres largarte ya, saltamontes egipcio! —gritó una voz agria, desde el lado más sombrío de la plaza.

La joven se volvió asustada. No se trataba ahora de la voz de aquel hombre calvo, sino de una voz de mujer, con tinte de maldad.

Aquel grito que tanto asustó a la gitana provocó sin embargo la risa de un grupo de niños que rondaba por allí.

—Es la prisionera de la Tour-Roland —decían entre risas—; es la gruñona de la Sachette; seguro que aún no ha cenado; dadle alguna sobra del convite de la ciudad —y todos se dirigieron hacia la Maison-aux-Piliers.

Gringoire aprovechó aquel momento de duda y turbación de la bailarina para desaparecer. Los gritos de los críos le recordaron su vientre vacío y corrió hacia la mesa del banquete, pero las piernas de aquellos pilluelos eran más rápidas que las suyas y, cuando llegó, habían ya arrasado con todo y no quedaba ni un triste pastelillo de los de a cinco peras la libra. Sólo se veían en la pared unas esbeltas flores de lis, entremezcladas con algún rosal, pintadas hacia 1434 por Mathieu Biterne. ¡Como cena era bien poco!, y resultaba muy fastidioso acostarse sin cenar, aunque, bien mirado, peor era no cenar y no tener en dónde dormir. Ése era su problema: ni pan ni techo. Se veía acosado por doquier y la fortuna no se le mostraba nada propicia. Hacía tiempo que Gringoire estaba convencido de que Júpiter creó a los hombres en un acceso de misantropía y que, durante toda su vida, el sabio tendrá su filosofía en estado de sitio y acosada por el destino. En cuanto a él, nunca el cerco había sido tan completo. Oía cómo su estómago tomaba posiciones y no le parecía conveniente que el hambre y la mala fortuna asediaran de tal forma a la filosofía.

Este melancólico pensamiento le absorbía cada vez con más fuerza, cuando una extraña canción, llena de dulzura, le sacó bruscamente de sus ensueños. Era otra vez la gitana que se había puesto a cantar. Su voz y su danza eran como su belleza, encantadoras, aunque difíciles de definir. Eran algo así como una especie de pureza, de sonoridad, como algo etéreo y volátil. Era una continua eclosión de melodías, de cadencias originales, de tonos sencillos, mezclados con notas agudas y vibrantes de gamas y arpegios que hubieran incluso confundido a un ruiseñor. Eran suaves modulaciones de la voz que subían y bajaban como el pecho de la joven cantante. Su bello rostro seguía con una agilidad singular todos los caprichos de su canto desde la inspiración más original hasta la más casta dignidad. Parecía a veces una loca y a veces una reina.

La letra de sus canciones pertenecía a una lengua desconocida para Gringoire y que incluso debía serlo también para ella por la escasa relación que parecía existir entre la música y la letra.

Estos cuatro versos, por ejemplo, eran cantados por ella con una loca alegría:

Un cofre con gran riqueza halló dentro un pilar, dentro del, nuevas banderas con figuras de espantar

y poco después, ante el acento que dio a esta estancia:

Alarabes de cavallo sin poderse menear con espadas, y los cuellos ballestas de buen echar.

Gringoire sentía que se le saltaban las lágrimas. La canción transpiraba una alegría singular y la muchacha daba la sensación de estar cantando como lo hacen los pájaros, despreocupada y con serenidad.

La canción de la bohemia había turbado las ensoñaciones de Gringoire, a la manera con que un cisne turba la calma del estanque. La escuchaba con una especie de arrebaco y de olvido de todo. Era el primer momento que pasaba sin sufrir, desde hacía muchas horas. Pero ese momento fue más bien corto, pues la misma voz de aquella mujer, que ya antes interrumpiera la danza de la gitana, lo hizo de nuevo gritando desde el mismo oscuro rincón de la plaza.

—Quieres callarte, cigarra del infierno.

La pobre cigarra se calló del todo y Gringoire se tapó los oídos y exclamó:

—¿Quién es esa maldita sierra mellada que viene a romper la lira?

Los demás espectadores murmuraban como él y más de uno dijo en voz alta:

—¡Al diablo la Sachette!

Y la invisible vieja, aguafiestas, habría tenido motivos para arrepentirse de sus agresiones a la gitana si los espectadores no se hubieran distraído en esos momentos con la procesión del papa de los locos que, tras su largo recorrido por las calles de la villa, venía a desembocar en la plaza de Grève rodeado de antorchas y bullicio.

Esta procesión que vimos iniciarse y partir desde el palacio se habría acrecentado al paso reclutando a toda clase de merodeadores y vagos de París que se sumaban a ella. Por eso, a su llegada a la plaza de Grève, presentaba un aspecto más que respetable. En primer lugar, desfilaba Egipto; iba a la cabeza el duque de Egipto, a caballo, con sus condes sujetándole la brida y los estribos; detrás, egipcios y egipcias, mezclados todos, con sus hijos, gritando, cargados sobre los hombros.

Todos ellos, conde, duque y pueblo, vestidos de harapos y de oropel. Seguía a continuación el reino del hampa, o lo que es igual, todos los ladrones de Francia, situados por orden de importancia, de menor a mayor.

Desfilaban así, de cuatro en cuatro, con sus enseñas respectivas para indicar sus categorías y los grados de aquella extraña facultad. Casi todos estaban lisiados; quienes cojos, quienes mancos, los vagos, los concheros, los hubertinos, los epilépticos, los calvos, los locos, los libertinos, los calaveras, los ruines, los ventajistas, los canijos, los mercachifles, los marrulleros, los huérfanos, los encapuchados... toda una relación, en fin, como para cansar al mismo Homero. En el centro del cónclave de los encapuchados era difícil descubrir al rey del hampa, el grand-coërre, acurrucado en un carrito, tirado por dos enormes perrazos.

Detrás del reino del hampa venía el imperio de Galilea. Guillaume Rousseau, emperador de este imperio, desfilaba majestuoso vestido de una túnica púrpura manchada de vino, precedido de unos bufones que iban batiéndose y danzando; rodeado de sus maceros, de sus servidores y de sus pasantes del tribunal de cuentas. En último lugar, desfilaban los curiales con sus «mayos» coronados de flores, sus hábitos negros, su música digna de un aquelarre y sus enormes velones de cera amarilla. En el centro de toda esta multitud, los grandes dignatarios de la cofradía de los locos llevaban sobre sus hombros unas andas más recargadas de cirios que el relicario de Santa Genoveva en época de peste. Sobre las andas resplandecía con báculo, capa y mitra, el nuevo papa de los locos, el campanero de Nuestra Señora, Quasimodo el jorobado.

Cada cuerpo de la grotesca procesión tenía su música particular. Así los egipcios hacían sonar sus tímpanos y sus tambores africanos. Los hampones, raza muy poco musical, no pasaban de la viola, del cuerno y del rabel gótico del siglo XII. Tampoco el imperio de Galilea les superaba en gran cosa. Apenas si se distinguía en su música algún primitivísimo rabel, con notas que no iban más allá del re-la-mi; sin embargo, donde se desplegaban con más vigor, en medio de una impresionante cacofonía, todas las excelencias musicales de la época, era en torno al papa de los locos. Eran notas agudas del rabel, contraltos y bajos del rabel, sin olvidar, claro está, las flautas y el cobre. Que no lo olviden los lectores: se trataba de la orquesta de Gringoire.

Es muy difícil hacerse una idea del grado de regocijo orgulloso al que había llegado, en el trayecto del palacio a la Grève, el repulsivo y triste rostro de Quasimodo. Era sin duda la primera satisfacción de amor propio jamás experimentada por él pues hasta entonces sólo humillaciones había recibido, o desdén por su condición o por lo repulsivo de su persona. Por muy sordo que fuera, no cabe duda de que saboreaba, como auténtico papa, todas las aclamaciones de la multitud, a la que odiaba porque también él se sentía odiado por ella.

¡Poco le importaba que sus súbditos se redujeran a un montón de locos, tullidos, ladrones o mendigos! Daba igual pues, en cualquier caso, constituían un pueblo y él era su soberano y por ello tomaba en serio todos aquellos aplausos burlones, aquellas deferencias grotescas, entre los que podía entreverse un cierto trasfondo de miedo real entre el gentío, pues el jorobado era un gigantón y, aunque zambo, era bastante ágil y también irascible a pesar de su sordera; tres cualidades para moderar lo ridículo.

Era difícil, por otra parte, conocer si el nuevo papa de los locos era consciente de sus propios sentimientos y de los que él mismo inspiraba en la gente, pues el espíritu que habitaba su cuerpo fallido debía ser forzosamente algo incompleto y sordo también.

Por eso sus impresiones, al verse así, ante la gente, eran muy confusas e imprecisas. Lo que dominaba más claramente era una sensación de orgullo y su manifestación más clara era la alegría. Existía como un halo en torno a aquella sombría y contrahecha criatura.

Por todo esto hubo miedo y sorpresa cuando, en el momento en que Quasimodo, ebrio de orgullo, pasaba triunfalmente ante la Maison-aux-Piliers, un hombre surgió de pronto de entre el gentío y le arrancó de las manos con un gesto de cólera el báculo de madera dorada, representación de su loca dignidad papal. Aquel hombre tan temerario era el personaje calvo que se encontraba poco antes entre los espectadores que admiraban a la gitana, y que la había dejado helada al proferir aquellas palabras de amenaza y odio.

Llevaba ropa de eclesiástico y hasta Gringoire, que no le había reconocido hasta entonces, se fijó en él al salir de entre el gentío.

—¡Anda! —dijo con sorpresa—, ¡pero si es mi maestro en ciencias, dom Claude Frollo, el archidiácono! ¿Qué diablos está haciendo con ese horrible tuerto? ¡Le va a destrozar Quasimodo!

Y efectivamente surgió un grito de terror cuando el enorme Quasimodo se tiró de las andas. Muchas mujeres volvieron la vista para no ver cómo destrozaba al archidiácono. Se abalanzó sobre él pero, al verle así, de cerca, se echó de rodillas a sus pies. El clérigo le quitó la tiara, le rompió el báculo y le rasgó su capa de relumbrón.

Quasimodo siguió de rodillas, humilló la cabeza y juntó las manos en ademán de súplica. Luego se entabló entre ambos un extraño diálogo de gestos y de signos porque ninguno de los dos hablaba. El clérigo, de pie, irritado, con gesto amenazador a imperativo y Quasimodo prosternado humillado y suplicante, cuando la verdad es que, con un solo dedo, podría haber aplastado al clérigo.

Finalmente, el archidiácono sacudió con violencia los hombros de Quasimodo y le hizo una seña para que se levantara y éste se levantó.

Entonces la cofradía de los locos, repuestos ya de esos momentos de estupor, quiso defender a su papa, tan bruscamente destronado. Los egipcios, los hampones y los curiales se acercaron vociferando en torno al clérigo.

Entonces Quasimodo se colocó ante él, protegiéndole, al mismo tiempo que enseñaba sus músculos y sus puños de atleta y, enfrentándose a los asaltantes, les mostró sus dientes, cual tigre enfurecido.

El clérigo recobró su sombría seriedad, hizo una seña a Quasimodo y se retiró, silencioso, precedido del gigantón que iba apartando a la gente a su paso.

Cuando llegaron al final de la plaza, después de atravesar la multitud, la nube de curiosos y de desocupados pretendió seguirlos; entonces Quasimodo se colocó detrás del archidiácono, mirando a la gente y marchando de espaldas, corpulento, agresivo, monstruoso a hirsuto como él era; tensando sus músculos, pasándose la lengua por sus dientes de jabalí, gruñendo como una bestia salvaje y haciendo amago de abalanzarse sobre sus perseguidores con los gestos o con la mirada.

Desaparecieron los dos por una calleja estrecha y tenebrosa y nadie se arriesgó en su persecución, pues la nueva visión de Quasimodo rechinando los dientes daba la sensación de cerrar la entrada.

—¡Es algo increíble! —dijo Gringoire—, pero, ¿en dónde diablos encontraré algo para cenar?

IV: Los inconvenientes de ir tras una bella mujer de noche por las calles

Gringoire, por lo que pudiera pasar, quiso seguir a la gitana. La había visto tomar, con su cabra, la calle de la Coutellerie y él había hecho lo mismo.

—¿Y por qué no? —se dijo.

Gringoire, filósofo práctico de las calles de París, se había dado cuenta de que nada es tan propicio al ensueño como seguir a una mujer bella sin saber a dónde va. Existe en esta abdicación voluntaria del libre albedrío, en esta fantasía, que a su vez se somete a otra fantasía, una mezcla de independencia fantástica y de obediencia ciega, un no sé qué intermedio entre la libertad y la esclavitud, que agradaba a Gringoire. En efecto, su espíritu era esencialmente mixto, complejo a indeciso, interesado en todos los temas y pendiente un poco de todas las propensiones humanas, pero neutralizando cada una de ellas con su contraria.

Le gustaba compararse a la tumba de Mahoma, atraída en sentidos contrarios por dos piedras de imán, dudando eternamente entre lo alto y lo bajo, entre la bóveda y el suelo, entre la caída y la elevación entre, el cenit y el nadir.

Si Gringoire viviera en nuestros días ¡qué bien sabría mantenerse en un término medio entre lo clásico y lo romántico!, pero no era lo suficientemente primitivo como para vivir trescientos años y era una lástima. Su ausencia es un vacío que hoy día lamentamos.

Por otra parte, para seguir por las calles a los transeúntes —y sobre todo a las transeúntes—, cosa que Gringoire hacía con cierta frecuencia, lo mejor es no saber en dónde va uno a dormir.

Iba, pues, pensativo detrás de la muchacha, que aceleraba el paso y hacía ir al trote a su cabritilla al ver que la gente se recogía ya y que las tabernas, únicos establecimientos abiertos aquel día se iban cerrando.

Después de todo, iba pensando Gringoire, en algún lugar tendrá que dormir y las gitanas suelen tener buen corazón. ¿Quién sabe si…?, y él llenaba esos puntos suspensivos con no se sabe muy bien qué ideas peregrinas.

Sin embargo, de vez en cuando, al pasar junto a los últimos grupos de burgueses que se despedían ya para retirarse, cogía al vuelo algún retazo de sus conversaciones que venían a romper la lógica de sus optimistas hipótesis.

A veces se trataba de dos viejos que comentaban…

—Maese Thibaut Fernicle, ¿sabéis que hace frío?

¡Gringoire lo sabía bien desde el comienzo del invierno!

—Ya lo creo maese Bonifacio Disome. ¿Tendremos un invierno como el de hace tres años, el del 80, en el que la madera costó a ocho sueldos el haz?

—¡Bah! ¡Eso no fue nada, maese Thibaut! ¿Se acuerda de aquel invierno de 1407, que no paró de helar desde San Martín hasta la Candelaria? Lo hacía con tal fuerza que hasta la pluma del parlamento se helaba a cada tres palabras y por eso hubo que suspender las actuaciones de la justicia…

Un poco más allá eran unas vecinas a la ventana, alumbradas con candiles que el viento hacía chisporrotear.

—¿Vuestro marido os ha contado ya la desgracia, señora Boudraque?

—No. ¿De qué se trata, señora Tourquant?

—Del caballo del señor Gilles Godin, el notario del Châtelet, que se ha desbocado, al ver a los flamencos y la procesión, y ha tirado por los suelos a maese Philipot Avrillot, oblato de los celestinos.

—¿De verdad?

—Ya lo creo.

—¡Un caballo burgués! ¡Quién lo iba a pensar! ¡Si al menos hubiera sido un caballo del ejército!

Y se iban cerrando las ventanas y Gringoire, distraído con las conversaciones, perdía el hilo de sus ideas.

Por suerte lo volvía a encontrar en seguida y enlazaba sin dificultad, gracias sobre todo a la bohemia que, con su cabra, marchaba por delante; eran dos delicadas finas y encantadoras criaturas, en las que admiraba sus pequeños pies, sus lindas formas, sus graciosos ademanes, confundiendo casi a las dos en su imaginación, al considerarlas mujeres por su inteligencia y su amistad y cabritillas por su ligereza y agilidad y por la destreza de sus andares.

Las calles se iban haciendo cada vez más oscuras y solitarias. Hacía bastante tiempo que había sonado el toque de queda y sólo se veía ya, muy de cuando en cuando, a un transeúnte por las calles o una luz en las ventanas.

Gringoire se había internado, siguiendo a la egipcia, en aquel dédalo inextricable de callejuelas, encrucijadas y callejones sin salida, que rodean el antiguo sepulcro de los inocentes y que se asemeja a un ovillo enmarañado por un gato.

—Desde luego estas callejuelas tienen muy poca lógica —decía Gringoire, perdido en esos mil caminos, que venían a desembocar en ellos mismos, y que la joven daba la impresión de conocer tan bien, moviéndose entre ellos con pasos ligeros sin la más pequeña duda.

En cuanto a él, no habría tenido la menor idea del lugar en donde se encontraba, si no hubiera sido porque, al paso, a la vuelta de una calleja, descubrió la masa octogonal de la picota del mercado, cuyo tejadillo abierto destacaba vivamente su silueta negra contra una ventana iluminada aún en la calle Verdelet.

Hacía ya un ratito que la joven se había dado cuenta de que la seguían y varias veces había vuelto hacia él su cabeza con cierta preocupación. Incluso una vez se había parado en seco y, aprovechando un rayo de luz que se escapaba de la puerta entreabierta de una panadería, le había mirado fijamente de arriba a abajo.

Después Gringoire había visto hacer a la gitana la mueca aquella que debía resultarle familiar, y había seguido su camino.

La mueca dio que pensar a Gringoire pues había burla y desdén en aquel gesto, hasta cierto punto gracioso, y por eso comenzó a bajar la cabeza y a contar los adoquines, siguiendo a la joven a una distancia mayor cuando, al doblar una calle, en donde momentáneamente la había perdido de vista, oyó un grito penetrante.

Apresuró el paso. La calle estaba totalmente a oscuras; sin embargo, una lamparita que ardía en una hornacina a los pies de la Virgen, en un rincón de la calle, permitió a Gringoire distinguir a la gitana debatiéndose en los brazos de dos hombres que procuraban ahogar sus gritos. La cabritilla, asustada, bajaba los cuernos y se ponía a balar.

—¡Socorro! ¡A mí la ronda! ¡Socorro, guardianes! —gritó Gringoire al mismo tiempo que se dirigía valientemente hacia allí. Uno de los que sujetaban a la joven se volvió hacia él; era la formidable figura de Quasimodo.

Gringoire no emprendió la huida, pero tampoco dio un paso más adelante.

Quasimodo se llegó hasta él y de un revés lo lanzó a cuatro pasos contra el empedrado; luego se adentró rápidamente hacia la oscuridad llevándose a la joven bajo el brazo como si fuera un echarpe de seda, seguido de su compañero; mientras la pobre cabra corría tras ellos balando quejumbrosa.

—¡Asesinos! ¡Socorro! —gritaba la desdichada gitana.

—¡Alto ahí, miserables! ¡Soltad a esa mujer! —dijo con voz de trueno un caballero que surgió de repente de una plazuela próxima. Se trataba de un capitán de los arqueros, armado de pies a cabeza y con un espadón en la mano.

Arrancó a la bohemia de los brazos de Quasimodo, estupefacto; la colocó de través en la silla de montar y en el momento en que el terrible jorobado, recuperado de la sorpresa, se lanzaba sobre él para recuperar a su presa, surgieron quince o más arqueros que seguían a su capitán armados todos con espadas.

Se trataba de un escuadrón de la guardia real que hacía la contrarronda por orden de micer Roberto d'Estouteville, guardián del prebostazgo de París.

Entre todos cercaron a Quasimodo, lo cogieron y lo ataron. Rugía, echaba espuma por la boca, mordía y, si no hubiera sido de noche, podemos estar seguros de que su horripilante cara, más repulsiva aún por hallarse encolerizado, habría puesto en fuga a todo el escuadrón. Pero, por la noche, carecía de su arma más temible; su fealdad.

Su compañero se escabulló durante la refriega.

La gitana se irguió con elegancia en la silla del oficial, apoyó sus dos manos en los hombros del capitán y le miró fijamente durante unos segundos, como encantada de su atractivo aspecto y de la ayuda que acababa de prestarle. Después, rompiendo a hablar la primera, le dijo haciendo más dulce aún su dulce voz: —¿Cómo os llamáis, señor gendarme?

—Capitán Febo de Châteaupers para serviros, preciosa respondió el capitán irguiéndose.

—Gracias —le dijo.

Y mientras el capitán se entretenía atusándose su bigote a la borgoñona, ella se deslizó hasta el suelo, desde el caballo, como una flecha que cae a tierra y huyó tan rápidamente, que un relámpago habría tardado más en desvanecerse.

—¡Por el ombligo del papa! —dijo apretando las ligaduras de Quasimodo—. A fe mía que habría preferido quedarme con la mozuela.

—¡Qué queréis capitán! —dijo uno de los guardias—. La alondra ha levantado el vuelo pero nos queda el murciélago.

V: Prosiguen los inconvenientes

Gringoire, aturdido por la caída, se había quedado en el suelo ante la hornacina de la Virgen que había en la calle y, poco a poco, iba recobrándose. Primero estuvo algunos minutos flotando, como medio perdido en una especie de semiinconsciencia, bastante atractiva, en donde la vaga representación de la gitana y de su cabra se confundían con el peso del puño de Quasimodo. Sin embargo, esta situación no se prolongó demasiado, pues sintió muy pronto una viva impresión de frío en la parte de su cuerpo que se encontraba en contacto con el empedrado y que acabó por espabilarle y sacar su espíritu a la superficie.

—¿De dónde me viene esta frialdad? —se preguntó bruscamente, y fue entonces cuando comprobó que se hallaba sobre una corriente de agua que fluía por la calle, procedente de las casas—. Demonio de cíclope jorobado —masculló entre dientes intentando levantarse, sin conseguirlo, pues se encontraba aún un tanto aturdido y demasiado magullado. Así que hubo de quedarse en el suelo, resignado, sonándose con la mano que le quedaba libre.

—¡Entre el fango de París! —pensaba, seguro ya de que aquello iba a ser su lecho «¿y qué hacer en un lecho sino meditar?»—. El fango de París apesta pues debe contener cantidad de sales volátiles y vitrosas; eso es, al menos, lo que piensan maese Nicolás Flamel y los herméticos.

Esta palabra le trajo súbitamente al espíritu la idea del archidiácono Claude Frollo y recordó la escena violenta que había entrevisto cuando la zíngara se debatía entre dos hombres. Había otro más con Quasimodo y la figura altiva del archidiácono se dibujó confusamente en su recuerdo.

—¡Sería muy extraño! —y comenzó a reconstruir sobre esa base y con esos datos un fantástico edificio de hipótesis, un castillo de cartas filosófico, para volver en seguida a la realidad, al sentirse de nuevo en contacto con el agua de la calle.

Aquel sitio se hacía cada vez más insoportable, pues cada molécula del agua que corría por la calle robaba otra molécula de calor a los riñones de Gringoire y el equilibrio entre la temperatura del cuerpo y la del arroyuelo aquel empezaba a establecerse de una manera bastante ruda.

Otro inconveniente totalmente distinto surgió de improviso pues un grupo de muchachetes, un grupo de esos pequeños salvajes que desde siempre han correteado por las calles de París con el nombre de pilluelos y que, ya cuando nosotros mismos éramos niños, nos tiraban piedras al salir de la escuela, porque no íbamos sucios ni desharrapados como ellos; una panda de estos rapaces se dirigía, entre risas y gritos, hacia la plaza en donde estaba Gringoire, sin importarles nada el sueño de los vecinos. Llevaban a rastras una especie de saco y, sólo con el ruido de sus zuecos, se habría despertado hasta un muerto.

Gringoire, que aún no lo estaba del todo, se incorporó a medias.

—¡Eh! ¡Annequin Dandéche! ¡Eh! ¡Jean Pincebourde! —chillaban a voz en grito—; el viejo Eustaquio Moubon, el viejo ferretero de la esquina, acaba de morirse y hemos cogido su jergón y vamos a hacer una hoguera con él; hoy es el día de los flamencos. Y fueron a tirar el jergón justo encima de Gringoire, hasta donde habían llegado sin haberle visto. Uno de ellos le sacó un puñado de paja y fue a encenderlo en la lamparilla de la Virgen.

—¡Dios me valga! —susurró Gringoire—. ¡Pues no voy a pasar calor ni nada!

La situación era crítica ya que se encontraba entre el fuego y el agua; realizó un esfuerzo casi sobrenatural, como el de un falsificador que intenta escapar cuando quieren quemarle. Logró ponerse de pie y lanzando el jergón contra los pilluelos aquellos, se escapó.

—¡Santa María! —gritaron asustados—; es el fantasma del ferretero que ha vuelto

—y también ellos echaron a correr.

El jergón se adueñó del campo de batalla. Belleforet, el tío Le Juge y Corrozet aseguran que al día siguiente fue recogido con gran pompa por el cura del barrio y guardado como parte del tesoro de la iglesia de Saint Opportune, con lo que el sacristán consiguió unas buenas propinas hasta 1789 a costa del gran milagro de la estatua de la Virgen de la esquina, en la calle Mauconseil que, aquella memorable noche del 6 al 7 de enero había con su sola presencia exorcizado al difunto Eustaquio Moubon quien, para hacer una travesura al diablo en el momento de la muerte, había ocultado astutamente su alma en el jergón.

VI: La jarra rota

Después de haber escapado a todo correr, sin saber hacia dónde, y darse más de un coscorrón contra alguna esquina; después de saltar unos cuantos arroyuelos y atravesar bastantes callejones y plazas en busca de una salida por entre el entramado del viejo mercado y después de explorar en su miedo lo que el bello latín llama tota via, cheminum et viaria, nuestro poeta se detuvo de pronto, primeramente, por el cansancio y luego por el dilema que acababa de venirle al espíritu:

—Me parece, maese Pierre Gringoire —se dijo apoyando el dedo en la frente— que estáis corriendo como un chalado. Aquellos pilluelos han debido asustarse al veros tanto como vos lo habéis hecho al verlos. Tengo la impresión, os digo, de que habéis oído el ruido de sus zuecos alejándose hacia el sur, mientras vos lo hacéis hacia el norte. Así que una de dos: o han huido y entonces el jergón que olvidaron con el miedo va a ser esa cama confortable que estáis buscando desde esta mañana y que la Virgen os envía milagrosamente en recompensa de esa «moralidad» que habéis intentado representar, o bien los rapaces esos no han huido, y entonces han debido pegarle fuego al jergón, en cuyo caso podéis aprovecharlo para alegraros, secaros y calentaros. Sea como sea, fuego o cama, ese jergón es un regalo del cielo y se me ocurre que, a lo mejor, la santísima Virgen de la esquina de la calle de Mauconseil se ha llevado a Eustaquio Maubon sólo para eso y en ese caso sería una locura que huyerais así, a toda prisa, cual un picardo ante un francés, dejándoos atrás lo que andáis buscando con tantas ganas. ¡Sería de tontos!

Así que echó marcha atrás y por todos los medios, olfateando como un perro y escuchando con todo interés, intentó dar con el bendito jergón, pero todo fue en vano. Todo eran cruces de calles, callejones sin salida, bifurcaciones en las que nunca llegaba a orientarse con seguridad… En fin, se encontraba más perdido en aquella maraña de callejuelas de lo que se habría encontrado en el laberinto del hotel de las Tournelles; así que, agotada ya su paciencia, exclamó solemnemente:

—¡Malditas encrucijadas! Seguro que las ha hecho el diablo a imitación de su propio tridente.

Más tranquilo ya después de esta exclamación, tras observar un resplandor rojizo al fondo de una larguísima y estrecha callejuela, sintió que su moral se acrecentaba.

—¡Alabado sea Dios! ¡Si es allá, al fondo! ¡Si es mi jergón el que está ardiendo! — y, cual navegante que zozobra en medio de la noche, añadió piadosamente—: ¡Salve, salve, maris stella!

No podríamos decir, en verdad, a quién iba dirigida aquella letanía, si a la Virgen o al jergón.

No habría aún dado dos pasos por aquella larga calleja, sin pavimentar llena de barro y en pendiente, cuando observó algo que le pareció muy singular y es que no estaba desierta. Acá y allá, a lo largo de la misma, grupos de masas vagas a imprecisas se dirigían hacia el resplandor vacilante del fondo de la callejuela, como esos torpes insectos, que se arrastran por la noche entre las hierbas, hacia la hoguera de un pastor.

Nada le hace a uno tan aventurero como el no tener un cuarto. Gringoire, pues, siguió avanzando hacia el resplandor y pronto alcanzó a una de aquellas larvas que se arrastraban perezosamente siguiendo a las demás. Al llegar vio que no era otra cosa que un miserable lisiado, sin piernas, que se servía de sus manos para andar, dando una especie de saltos, como una araña herida a la que sólo le quedan dos patas.

Precisamente cuando pasaba al lado de aquella araña con rostro humano, alzó hacia él una voz plañidera.

—¡La buona mancia, signor! ¡La buona mancia!

—Vete al diablo —dijo Gringoire—, y que me lleve a mí también si entiendo lo que dices. Y siguió adelante.

Alcanzó a otra de aquellas masas ambulantes y la examinó con atención. Se trataba esta vez de un tullido, cojo y manco al mismo tiempo. Lo era de tal modo, que el complicadísimo sistema de muletas y de piernas de madera que le sostenía, le daba el aspecto de un andamiaje de albañilería en marcha. Gringoire, que gustaba de hacer comparaciones nobles y clásicas, le comparó a unas trébedes vivas de la fragua de Vulcano. Igual que el anterior, le saludó a su paso poniéndole el sombrero a la altura del mentón, como una bacía de barbero, gritándole:

—Señor caballero; para comprar un trozo de pan.

—Parece que también éste habla, pero lo hace en una lengua tan rara que, si él mismo la entiende, es más feliz que yo.

Luego, golpeándose la frente por una repentina asociación de ideas, dijo:

—¡A propósito! ¿Qué diablos querrían decir esta mañana con aquello de su Esmeralda?

Quiso acelerar el paso pero por tercera vez algo le cortó el camino. Ese algo, o mejor, ese alguien era un ciego; un ciego bajito y barbudo, con cara de judío que, maniobrando en torno a él con el bastón y guiado por un enorme perro, le lanzó con un acento húngaro:

—Facitote caritatem.

—¡Menos mal! —dijo Pierre Gringoire—; por fin doy con alguien que me habla en cristiano. Debo tener cara de limosnero para que todos me pidan limosna, teniendo en cuenta el estado de debilidad en que se encuentra mi bolsa.

—Mi querido amigo —dijo volviéndose hacia el ciego—, hace ya una semana que vendí mi última camisa, y para decírtelo mejor, en la lengua de Cicerón que tan bien entiendes: Vendidi hebdomade nuper trantita meam ultimam chemiram.

Dicho lo cual, dio la espalda y siguió andando; pero el ciego aceleró el paso a su ritmo y hete aquí que el lisiado y el tullido aparecen también a buen ritmo, y con gran estrépito de escudillas y de muletas contra el empedrado; y así los tres, empujándose tras el pobre Gringoire, se pusieron a entonar su cantinela.

—¡Caritatem! —decía el ciego.

—¡La buona mancia! —decía el tullido; y el cojo empalmaba esa musiquilla con su:

—¡Un pedazo de pan!

—Esto es la torre de Babel —decía Gringoire, tapándose las orejas y echando a correr. Pero también el ciego y el tullido y el cojo corrían tras él y, a medida que iba internándose en la calle, empezaron a pulular a su alrededor más cojos y más tullidos y más ciegos y mancos y tuertos y leprosos, enseñando sus llagas. Unos salían de los portales, otros de las callejas aledañas, otros más de algún tragaluz o de algún sótano, mugiendo todos o rugiendo y chillando, cojeando, renqueando o arrastrándose hacia la luz y revolcándose entre el fango, cual babosas después de llover.

Gringoire, a quien aún seguían sus tres perseguidores, no sabiendo en qué podía parar todo aquello, corría, asustado, empujando y tirando a cojos y ciegos, saltando por encima de más lisiados o pisando a quien se ponía delante, como aquel capitán inglés que fue a encallar en un banco de cangrejos.

Pensó en volver sobre sus pasos, pero era ya demasiado tarde, pues toda aquella legión tapaba casi por completo la calle, y los tres mendigos seguían acosándole. Así que continuó hacia adelante, empujado al mismo tiempo por aquella oleada irresistible, por el miedo y por una especie de vértigo que le hacía ver aquello como una horrible pesadilla.

Por fin alcanzó el extremo de la calle, que desembocaba en una gran plaza en donde mil luces dispersas titilaban, envueltas en la niebla de la noche. Gingoire entró en ella corriendo con la idea de zafarse, por rapidez, de los tres espectros lisiados que casi se habían otra vez agarrado a él.

—¿Onde vas, hombre? —le gritó el cojo soltando las dos muletas y acercándose a él con las dos piernas más sanas que jamás hubieron corrido por las calles de París.

Mientras tanto el tullido, el que no tenía piernas, se puso de pie ante la sorpresa de Gringoire; le plantó en la cabeza su pesado cuenco y el ciego le miraba frente a frente con ojos centelleantes.

—¿En dónde me hallo? —preguntó el poeta aterrorizado.

—En la Corte de los Milagros —respondió un cuarto fantasma que se les había juntado.

—Por mi alma que así debe ser pues compruebo que los cojos corren y que los ciegos ven, pero, ¿en dónde está el Salvador?

Como respuesta obtuvo una carcajada siniestra. El desdichado se encontraba de verdad en la temible Corte de los Milagros, en donde ningún hombre prudente se habría decidido a entrar a tales horas. Círculo mágico en el que los soldados del Châtelet o los guardias del prebostazgo, que se aventuraban por allí, desaparecían hechos pedazos. Ciudad de ladrones, horrible verruga, surgida en la cara de París, cloaca de donde salía cada mañana para volver a esconderse por la noche ese torrente de vicios de mendicidad y de miseria, que siempre existe en las calles de las grandes urbes; colmena monstruosa a la que volvían por la noche, con su botín, todos los zánganos del orden social; falso hospital en donde el bohemio, el fraile renegado, el estudiante perdido, los indeseables de todas las nacionalidades: españoles, italianos, alemanes… de todas las religiones: judíos, cristianos, mahometanos, idólatras, cubiertos de llagas simuladas, mendigos de día que son bandidos por las noches; inmenso vestuario en donde se vestían y se cambiaban todos los adores de la eterna comedia que el robo, la prostitución y el asesinato representaban sobre el adoquinado de París.

Se trataba de una gran plaza irregular y mal pavimentada, como lo eran entonces todas las plazas de París. Algunas fogatas encendidas aquí y allá, en torno a las cuales hormigueaban grupos extraños. Todo era movimiento y gritos. Se oían risas estentóreas, llantos de niños, voces de mujeres. Las manos, las cabezas de todas aquellas gentes, recortadas en negro sobre el fondo luminoso de las fogatas, se perfilaban en mil gestos extraños. A veces, en el suelo, en donde tremolaban las llamas, mezcladas con grandes sombras indefinidas, se podía ver pasar un perro que parecía un hombre o a un hombre que parecía un perro. Los límites de las razas y de las especies parecían borrarse en aquella ciudad, como en un pandemónium pues hombres, mujeres, animales, sexo, edad, salud y enfermedad, todo parecía patrimonio común en aquel pueblo; todo se hallaba junto, mezclado, confundido, superpuesto y todos, en fin, participaban de todo.

El resplandor vacilante y débil de aquellas fogatas permitía a Gringoire distinguir, en medio de su turbación, en torno a toda la inmensa plaza, un horrible cuadro de casas viejas cuyas fachadas, carcomidas, deformadas, mugrientas, tenían un par de luceras encendidas en cada una.

Todo ello le parecía, en medio de las sombras, como enormes cabezas de viejas colocadas en círculo, ceñudas y monstruosas, contemplando un aquelarre.

Era para él como un mundo nuevo, desconocido, inaudito, deforme, reptil, increíble y fantástico. Se sentía cada vez más aterrado, sujeto por los tres mendigos, como si fueran tenazas, en medio de un gentío ensordecedor, con caras que se encrespaban y ladraban.

El infortunado Gringoire intentaba recobrar su presencia de ánimo para saber si era sábado, pero sus esfuerzos eran vanos, pues el hilo de su pensamiento y de su memoria se había roto. Dudaba ya de todo; fluctuaba entre lo que veía y lo que sentía y se hacía siempre la misma pregunta.

—Si yo soy, ¿esto es también?, y si esto es, ¿yo soy también?

En aquel momento surgió un grito muy claro de entre el bullicio increíble que le rodeaba.

—¡Llevémosle ante el rey! ¡Llevémosle ante el rey!

—¡Virgen santa! —murmuró Gringoire—. El rey aquí será un macho cabrío.

—¡Al rey! ¡Al rey! —repitieron todas las voces.

Le llevaron a rastras, disputándose entre ellos por arrastrarle con sus garras, pero ninguno de los tres mendigos soltó su presa y se la arrancaron a los demás rugiendo:

—¡Es nuestro!

El jubón casi destrozado del poeta rindió en aquella lucha su último suspiro.

Al atravesar la horrible plaza su vértigo desapareció y unos pocos pasos más allá recobró el sentido de la realidad. Comenzaba a familiarizarse con el ambiente de aquel lugar. En el primer momento, de su cabeza de poeta, o más sencillamente o más prosaicamente, de su estómago vacío se había elevado una especie de vapor que, al expandirse entre él y las cosas, no le había permitido más que entreverlas, envueltas en la bruma incoherente de su pesadilla, en esas tinieblas de los sueños que deforman todos los contornos, que hacen gesticular a todas las formas, que hacen que los objetos se amontonen a grupos desmesurados, transformando las cosas en quimeras y a los hombres en fantasmas. Poco a poco, a esta alucinación le fue siguiendo una visión menos turbada y menos deformante, y lo real iba abriéndose paso a su alrededor; le golpeaba los ojos, chocaba contra sus pies e iba desmontando pieza a pieza toda aquella espantosa creación de la que en principio se creyó rodeado.

Había que darse cuenta de que no iba caminando por la laguna Estigia sino por el fango; de que no eran demonios quienes le llevaban cogido sino ladrones y que no se jugaba el alma sino la vida (puesto que carecía de ese precioso conciliador que actúa tan eficazmente entre el bandido y el hombre honrado y que se llama bolsa) y finalmente cuando observó más de cerca y con más sangre fría la juerga aquella de la plaza se dio cuenta de que no era un aquelarre sino una reunión de taberna.

Porque, en efecto, la corte de los milagros no era sino una taberna de truhanes enrojecida tanto por el vino como por la sangre.

El espectáculo que se ofreció a sus ojos cuando su harapienta escolta le dejó, al fin, no era el más propicio para pensamientos poéticos, aunque se tratara de una poesía infernal; antes al contrario, era aquella situación la realidad más prosaica y vulgar de la taberna. Si no estuviésemos en el siglo XV habría que decir que Gringoire había descendido de Miguel Ángel a Callot.

En torno a la gran hoguera que ardía en una enorme losa redonda y que envolvía con sus llamas las patas al rojo de unas trébedes, vacías por el momento, se habían colocado aquí y allá algunas mesas carcomidas; las habían puesto al azar, sin orden ninguno, sin que ningún lacayo, versado en geometría, se hubiera dignado ajustar un poco su paralelismo o al menos preocupado de que no se cortasen en ángulos tan poco usuales. Encima de aquellas mesas relucían algunas jarras rebosando vino y cerveza y a su alrededor se agrupaban muchos rostros báquicos, rojos de fuego y de vino. Había un hombre de voluminoso vientre y de cara jovial que besaba ruidosamente a una mujerzuela ya bien entrada en carnes. Había también un falso soldado, un marrullero como se decía entre ellos, que deshacía, silbando, los vendajes de su falsa herida y que desentumecía su rodilla, sana y fuerte, cubierta desde la mañana con mil ligaduras. Otro encanijado hacía lo contrario: preparaba con celidonia y sangre de buey su «pierna de Dios» para el día siguiente. Dos mesas más allá un conchero, con su hábito de peregrino, recitaba las quejas de la Santa Reina sin olvidar la salmodia y su tono nasal. Más allá un hubertino recibía lecciones de epilepsia de un viejo espumoso que le enseñaba el arte de echar espumarajos masticando un pedazo de jabón. A su lado, un hidrópico se deshinchaba, lo que obligaba a taparse la nariz a cuatro o cinco ladronas que se disputaban en la misma mesa un niño robado aquella misma noche. Circunstancias todas que dos siglos más tarde «parecieron tan ridículas a la corte» como dice Sauval «que sirvieron de entretenimiento al rey y como tema al real ballet de 'La Noche', dividido en cuatro partes y bailado en el teatro del Petit- Bourbon. Jamás —añade un testigo ocular de 1653— las súbitas metamorfosis de la corte de los milagros han sido tan acertadamente representadas. Benserade nos había preparado para ellas con unos versos muy galantes».

Las risotadas y las canciones obscenas se oían por doquier y cada cual se ocupaba de sí mismo criticando y maldiciendo sin escuchar a los demás. Se brindaba continuamente con las jarras de vino y las pendencias surgían ya en ese mismo instante, arreglándose mediante peleas con las jarras melladas.

Un enorme perro tumbado junto a la hoguera miraba impasible y había también algunos críos que participaban en aquella orgía. El niño que habían robado lloraba sin parar; otro niño, de unos cuatro años, bien gordito y sentado en un banco con las piernas colgando, no decía una palabra, un tercero extendía por la mesa, con un dedo, la cera líquida que iba fluyendo de una vela y el último, un niñito, en cuclillas entre el fango, estaba casi metido en un caldero que rascaba con una teja y del que sacaba unos sonidos que harían desmayarse a Stradivarius.

Había también un tonel junto al fuego con un mendigo sentado encima. Era el rey en su trono.

Los tres que sujetaban a Gringoire le llevaron ante el tonel y toda aquella bacanal se quedó en silencio, excepto el niño aquel que seguía dándole al caldero.

Gringoire con la vista baja no se atrevía ni a respirar.

—Hombre, quítate el sombrero —le dijo uno de los tres tipos que le sujetaban y, antes de que hubiera comprendido lo que quería decir, el otro se lo había quitado ya. Era un triste gorro, la verdad, pero valía aún para el sol o en caso de lluvia. Gringoire suspiró.

El rey entonces desde lo alto del tonel le dirigió la palabra:

—¿Quién es este bribón?

Gringoire se estremeció. Aquella voz, aunque acentuada por el tono de amenaza, le recordó otra voz que aquella misma mañana había dado el primer golpe a su misterio, diciendo con voz gangosa en medio del auditorio: «Una caridad, por favor». Entonces levantó la cabeza y vio que, en efecto, se trataba de Clopin Trouillefou.

Clopin Trouillefou, revestido de sus insignias reales, no llevaba ni un harapo de más ni de menos y la llaga de su brazo había desaparecido y llevaba en la mano uno de esos látigos hechos con correas de cuero de los que utilizaban entonces los alguaciles de vara para concentrar a la gente y que se llamaban boulayes. Llevaba en la cabeza una especie de gorro redondo y cerrado por arriba, aunque resultaba difícil saber si se trataba de una chichonera para niños o de una corona real, pues podía pasar muy bien por ambas cosas.

Sin embargo, Gringoire, sin saber por qué, había recobrado alguna esperanza al reconocer en el rey de la corte de los milagros al maldito pordiosero de la Gran Sala.

—Señor —musitó—. Monseñor… Sire… ¿cómo debería llamaros? —dijo al fin al haber llegado al punto culminante de su crescendo y no saber ya cómo subir ni cómo bajar.

—Monseñor, majestad o camarada, llámame como quieras, pero rápido. ¿Qué puedes alegar en tu defensa?

—¿En tu defensa? —pensó Gringoire—; esto no me gusta —y continuó entre tartamudeos—: Yo soy el que esta mañana…

—¡Por las uñas del diablo! Dime tu nombre y nada más, bribón. Escucha: estás ante tres poderosos soberanos: yo, Clopin Trouillefou, rey de Túnez, sucesor del Grand-Coësre, supremo soberano del reino del hampa; aquel viejo amarillo que ves allá con un trapo ceñido a la cabeza es Mathias Ungadi-Spicali, duque de Egipto y de Bohemia. Y ese gordinflón que no nos escucha y que está acariciando a esa ramera, es Guillermo Rousseau, emperador de Galilea. Has entrado en el reino del hampa sin ser de los nuestros; has violado los privilegios de nuestra ciudad y en consecuencia debes ser castigado, a menos que seas capón, franc-mitou o escaldado, es decir, en el argot de la gente honrada: ladrón, mendigo o vagabundo. ¿Eres algo de eso? Justifícate; dinos tus cualidades.

—¿Cualidades? ¡Ay! —dijo Gringoire— no tengo ese honor; sólo soy autor…

—¡Basta! —cortó Trouillefou sin dejarle acabar—. Vas a ser colgado. ¡Es algo muy sencillo, honrados señores burgueses! Igual que tratáis a los nuestros en vuestro mundo así os tratamos nosotros en el nuestro. Las leyes que aplicáis a los truhanes, os las aplican a vosotros los truhanes. ¿Que son malas? La culpa es vuestra. Es bueno el ver de vez en cuando una mueca de honrado burgués por encima del collar de cáñamo; eso lo hace todo más honorable; así que… ¡ánimo, amigo!; reparte alegremente tus harapos a esas señoritas. Te vamos a colgar para divertir a los truhanes y tú les vas a dar tu bolsa para que puedan beber. Si quieres hacer alguna mogiganga ahí encontrarás junto al gran mortero un buen reclinatorio de piedra que hemos robado en Saint-Pierre-aux-Boeufs. Te quedan cuatro minutos para encomendarle tu alma a Dios.

Desde luego, la arenga resultó formidable.

—¡Así se habla, a fe mía! Clopin Trouillefou predica como nuestro santo padre, el papa —exclamó el emperador de Galilea rompiendo la jarra para calzar la mesa.

—Señores emperadores y reyes —dijo Gringoire con sangre fría (no sé cómo había recobrado la firmeza y hablaba con gran decisión)—; no sabéis lo que estáis diciendo. Yo me llamo Pierre Gringoire y soy el poeta que ha escrito la moralidad, esa obra que se ha representado esta mañana en la gran sala del palacio.

—¡Ah! ¿Eres tú? —dijo Clopin—. Yo estaba allí. ¡Por todos los santos! ¿Y qué pasa, camarada? ¿El que esta mañana nos hayas aburrido es una razón para que no lo colguemos esta noche?

Me va a costar salir con bien de ésta —pensó Gringoire—, pero hizo aún un último intento—: No veo por qué no vais a colocar a los poetas entre los truhanes cuando Esopo fue un vagabundo, Homero fue un mendigo, Mercurio era un ladrón…

Clopin le interrumpió.

—Creo que quieres alelarnos con esos conjuros: ¡Venga ya; menos cuento y déjate ahorcar!

—Perdóneme el rey de Túnez —replicó Gringoire, disputando el terreno palmo a palmo—; creo que merece la pena… ¡Un momento!… escuchadme… No querréis condenarme sin haberme escuchado.

Su temblorosa voz quedaba ahogada por el bullicio que había a su alrededor. El niño seguía rascando su caldero con más furor que nunca y para colmo una vieja acababa de poner encima de las trébedes una sartén llena de sebo que chisporroteaba al fuego con un ruido como el que haría una cuadrilla de niños persiguiendo a una máscara.

Pero Clopin Trouillefou pareció conferenciar un momento con el duque de Egipto y con el emperador de Galilea, que estaba completamente borracho y luego gritó malhumorado:

—¡Silencio! —y como ni el caldero ni la sartén podían oírle y seguían con su dúo, saltó del tonel abajo y largó una patada al caldero que rodó más de diez pasos con niño y todo y otro puntapié a la sartén, volcando todo el aceite en el fuego, y luego volvió gravemente a su trono sin preocuparse de los suspiros ahogados del niño ni de los gruñidos de la vieja cuya cena se había convertido en una bella y blanca llamarada.

Trouillefou hizo una señal y el duque, el emperador, los escoltas y los falsos leprosos vinieron a colocarse a su alrededor formando un semicírculo, en el que Gringoire, todavía fuertemente sujeto, ocupaba el centro. Era aquél un semicírculo de harapos, de andrajos, de relumbrón, de horquillas, de hachas, de piernas sucias de vino, de fuertes brazos desnudos, de caras sórdidas, sin lustre y embrutecidas. En medio de esta tabla redonda de la bellaquería, Clopin Trouillefou, como el dogo de aquel senado, como el rey de la pradera, como el papa de aquel cónclave, dominaba todo, primero desde la altura de su tonel y además por un algo de altanería y de ferocidad que brillaba en sus pupilas y que hacía corregir en su perfil salvaje el tipo bestial de la raza de los truhanes; habríase dicho una cabeza de jabalí entre hocicos de cerdos.

—¡Escuchadme! —dijo a Gringoire acariciándose el deforme mentón con su mano callosa—; no entiendo por qué razón no has de ser colgado; es cierto que tal cosa parece repugnarte y es sencillamente porque vosotros, los burgueses, no estáis acostumbrados. Le dais demasiada importancia al asunto; y además no te deseamos ningún mal. ¿Quieres el medio de librarte de esto por el momento? Hazte de los nuestros.

Podemos imaginar el efecto que semejante propuesta produjo en Gringoire cuando veía ya que la vida se le escapaba y comenzaba a perder toda esperanza. Se agarró, pues, a ella, con todas sus fuerzas.

—Ya lo creo que sí —dijo.

—¿Estás de acuerdo en enrolarte con los cortabolsas?

—Con los cortabolsas, exactamente —respondió Gringoire—. ¿Te reconoces miembro de la francoburguesía?

—De la francoburguesía.

—¿Sujeto del reino del hampa?

—Del reino del hampa.

—¿Truhán?

—Truhán.

—¿Con toda el alma?

—Con toda mi alma.

—Quiero que sepas —prosiguió el rey— que no por eso vas a dejar de ser colgado.

—¡Diablos! —dijo el poeta.

—Lo que ocurre es que serás colgado más adelante, con más ceremonia, con cargo a la buena villa de París, en una bonita horca de piedra y por los honrados burgueses. Es un consuelo.

—Como vos digáis —respondió Gringoire.

—Hay más ventajas pues, en calidad de francoburgués, no tendrás que pagar ni el impuesto de lodos, ni el de pobres, ni el de farolas a los que están sujetos los burgueses de París.

—Que así sea —añadió el poeta—; consiento en ello. Soy truhán, hampón, francoburgués, cortabolsas y todo lo que queráis, aunque yo era todo eso antes, señor rey de Túnez, pues soy filósofo: et omnia in philosophia, omnes in philosopho continentur, como vos sabéis muy bien.

El rey de Túnez frunció las cejas.

—¿Por quién me tomas, amigo? ¿Qué argot de judío de Hungría nos cantas? No conozco el hebrero, pero no hay que ser judío para ser ladrón y yo incluso ya ni robo; estoy por encima de esas cosas; yo mato. Cortacuellos sí, no cortabolsas.

Gringoire trató de deslizar alguna excusa en medio de aquellas palabras que la cólera hacía más cortantes:

—Os pido perdón monseñor, pero no es hebrero, es latín.

—Te repito que no soy judío —gritó encolerizado Clopin—, y ¡te juro que lo haré colgar, vientre de sinagoga! Igual que a ese pequeño mendigo de Judea que está junto a ti y que un día espero clavar en un mostrador como una moneda falsa que es.

Al decir esto se refería, señalándole con el dedo, al pequeño y barbudo judío húngaro que se había acercado a Gringoire soltándole lo de Facitote caritatem, y que como no conocía otra lengua, miraba con sorpresa cómo el mal humor del rey se desbordaba sobre él.

Por fin monseñor Clopin se calmó.

—Bribón —le dijo—. ¿Quieres entonces ser truhán?

—Sin duda —respondió Gringoire.

—No todo consiste en querer —dijo el verdugo Clopin—; la buena voluntad no añade ninguna cebolla a la sopa y no sirve más que para ir al paraíso y el paraíso nada tiene que ver con el hampa. Debes probarnos que sirves para algo si de verdad deseas ser admitido en el hampa y para empezar tienes que registrar y robar al maniquí.

—Haré todo lo que os plazca —aseguró Gringoire.

Clopin hizo una señal y algunos de los truhanes se marcharon del círculo para volver momentos más tarde con dos postes terminados en la parte inferior por dos espátulas con armazón que les permitía fácilmente sostenerse en el suelo. Sobre la parte superior de ambos postes atravesaron una viga con lo que se formó un bonito patíbulo portátil, erigido ante Gringoire en un abrir y cerrar de ojos. Nada le faltaba pues hasta tenía una cuerda balanceándose graciosamente en la viga.

—¿Qué se propondrán? —se preguntaba Gringoire no sin cierta inquietud, cuando un ruido de campanillas que empezó a sonar en aquel momento puso fin a su ansiedad. Se trataba de un maniquí que los truhanes habían colgado por el cuello de una cuerda; una especie de espantapájaros vestido de rojo con tal cantidad de campanillas y de cascabeles que se habría podido enjaezar con ellos a más de treinta mulas castellanas.

Aquellas mil campanillas tintinearon un rato, al mover la cuerda, después fueron apagándose poco a poco hasta que dejaron de oírse cuando el maniquí hubo recobrado la inmovilidad total, siguiendo la ley del péndulo, que ha destronado a la clepsidra y al reloj de arena.

Entonces Clopin, indicando a Gringoire un viejo taburete tambaleante, colocado bajo el maniquí, le dijo:

—Súbete encima.

—¡Por todos los diablos! —le objetó Gringoire—. Me voy a romper la cabeza, pues vuestro escabel cojea como un dístico de Marcial; tiene una pata de hexámetro y otra de pentámetro.

—Sube —repitió Clopin.

Gringoire subió por fin al escabel y después de unos cuantos equilibrios de la cabeza y de los brazos, consiguió encontrar el centro de gravedad.

—Ahora —prosiguió el rey de Túnez—, enrosca el pie derecho alrededor de tu pierna izquierda y ponte de puntillas sobre el pie izquierdo.

—Monseñor —dijo Gringoire—, ¿os proponéis de verdad que me rompa algo? Clopin movió la cabeza.

—Escúchame, amigo, y no hables tanto. Voy a explicarte en dos palabras en qué consiste el juego. Vas a ponerte de puntillas como te he dicho y así podrás llegar al bolsillo del muñeco; le registrarás y cogerás una bolsa que hay en él. Si lo haces todo sin que llegue a oírse el ruido de ningún cascabel, será perfecto y podrás ser un truhán como nosotros y así sólo nos quedará ya molerte a palos durante ocho días.

—¡Que el diablo me lleve! ¡Ni hablar! —dijo Gringoire. ¿Y si hago sonar las campanillas?

—Entonces lo colgaremos. ¿Está claro?

—No entiendo nada —respondió Gringoire.

—Escúchame otra vez. Tienes que registrar al muñeco y quitarle la bolsa, pero si, en esta operación, se oye una sola campanilla, serás ahorcado. ¿Lo entiendes ahora?

—Bueno; hasta ahora está claro, ¿y después?

—Si consigues quitarle la bolsa sin que se oiga ninguna campanilla, entonces ya eres un truhán y serás molido a palos durante ocho días seguidos. ¿Lo entiendes ya todo, sin ninguna duda?

—No, monseñor, no lo entiendo. Vamos a ver: en el peor de los casos, colgado; y en el mejor, apaleado; entonces, ¿qué ventajas tengo yo?

—¿Y convertirte en truhán no tiene importancia? ¿No significa nada para ti? Si te molemos a palos es por tu bien, para endurecerte el cuerpo.

—Un gran placer; muchas gracias —replicó el poeta.

—Venga ya; aceleremos —dijo el rey dando una patada al tonel, que resonó como un tambor—. Registra al muñeco y acabemos, pero que quede claro una vez más: si se oye un solo cascabel pasas a ocupar el sitio del maniquí.

La banda de hampones aplaudió fuertemente aquellas palabras de Clopin y se fueron colocando todos alrededor de la horca con unas risotadas tan despiadadas que Gringoire comprendió que les divertía demasiado, para no temer lo peor. No le quedaba, pues, la más mínima esperanza salvo la remotísima posibilidad de salir con bien de aquella terrible prueba, así que decidió correr el riesgo no sin antes dirigir una ferviente súplica al muñeco al que iba a desvalijar, convencido de que sería más fácil de enternecer que los truhanes.

Aquellos miles de cascabeles con sus lengüecitas de cobre se le antojaban fauces abiertas de áspides, prestas a morder y a silbar.

—¡Oh! —se decía bajito a sí mismo—. ¿Será posible que mi vida dependa de la más pequeña vibración del más pequeño de estos cascabeles? ¡Oh! —añadía juntando sus manos—: ¡Campanillas! ¡No tembléis, no vibréis, no cascabeléis!

Aún tuvo una última intentona con Trouillefou.

—¿Y si se levanta un poco de brisa? —le preguntó.

—Te colgaremos —respondió sin dudar.

Visto que no había aplazamiento ni tregua ni escapatoria posible, tomó valientemente una decisión. Enroscó el pie derecho en la pierna izquierda, se puso de puntillas sobre el pie izquierdo y estiró el brazo; pero, en el instante en que iba a tocar al maniquí, su cuerpo, apoyado sólo en un pie, se desequilibró al moverse el taburete, que sólo tenía tres, y entonces instintivamente se apoyó en el maniquí y fue a parar al suelo aturdido por los fatales tintineos de las mil campanillas del maniquí que, al tirar de él, cedió primero y, girando después sobre sí mismo, se balanceó majestuosamente entre los dos postes.

—¡Maldición! —gritó al caer y se quedó como muerto con la cara contra el suelo, pero seguía oyendo el terrible carillón y la risa diabólica de los truhanes y la voz de Trouillefou que decía:

—Levantadme a este tipejo y colgadle sin más historias.

Se levantó y vio que ya habían descolgado el muñeco para hacerle sitio.

Los truhanes le subieron al taburete y Clopin se le acercó; le puso la soga al cuello y dándole unos golpecitos en el hombro le dijo:

—Ahora ya no te escapas ni aunque tuvieses las tripas del papa.

La palabra gracia se quedó cortada en los labios de Gringoire. Paseó la mirada en torno a él pero no había ninguna esperanza; todos reían.

—Bellevigne de l'Etoile —dijo el rey de Túnez a un corpulento truhán que salió de las filas—: súbete a la viga.

Bellevigne de l'Etoile subió ágilmente a la viga transversal y un instante más tarde, Gringoire, aterrorizado, levantó la vista y le vio, en cuclillas, en la viga, por encima de su cabeza.

—Ahora —prosiguió Clopin Trouillefou—, cuando yo dé una palmada, tú, André le Rouge retirarás el taburete de un rodillazo; tú, François Chante-Prune te colgarás de los pies del bribón y tú, Bellevigne, te echarás sobre sus hombros; pero todos al mismo tiempo, ¿entendido?

Gringoire sintió un escalofrío.

—¿Ya estáis? —dijo Clopin a los tres truhanes, prestos a lanzarse sobre Gringoire como tres arañas sobre una mosca. El pobre condenado tuvo unos momentos de espera horribles mientras Clopin empujaba tranquilamente con el pie hasta el fuego unos trozos de sarmiento que se habían quedado fuera del alcance de las llamas—.

¿Ya estáis? —repitió, separando sus manos para dar una palmada. Un segundo más y todo acabado.

Pero se detuvo como iluminado por una idea repentina.

—¡Un momento! —dijo—; se me olvidaba…, no tenemos costumbre de colgar a un hombre sin preguntarle antes si hay alguna mujer que le quiera. Camarada, aún te queda un último recurso: o te casas con una truhana o la cuerda.

Esta ley gitana, por extraña que pueda parecer al lector, está aún vigente en la legislación inglesa. Ved si no Burington's Observations.

Gringoire respiró pues era, en la última media hora, la segunda vez que se salvaba; por eso no se confió demasiado.

—¡Eh! —gritó Chopin, puesto de pie en su barrica—, ¡eh!, ¡mujeres, hembras! ¿Hay entre vosotras, desde la bruja hasta la gata, una bribona que se quiera quedar con este bribón? ¡Tú, Colette, la Charonne! ¡Elisabeth Trouvain! ¡Tú, Simone Jodouyne! ¡Marie Piédebou! ¡Thonne la Longue! ¡Bérarde Fanouel! ¡Michelle Genaille! ¡Claude Rongeoreille! ¡Mathurine Girorou! ¡Tú, Isabeau la Thierrye! ¡Venid todas a ver! ¡Un hombre por nada! ¿Quién lo quiere?

Gringoire, en el estado en que se encontraba, no debía estar muy apetitoso y las truhanas no se sintieron precisamente atraídas por aquella propuesta y el desventurado las oía decir:

—No, no, colgadle; así disfrutaremos todas.

Sin embargo, tres de ellas salieron de entre las filas y se acercaron a olfatearle. La primera era una muchacha gorda de cara cuadrada que examinó con mucha atención el deplorable jubón del filósofo. Su blusón estaba ya muy viejo y tenía más agujeros que un asador de castañas.

La moza puso mala cara al verlo:

—¡Vaya tela vieja! —y se dirigió a Gringoire— ¿dónde tienes la capa?

—Se me ha perdido —dijo Gringoire.

—¿Y el sombrero?

—Me lo han quitado…

—¿Y los zapatos?

—Empiezan a fallarles la suela.

—¿Y tu bolsa?

—Ay, ¿mi bolsa? —suspiró Gringoire— no me queda ni un denario parisino.

—Anda, que lo cuelguen y da las gracias —replicó la truhana dándole la espalda.

La segunda, vieja, negruzca, arrugada y repulsiva, con una fealdad que llamaba la atención en la corte de los milagros, dio una vuelta alrededor de Gringoire. A éste le entró miedo de que pudiera quedarse con él pero, por fortuna, dijo ella entre dientes:

—Está muy flaco —y se alejó.

La tercera era una joven lozana y nada fea.

—¡Sálvame! —le dijo por lo bajo el pobre diablo.

Ella le miró un instante un tanto apiadada, luego bajó los ojos, se cogió la falda con la mano y se quedó indecisa. Él seguía con la vista todos sus movimientos, pues representaba su último fulgor de esperanza.

—No —dijo al fin la joven—; Guillaume Longuejoue me zurraría — y volvió al grupo.

—Camarada —le dijo Clopin—; no tienes suerte.

Se puso de pie encima del tonel y dijo, imitando el tono y las maneras de un subastador, con gran regocijo de los presentes: ¿nadie lo quiere? ¡A la una, a las dos, a las tres! —y volviéndose hacia la horca hizo un gesto con la cabeza—: «Adjudicado».

Bellevigne de l'Etoile, André le Rouge y François Chance-Prune se acercaron a Gringoire.

En aquel momento se elevó un clamor entre los hampones: ¡La Esmeralda! ¡La Esmeralda!

Gringoire se echó a temblar y se volvió hacia el lado de donde procedía el clamor.

La multitud se separó y dio paso a una pura y resplandeciente figura. Era la gitana.

—¡La Esmeralda! —dijo Gringoire, estupefacto, en medio de sus emociones, sintiendo cómo esa palabra mágica era capaz de aglutinar todos los recuerdos del día.

Hasta en la corte de los milagros parecía ejercer su imperio y encanto aquella extraña criatura. A su paso, hampones y hamponas se ponían calmadamente en fila y hasta sus rostros brutales se iluminaban bajo sus miradas.

Se aproximó al sentenciado con paso ligero seguida por su cabrita Djali. Gringoire estaba ya más muerto que vivo. La Esmeralda le examinó un momento en silencio.

—¿Vais a ahorcar a este hombre? —preguntó a Clopin con mucha seriedad.

—Sí, hermana —le respondió el rey de Túnez—; a menos que tú le tomes por marido.

—Lo tomo —respondió.

En este punto Gringoire creyó firmemente que había estado soñando desde la mañana y que ésta no era sino la continuación de su sueño. La situación, aunque bastante graciosa, no era por ello menos violenta.

Soltaron el nudo corredizo y bajaron del escabel al poeta, el cual no tuvo más remedio que sentarse; tan viva era su emoción.

El duque de Egipto, sin pronunciar una sola palabra, trajo un cántaro de arcilla; la gitana se lo ofreció a Gringoire pidiéndole que lo lanzara contra el suelo. Así lo hizo, y la jarra se rompió en cuatro trozos.

—Hermano —dijo entonces el duque de Egipto, imponiendo las manos en su frente—: ella es tu mujer; hermana, él es tu marido durante cuatro años. ¡Marchaos!

VII: Una noche de bodas

Poco después nuestro poeta se encontraba en un pequeño aposento con bóveda de ojiva, cerrado y caliente, ante una mesa que parecía estar pidiendo alimentos a una alacena colgada al lado; con la perspectiva de una buena cama y frente a una bonita muchacha. La aventura le parecía, desde luego, obra de encantamiento y estaba empezando a considerarse un personaje de cuento de hadas, por lo que de vez en cuando miraba a su alrededor como buscando la carroza de fuego arrastrada por dos aladas quimeras; el único medio capaz de trasladarle en tan poco tiempo del averno al paraíso.

A veces miraba también con obstinación los agujeros de su jubón para asirse así a la realidad y poder seguir haciendo pie, pues ése era el único contacto con la sierra ya que su razón estaba lanzada hacia los cielos de la fantasía.

La muchacha no parecía prestarle mucha atención: se movía de aquí para allá, cambiando de sitio una silla, hablando con su cabra y haciendo de vez en cuando su graciosa mueca con la boca; por fin se sentó junto a la mesa y Gringoire pudo contemplarla a gusto.

Lectores: todos habéis sido niños alguna vez y quizás os consideráis felices de serlo aún. Sin duda, habéis perseguido en más de una ocasión (por mi parte los mejores días los he empleado en ello) de matorral en matorral, a la orilla de un arroyo en un día de sol, a alguna linda libélula, verde o azul, zigzagueante y rozando casi con su vuelo todas las ramas.

Conservaréis también el recuerdo de vuestro pensamiento amoroso y de vuestra mirada atraída hacia ese remolino azul y púrpura de sus alas cuyo centro era una leve forma flotante, apenas visible por la rapidez de sus movimientos. Ese ser aéreo, confusamente percibido entre temblores vivísimos de alas, os parecía quimérico, imaginario, imposible de tocar, imposible casi de contemplar. Pero cuando por fin la libélula se posaba en un junco del arroyo y podíais entonces examinarla, conteniendo el aliento, sus largas alas de gasa, su alargado cuerpo de esmaltes, sus dos globos de cristal, ¡qué asombro no sentíais y qué temor de que nuevamente aquella forma quimérica desapareciera de nuevo entre sombras! Recordad aquellas impresiones y podréis llegar a comprender lo que sentía Gringoire al contemplar en forma visible y palpable a la Esmeralda que hasta aquel momento sólo había logrado entrever a través de remolinos de danza, de canciones y de bullicio.

—Aquí está la Esmeralda —se decía cada vez más sumido en sus ensoñaciones—. Ésta es —pensaba siguiéndola vagamente con la mirada—. ¡Una criatura celestial! ¡una bailarina callejera! ¡Tanto y tan poco! Ella ha sido quien le ha dado esta mañana el golpe de gracia a mi misterio y quien esta noche me salva la vida. ¡Mi ángel malo y mi ángel de la guarda! ¡Una hermosa mujer, desde luego!, y que debe amarme con locura para haberse quedado conmigo como lo ha hecho. A propósito —dijo levantándose de pronto con ese sentimiento de lo real que constituía el fondo de su carácter y de su filosofía—, todavía no sé muy bien cómo han pasado las cosas, pero soy tu marido.

Con esta idea en su cabeza y en sus ojos, Gringoire se acercó a la muchacha de una manera tan marcial y tan galante que la joven retrocedió.

—¿Qué queréis de mí? —le preguntó.

—¿Por qué me lo preguntáis, mi adorable Esmeralda? —le respondió Gringoire con un acento tan apasionado que hasta él mismo se sorprendía al oír su voz.

La gitana abrió más sus grandes ojos y dijo:

—No sé lo que queréis decir.

—¡Cómo! —repuso Gringoire enardeciéndose cada vez más y pensando que, después de todo, sólo tenía que habérselas con una virtud de la corte de los milagros—. ¿No soy tuyo, mi dulce amiga?, y tú, ¿no era mía acaso? —le dijo asiéndola con toda ingenuidad por la cintura. La blusa de la gitana se deslizó entre sus manos como una anguila. Dio luego un salto hasta el otro extremo de la estancia; se agachó para erguirse a continuación con una navaja en la mano con tal rapidez que Gringoire no tuvo tiempo de ver de dónde la había sacado. Se mostraba excitada y altiva, con los labios apretados y resoplando por la nariz; sus mejillas se habían encendido y su mirada centelleaba. Al mismo tiempo su cabrita blanca se había colocado ante ella y hacía frente a Gringoire con sus dos bonitos cuernos, dorados y puntiagudos. Todo había tenido lugar en un abrir y cerrar de ojos.

La libélula se había transformado en avispa y estaba dispuesta a picar.

Nuestro filósofo estaba perplejo mirando alelado tanto a la cabra como a la muchacha.

—¡Virgen Santa! —exclamó cuando la sorpresa le permitió hacerlo—. ¡Vaya par de flamencas!

—Debes ser un tipo muy osado.

—Perdón, señorita —añadió Gringoire con una sonrisa—. ¿Por qué me habéis tomado entonces por marido?

—¿Habrías querido que lo dejara colgar?

—Entonces —siguió el poeta, desalentado ya de sus esperanzas amorosas—, ¿sólo habéis pensado en salvarme de la horca al casaros conmigo?

—¿Y qué otro pensamiento podría, haber tenido?

Gringoire se mordió los labios diciéndose: Bueno, pues no soy tan triunfante como creía en las cosas de Cupido, pero entonces, ¿por qué haber roto aquel pobre jarro?

Todavía estaban prestos a la defensa la navaja de Esmeralda y los cuernos de la cabra.

—Señorita Esmeralda, capitulemos —dijo el poeta—, no soy escribano del Châtelet y no quiero complicaros por el hecho de llevar una daga en París, en contra de las ordenanzas y las prohibiciones del señor preboste, pero no debéis ignorar que Noël Lescripvain ha sido multado hace ocho días a pagar diez sueldos parisinos por haber llevado un chafarote; pero eso no me importa y lo que quiero deciros es que os juro por la parte del paraíso que me pueda corresponder que no me acercaré a vos sin vuestro permiso y aprobación pero, por favor, dadme algo para cenar.

En el fondo Gringoire, como monsieur Lespréaux, se mostraba muy poco voluptuoso y no era del estilo de esos caballeros y mosqueteros que toman a las jóvenes por asalto. En el amor como en todas las cosas prefería contemporizar y situarse en un término medio.

Pensaba además que una buena cena en amistosa intimidad y con hambre, como era su caso, podía resultar un entreacto excelente entre el prólogo y el desenlace para una aventura amorosa.

La zíngara no respondió, pero hizo su mohín desdeñoso, irguió el cuello como un pájaro y se echó a reír haciendo desaparecer el lindo puñal de la misma manera que había aparecido, sin que Gringoire hubiera podido ver dónde guardaba la abeja su aguijón.

Unos instantes más tarde había ya en la mesa un pan de centeno, una loncha de tocino, algunas manzanas rugosas y una jarra de cerveza. Gringoire se puso a comer con tal ímpetu que ante el tintineo furioso que hacía su tenedor de hierro al rozar contra la loza se habría dicho que todo su amor se había trocado en apetito.

La muchacha, sentada ante él, le miraba hacer en silencio, visiblemente abstraída por otros pensamientos que le provocaban a veces una sonrisa; al mismo tiempo su mano acariciaba la cabeza de la cabra que se hallaba suavemente apresada entre sus rodillas.

Una vela de cera amarilla iluminaba aquella escena de voracidad y de ensueño, pero, una vez apaciguados los primeros balidos de su estómago, le invadió una falsa vergüenza al ver que no quedaba más que una manzana.

—¿Vos no coméis, señorita Esmeralda?

Ella respondió moviendo negativamente la cabeza y su mirada perdida se detuvo en la bóveda de la estancia.

«¿Qué le preocupará? —se preguntó Gringuire mirando al mismo punto en que ella fijaba su vista—. No puede ser el gesto de ese enano esculpido en el centro de la bóveda. ¡Qué diablo! Yo soy más importante».

—¡Eh, señorita! —dijo alzando la voz. Pero ella no parecía oírle.

Insistió de nuevo, un poco más alto esta vez.

—¡Señorita Esmeralda!

Trabajo inútil. La mente de la joven se encontraba en otra parte y la voz de Gringoire carecía de fuerza para hacerla volver. Por suerte la cabra se puso a balar en aquel momento y a mordisquear cariñosamente la manga de su ama.

—¿Qué te ocurre, Djali? —dijo vivamente la zíngara sobresaltada.

—Tiene hambre —dijo Gringoire encantado de recomenzar la conversación.

Y la Esmeralda se puso a desmigar pan que Djali comía graciosamente en el hueco de su mano.

Gringoire, no queriendo darle tiempo para volver a sus ensoñaciones, lanzó una pregunta delicada.

—¿Entonces no me queréis como marido?

—No —le respondió la joven mirándole a la cara.

—¿Y como amante?

La Esmeralda hizo su mohín con la boca y respondió:

—No.

—¿Y como amigo?

Entonces le miró fijamente y tras un momento de reflexión le dijo:

—Quizás.

Ese quizás tan caro a los filósofos enardeció a Gringoire.

—¿Conocéis lo que es la amistad? —le preguntó.

—Sí —respondió la gitana—. Sí; es como ser hermano y hermana; como dos almas que se tocan sin confundirse; como los dedos de una mano.

—¿Y el amor? —inquirió Gringoire.

—¡El amor! —dijo con una voz trémula y con ojos brillantes—: Es como ser dos en uno; como un hombre y una mujer confundidos en un ángel; es como el cielo.

Mientras hablaba así, la bailarina se mostraba tan hermosa y llamaba tan singularmente la atención de Gringoire que no pudo evitar una comparación entre su belleza y el exotismo oriental de sus palabras.

Sus labios sonrosados esbozaban una sonrisa; su frente cándida y serena se ensombrecía a veces por sus pensamientos, como un espejo se empaña con el aliento, y en sus largas pestañas negras flotaba una luz inefable que iluminaba su perfil con la misma delicadeza que Rafael iba a encontrar más tarde en esa intersección mística de virginidad, maternidad y divinidad.

Gringoire sin embargo no se detuvo ahí.

—¿Cómo hay que hacer entonces para agradaros?

—Hay que ser un hombre.

—¿Y entonces, ¿qué es lo que yo soy?

—Un hombre lleva yelmo en la cabeza, espada en la mano y espuelas de oro en los talones.

—Bueno —dijo Gringoire. Así que sin caballo no hay hombre que valga. ¿Amáis a alguien?

—¿Con amor verdadero?

—Con amor verdadero.

Permaneció pensativa un momento y respondió con una expresión muy particular.

—Lo sabré muy pronto.

—¿Por qué no esta misma noche? —solicitó con ternura el poeta—: ¿Por qué no a mí?

Ella le miró entonces gravemente.

—Sólo podría amar a un hombre que pudiera protegerme. Gringoire se ruborizó y encajó la respuesta como pudo.

Era evidente que la joven quería aludir a la escasa ayuda que él le había prestado en la circunstancia crítica de hacía apenas dos horas. Entonces, semioculto entre otras vivencias de la noche, le surgió aquel recuerdo y se golpeó la frente.

—A propósito, señorita, perdonad mi distracción, pues debería haber comenzado por ahí. ¿Cómo os las habéis arreglado para libraros de las garras de Quasimodo?

La pregunta hizo estremecerse a la gitana.

—¡Oh! ¡Aquel horrible jorobado! —dijo cubriéndose el rostro con las manos y al mismo tiempo se echó a temblar como aterida de frío.

—Horrible, en efecto.

Gringoire seguía sin embargo con su pregunta.

—Pero, ¿cómo conseguisteis libraros de él?

La Esmeralda sonrió, luego suspiró y se quedó en silencio.

—¿Sabéis por qué os seguía? —insistió Gringoire, intentando continuar en el tema y dando un rodeo.

—No lo sé —respondió la joven y añadió con viveza—: También vos me seguíais.

¿Por qué?

—En realidad —respondiole Gringoire— ni yo mismo lo sé.

Se produjo un silencio. Gringoire rayaba la mesa con el cuchillo. La muchacha sonreía y parecía mirar algo a través de la pared y de pronto se puso a esbozar esta canción:

Cuando las pintadas aves Mudas están, y la tierra…

La Esmeralda se interrumpió aquí bruscamente y comenzó a hacer caricias a Djali.

—Es muy bonita vuestra cabra —le dijo Gringoire.

—Es mi hermana —le respondió ella.

—¿Por qué os llaman la Esmeralda? —inquirió el poeta.

—No lo sé.

—Alguna razón habrá.

Entonces sacó de su pecho una especie de saquito oblongo que llevaba colgado al cuello mediante una cadena de cuentas de azabache que exhalaba un penetrante olor a alcanfor. Estaba recubierto de seda verde y llevaba en su centro un gran abalorio verde que imitaba a una esmeralda.

—Quizás sea a causa de esto —dijo.

Gringoire quiso tocar el saquito y la Esmeralda retrocedió.

—No lo toques; es un amuleto y podrías romper el hechizo o éste perjudicarte a ti.

La curiosidad despertaba cada vez un mayor interés en el poeta.

—¿Quién os lo ha dado?

Ella le puso un dedo en la boca y guardó otra vez el amuleto en su seno. Gringoire seguía acosándola con preguntas a las que ella apenas contestaba.

—¿Qué quiere decir esa palabra, la Esmeralda?

—No lo sé —repetía.

—¿A qué lengua pertenece?

—Creo que el egipcio.

—Estaba seguro —dijo Gringoire—: ¿No sois francesa?

—No lo sé.

—¿Conocéis a vuestros padres?

Entonces ella se puso a entonar una vieja melodía: Mon père est l'oiseau, ma mére est l'oiselle, je passe l'eau sans nacelle, je passe l'eau sans bateau. Ma mère est l'oiselle, mon père est l'oiseau.

—Está bien —dijo Gringoire—, ¿qué edad teníais al llegar a Francia?

—Yo era muy pequeña.

—¿Vinisteis a París?

—No; a París viene el año pasado. Cuando entrábamos por la Puerta Papal vi volar por los aires la curruca de los cañaverales y me dije: el invierno va a ser duro.

—Y lo ha sido —dijo Gringoire, encantado de conseguir hacerla hablar—. Lo he pasado soplándome los dedos. ¿Tenéis acaso el don de la profecía?

Ella volvió a su laconismo.

—No.

—Ese hombre al que llamáis el duque de Egipto, es el jefe de vuestra tribu.

—Sí.

—Pues ha sido él quien nos ha casado, le hizo observar el poeta. Ella volvió a hacer su mohín de siempre y dijo:

—Si ni siquiera conozco tu nombre.

—¿Mi nombre? ¿Quieres saberlo?; escucha: me llamo Pierre Gringoire.

—Pues yo conozco uno más bonito —le dijo ella.

—¡No seáis mala! —contestó el poeta—; pero no me importa, pues no me enfadaré. Quizás cuando me conozcáis mejor lleguéis a amarme. Pero me habéis contado vuestra vida con tal confianza que me siento casi obligado a hacer lo mismo. Así que os diré que me llamo Pierre Gringoire y que soy hijo del arrendador de la casa del notario de Gonesse; que a mi padre lo colgaron los borgoñones y a mi madre le abrieron el vientre los picardos cuando el sitio de París hace ya más de veinte años. Así que yo era huérfano a los seis y aprendí a andar las calles de París, aunque no comprendo cómo pude sobrevivir hasta los dieciséis con las cuatro ciruelas que me daba una frutera o con las cortezas de pan que me daba algún panadero… Por las noches me las arreglaba para que me detuvieran los guardias y así podía dormir sobre un mal jergón, aunque, como podéis comprobar, nada de esto me impidió crecer y adelgazar. En invierno me calentaba tomando el sol bajo los porches del hotel de Sens y siempre me pareció ridículo que las hogueras de San Juan se reservasen para la canícula. A los dieciséis años quise empezar a trabajar en serio y desde entonces lo he intentado todo: primero me hice soldado, pero no era lo bastante valiente; después me hice monje, pero sin ser lo bastante devoto y además no me gusta beber. Desesperado ya, entré como aprendiz de carpintero, pero carecía también de la fuerza suficiente. La verdad es que lo que más me gustaba era ser maestro y, aunque no sabía leer, nunca creí que eso fuera un gran inconveniente. Al cabo de cierto tiempo llegué a la conclusión de que no servía para nada y entonces, totalmente convencido de lo que quería, me hice poeta y rimador. Cuando uno es un vagabundo siempre se puede coger ese oficio y mejor es eso que robar, como me aconsejaban algunos de los bribones de mis amigos. Por suerte un buen día encontré a Don Claude Frollo, el reverendo archidiácono de la iglesia de Nuestra Señora, que se interesó por mí y, gracias a él, hoy me puedo considerar un verdadero letrado, conocedor del latín, desde los oficios de Cicerón hasta el martirologio de los padres celestinos, y no soy negado ni para la escolástica ni para la poética ni para la rítmica y tampoco se me da mal la hermética. Por otra parte, soy también el autor del misterio que se ha representado hoy, con gran éxito y gran concurrencia de público, nada menos que en la Gran Sala del palacio. He escrito además un libro de más de seiscientas páginas sobre aquel prodigioso cometa de 1465, que volvió loco a un hombre y también he tenido otros éxitos. Veréis: como entiendo algo de caza, trabajé en aquella bombarda de Jean Maugue que, como sabéis, reventó en el puente de Charenton el día del ensayo matando a veinticuatro curiosos. Fijaos que no soy un mal partido y conozco muchas gracias y muy interesantes para enseñar a vuestra cabra cómo imitar al obispo de Paris, ese maldito fariseo cuyos molinos salpican a todo el que cruza por el puente de los molineros. Además, mi misterio me reportará buen dinero contante. Si me pagan. En fin, me pongo a vuestras órdenes con mi inteligencia, mis conocimientos y mi sabiduría. Dispuesto estoy, señorita, a vivir con vos castamente o alegremente, como más os plazca, o bien como marido y mujer, si así lo queréis, o como hermano y hermana, si os parece mejor.

Gringoire se calló en espera de los efectos producidos por su perorata, pero la Esmeralda seguía con la vista fija en el techo.

—Febo —dijo a media voz—, y luego volviéndose al poeta—: ¿Qué quiere decir Febo?

Sin comprender muy bien la relación que pudiera haber entre su alocución y semejante pregunta, no se sintió molesto de poder dar nuevas pruebas de su erudición y respondió pavoneándose:

—Es una palabra latina que quiere decir «Sol».

—¿Sol? —dijo ella.

—Es también el nombre de un apuesto arquero que era un dios —añadió Gringoire.

—¡Dios! —repitió la zíngara, imprimiendo a su acento un algo de ensoñación y de apasionamiento.

En aquel momento uno de sus brazaletes cayó al suelo. Gringoire se agachó presto para recogerlo y cuando se incorporó, la gitana y su cabra habían desaparecido. Oyó el ruido de un cerrojo al cerrarse. Era una pequeña puerta que comunicaba sin duda con una estancia vecina y que se cerraba por fuera.

—¡Si al menos me hubiera dejado una cama! —dijo nuestro filósofo.

Dio una vuelta a la estancia y no encontró ningún mueble apropiado para dormir excepto un arcón de madera, bastante largo con la tapa repujada y que al tumbarse daba a Gringoire más o menos la misma sensación que debió experimentar Micromegas al tumbarse sobre los Alpes.

—Bueno —se dijo, acomodándose como mejor pudo—. Habrá que resignarse, pero la verdad que es una noche de bodas bien rara. ¡Qué lástima! Había en aquella boda del cántaro roto algo de ingenuo y de ancestral que me seducía.

LIBRO TERCERO

I: Nuestra Señora

Todavía hoy la iglesia de Nuestra Señora de París continúa siendo un sublime y majestuoso monumento, pero por majestuoso que se haya conservado con el tiempo, no puede uno por menos de indignarse ante las degradaciones y mutilaciones de todo tipo que los hombres y el paso de los años han infligido a este venerable monumento, sin el menor respeto hacia Carlomagno que colocó su primera piedra, ni aun hacia Felipe Augusto que colocó la última.

En el rostro de la vieja reina de nuestras catedrales, junto a cualquiera de sus arrugas, se ve siempre una cicatriz. Tempus edax, homo edacior, expresión que yo traduciría muy gustosamente: el tiempo es ciego; el hombre es estúpido.

Si para examinar con el lector, dispusiéramos, una a una, de las distintas huellas destructoras impresas en la vieja iglesia, las producidas por el tiempo resultarían muy inferiores a las provocadas por los hombres, especialmente por los hombres dedicados al arte.

Tengo forzosamente que referirme a estos hombres dedicados al arte pues, en este sentido, han existido individuos con el título de arquitectos a lo largo de los dos últimos siglos.

En primer lugar y para no citar más que algunos ejemplos capitales, hay seguramente en la arquitectura muy pocas páginas tan bellas como las que se describen en esta fachada, en donde al mismo tiempo pueden verse sus tres pórticos ojivales, el friso bordado y calado con los veintiocho nichos reales y el inmenso rosetón central, flanqueado por sus dos ventanales laterales, cual un sacerdote por el diácono y el subdiácono; la grácil y elevada galería de arcos trilobulados sobre la que descansa, apoyada en sus finas columnas, una pesada plataforma de donde surgen las dos torres negras y robustas con sus tejadillos de pizarra. Conjunto maravilloso y armónico formado por cinco plantas gigantescas, que ofrecen para recreo de la vista, sin amontonamiento y con calma, innumerables detalles esculpidos, cincelados y tallados conjuntados fuertemente y armonizados en la grandeza serena del monumento. Es, por así decirlo, una vasta sinfonía de piedra; obra colosal de un hombre y de un pueblo; una y varias a la vez, como las Ilíadas y los Romanceros de los que es hermana; realización prodigiosa de la colaboración de todas las fuerzas de una época en donde se perciben en cada piedra, de cien formas distintas, la fantasía del obrero, dirigida por el genio del artista; una especie de creación humana, poderosa y profunda como la creación divina, a la que, se diría, ha robado el doble carácter de múltiple y de eterno.

Y lo que decimos de su fachada conviene a la iglesia entera; y lo que decimos aquí de la iglesia catedral de París conviene a todas las iglesias de la cristiandad en la Edad Media, pues todo se armoniza en este arte, originado en sí mismo, lógico y equilibrado. Medir el dedo de un pie es medir al gigante entero.

Pero volvamos a la fachada de Nuestra Señora tal como se nos aparece hoy, cuando acudimos piadosamente a admirar la belleza serena y poderosa de la catedral que aterroriza, al decir de los cronistas: quae mole sua terrorem incutit spectantibus.

Tres cosas importantes se echan en falta hoy en la fachada: primero, la escalinata de once peldaños que la elevaban antiguamente sobre el suelo; después la serie inferior de estatuas que ocupaban los nichos de los tres pórticos y la serie superior de los veintiocho reyes más antiguos de Francia, que guarnecían la galería del primer piso desde Childeberto hasta Felipe Augusto, que sostenía en su mano «la manzana imperial».

La escalinata ha desaparecido con el tiempo al irse elevando lenta pero progresivamente el nivel del suelo de la Cité. Pero aun devorando uno a uno esos once peldaños que conferían al monumento una altura majestuosa, el tiempo ha dado a la iglesia más quizás de lo que le ha quitado, pues ha sido precisamente el tiempo el que ha extendido por su fachada esta pátina de siglos que hace de la vejez de los monumentos la edad de su belleza. Pero ¿quién ha echado abajo las dos hileras de estatuas? ¿Quién ha vaciado los nichos? ¿Quién ha tallado en medio del pórtico central esa ojiva nueva y bastarda? ¿Quién se ha atrevido a colocar esa pesada a insípida puerta de madera esculpida en estilo Luis XV junto a los arabescos de Biscornette? Los hombres, los arquitectos, los artistas de nuestros días.

Y dentro del edificio, ¿quién ha derribado la colosal estatua de San Cristóbal, conocida entre las estatuas como lo es entre las salas la del gran palacio o la flecha de Estrasburgo entre los campanarios? ¿Y los miles de estatuas que existían entre las columnas de la nave central del coro, en las más variadas posturas; de rodillas, de pie, a caballo; hombres, mujeres, niños, reyes, obispos, gendarmes; unas de madera, otras de piedra, de mármol, de oro, de plata, ¿de cobre a incluso de cera? ¿Quién las ha barrido brutalmente? Seguro que no ha sido el tiempo.

¿Y quién ha reemplazado el viejo altar gótico, espléndidamente recargado de relicarios y de urnas, por ese pesado sarcófago de mármol con nubes y cabezas de ángeles, que se asemeja a un ejemplar desaparecido del Val-de-Grace o de los Inválidos? ¿Quién ha sellado tan absurdamente ese pesadísimo anacronismo de piedra al pavimento carolingio de Hercandus? ¿No fue acaso Luis XIV, en cumplimiento del voto de Luis XIII? ¿Y quién ha puesto esas frías cristaleras blancas en lugar de aquellos vitrales de «color fuerte» que hacían que los ojos maravillados de nuestros antepasados no supieran decidirse entre el gran rosetón del pórtico y las ojivas del ábside? ¿Y qué diría un sochantre al ver ese embadurnamiento amarillo con el que nuestros vandálicos arzobispos han enjabelgado su catedral?

Recordaría que ése era el color con el que el verdugo pintaba los edificios «infames»; se acordaría del hotel del Petit-Bourbon, también embadurnado totalmente de amarillo por la traición del condestable; pero de un amarillo después de todo, dice Sauval, de tan buena calidad y pintado tan a conciencia que en más de un siglo no se le ha podido quitar la pintura. Creería que aquel lugar sagrado era un lugar infame y huiría de allí. Y si subimos a las torres, sin detenernos en las mil barbaries de todo género, ¿qué ha sido de aquel pequeño y encantador campanario que descansaba en la intersección del crucero y que con la misma elegancia y la misma arrogancia que su vecina la flecha —también destruida— de la Santa Capilla, se clavaba en el cielo más alto que las torres, decidido, agudo, sonoro, calado como un encaje?

Un arquitecto de buen gusto (1787) lo cercenó y creyó que bastaría cubrir la llaga con ese enorme emplaste de plomo que parece la tapa de una cacerola.

Así ha sido tratado en todas partes este maravilloso arte de la Edad Media, sobre todo en Francia. Tres clases de lesiones pueden distinguirse en sus ruinas y cualquiera de ellas le afecta con distinta gravedad: primeramente el tiempo que lo ha dañado insensiblemente por muchas partes y ha enmohecido su superficie; después las revoluciones políticas y religiosas que, ciegas y encolerizadas por naturaleza, se han lanzado tumultuosamente sobre él y han desgarrado su riquísimo revestimiento de esculturas, de tallas, agujereado sus rosetones, quebrado sus collares de arabescos y estatuillas y arrancando sus estatuas, por causa, a veces, de sus coronas y a veces de sus mitras; y, en fin, las modas cada vez más grotescas y estúpidas que, a partir de las anárquicas desviaciones del Renacimiento, se han venido sucediendo en la inevitable decadencia de la arquitectura. Las modas han causado mayores males que las revoluciones, pues han cortado por lo sano, han atacado al esqueleto mismo del arte, han cortado, segado, desorganizado, anulado el edificio, tanto en la forma como en su simbolismo, tanto en su organización lógica como en su belleza y además han reconstruido, pretensión esta que, al menos, no habían tenido ni el tiempo, ni las revoluciones. En aras del buen gusto, ellas han organizado descaradamente, en las heridas de la arquitectura gótica, sus miserables adornos de un día, sus cintas de mármol, sus pompones de metal; una verdadera lepra ornamental, de volutas, de vueltas, de encajes, de guirnaldas, de franjas, de llamas, de piedra, de nubes de bronce, de amorcillos regordetes, de querubines mofletudos, que empiezan a devorar el rostro del arte en el oratorio de Catalina de Médicis y lo hacen expirar dos siglos más tarde, atormentado y gesticulante en el gabinete de la Dubarry.

Para resumir, pues, los aspectos que acabamos de indicar, tres clases de estragos desfiguran hoy la arquitectura gótica: arrugas y verrugas en la epidermis constituyen la obra del tiempo; brutalidades, contusiones y fracturas son los efectos de las revoluciones, desde Lutero hasta Mirabeau; pero las mutilaciones, amputaciones, dislocaciones del armazón, restauraciones, todo esto lo ha causado el trabajo griego, romano, y bárbaro de los profesores, según Vitrubio y Vignole.

Todo este arte magníficamente creado por los vándalos ha sido asesinado por los académicos. A los daños causados por el correr de los siglos o por las revoluciones que devastan al menos con imparcialidad y

101

grandeza, ha venido a unírseles una caterva de arquitectos colegiados, patentados, jurados y juramentados que degradan a conciencia y con mal gusto el arte sustituyendo, para mayor gloria del Partenón, los encajes góticos de la Edad Media, por las escarolas de Luis XIV. Es la coz del asno al león que agoniza; es el viejo roble que no sólo es podado, sino que además es picado, mordido y deshecho por las orugas.

¡Qué lejos de nuestra época la de Robert Cenalis cuando comparando Nuestra Señora de París con el famoso templo de Diana de Éfeso, tan alabado por los antiguos paganos, inmortalizado por Erostrato, encontraba la catedral gala «más sobresaliente en longitud, anchura, altura y estructura»!

Nuestra Señora de París no es, por lo demás, lo que pudiera llamarse un monumento completo, definitivo, catalogado; tampoco es una iglesia románica ni mucho menos una iglesia gótica ni un edificio prototipo. Nuestra Señora de París no tiene, como la abadía de Tournus, esa fortaleza maciza y grave, ni la redonda y amplia bóveda, ni la desnudez fría, ni la sencillez majestuosa de los edificios que tienen su origen en el arco de medio punto. No es tampoco, como la catedral de Bourges, el resultado magnífico, ligero, multiforme, denso, erizado y eflorescente de la ojiva. Es imposible clasificarla entre esa antigua familia de iglesias sombrías, misteriosas, bajas, como aplastadas por el medio punto, casi egipcias, si no fuera por la techumbre; jeroglíficas, sacerdotales, simbólicas, más cargadas en sus adornos de rombos y de zigzag que de flores, con más flores por adorno que animales y con mayor preferencia hacia los animales que hacia los hombres; es más la obra del arquitecto que la del obispo; representa la primera transformación del arte, cargado aún de disciplina teocrática y militar, que tiene su raíz en el bajo imperio y se detiene en Guillermo el Conquistador.

No es posible tampoco colocar a nuestra catedral entre la otra familia de iglesias altas, estilizadas, aéreas, ricas en vitrales y en esculturas, de formas agudas y atrevidas, comunales y burguesas cual símbolos políticos, o libres y caprichosas y desenfrenadas cual obras de arte. A este grupo pertenece la segunda transformación de la arquitectura; es decir: la que no participa ya de lo jeroglífico ni de lo inmutable ni sacerdotal sino de ese concepto artístico, progresista y popular, que se origina con la vuelta de las cruzadas y termina con Luis XI. Nuestra Señora de París no es de pura raza románica como las primeras ni de pura raza árabe como las segundas. Es un edificio de transición. Cuando el arquitecto sajón acababa de levantar los primeros pilares de la nave, la ojiva, que venía de las cruzadas, surge conquistadora y triunfante sobre los amplios capiteles románicos, que estaban preparados para soportar únicamente arcos de medio punto y dueña ya desde entonces, campeó por el resto de la iglesia. Poco experta y tímida en sus inicios, se ensancha, se contiene y no se atreve aún a manifestarse lanzándose y elevándose en flechas y en lancetas como lo harán más adelante tantas y tan maravillosas catedrales. Se diría que no puede olvidar la existencia de sus pesados pilares románicos.

Por otra parte, los edificios de transición del románico al gótico no son menos preciosos para el estudio que los tipos puros, pues sin ellos se habría perdido el matiz del arte que ellos expresan y que es como el injerto de la ojiva en el medio punto.

Nuestra Señora de París es particularmente una curiosa muestra de esa variedad. Cada cara, cada piedra del venerable monumento es no sólo una página de la historia de su país sino también una página de la historia de la ciencia del arte. Para no precisar aquí más que algunos detalles importantes diremos, como ejemplo, que la pequeña Puerta Roja llega casi a los límites de las delicadezas góticas del siglo XV, mientras que los pilares de la nave, por su volumen y su peso, se retrotraen hasta los tiempos de la abadía carolingia de Saint-Germain-des-Prés. Podría creerse que seis siglos separan la puerta de los pilares y hay, entre los herméticos, quienes creen encontrar en los símbolos del gran pórtico un compendio satisfactorio de su ciencia y que la iglesia de Saint Jacques-de-la-Boucherie era un jeroglífico completo; y así, la abadía románica, la iglesia filosofal, el arte gótico y el sajón, el macizo pilar redondo que recuerda a Gregorio VII, el simbolismo hermético mediante el cual Nicolás Flamel preludiaba ya a Lutero, la unidad papal, el cisma, Saint-Germain-des-Prés, Saint Jacques-de-la-Boucherie, todo ello estaría fundido, combinado y amalgamado en la catedral de Nuestra Señora, esta iglesia central y generadora entre las viejas iglesias de París de una especie de quimera, por hallarse compuesta con la cabeza de una, con los miembros de otra, con la grupa de otra más y con un poco de todas ellas al fin.

Debemos repetir otra vez que estas construcciones híbridas son muy interesantes tanto para el artista como para el historiador o para el amante del arte. Hacen sentir hasta qué punto la arquitectura es algo primitivo, al demostrar, como también lo demuestran los vestigios ciclópeos, las pirámides de Egipto, las gigantescas pagodas hindúes, que las más grandes construcciones arquitectónicas no son tanto productos individuales como auténticas obras sociales; que son más bien la creación del pueblo con su trabajo que el genio de un solo hombre; el sedimento que deja un país, la acumulación que van formando los siglos, el poso de las evaporaciones sucesivas de la sociedad humana; en una palabra: especies en formación. Cada oleada en el tiempo deposita su aluvión, cada raza superpone una capa en el monumento, cada individuo aporta su grano de arena. Así lo hacen los castores, así las abejas y así lo hace el hombre. Babel, el gran símbolo de la arquitectura, es una gran colmena.

Los grandes edificios como las grandes montañas son obra de los siglos. Con frecuencia el arte se transforma cuando ellos están en plena construcción: Pendent opera interrupta, y continúan tranquilamente siguiendo las normas de la nueva moda. El nuevo arte toma el monumento como lo encuentra, se incrusta en él, lo asimila, lo desarrolla según su fantasía y lo termina si puede hacerlo; pero todo ello sin molestias, sin esfuerzos, sin reacciones, siguiendo una ley natural y tranquila; es como un injerto que se hace, una savia nueva que circula, una vegetación que renace. Es verdad que, en las sucesivas soldaduras de dos artes, en las diferentes plantas de un mismo edificio, existe materia suficiente para buen número de gruesos volúmenes e incluso para una historia natural de la humanidad. El hombre, el artista, el individuo desaparecen por completo ante esas grandes masas sin nombre de autor en las que la inteligencia humana toda queda resumida y simplificada; es como si el tiempo fuese el arquitecto y el pueblo el albañil.

Como aquí no consideramos más que la arquitectura europea cristiana, esta hermana menor de las grandes obras del Oriente, se nos aparece como una inmensa formación dividida en tres zonas bien delimitadas que se superponen: la zona románica, la zona gótica y la zona renacentista que podríamos definir como grecorromana.

La capa románica, la más antigua y profunda, está ocupada por el arco de medio punto, que reaparece traído por la columna griega hacia la capa moderna y más elevada que es el Renacimiento. La ojiva se encuentra entre las dos. Los edificios que pertenecen exclusivamente a una de estas tres capas son perfectamente diferentes; unos y completos en sí mismos. Es la abadía de Jumièges, es la catedral de Reims y es la iglesia de la Santa Cruz de Orleáns. Pero las tres zonas se amalgaman y se mezclan por los bordes como los colores en el espectro solar. De ahí los monumentos complejos, los edificios de matices y de transición. El uno es románico por los pies, gótico en el cuerpo y grecorromano en la cabeza; es porque se ha tardado seiscientos años en construirlo. Esta variedad es poco frecuente. El torreón de Etampes es una buena muestra de ello. Los monumentos de dos estilos son más repetidos, como Nuestra Señora de París, edificio ojival que se entronca por sus primeros pilares en el período románico de donde proceden también el pórtico de Saint-Denis y la nave de Saint-Germain-des-Prés. También lo son la encantadora sala capitular, semigótica, de Boscherville, en donde la capa románica le llega hasta la cintura y la catedral de Rouen que sería totalmente gótica si no bañara la extremidad de su flecha central en la zona del Renacimiento. En cualquier caso, todos estos matices y diferencias sólo afectan al exterior de los edificios; es como si el arte cambiara de piel pues siempre queda respetada totalmente la constitución de la iglesia cristiana; se mantiene siempre la misma armazón interna, la misma disposición lógica de sus partes. Sea cual sea el envoltorio de esculturas y los trabajos de talla de una catedral, siempre se encuentra debajo de él, al menos en una fase de germen y de rudimento, la basílica romana que repite ya eternamente su planta, según un mismo sistema. Siempre indefectiblemente vemos dos naves que se cortan en cruz, y cuya extremidad superior redondeada en ábside, forma el coro. Siempre tienen dos naves laterales, para las procesiones por el interior y para las capillas, que sirven de ambulatorios laterales, a los dos lados de la nave central, con la que tienen comunicación por medio de los intercolumnios.

Partiendo de ahí, el número de capillas, de pórticos, de campanarios y de agujas se modifica hasta el infinito según la fantasía del siglo, del pueblo mismo o del arte en sí, puesto que, una vez asegurada la prestación del culto, la arquitectura obra como mejor le place, combinando, según el logaritmo que le convenga, estatuas, vidrieras, rosetones, arabescos, encajes, capiteles o bajorrelieves; y de ahí la variedad tan prodigiosa de exteriores en estos edificios cuyo fondo está presidido por el orden y por la unidad. El tronco del árbol es inmutable, aunque la vegetación sea caprichosa.

II: París a vista de pájaro

Hemos intentado reparar para el lector esta admirable iglesia de Nuestra Señora de París y hemos expuesto someramente la mayor parte de las bellezas que tenía en el siglo XV y que hoy le faltan: pero hemos omitido la principal; el panorama que sobre París se tenía entonces desde lo alto de sus torres.

Cuando, después de haber subido a tientas durante mucho tiempo por la tenebrosa espiral que atraviesa perpendicularmente la espesa muralla de campanarios, se desembocaba por fin en una de las dos plataformas inundadas de luz y de aire, el cuadro que por todas partes se extendía bajo los ojos era bellísimo; era un espectáculo sui generis del que sólo pueden hacerse una idea aquellos lectores que hayan tenido la fortuna de ver una villa gótica entera, completa, homogénea como todavía existen algunas en Nuremberg, en Baviera, Vitoria, en España, o incluso algunas muestras más reducidas, siempre que estén bien conservadas, como Vitré en Bretaña o Nordhausen en Prusia.

Aquel París de hace trescientos cincuenta años, el París del siglo XV, era ya una ciudad gigante. Generalmente, los parisinos nos equivocamos con frecuencia acerca del terreno que desde entonces creemos haber ganado. París, desde Luis XI, apenas si ha crecido en poco más de una tercera parte; claro que también ha perdido en belleza lo que ha ganado en amplitud. París ha nacido, como se sabe, en esa vieja isla de la Cité, que tiene forma de cuna, siendo sus orillas su primera muralla y el Sena su primer foso. Durante varios siglos siguió existiendo como isla, con dos puentes, al norte el uno y al sur el otro, y dos cabezas de puente que eran al mismo tiempo sus puertas y sus defensas: el Grand Châtelet en la orilla derecha y el Petit Châtelet en la orilla izquierda. Más tarde, a partir de los reyes de la tercera dinastía, encontrándose demasiado estrecho en su isla, y no pudiendo casi revolverse, París cruzó el río y entonces, más allá del Grand Châtelet y más allá también del Petit Châtelet, empezó a cercar el campo por ambos lados del Sena un primer recinto amurallado y con torres; aún quedaban en el siglo pasado algunos vestigios de aquel primitivo cierre, pero hoy no nos queda sino el recuerdo y, acá o allá, alguna tradición, como la Porte Baudets o Baudoyer, Porta Bagauda.

Poco a poco la ola de nuevas construcciones, empujada siempre desde el corazón de la villa hacia afuera, desborda, desgasta, roe y borra aquel primitivo recinto. Felipe Augusto le hace un nuevo dique encerrando a París en una cadena circular de torreones altos y sólidos. Durante más de un siglo las casas se arraciman, se amontonan y van elevando su altura dentro de aquel reducto como se eleva el agua de un embalse. Empiezan a hacerse profundas, piso sobre piso, unas sobre otras, y surgen cada vez más altas como la savia comprimida y quieren todas asomar la cabeza por encima de sus vecinas para respirar un poco de aire. Las calles se hacen más profundas y estrechas y las plazas se van llenando hasta desaparecer, hasta que, imposibilitadas de contenerse, saltan por encima de las murallas de Felipe Augusto y se esparcen alegremente por la llanura sin orden alguno, como unas fugitivas, y una vez allí van organizándose, se acondicionan y se crean jardines en el llano. A partir de 1367 la villa se extiende con tal fuerza por los suburbios que se hace necesaria una nueva muralla, principalmente por la orilla derecha. Carlos V construye esa muralla. Pero una ciudad como París está sometida a un crecimiento continuo y es precisamente este tipo de ciudades el que se convierte en capital del país pues son como embudos en donde convergen todas las vertientes geográficas, políticas morales a intelectuales de un país; en ellas desembocan todas las pendientes naturales de un pueblo; son como pozos de civilización, por decirlo de algún modo, o sumideros en donde el comercio, la industria, la inteligencia, la población y en fin, todo lo que es savia, todo lo que es vida y alma en una nación se va filtrando y amasando sin cesar, gota a gota, siglo a siglo. Este recinto que mandó hacer Carlos V corre, pues, la misma suerte que el de Felipe Augusto ya que a finales del siglo XV empieza a ser superado y queda desbordado, y el arrabal se extiende más allá y así hasta el XVI en el que existe una impresión de retroceso. Así, a simple vista, parece que se reduce cada vez más hacia la vieja ciudad, pero resulta sólo una impresión debida al enorme crecimiento exterior que ha sufrido la ciudad nueva. Así pues, a partir del siglo XV, para no ir más lejos, París había superado los tres círculos concéntricos de murallas, que, en tiempos de Juliano el Apóstata, se encontraban, es un decir, en germen entre el Grand Châtelet y el Petit Châtelet. La desbordante ciudad había hecho sucesivamente sus cuatro cinturones, como un niño que crece y hace pequeñas y estalla sus ropas del año anterior. En la época de Luis XI todavía podían verse en algunos lugares restos de torreones, restos de antiguas murallas, que surgían por entre aquel mar de casas, como las cimas de algunas colinas en épocas de gran inundación o como archipiélagos del viejo París sumergido bajo el nuevo.

Desde entonces, desgraciadamente, París ha seguido transformándose a nuestra vista, pero sólo ha superado un recinto más, el de Luis XV; muralla miserable de barro y de adobe, digna del rey que ordenó construirla y del poeta que le ha cantado.

Le mur murant Paris, rend Paris murmurant.

En el siglo XV, París se hallaba aún dividida en tres villas claramente separadas, teniendo cada una su fisonomía propia, su especialidad, sus costumbres y hábitos, sus privilegios y su propia historia: La Cité, la Universidad y la Ville. La Cité, que ocupaba la isla, era la más antigua, la menos importante y a la vez madre de las otras dos, apretujada entre ellas y, que se nos perdone la comparación, como una viejecita entre dos mozas jóvenes y hermosas. La Universidad se extendía por la orilla izquierda del Sena, desde la Tournelle hasta la Tour de Nesle, puntos que, en el París de hoy, corresponden, uno al Mercado de Vinos y otro a la Casa de la Moneda. Su recinto abarcaba ampliamente la zona en donde Juliano había construido sus termas, así como la montaña de Santa Genoveva. El punto culminante de esta curva de murallas era la Porte Papale, que corresponde hoy, más o menos, al actual emplazamiento del Panteón. La Ville, que era la mayor de estas tres partes de París, ocupaba la orilla derecha. El muelle sobre el Sena, interrumpido a veces y cortado en varios lugares, corría a lo largo del río desde la Tour de Billy hasta la Tour du Bois, aproximadamente lo que hoy se extiende entre el Grenier d'Abondance y las Tullerías. A esos cuatro puntos en que el Sena cortaba los muros de la capital, la Tournelle y la Tour de Nesle, en la orilla izquierda, y la Tour de Billy y la Tour de Bois, en la orilla derecha, se les conocía preferentemente con el nombre de las cuatro torres de París. La Ville se introducía en las tierras de labranza más profundamente que la Universidad. El punto en donde acababa el recinto de la Ville (el de Carlos V) se encontraba en las puertas de Saint-Denis y de Saint-Martin, cuyo emplazamiento aún se mantiene en nuestros días.

Como hemos dicho, cada una de estas tres grandes divisiones de París era una ciudad en sí misma, pero una ciudad demasiado especial para ser completa; una ciudad que no podría existir sin las otras dos y con tres aspectos bien diferenciados en cada una: en la Cité abundaban las iglesias, en la Ville los palacios y los colegios en la Universidad.

Pasando por alto las originalidades de menor relieve del viejo París y los caprichos del derecho de servidumbre y no tomando más que, desde un punto de vista muy general, el conjunto de jurisdicciones comunales, debemos decir que la isla pertenecía al obispo, la orilla derecha al preboste de los mercaderes y la orilla izquierda al rector; y que el preboste de París, oficial real y no municipal, mandaba en todo aquel conjunto. La Cité tenía Nuestra Señora, la Ville el Louvre y el ayuntamiento y la Universidad la Sorbona. A la Ville pertenecían también los mercados como a la Cité el hospital y a la Universidad el

Pré-aux-Clercs. Los delitos cometidos por los estudiantes en la orilla izquierda, en el Pré-aux-Clercs, eran juzgados en la isla, en el Palacio de justicia, y eran castigados en la orilla derecha, en Montfaucon; a menos que el rector interviniera, sintiéndose suficientemente fuerte, en épocas de debilidad real, pues se consideraba privilegio entre los estudiantes el ser ahorcados en su propio «feudo».

La mayoría de estos privilegios, dicho sea de paso, y los había mucho mejores que el que acabamos de citar, habían sido arrancados a los reyes mediante revueltas y motines —siempre ha sido así—, pues es sabido que los reyes nunca han concedido nada que no les haya sido previamente arrancado por el pueblo. Existe un viejo documento que, a propósito de la fidelidad, dice esto mismo de una manera bien candorosa: Civibus fidelitas in reges, quae tamen aliqueties seditionibus interrupta, multa peperit privilegia.

En el siglo XV el Sena bañaba cinco islas en el recinto de París: la isla de Louviers en donde había entonces árboles y en donde ya no hay más que madera, la isla de las vacas y la isla de Nuestra Señora las dos deshabitadas, salvo alguna vieja casucha, y ambas feudo del obispo (en el siglo XVII, de las dos islas se hizo una sola que hoy conocemos con el nombre de isla de San Luis) y finalmente la Cité con el islote del barquero de las vacas, en su punta, cubierto más tarde por el terraplén del Pont-Neuf. Cinco puentes contaban entonces la Cité; tres a la derecha, el Pont Notre-Dame y el Pont-au-Change, de piedra los dos, y el Pont-aux-Meuniers, éste de madera; otros dos a la izquierda; le Petit-Pont, de piedra, y el Pont Saint-Michel, de madera. Todos ellos con casas. La Universidad tenía seis puertas, construidas por Felipe Augusto, y eran, a partir de la Tournelle, la Porte Saint-Victor, la Porte Bordelle, la Porte Papale la de Saint-Jacques, la de Saint-Michel y la de Saint-Germain. La Ville, por su parte, contaba con otras seis, construidas éstas por Carlos V y eran, a partir de la Tour de Billy, la Porte Saint-Antoine, la Porte du Temple, la de Saint-Martin, la de Saint-Denis, la de Montmartre y la Porte de Saint-Honoré. Todas ellas eran sólidas y hermosas pues su belleza no las hacía menos fuertes. Un foso ancho y profundo, de rápidas corrientes en época de crecidas y procedente del Sena, bañaba los muros en torno a París. Por la noche eran cerradas todas sus puertas y cortado el río en los dos extremos de la ciudad mediante gruesas cadenas. París dormía tranquilo.

A vista de pájaro, esas tres partes, la Cité, la Universidad y la Ville, presentaban cada una, una maraña inextricable de calles curiosamente entremezcladas; sin embargo, a primera vista, podía descubrirse que entre las tres formaban un solo cuerpo, cruzado por dos largas calles paralelas sin interrupción, y casi en línea recta, que atravesaba a la vez los tres burgos de un extremo a otro y de sur a norte, perpendicularmente al Sena, uniéndolos, mezclándolos y que servían para comunicar y para trasvasar continuamente a las gentes de unos con las gentes de los otros; haciendo, en fin, una sola ciudad con los tres barrios.

La primera de estas calles iba desde la puerta de Saint-Jacques hasta la de Saint- Martin. La llamaban calle de Saint Jacques en la Universidad, calle de la judería en la Cité y calle de Saint-Martin en la Ville. Cruzaba dos veces el agua por le Petit Pont y por el Pont de Notre Dame. La segunda, llamada calle de la Harpe en la orilla izquierda, calle de la Barillerie en la Isla, calle de Saint-Denis en la orilla derecha y que en uno de los brazos del Sena era Pont Saint-Michel y en el otro Pont-au-Change, iba desde la Porte de Saint-Michel, en la Universidad, hasta la Porte de Saint-Denis en la Ville. En una palabra: denominadas de cien maneras diferentes, eran siempre las dos calles madres, las dos arterias de París. Todas las demás venas de la triple ciudad venían a ellas bien a alimentarse o bien a vaciarse.

Independientemente de estas dos arterias diametrales que atravesaban París de parte a parte, a lo ancho, y que eran comunes a la Cité, la Ville y la Universidad, tenían cada una su calle mayor particular, que se extendía en la dirección Norte-Sur, paralela al Sena y que cruzaba en ángulo recto las dos arterias. Así, en la Ville, se bajaba en línea recta desde la Porte de Saint-Antoine a la Porte de Saint-Honoré y en la Universidad desde la Porte Saint-Victor a la Porte Saint-Germain. Esas dos grandes vías, al cruzarse con las dos primeras, formaban el nudo sobre el que descansaba, entrecruzado y apretado en todos los sentidos la red, el dédalo de las calles de París. En el dibujo indescifrable de esa red podían distinguirse, además, observando atentamente, como dos ramos, alargado uno hacia la Universidad y el otro hacia la Ville, dos manojos de calles más anchas que se extendían entre los puentes y las puertas.

Todavía hoy se conserva algo de aquel plan geométrico.

Pero, ¿bajo qué aspecto se presentaba este conjunto visto desde las torres de Nuestra Señora en 1482? Vamos a intentar describirlo.

Para el espectador que llegaba jadeante a aquellas alturas, representaba, de entrada, una deslumbrante impresión de tejados, de chimeneas, de calles, de puentes, de plazoletas, de flechas y de campanarios. Todo se agolpaba ante los ojos al mismo tiempo; el aguilón tallado, los tejadillos puntiagudos, la torrecilla colgada entre dos esquinas de los muros, la pirámide de piedra del siglo XI, el obelisco de pizarra del XV, un torreón desnudo y redondo, la torre cuadrada y calada de una iglesia; todo lo grande y lo pequeño y lo aéreo y lo macizo. La mirada se perdía durante mucho tiempo en la profundidad de aquel laberinto, en donde todo tenía su originalidad, su razón, su genio, su gracia, su belleza; en donde todo tenía contactos con el arte, desde la más pequeña casita encalada y esculpida con vigas exteriores, puerta rebajada y pisos salientes, hasta el Louvre real que tenía por entonces toda una hilera de torres. Pero las principales masas que se distinguían cuando la vista comenzaba a adaptarse a aquel cúmulo de edificios eran, comenzando por la Cité: la isla que, como dice Sauval aprovechando algún acierto de estilo entre el fárrago de expresiones que utiliza «está hecha como un gran navío encallado en el cieno y varado río abajo hacia el centro del Sena».

Acabamos de decir que en el siglo XV este navío estaba agarrado a las dos orillas del río por cinco puentes. Este perfil de barco había ya sorprendido a los escribas heráldicos, pues de ahí procede y no del asedio de los normandos, según Favyn y Pasquier, el bajel que blasona el viejo escudo de armas de París. Para quien sabe descifrarlo, un blasón es como un enigma; es un lenguaje. Toda la historia de la segunda mitad de la Edad Media figura en los blasones, así como en el simbolismo de las iglesias románicas figura toda la historia de su primera mitad. Los blasones son los jeroglíficos del feudalismo después de los de la teocracia.

La Cité se ofrecía, pues, a sus ojos con la popa hacia levante y la proa hacia el poniente. Vuelto hacia la proa, se veía un numerosísimo rebaño de viejos tejados sobre los que sobresalía arqueado el ábside emplomado de la Santa Capilla, semejando la grupa de un elefante cargando con su torre; sólo que en esta ocasión, la torre era la flecha más audaz, la más elaborada, la más labrada, la más calada que nunca se haya visto en el cielo a través de su cono de encaje. En la plaza que hay delante de Nuestra Señora, una hermosa plaza con casas antiguas, venían a desembocar tres calles. La fachada arrugada y ceñuda del Hôtel-Dieu y su tejado, que se diría cubierto de postillas y de verrugas, se asomaba al lado sur de la plaza; y a la derecha, a la izquierda, a oriente y a occidente, en ese estrecho recinto de la Cité, se elevaban los campanarios de sus veintiuna iglesias, de todas las épocas, de todos los estilos, de todos los tamaños, desde la baja y carcomida campánula románica de Saint-Denis-du- Pas, carcer Glaucini, hasta las finas agujas de Saint-Pierre-aux-Boeufs y de Saint Landry. Detrás de Nuestra Señora se extendían hacia el norte el claustro con sus galerías góticas; hacia el sur el palacio semirrománico del obispo y hacia levante la punta desierta del Terrain. Entre aquel amontonamiento de casas, la vista distinguía por sus altas mitras de piedra calada que coronaban entonces, a nivel del tejado, las ventanas más altas del palacio, el hotel que la ciudad ofreció, bajo el rey Carlos VI, a Juvenal de los Ursinos, y un poco más allá los barracones alquitranados del Marché-Palus; más lejos aún el ábside nuevo de Saint-Germain-le-Vieux, agrandado en 1458 con un trozo de la calle de los Febues; y se veía también, de vez en cuando, un cruce de calles, lleno de gente, una picota, erguida en una esquina, un hermoso trozo de pavimento de la época de Felipe Augusto, un enlosado rayado ya por los cascos de los caballos en medio de la calle y mal reemplazado en el siglo XVI por un pobre empedrado, llamado pavimento de la liga; un patio trasero abandonado con una torrecilla calada como se hacían en el siglo XV y como todavía puede verse una en la calle de los Bourdonnais. A la derecha de la Santa Capilla se veía, en fin, hacia poniente, y bien asentado con su grupo de torres al borde del agua, el Palacio de Justicia. Las arboledas de los jardines del rey, que cubrían la punta occidental de la Cité, ocultaban el islote del barquero. En cuanto al agua, apenas si se la podía ver a ambos lados de la Cité pues el Sena se ocultaba bajo los puentes y éstos se escondían bajo las casas.

Y cuando la mirada se perdía más allá de los puentes, cuyos tejados enmohecidos antes de tiempo por la humedad del río aparecían verdosos, si se dirigía a la izquierda, hacia la Universidad, el primer edificio que saltaba a la vista era un sólido grupo de torres, el Petit-Châtelet cuya gran puerta, totalmente abierta, devoraba el extremo del Petit-Pont, y más tarde, recorriendo aún con la mirada de levante a poniente, de la Tournelle a la Tour de Nesle, se descubría un largo cordón de casas con vigas esculpidas, con ventanas de vidrios coloreados. Sobresaliendo en cada planta el interminable zigzag de los piñones burgueses, cortados con frecuencia por la boca de una calle o, a veces, por el frente o por el codo de algún palacete de piedra que, como un gran señor entre un grupo de villanos, se extendía gustoso en patios y jardines, en alas y en estancias por entre aquellos grupos de casas apiñadas y encogidas. Cinco o seis de aquellas mansiones daban al muelle del Sena, desde la residencia de Lorraine que compartía con los Bernardinos el gran recinto contiguo a la Tournelle, hasta la mansión de Nesle cuya torre principal era uno de los mojones límite de París, y cuyos tejados puntiagudos recogían durante tres meses al año, entre los triángulos negros de sus pizarras, el reflejo escarlata del sol poniente.

Este lado del Sena era, por lo demás, el menos comercial de los dos pues los estudiantes lo ocupaban bulliciosamente en número muy superior a los artesanos y no puede decirse que existiera malecón, propiamente hablando, más que desde Pont- Saint-Michel hasta la Tour de Nesle. El resto de las orillas del Sena era o bien terreno perdido, como más allá de los Bernardinos, o bien un conglomerado de casas tocando casi el agua, igual que pasaba entre los dos puentes.

Había gran algazara de lavanderas que chillaban, hablaban y cantaban durante todo el día a lo largo de la orilla y que golpeaban fuertemente la ropa como en nuestros días. No es ésta una de las menores alegrías de París.

La Universidad formaba un bloque a simple vista, constituyendo de un extremo a otro un conjunto homogéneo y compacto. Sus mil tejados juntos, angulosos, unidos entre sí, casi todos iguales geométricamente, ofrecían desde lo alto el aspecto de una cristalización de la misma sustancia. El caprichoso cauce de calles no cortaba muy desproporcionadamente todo este conjunto de casas y los cuarenta y dos colegios estaban diseminados por allí de forma bastante equilibrada y se encontraban un poco por todas partes. Las techumbres variadas y graciosas de estos bellos edificios eran del mismo gusto artístico que los tejados normales que por allí se veían sobresaliendo, eso sí, sobre ellos, pero, en definitiva, eran variaciones al cuadrado o al cubo del mismo conjunto geométrico. Hacían más complicado el conjunto, pero sin modificarlo; lo completaban sin cambiarlo, pues la geometría es armonía. Algunos hermosos hoteles sobresalían por aquí y por allí entre las pintorescas buhardillas de la orilla izquierda, como la residencia de Nevers, la de Roma o la de Reims, todas desaparecidas ya. La residencia de Cluny subsiste aún para consuelo del artista, aunque hace algunos años han recortado estúpidamente su torre. Cerca de Cluny, se encontraban las termas de Juliano, un palacio romano con bonitos arcos cimbrados. Había también numerosas abadías, de belleza más piadosa, y de una grandeza más grave y serena que las residencias, pero no menos bellas ni majestuosas.

Las primeras que chocaban a la vista eran las de los Bernardinos con sus tres campanarios, la de Santa Genoveva, cuya torre cuadrada aún existente hace echar de menos el conjunto que falta; la Sorbona, mitad colegio, mitad monasterio de la que aún sobrevive una admirable nave, el bello claustro cuadrado de los Maturinos; su vecino, el claustro de San Benito entre cuyos muros se han dado prisa en la chapuza de construir un teatro entre la séptima y la octava edición de este libro; los Franciscanos con sus tres fachadas en piñón, yuxtapuestas; los Agustinos, cuya graciosa aguja formaba después en la Tour de Nesle la segunda crestería de este lado de París por la parte occidental. Los colegios, que constituyen en efecto el eslabón intermedio entre el claustro y el mundo, se encontraban un poco a mitad de camino entre las residencias y las abadías, dentro de este aspecto monumental del que venimos hablando, exhibiendo una severidad plena de elegancia, una escultura menos evaporada que la de los palacios y una arquitectura menos seria que la de los conventos. Desgraciadamente ya no queda casi nada de estos monumentos en donde el arte gótico entremezclaba con tanta precisión la riqueza y la economía. Las iglesias, por ejemplo (y eran numerosísimas y espléndidas en la Universidad y se escalonaban por esa zona pertenecientes a todos los estilos, desde las románicas de San Julián hasta las ojivales de San Severino), lo dominaban todo y como un nuevo elemento armonizador dentro de la armonía allí existente, surgían atravesando por doquier la gran variedad de artísticos piñones, con sus campanarios calados, con sus flechas cinceladas, sus agujas sutiles y esbeltas, cuyas líneas no representaban sino una variación en el conjunto de los agudos perfiles de los tejados.

El terreno que ocupaba la Universidad era monstruoso. La montaña de Santa Genoveva presentaba hacia el sureste una enorme ampolla. Era todo un espectáculo para la vista, desde lo alto de Nuestra Señora, aquel entramado de callejuelas estrechas y tortuosas (hoy llamado el barrio latino), aquellos racimos de casas que esparcidos por todas las direcciones desde la cima de aquella elevación, se precipitaban en completo desorden y casi a pico por sus flancos hasta la orilla del río, dando la impresión de que unas bajaban, otras trepaban, sosteniéndose todas unas contra otras. Se distinguía allá abajo un flujo continuo de miles de puntos negros cruzándose en el pavimento, y que no eran sino las gentes vistas desde arriba y desde lejos.

Finalmente, entre todos aquellos tejados, entre todas aquellas flechas y entre todo el montón de edificios que se plegaban, se torcían y recortaban de manera tan curiosa los últimos límites de la Universidad, se descubría de vez en cuando un gran trozo de muralla enmohecido, una maciza torre redonda, una puerta de muralla almenada, semejando una fortaleza: era el cierre, el recinto de Felipe Augusto. Al otro lado se veían verdes prados y más allá aún se alejaban las carreteras a cuyos lados se levantaban todavía algunas casas de los arrabales tanto más escasas cuanto más distantes estaban de la ciudad.

Algunos de aquellos suburbios tenían su importancia. Se escalonaban, a partir de la Tournelle, en primer lugar, el burgo de San Víctor con su puente de un ojo sobre el Bièvre, con su abadía en donde podía leerse el epitafio de Luis el Gordo, epitaphium Ludovici Grorti, y su iglesia de flecha octogonal, flanqueada por cuatro campaniles del siglo XI (aún puede verse una semejante en Etampes que todavía no ha sido derrumbada). Más allá, el burgo de Saint-Marceau, que tenía ya tres iglesias y un convento y luego, dejando a la izquierda el molino de los Gobelinos y sus cuatro muros blanqueados, se encontraba el burgo de Saint-Jacques con un hermoso crucero esculpido y la iglesia de Saint Jacques-du-Haut-Pas, gótica por entonces, puntiaguda y encantadora; Saint Magloire, bella nave del siglo XIV que Napoleón transformó en pajar; Notre-Dame-des-Champs con sus mosaicos bizantinos. Después de dejar, en pleno campo ya, el monasterio de los cartujos, rico edificio, contemporáneo del palacio de justicia, con sus jardincillos geométricos, y las ruinas embrujadas de Vauvert, la mirada se centraba, hacia occidente, en las tres agujas románicas de Saint-Germain- des-Prés. El burgo de Saint-Germain era por entonces un municipio bastante grande con quince o veinte calles. El campanario agudo de San Sulpicio marcaba uno de los límites del burgo. Justo al lado se distinguía el recinto cuadrangular de la feria de Saint-Germain, en donde hoy mismo está el mercado; luego la picota del obispo, bonita torrecilla redonda con un cono de plomo a guisa de gorro. La tejera se hallaba un poco más alejada, en la calle del Four, que conducía al horno comunal; el molino estaba en el altozano. Había también una casita aislada y mal vista; pero lo que atraía sobre todo las miradas y las mantenía fijas durante más tiempo era la misma abadía. Es verdad que el monasterio tenía un aspecto impecable, tanto por su iglesia como por su empaque. Era un palacio abacial donde los obispos de París se consideraban felices de pasar una noche; tenía un refectorio al que su arquitecto había imprimido un aspecto y una belleza tan espléndidos como el rosetón gótico de una catedral; una capilla elegantísima de la Virgen, un dormitorio monumental, unos inmensos jardines, su puente levadizo, su muralla almenada, que destacaba por el verdor de los prados que la rodeaban;

unos patios en donde relucían al sol las armaduras al lado de las capas doradas y todo ello agrupado en torno a tres altas agujas románicas, bien asentadas en un ábside gótico, recortándose majestuosas en el horizonte.

Cuando, después de haber contemplado durante mucho tiempo la Universidad, girabais la vista hacia la orilla derecha, hacia la Ville, el carácter del espectáculo cambiaba por completo. La Ville era en efecto mucho más grande que la Universidad y mucho menos compacta. En una primera impresión se la veía dividida en varias partes individualmente bien definidas. Hacia levante, en la parte de la Ville que todavía hoy recibe el nombre de Marais (marisma), en donde el galo Camulógeno atascó a César entre el barro, había un amontonamiento de palacios que llegaba hasta la orilla del río. Se destacaban casi juntas cuatro de esas residencias: Jovy, Sens, Barbeau y la residencia de la reina asomaban al Sena sus desvanes de pizarra, adornados con esbeltas torrecillas. Entre las cuatro ocupaban el trecho que se extiende entre la calle de Nonaindières y la abadía de los Celestinos cuya aguja se destacaba por entre los piñones de las casas y las, almenas. Algunas casas viejas y verdosas muy próximas al agua, construidas delante de aquellas suntuosas residencias, no impedían contemplar los bellos ángulos de sus fachadas con amplias ventanas cuadradas enmarcadas con piedra, ni sus porches ojivales recargados de estatuas, ni las vivas aristas de sus muros perfectamente cortadas, ni todos esos encantadores hallazgos de la arquitectura que hacen que el arte gótico parezca renovar sus combinaciones en cada monumento.

Detrás de aquellas residencias se extendía en todos los sentidos, a veces abierto con una empalizada, otras enmarcado con grandes árboles, como una cartuja, o almenado como una ciudadela, el recinto inmenso y multiforme de aquella maravillosa mansión de Saint-Pol en donde el rey de Francia tenía espacio para alojar soberbiamente a veintidós príncipes de la calidad de un Delfín, o de un duque de Borgoña con sus servidores y todo su séquito, sin contar a los grandes señores ni al emperador cuando venía a ver París, y sin contar tampoco a sus leones que tenían su lugar aparte en el hotel real.

Conviene precisar que sólo el apartamento de un príncipe estaba compuesto por aquel entonces de no menos de once estancias, desde la sala de recepción hasta el oratorio, sin contar, claro, las galerías, los baños, los baños de vapor y otros «lugares superfluos» que componían cada apartamento; sin contar, claro está, los jardines privados de cada huésped real; sin mencionar las cocinas, las bodegas, los refectorios generales de la casa, los corrales en donde podían contarse veintidós dependencias propias del palacio, desde el horno hasta las cavas, pasando por toda clase de juegos como el mallo, el frontón, las anillas, y luego las pajarerías, los acuarios, las casas de fieras, las cuadras, los establos, las bibliotecas, los arsenales y las herrerías. Esto era entonces un palacio de rey, un Louvre, una mansión Saint-Pol; una ciudad dentro de la ciudad.

Desde la torre en donde estamos colocados, la mansión Saint-Pol, aunque medio oculta por las cuatro grandes residencias a las que hemos aludido, era aún maravillosa y muy digna de contemplarse. Podían distinguirse perfectamente, hábilmente unidas al cuerpo principal mediante galerías con vidrieras y columnatas, los tres hoteles que Carlos V había amalgamado a su palacio; el hotel del Petit-Muce, con una balaustrada de encaje que orlaba graciosamente su tejado; el hotel del abad de Saint-Maur, con aspecto de fortaleza y una poderosa torre con matacanes, aspilleras y caponeras; y en la amplísima puerta sajona, tallado el escudo del obispo entre los dos cuerpos del puente levadizo; el hotel del conde de Etampes cuyo torreón, un tanto arrumbado en la parte más elevada, se asemejaba a la cresta almenada de un gallo; y aquí y allá tres o cuatro bien poblados robles parecían como inmensas coliflores, y los retozos de los cisnes en las aguas claras de los estanques con pliegues de sombra y de luz; y muchos más patios de los que se veían trozos magníficos; el hotel de los leones con sus ojivas bajas apoyadas en pequeños pilares sajones, sus rastrillos de hierro y sus perpetuos rugidos. Y por encima de todo este conjunto se destacaba la flecha desconchada del Ave María y a su izquierda la residencia del preboste de París, flanqueada por cuatro torrecillas, primorosamente caladas. En el centro, al fondo, el hotel Saint-Pol propiamente dicho, con sus variadísimas fachadas y sus enriquecimientos continuos desde Carlos V, con sus excrecencias híbridas con que la fantasía de los arquitectos lo habían recargado hacía ya dos siglos, con todos los ábsides de sus capillas, con todos los piñones de sus galerías, con sus mil veletas a los cuatro vientos y sus dos altas torres contiguas, cuyo tejado cónico, rodeado de almenas en su base, asemejaba a uno de esos sombreros puntiagudos con el ala levantada.

Prosiguiendo la ascensión de los escalones de lo que desde lejos parecía un anfiteatro después de salvar un profundo paso en los tejados de la Ville que no era sino la huella de la calle Saint-Antoine, la vista, limitándonos siempre a los monumentos más importantes, se detenía en la mansión de Angulema, vasta construcción de varias épocas en donde se veían partes nuevas, muy blancas, que no casaban mejor en el conjunto que un remiendo rojo sobre un jubón azul. Sin embargo, el tejado, singularmente puntiagudo y elevado del palacio moderno, erizado de gárgolas cinceladas y rematado con planchas de plomo, en donde se revolvían en mil arabescos, fantásticas y deslumbrantes incrustaciones de cobre dorado; este tejado curiosamente damasquinado, surgía elevándose con gracia por entre las oscuras ruinas del antiguo edificio cuyos vetustos torreones, abombados por el tiempo cual barricas viejas hundiéndose sobre sí mismas y abriéndose de arriba a abajo, parecían gruesos vientres desabrochados. Por detrás aparecía aún, alzándose majestuoso, el bosque de torres del palacio de Tournelles. No existe un golpe de vista en todo el mundo, ni en la Alhambra ni en Chambord, más fantástico, más aéreo ni más prodigioso que esta arboleda de torres, campanarios, chimeneas, veletas; de espirales, de linternas caladas que parecían talladas a cincel; de torrecillas en forma de huso, y diferentes todas en altura; algo así como un gigantesco ajedrez de piedra.

A la derecha de las Tournelles, el manojo de enormes torres, negras como la tinta, mezclándose unas con otras y atadas, por decirlo de algún modo, por un foso circular; el gran torreón con muchas más aspilleras que ventanas; ese puente levadizo siempre levantado y ese rastrillo siempre echado es la Bastilla y una especie de picos negros que sobresalen por las almenas y que, de lejos, podrían confundirse con gárgolas, son sus cañones. Bajo sus balas de hierro, al pie del formidable edificio, se ve la Porte Saint-Antoine como escondida entre sus dos torres.

Más allá de las Tournelles, hasta la muralla de Carlos V, se extendía con ricas parcelas de hierba y de flores una alfombra de cultivos y de parques reales, en medio de los cuales podía reconocerse, por su laberinto de árboles y de avenidas, el famoso jardín Dedalus que Luis XI había ofrecido a Coictier. El observatorio del doctor estaba emplazado encima del Dedalus como una gruesa columna que tuviera una casita por capital. En ese lugar se han hecho horóscopos terribles. Allí se encuentra hoy la plaza Royale.

Como ya hemos dicho la zona de los palacios de la que estamos intentando dar una idea al lector, no insistiendo más que en cosas someras, ocupaba el ángulo que la muralla de Carlos V formaba con el Sena hacia el oriente.

El centro de la Ville, en la orilla derecha, lo formaban un conglomerado de casas populares a donde iban a desembocar los tres puentes y sabido es que sobre los puentes no se construyen palacios sino más bien casas.

Sin embargo, aquel conglomerado de viviendas burguesas, apretujadas como los alvéolos de una colmena, tenía su belleza, pues a veces existen en las ciudades tejados tan bellos como las olas en el mar. Las calles entrecruzadas y confusas se organizaban en manzanas de formas divertidas, sobre todo en torno a Les Halles, en donde formaban una especie de estrella de mil puntas. Las calles de Saint-Denis y de Saint- Martin con sus innumerables ramificaciones subían una tras otra como si se tratara de dos grandes árboles con sus ramas entremezcladas, y con sus líneas tortuosas iban serpeando por todas partes las calles de la Plâtrerie, de la Verrerie, de la Tixeranderie… pero también podían verse bonitos edificios que rompían la ondulación de piedra de aquel mar de casas con piñón, como por ejemplo a la entrada del Pont- aux-Changeus, detrás del cual se veía el Sena lleno de espuma por las ruedas del Pont-aux-Meuniers. Allí aparecía el Châtelet, no ya torre romana como bajo Juliano el Apóstata sino torre feudal del siglo XIII y hecho de piedra tan dura que el pico no lograba arrancar en tres horas el espesor de un puño: aparecía también la rica torre cuadrada de Saint-Jacques-de-la-Boucherie con sus ángulos salpicados de esculturas. Magnífica ya aunque no estuviera acabada en el siglo XV. Le faltaban primordialmente esos cuatro monstruos que, aún hoy asomados a las cuatro esquinas del tejado, parecen otras tantas esfinges que plantean al nuevo París los enigmas del pasado. Rault, su escultor, no las colocó hasta 1526 y le dieron veinte francos por su trabajo; se veía también la Maison-aux-Piliers que daba a aquella plaza de Grève, de la que ya hemos informado al lector; o Saint Gervais, echada a perder más tarde por un pórtico de buen gusto; o Saint Mery cuyas viejas ojivas eran casi arcos de medio punto; Saint Jean, proverbial por su espléndida aguja; había aún otra veintena de monumentos que no desdeñaban mezclar sus maravillas en aquel caos de calles oscuras, estrechas y profundas; agregad aún los cruceros esculpidos en piedra, que se prodigaban en las encrucijadas en mayor número que los cadalsos, y el cementerio de los Inocentes del que destacaba a lo lejos por encima de los tejados su vallado arquitectural, o el rollo de les Halles cuya cúspide asomaba entre dos chimeneas de la calle de la Cossonnerie, o la escalinata de la Croix-du-Trahoir en el cruce de su calle, siempre llena de gente, o los viejos edificios circulares del mercado del trigo; o tramos de la antigua muralla de Felipe Augusto, que asomaban aquí y allá, ahogados entre las casas; torres comidas por la hiedra, puertas desvencijadas, trozos de muro derrumbados y deformados; el muelle del Sena con sus mil tiendas y sus desolladeros sucios de sangre; el Sena, cargado de barcos desde el Port-au-Foin hasta Fort-l'Evéque y aún os quedáis con una imagen harto confusa de lo que en 1482 era el trapecio de la Ville.

Con estos dos barrios, uno de residencias y otro de casas, la tercera parte que ofrecía la Ville en su aspecto general era una larga zona de abadías que la iba bordeando en casi todo su entorno, de levante a poniente, y que por detrás del cinturón de fortificaciones que cerraba París le hacía un segundo cinturón interior de conventos y capillas. Así, al lado mismo del parque de Tournelles, entre la calle Saint- Antoine y la antigua calle del Temple, se hallaba Santa Catalina, que extendía su inmensa huerta hasta las murallas de París. Entre la antigua y la nueva calle del Temple, estaba el Temple, siniestro haz de torres, alto, plantado y aislado en medio de un vasto cerco amurallado. Entre la calle Neuve-du-Temple y la calle de Saint-Martin, se encontraba la abadía de Saint-Martin, en medio de sus jardines; soberbia iglesia fortificada que, con su recinto de torres y su tiara de campanarios, sólo se veía superada en fuerza y esplendor por Saint-Germain-des-Prés. El recinto de la Trinidad se extendía entre las dos calles de Saint-Martin y Saint-Denis y, finalmente, les Filles- Dieu, entre la calle Saint-Denis y la calle de Montorgueil. Allí mismo, al lado, se distinguían los tejados mugrientos y el recinto, sin pavimentar, de la corte de los milagros, que representaba el único círculo profano entre aquella piadosa cadena de conventos.

Finalmente, la cuarta parte que se destacaba por sí misma en la aglomeración de tejados de la orilla derecha y que limitaban el ángulo occidental del recinto y el borde del agua, río abajo, era un nuevo grupo de residencias y palacetes muy juntos, a los pies del Louvre. El viejo Louvre de Felipe Augusto, inmensa edificación con su gran torre central, rodeada de otras veintitrés torres importantes sin contar las torrecillas, se divisaba, a lo lejos, engarzado entre los tejados góticos de la residencia de Alençon y el palacio del Petit-Bourbon. Esta hidra de torres, guardiana gigantesca de París, con sus veinticuatro cabezas siempre erguidas, con sus grupas monstruosas cubiertas de plomo o de pizarra, resplandecientes de reflejos metálicos, limitaba de forma sorprendente la configuración de la Ville hacia el poniente.

Todo aquello era un conglomerado inmenso (ínsula lo llamaban los romanos) de casas burguesas flanqueado a derecha y a izquierda por dos bloques de palacios, coronados por el Louvre el uno, y el otro por las Tournelles, bordeado al norte por un largo cinturón de abadías y tierras cultivadas que la vista amalgamaba y confundía en un solo bloque; mil edificios con los tejados de pizarra o de tejas, destacándose unos sobre otros y mostrando curiosas cresterías, con los campanarios tatuados, repujados y ornamentados de las cuarenta y cuatro iglesias de la orilla derecha y con miles de calles transversales.

Así era la Ville que limitaba de un lado por un recinto de altas murallas con torres cuadradas (las de la Universidad eran redondas) y del otro por el Sena con sus puentes y sus numerosos barcos; eso era, debemos repetir, la Ville en el siglo XV.

Algunos arrabales se agolpaban junto a sus puertas al otro lado de las murallas, pero eran menos numerosos y más distanciados que los de la Universidad. Estaban formados, detrás de la Bastilla, por una veintena de viejas casas, amontonadas en torno a las curiosas esculturas de la Croix-Faubin y de los arbotantes de la abadía de Saint-Antoine-des-Champs; más allá Popincourt, perdido entre trigales y más lejos aún la Courtille, animado pueblecito con varias tabernas, y el burgo de Saint-Laurent con su iglesia cuyo campanario, allá lejos, parecía unido a la torre de Saint-Martin; y también el burgo de Saint-Denis con su enorme recinto de Saint-Ladre; y la Grange- Batelière, al otro lado de la puerta de Montmartre, rodeada de murallas blancas y casi con tantas iglesias como molinos, aunque sólo éstos se han conservado pues la sociedad no pide ya más que el alimento del cuerpo. Finalmente, más allá del Louvre, se veía estirarse entre prados, el burgo de Saint-Honoré, bastante importante ya, y se veía también verdear la Petite-Bretagne y extenderse el Marché-aux-Pourceaux en cuyo centro se dibujaba redondo el horrible horno en donde se quemaba a los falsificadores de moneda. Entre la Courtille y Saint-Laurent la vista había ya observado, en la cima de un otero, reposando sobre llanos desiertos, una especie de edificio que semejaba a lo lejos una columnata ruinosa, erguida sobre una base socavada. No era ningún Partenón ni siquiera un templo de Júpiter Olímpico; era Montfaucon.

Y ahora, si la enumeración de tantos edificios, por elemental que hayamos pretendido hacerla, no ha pulverizado en el espíritu del lector la imagen general del viejo París, intentaremos resumirla en unas pocas palabras.

En el centro, la isla de la Cité, semejante por su forma a una enorme tortuga, haciendo resaltar sus puentes escamados de tejas, como patas bajo su gris caparazón de tejados. A la izquierda, el trapecio monolítico, firme, denso, apretado y erizado de la Universidad. A la derecha, el amplio semicírculo de la Ville con muchos más jardines y monumentos.

Los tres bloques, Cité, Universidad, Ville, jaspeados de innumerables calles y, cruzándolo todo, el Sena, el nutricio Sena, como le llama Du Breul, abarrotado de puentes y de barcos. Todo alrededor una llanura inmensa con mil diferentes remiendos de cultivos, sembrada de bellas aldeas y a la izquierda Issy, Vauvres, Vaugirad, Montrouges, Gentilly con su torre redonda y su torre cuadrada… etc., y otras tantas a la derecha, desde Conflans hasta Ville-L'Evêque. Al horizonte una orla de colinas dispuestas en círculo como los bordes de un estanque… y finalmente, ya lejos también, hacia oriente, Vincennes y sus siete torres cuadrangulares… con Bicétre y sus torrecillas puntiagudas hacia el sur; Saint-Denis y su aguja hacia el Noreste y Saint- Cloud y su torreón hacia el occidente. Este era el París que, desde lo alto de las torres de Nuestra Señora, veían los cuervos que allí moraban, en 1482.

Es, sin embargo, de esta misma ciudad de París de la que Voltaire dijo que antes de Luis XIV no poseía más que cuatro bellos monumentos: la cúpula de la Sorbona, el Val-de-Gráce, el Louvre moderno y ya no recuerdo el cuarto; el Luxemburgo quizás. Afortunadamente no por ello Voltaire dejó de escribir Cándido y no por ello dejó de tener la sonrisa más diabólica de entre todos los hombres que se han sucedido en la larga serie de la humanidad. Todo esto prueba que se puede ser un genio y no comprender nada de un arte al que no se pertenece. ¿No creía Moliére hacer gran honor a Rafael y a Miguel Ángel llamándoles «esos remilgados de su siglo»?

Pero volvamos al París del siglo XV, que no era únicamente una bella ciudad; era una ciudad homogénea, un producto arquitectónico a histórico de la Edad Media, una crónica escrita en piedra. Era una ciudad no formada más que por dos capas: la capa románica y la capa gótica, pues la capa romana hacía mucho tiempo que había desaparecido, con excepción de las termas de juliano, por donde atravesaba la espesa corteza de la Edad Media. En cuanto a la capa céltica, no se encontraba el menor vestigio ni haciendo excavaciones.

Cincuenta años después, cuando el Renacimiento vino a mezclar a esta unidad tan severa y sin embargo tan variada el lujo deslumbrante de sus fantasías y de sus sistemas, sus abusos de medios puntos romanos, de columnas griegas y de sus arcos rebajados góticos, su escultura tan delicada y tan ideal, su gusto particular por los arabescos y las hojas de acanto, su paganismo arquitectónico contemporáneo de Lutero, entonces puede que París fuera más bello pero menos armonioso a la vista y al pensamiento. Pero aquel momento espléndido duró poco. El Renacimiento no fue imparcial; no se contentó sólo con edificar, sino que quiso también derribar, aunque también es verdad que el Renacimiento necesitaba espacio. Por eso, el París gótico sólo estuvo completo durante un brevísimo espacio de tiempo, pues apenas si se estaba terminando Saint Jacques-de-la-Boucherie cuando se comenzaba ya la demolición del viejo Louvre.

Desde entonces la ciudad ha continuado deformándose día a día y el París gótico bajo el que se hundía el París románico ha desaparecido también, pero, en este caso,

¿se puede decir qué París le ha sustituido?

Existe el París de Catalina de Médicis en las Tullerías; el de Enrique II en el Ayuntamiento, dos edificios de gran gusto; el París de Enrique IV en la plaza Royale, fachadas de ladrillo con esquinas de piedra y tejados de pizarra; casas tricolores; el París de Luis XIII en el Val-de-Grâce con una arquitectura aplastada y rechoncha, con bóvedas en forma de asas de cesto con un no sé qué de abultamiento en las columnas y de joroba en la cúpula; el París de Luis XIV en los Inválidos, grandioso, rico y dorado, pero frío; el de Luis XV en San Sulpicio, con volutas, lazos y cintas y nubes y fideos y escarolas; todo ello cincelado en piedra; el París de Luis XVI en el Panteón, un San pedro de Roma mal copiado (el edificio ha sido reducido torpemente y esto ha afeado sus líneas); el París de la República en la escuela de medicina, de un dudoso gusto grecorromano, que quiere imitar al Coliseo o al Partenón, como la constitución del año 111 a las leyes de Minos y que en arquitectura se llama gusto mersidor; el París de Napoleón en la plaza Vendôme, sublime en este caso, con una columna de bronce, hecha de cañones; el París de la Restauración en la Bolsa, con una columnata blanquísima que sustenta un friso muy alisado; el conjunto es cuadrado y costó veinte millones aproximadamente.

A cada uno de estos monumentos característicos va unido por similitud de gustos, de formas o de actitudes, una determinada cantidad de casas, diseminadas por diferentes barrios y que un ojo experto sabe distinguir y fechar fácilmente. Cuando se sabe mirar, no es difícil encontrar el espíritu de un siglo y la fisionomía de un rey incluso hasta en los llamadores de las puertas.

El París actual carece, pues, de fisonomía general; no es más que una colección de ejemplares de varios siglos de la que han desaparecido los más bellos. La capital sólo crece en casas; ¡y qué casas! Al paso que vamos, París se renovará cada cincuenta años; por eso el sentido histórico de su arquitectura se va borrando un poco cada día.

Los monumentos son cada día más raros y parece como si se fueran hundiendo poco a poco absorbidos por las casas. El París de nuestros padres era de piedra, pero nuestros hijos tendrán un París de yeso.

En cuanto a los monumentos modernos del París nuevo, preferiríamos no hablar y no es porque no los admiremos como se merecen, puesto que Santa Genoveva de M. Soufflot es en realidad la más bella tarta de Saboya hecha en piedra y el palacio de la Legión de Honor es también una muestra y muy distinguida de repostería. La cúpula del mercado del trigo es un gorro de jockey inglés a gran escala y las torres de San Sulpicio son dos enormes clarinetes, y es sólo una manera de hablar, y la torre del telégrafo retorcida y gesticulante parece un gracioso añadido a su tejado; Saint-Roche tiene un pórtico sólo comparable por su magnificencia al de Santo Tomás de Aquino, así como un calvario en relieve, en los sótanos, y un sol de madera dorada. Son cosas verdaderamente maravillosas. No hay que olvidar la linterna del laberinto del jardín de plantas, realmente ingeniosa. En lo que al Palacio de la Bolsa se refiere, griego por su columnata, románico por el medio punto de sus puertas y ventanas y renacentista por su gran bóveda rebajada, se trata, sin duda alguna, de un monumento correctísimo y muy puro, como lo prueba el estar coronado por un ático, como no se veían en Atenas; de bella línea recta y graciosamente cortado, aquí y allá, por tubos de estufa. Agreguemos que si, por regla general, la arquitectura de un edificio se adapta a su función de tal manera que su función pueda deducirse del simple aspecto del edificio, nunca nos cansaríamos de admirar un edificio que podría ser indistintamente un palacio real, una cámara de diputados, un ayuntamiento, un colegio, un picadero, una academia, un depósito de mercancías, un tribunal, un museo, un cuartel, un sepulcro, un templo o un teatro. Mientras tanto es una Bolsa. Un monumento debería además adaptarse al clima y éste está hecho expresamente para nuestro cielo frío y lluvioso, pues tiene un tejado casi de azotea, como en oriente, lo que hace que en invierno, cuando nieva, haya que barrer el tejado; bien es verdad que los tejados se hacen para ser barridos; y en lo que respecta a su destino, del que acabamos de hablar, lo cumple a las mil maravillas y es Bolsa en Francia como hubiera sido templo en Grecia aunque buena maña se ha dado el arquitecto en ocultar la esfera del reloj que habría destruido si no la pureza de líneas de su bella fachada, pero dispone, en cambio, de esa hermosa columnata que rodea el monumento y bajo la que, en días de gran solemnidad religiosa, pueda circular majestuosamente la procesión de los agentes de bolsa y corredores de comercio.

Todos éstos son, sin duda, soberbios monumentos. Añádase un montón de bellas calles, graciosas y variadas como la calle de Rivofi y no me cabe la menor duda de que París, visto desde un globo, pueda presentar un día esa riqueza de líneas o esa opulencia de detalles y esa diversidad de aspectos o ese no sé qué de grandiosidad en la sencillez y de inesperado en lo bello que caracteriza a un tablero de damas.

Pero por muy admirable que os parezca el París de hoy, rehaced el París del siglo XV, reconstruidlo en vuestro pensamiento, mirad la luz a través de esta sorprendente hilera de agujas, de torres y de campanarios, extended la mirada en medio de la inmensa ciudad, rompedla en la extremidad de las islas; doblegad al Sena bajo sus puentes, con sus aguas verdes y amarillas más cambiantes que la piel de una serpiente; recortad claramente en el azul del horizonte el perfil gótico de este viejo París a imaginad su entorno flotando entre la bruma invernal, agarrada a sus innumerables chimeneas; sumergidlo en una noche cerrada y observad el juego fantástico de las luces y las sombras en aquel oscuro laberinto de edificios; iluminadlo con un rayo de luna para que lo perfile vagamente y para hacer surgir de entre la niebla las grandes cabezas de sus torres; o bien tomad de nuevo esa negra silueta, ensombreced los mil ángulos agudos de sus flechas y de los piñones de su casas, y hacedla surgir más dentada que la mandíbula de un tiburón sobre el cielo de cobre del ocaso… y luego comparad.

Y si queréis recibir de la vieja ciudad una impresión que la ciudad moderna no podría daros, subid una mañana de fiesta solemne, al amanecer en la fiesta de pascua o en Pentecostés, subid a cualquier punto elevado de donde podáis dominar la capital entera y asistid al despertar de todos los carillones y ved, a una señal venida del cielo

—pues es el sol quien la da— cómo sus mil iglesias se estremecen al tiempo; primero son tintineos aislados que van de una iglesia a otra, como cuando los músicos advierten que se va a comenzar y después, de pronto, contemplad, pues parece que en algunos momentos los oídos tengan ojos también, contemplad cómo se eleva al mismo tiempo de cada campanario algo así como una columna de ruido o como una humareda de armonía. Primero la vibración de cada columna sube recta, pura y, por así decirlo, aislada de las demás, hacia el cielo esplendoroso de la mañana y después, poco a poco, se funden acrecentándose, mezclándose y borrándose unas en otras; se amalgaman en un magnífico concierto. Ya es únicamente una masa de vibraciones sonoras, desprendida sin cesar de los innumerables campanarios, que va flotando, que se ondula, que salta y que gira sobre la ciudad conduciendo hasta más allá del horizonte el círculo ensordecedor de sus oscilaciones.

Pero este mar de armonía no es un caos. Por grande y profundo que sea no ha perdido su transparencia y veréis serpear por él, independiente, cada grupo de notas que se escapa de cada carillón; podéis seguir en él el diálogo, a veces chillón y a veces grave, de la carraca o del bordón y podéis ver saltar las octavas de un campanario a otro y verlas lanzarse aladas, ligeras y silbantes desde la campana de plata, o caer rotas y cojas de la campana de madera; podréis admirar entre ellas la riquísima gama que se descuelga y remonta incesantemente de las siete campanas de San Eustaquio; veréis correr en todas direcciones notas rápidas y claras, zigzagueando luminosamente para desvanecerse cual relámpagos. A lo lejos se percibe la voz agria y quebrada de la abadía de San Martín; aquí la voz siniestra y gruñona de la Bastilla; en el otro extremo la sólida torre del Louvre, con su bajo profundo. El real carillón del palacio lanza sin cesar en todas las direcciones trinos resplandecientes sobre los que caen, con idéntica cadencia, los graves redobles de la torre de Nuestra Señora que les hacen sacar chispas, como el yunque bajo el martillo. A veces podéis ver pasar sonidos de todas las formas, procedentes del triple campanario de Saint-Germain-des-Prés, y además de vez en cuando este conglomerado de ruidos sublimes se entreabre para dar paso a la fuga del Ave María que estalla y burbujea como un penacho de estrellas. Por debajo, en lo más profundo del concierto, se puede distinguir confusamente el canto interior de las iglesias que transpira a través de los poros vibrantes de sus bóvedas. Todo esto es, de verdad, una ópera que merece la pena ser oída. Normalmente los ruidos que de París se oyen durante el día, son como el habla de la ciudad y por la noche son su respiración, pero, en este caso, es la ciudad que canta. Aprestad el oído a ese tutti de campanarios, desparramad por el conjunto el murmullo de medio millón de hombres, la queja eterna del río, el aliento infinito del viento, el cuarteto grave y lejano de los cuatro bosques, emplazados en las colinas del horizonte cual inmensas cajas de órgano; eliminad como en una media tinta todo lo que el carillón tenga de excesivamente agudo y bajo y decid si habéis visto u oído en el mundo algo tan rico, tan alegre, tan dorado, tan deslumbrante como este tumultuoso repique de campanas, como ese ardiente brasero de música, como esas diez mil voces de bronce cantando juntas en flautas de piedra de trescientos pies de altura, como esa ciudad que es una orquesta toda ella, o como esa sinfonía comparable al ruido de la tempestad.

LIBRO CUARTO

I: Las almas piadosas

Dieciséis años antes del tiempo en que transcurre esta historia y en una hermosa mañana de domingo de Quasimodo, una criaturita había sido abandonada, después de la misa, en la iglesia de Nuestra Señora, en una tarima, junto al pórtico, a mano izquierda, frente a la gran imagen de San Cristóbal, a quien la estatua esculpida en piedra del caballero Antonio des Essarts contemplaba, arrodillado desde 1413, hasta que alguien se decidió a derribar al santo y al caballero. Era costumbre colocar en esa tarima a los niños abandonados y allí quedaban expuestos a la caridad pública.

Aquella especie de ser vivo echado sobre aquella tarima en la mañana de Quasimodo del año de gracia de 1467 parecía excitar en muy alto grado la curiosidad de un grupo considerable de gente, agolpado alrededor. El grupo estaba formado en buena parte por personas del bello sexo, aunque todas eran, más bien, mujeres mayores.

En primera fila, y más inclinadas sobre la tarima, se distinguían cuatro, con una especie de sotana y capuchón gris, que podían muy bien pertenecer a alguna piadosa cofradía; no veo por qué la historia no ha de transmitir a la posteridad los nombres de estas cuatro discretas y venerables señoras; eran Agnès la Herme, Jehanne de la Tarme, Henriette la Gaultière y Gauchère la Violette, viudas todas ellas y cofrades de la capilla Éttienne-Haudry, salidas de la casa con permiso de la superiora, según los estatutos de Pierre d'Ailly para oír el sermón.

Pero, si bien estas hospitalarias mujeres de Éttienne-Haudry observaban de momento las normas de Pierre d'Ailly, violaban alegremente las de Michel de Brache y del Cardenal de Pisa que prescribían un inhumano silencio.

—¿Qué es eso, hermana? —decía Agnès a Gauchère, observando a la criaturita allí expuesta que lloraba y se retorcía asustada de tantas miradas.

—Pero, ¿adónde vamos a llegar —decía Johanne— si es así como hacen a los niños de ahora?

—Entiendo poco de niños —añadía Agnès—, pero creo que debe ser pecado el mirar a éste.

—Pero es que no es un niño, Agnès.

—Es un mono fallido —observaba Gauchère.

—Es un milagro —comentó Henriette la Gaultière.

—Pero es que es el tercero —insistía Agnès—, desde el domingo de laetare, pues hace tan sólo ocho días que tuvimos el milagro del que se burlaba de los peregrinos y que fue castigado por Nuestra Señora de Aubervilliers y era ya el segundo del mes.

—Es un verdadero monstruo abominable este supuesto niño abandonado — añadió Jehanne.

—Se desgañita como para dejar sordo a un chantre —decía Gauchère—. ¡Cállate ya, chillón!

—¡Y pensar que es el señor de Reims quien envía esta monstruosidad al señor de París! —añadió la Gaultière juntando las manos.

—Debe ser una bestia, un animal —decía Agnès la Herme—, el producto de un judío con una cerda. Algo que no es cristiano y que por lo tanto hay que arrojar al agua o al fuego.

—Supongo que nadie querrá adoptarle —opinaba la Gaultière.

—¡Ah no, Dios mío! —exclamó Agnès—. ¡Pobres nodrizas de niños abandonados; ¡esas que viven en la calle que da al río, junto a la residencia del obispo! ¡Tener que amamantar a este pequeño monstruo! ¡Preferiría dar de mamar a un vampiro!

—¡Qué ingenua es esta pobre la Herme! —añadía Jehanne—. ¿No os dais cuenta, hermana, que este monstruito no tiene menos de cuatro años y que le apetecería más un asado que vuestro pecho?

En efecto, no era ya un recién nacido aquel monstruito (nos costaría mucho encontrar otro nombre para él). Era una masa angulosa y en movimiento envuelto en un saco de tela con la marca de micer Guillaume Chartier, obispo de París por entonces, y del que nada más asomaba la cabeza; una cabeza deforme en la que únicamente se veía un bosque de cabellos rojos, un ojo, la boca y los dientes. El ojo lloraba, la boca chillaba y se diría que los dientes estaban prestos para morder. Aquel conjunto se debatía en el saco, ante el asombro del gentío cada vez más numeroso que se iba renovando continuamente.

Doña Aloïse de Gondelaurier, señora noble y rica que llevaba de la mano a una preciosa niña de unos seis años y que llevaba un largo velo prendido del cucurucho dorado de su tocado, se detuvo al pasar ante la tarima para observar un momento a la desgraciada criatura mientras su linda niña Flor de Lys de Gondelaurier, vestida de seda y terciopelo, deletreaba, indicándolo con su dedito, el letrero clavado en la madera de la tarima: «Niños Expósitos».

—Realmente —dijo la dama, retirándose disgustada—, yo creí que aquí sólo se exponían niños —y dio media vuelta a la vez que echaba en el plato un florín de plata que tintineó entre las demás monedas atrayendo todas las miradas de las pobres beatas de la capilla Étienne-André.

Momentos más tarde el grave y letrado Robert Mistricolle, protonotario del rey, pasó por allí con un enorme misal bajo un brazo y apoyada en el otro su mujer (Doña Guillemette la Mainesse), llevando así, a ambos lados, sus dos reguladores, el espiritual y el temporal.

—¡Un niño expósito! —dijo después de examinar el objeto—; seguro que lo han encontrado junto al muro del río Flageto.

—Sólo se le ve un ojo —observó la señora Guillemette—; en el otro tiene una verruga.

—No es una verruga —contestó maese Robert Mistricolle—; se trata de un huevo que encierra dentro otro demonio como él, que, a su vez, tiene otro huevo más pequeño, que contiene, a su vez, otro diablo y así sucesivamente.

—¿Y cómo sabéis eso? —le preguntó Guillemette.

—Lo sé pertinentemente —afirmó el protonotario.

—Señor protonotario —preguntó Gauchère—, ¿qué pronóstico hacéis de este niño abandonado?

—El más desgraciado de todos —respondió Mistricolle.

—¡Ay, Dios mío! —dijo una vieja de entre el auditorio—. ¡Con la terrible peste que hemos padecido el año pasado y que además se dice que los ingleses van a desembarcar en Harefleu!

—Y, a lo mejor, va a impedir que la reina venga a París en el mes de septiembre — dijo otra—. ¡El comercio marcha ya tan mal!

—Soy de la opinión —intervino Jehanne de la Tarme— que sería mejor colocar a este brujo en un haz de leña que en esta tarima.

—¡Eso, eso! En un haz de leña ardiendo —añadió la vieja.

—Eso sería lo más prudente —sentenció Mistricolle. Hacía cierto tiempo que un joven sacerdote escuchaba los comentarios de aquellas mujeres y las sentencias del protonotario. Tenía un aspecto grave, frente ancha y mirada profunda; apartó silenciosamente a los curiosos y, examinando al pequeño brujo, extendió su mano sobre él. Ya era hora, pues todas aquellas beatas se relamían imaginando aquel bonito haz de leña ardiendo.

—Adopto a este niño —dijo el sacerdote y arropándole con su sotana se lo llevó, ante la mirada asombrada de la gente, y desapareció instantes más tarde por la Porte- Rouge que daba acceso al claustro desde la iglesia. Pasada la primera sorpresa, Jehanne de la Tarme dijo al oído de la Gaultière:

—Ya os había dicho, hermana, que este joven cura, Claude Frollo, es un brujo.

II: Claude Frollo

Claude Frollo no era, en efecto, un personaje vulgar; pertenecía a una de esas familias que en el lenguaje impertinente del siglo pasado se llamaban indistintamente alta burguesía o pequeña nobleza. Su familia había heredado de los hermanos Paclet el feudo de Tirechappe, que dependía del obispo de París; veintiuna de las casas de esta heredad habían sido objeto en el siglo XVI de muchos pleitos. Como poseedor del mismo, Claude Frollo era uno de los veintiocho señores con pretensiones a ese feudo sobre París y sus arrabales y durante mucho tiempo ha podido verse su nombre, inscrito en calidad de tal, entre el hotel de Tancarville, perteneciente al señor François le Rez, y el Colegio de Tours, en el cartulario de Saint-Martin-des-Champs.

Sus padres le habían ya destinado desde niño al estado eclesiástico y a tal fin se le había enseñado a leer en latín y a bajar los ojos y a hablar en voz baja siendo aún muy niño; su padre le había internado en el colegio de Torchi, en la Universidad y allí había crecido entre misales y lexicones.

Era, por lo demás, un niño triste, grave y serio que estudiaba con gran entusiasmo y que aprendía muy rápido; no alborotaba excesivamente en los recreos y participaba rara vez en los jaleos de la calle Fouarre; no sabía, pues, lo que era dare alapas et capillos laniare y no había tenido la más mínima relación con las revueltas y manifestaciones de 1463 que se mencionan en los anales bajo el epígrafe de: «Sexto disturbio de la

Universidad». No se burlaba casi nunca de los pobres estudiantes de Montagu, por sus cappetes, de donde les venía el nombre, ni de los becados del colegio de Dormans, por su tonsura rapada y su sobretodo de tres piezas de paño azul, verde y morado, azurini color et bruni como reza el documento del cardenal de las Cuatro Coronas. Era asiduo visitante, en cambio, de las grandes y pequeñas escuelas de la calle Jean-de-Beauvais. El primer estudiante que el abad de Saint- Pierre-du-Val veía siempre al comenzar la lectura del derecho canónico era Claude Frollo; siempre estaba allí, frente a la cátedra, junto a un pilar de la escuela Saint- Vendregesile, con su tintero de cuerno, mordisqueando su pluma, escribiendo en sus rodilleras gastadas y soplándose los dedos en invierno. El primer alumno que el doctor en decretales, micer Miles d'Isliers, veía llegar cada lunes por la mañana, sofocado, al abrirse las puertas de la escuela del Chef-Saint-Denis, era Claude Frollo. Por todo ello, a sus dieciséis años, el joven estudiante habría podido enfrentarse en teología mística a un padre de la Iglesia, a un padre de los concilios en teología canónica y en teología escolástica a un doctor de la Sorbona.

Superada la teología, se había dedicado con gran ímpetu al estudio de las decretales y así del Maitre des Sentences había pasado a Las capitulares de Carlomagno y sucesivamente, en su apetito de saber, había ido devorando decretales tras decretales, las de Teodoro, obispo de Hispalia; las de Bouchard, obispo de Worms; las de Yves, obispo de Chartres y, más tarde, el decreto de Graciano que siguió a las Capitulares de Carlomagno y la compilación de Gregorio IX y así hasta la epístola Super specula de Honorio III. Llegó a ver claro y se familiarizó con los estudios largos y profundos del derecho civil y del derecho canónico enfrentados en el caos de la Edad Media, período que abre el obispo Teodoro en el 618 y cierra, en 1227, el papa Gregorio.

Digeridas las decretales, se lanzó a los estudios de medicina y de las artes liberales; estudió la ciencia de las hierbas y de los ungüentos y se hizo experto en fiebres y en contusiones, en heridas y en abscesos. El mismo Jacques d'Espars lo habría aceptado como médico físico y Richard Hellain como médico cirujano.

Superó igualmente todos los grados de licenciatura, tesis y doctorado en artes. Estudió latín, griego, hebreo y triple santuario, muy raro en aquella época; le dominaba una auténtica fiebre de conocimientos y tenía un enorme empeño en atesorar ciencia.

A los dieciocho años había ya pasado las cuatro facultades y estaba convencido de que el único objetivo de esta vida era el saber.

Fue por aquel entonces cuando los excesivos calores del verano de 1466 provocaron aquella gran peste que se llevó a más de cuarenta mil criaturas en el vizcondado de París, entre los que hay que contar, dice Jean de Troyes, a «maese Arnoul, astrólogo del rey, que era un hombre de bien, conocedor y muy agradable». Había corrido el rumor por la Universidad de que la calle Tirechappe había sido particularmente devastada por la enfermedad, y era allí precisamente en donde residían, en su feudo, los padres de Claude. Acudió alarmado el joven estudiante a la casa paterna y se encontró con que los dos habían muerto la víspera. Un hermanito que tenía, todavía de pañales, vivía aún y estaba llorando abandonado en su cuna. Era la única familia que le quedaba, así que cogió al niño en brazos y salió cabizbajo y pensativo pues hasta entonces sólo había vivido inmerso en la ciencia y en adelante tendría que ocuparse de la vida.

Esta catástrofe provocó una profunda crisis en la existencia de Claude; huérfano, hermano mayor, cabeza de familia a los diecinueve años, se sintió muy bruscamente arrancado de sus fantasías de estudiante a la realidad de la vida. Entonces, lleno de piedad, se consagró apasionadamente a su hermano; circunstancia extraña y dulce esta de los afectos humanitarios en alguien que, como él, sólo se había hasta entonces preocupado por los libros.

Aquel afecto se desarrolló de una manera singular y, por tratarse de un alma nueva, fue casi como un primer amor. Separado desde la infancia de sus padres, a quienes apenas si había conocido, enclaustrado, emparedado casi entre sus libros, ávido sobre todo de estudiar y de aprender, pendiente hasta entonces de su inteligencia, que se dilataba con los conocimientos y atento a su imaginación que crecía con las lecturas, el pobre estudiante no había tenido tiempo de sentir su corazón y así, ese hermanito sin padre ni madre, ese niño caído bruscamente del cielo en sus brazos, hizo de él un hombre nuevo. Se dio cuenta de que existía en el mundo algo más que las especulaciones de la Sorbona y los poemas de Homero; de que el hombre necesita afectos, de que la vida sin ternura y sin amor es un engranaje seco y chirriante y llegó a figurarse, sólo a figurarse, pues estaba aún en esa edad en la que las ilusiones sólo son reemplazadas por otras ilusiones, que los vínculos de la sangre y de la familia eran los únicos indispensables y que un hermanito bastaba para colmar toda una vida.

Se entregó, pues, al amor de su pequeño Jehan con la pasión de un carácter maduro ya, ardiente y concentrado; aquella frágil criatura, bonita, rubia, sonrosada y de cabellos rizados, aquel huerfanito sin más apoyo que el de otro huérfano le conmovió hasta el fondo de sus entrañas y, acostumbrado como estaba a pensar, reflexionó mucho acerca de Jehan y con un cariño infinito. Se ocupó de él como de algo muy frágil y de gran valor; fue, en fin, para el niño mucho más que un hermano; se convirtió en una madre para él.

Como Jehan era aún niño de pecho cuando perdió a su madre, Claude tuvo que buscarle una nodriza. Además de la heredad de Tirechappe, había recibido también de su padre la del Molino, que dependía de la torre cuadrada de Gentilly; se trataba de un molino sobre un altozano, próximo al castillo de Winchestre (Bicétre) del que se ocupaba una molinera que amamantaba a un hermoso niño; no estaba demasiado alejado de la Universidad y el mismo Claude le llevó al pequeño Jehan.

Desde entonces, comprendiendo que se había echado una pesada carga, tomó la vida muy en serio; el pensamiento de su hermanito se convirtió para él no sólo en distracción sino en el objetivo de sus estudios y decidió consagrarse por entero a un futuro del que tendría que responder ante Dios y resolvió no tener más esposa ni más hijo que la felicidad y la fortuna de su hermano y se afirmó, pues, más que nunca en su vocación religiosa. Sus méritos, su ciencia, su cualidad de vasallo inmediato del obispo de París, le abrían de par en par las puertas de la Iglesia. A los veinte años, por dispensa especial de la Santa Sede, ya era cura y tenía a su cargo, como el más joven de los capellanes de Nuestra Señora el altar, llamado en razón de la misa tardía que en él se decía, altare pigrorum.

Allí, sumido más que nunca en sus queridos libros que solamente dejaba para acercarse durante una hora a la heredad del Molino, aquella mezcla de sabiduría y de austeridad, tan rara a su cdad, le había granjeado muy pronto el respeto y la admiración del claustro. Desde el claustro, su fama de sabio había trascendido al pueblo, que empezaba ya a considerarle un poco, cosa harto frecuente entonces, como brujo.

Fue el día de Quasimodo, en el momento en que volvía de decir la misa de perezosos en su altar, situado al lado de la puerta del coro que daba a la nave, a la derecha, y muy próximo a la Virgen, cuando se fijó en el grupo de viejas, que murmuraban en torno a la tarima de los niños abandonados.

Fue entonces cuando se aproximó a la desgraciada criatura tan odiada y tan amenazada. Su desamparo, su deformidad, su abandono, el recuerdo de su hermano, la idea que le vino repentinamente a su espíritu de que, si él moría, su querido Jehan podría también encontrarse miserablemente en aquella tarima de los niños abandonados; todo ello, agolpado a la vez en el corazón, le provocó una gran compasión y fue entonces cuando cogió al niño y se lo llevó.

Cuando sacó al niño de su envoltorio lo encontró muy deforme, en efecto; el pobre diablejo tenía una verruga en el ojo izquierdo, la cabeza casi unida directamente a los hombros, la columna vertebral combada, saliente el esternón y las piernas arqueadas. Así y todo traslucía vitalidad y, aunque resultara imposible el saber en qué lengua balbucía, sus gritos demostraban fuerza y salud. La compasión de Claude se acrecentó al comprobar aquellas deformidades y prometió en lo íntimo de su corazón educar a aquel niño por amor a su hermano a fin de que, cualesquiera que fueran las faltas que su hermano Jehan pudiera cometer, tuviera en su favor aquella obra de caridad hecha a su intención. Era como una inversión de buenas obras realizada a nombre de su joven hermano; era un pequeño caudal de buenos actos que deseaba reunirle por adelantado para el caso en que un día aquel muchachete careciera de esa moneda, que es la única admitida para el pago del viaje al paraíso.

Bautizó a su hijo adoptivo y le llamó Quasimodo, bien por coincidir con el día en que lo encontró o bien para definir con ese nombre hasta qué punto la pobre criatura aparecía incompleta y apenas esbozada pues, en efecto, Quasimodo, tuerto, jorobado y patizambo apenas si era un «más o menos».

III: Inmanis pecoris custos, inmanior ipse

Era el año 1482 y para entonces Quasimodo había crecido y desde hacía ya varios años era el campanero de Nuestra Señora, gracias a su padre adoptivo, Claude Frollo, que, a su vez, había llegado a archidiácono de Josas, gracias a su superior micer Luis de Beaumocit, arzobispo de París en 1472, a la muerte de Guillaume Chartier, gracias a su patrón, Olivier le Daim, barbero del rey Luis XI, por la gracia de Dios.

Quasimodo era, pues, carillonero de Nuestra Señora.

Con el tiempo se había formado una especie de intimidad entre el campanero y la iglesia. Separado para siempre del mundo por la doble fatalidad de su nacimiento desconocido y de su naturaleza deforme, aprisionado desde la infancia en aquel doble cerco infranqueable, el pobre desgraciado se había acostumbrado a no ver nada en este mundo más allá de aquellos muros religiosos que le habían acogido bajo su sombra. Nuestra Señora había sido sucesivamente para él, a medida que iba creciendo y desarrollándose, el huevo, el nido, la casa, la patria, el universo.

Es verdad que existía una especie de armonía misteriosa preexistente ya entre Quasimodo y aquel edificio. Cuando, desde muy niño aún, se arrastraba torpemente y con mucho miedo bajo las tinieblas de sus bóvedas, se asemejaba, con su cara humana y su constitución animal, al reptil natural de aquellas losas húmedas y oscuras sobre las que la sombra de los capiteles románicos proyectaba formas extrañas.

Más tarde, cuando maquinalmente se colgó por primera vez de la cuerda de las torres y quedó suspendido de ella haciendo sonar la campana, le pareció a Claude, su padre adoptivo, que aquello provocaba en Quasimodo las reacciones de un niño cuando se suelta a hablar.

Y así fue como, poco a poco, desarrollándose siempre en el sentido de la catedral y viviendo y durmiendo en ella y no saliendo casi nunca de allí y aguantando noche y día su presión misteriosa, llegó a parecérsele tanto, a incrustarse de tal forma en ella que casi formaba ya parte integrante del edificio. Sus ángulos salientes se empotraban, si se nos permite la imagen, en los ángulos entrantes del edificio y así parecía no sólo su habitante sino su contenido más natural; hasta podría decirse que había tomado su misma forma, como un caracol toma la forma de la concha que lo envuelve; era su morada, su agujero, su envoltura. Existía entre él y su vieja iglesia una simpatía instintiva muy honda; existían tantas afinidades magnéticas, tantas afinidades materiales, que, en cierto modo, estaba tan unido a ella como una tortuga a su concha, y la rugosa catedral era su caparazón.

Claro que no es necesario prevenir al lector para que no tome al pie de la letra las figuras literarias que nos vemos obligados a emplear aquí para poder expresar el acoplamiento singular, simétrico, inmediato, consustancial, casi de un hombre y un edificio. Igualmente, inútil es decir hasta qué punto se había familiarizado con la catedral en una cohabitación tan íntima y tan prolongada; aquella morada le era propia; no había recoveco que Quasimodo no conociera, ni altura que no hubiera escalado y más de una vez había trepado por varios pisos de la fachada agarrándose tan sólo a las asperezas, a los salientes de las esculturas. Las torres, por cuya superficie exterior se le veía trepar como un lagarto que se desliza por un muro, aquellas dos gigantes gemelas, tan altas, tan amenazadoras, tan temibles, no le provocaban ni vértigo, ni aturdimiento, ni estremecimiento alguno; se diría incluso, al ver la facilidad con la que escalaba, al ver la suavidad con la que a ellas se agarraba, que las tenía amaestradas. A fuerza de trepar, de saltar, de lanzarse por entre los huecos abismales de la gigantesca catedral, se había convertido en cierto modo en mono o en gacela como los niños calabreses que aprenden a nadar antes de andar y que juegan ya, desde muy niños, con el mar.

Además, daba la impresión de que no sólo era su cuerpo el que se había amoldado a la catedral, sino también su espíritu, pero resultaría muy difícil determinar en qué estado se encontraba aquella alma, qué pliegues había adquirido, qué forma había adoptado bajo aquella envoltura nudosa, en aquella vida salvaje, pues Quasimodo había nacido ya tuerto, jorobado y cojo y fue, gracias a una gran dedicación y a una inmensa paciencia, como Claude Frollo consiguió enseñarle a hablar. Pero una grave fatalidad iba unida al pobre niño abandonado: campanero de Nuestra Señora a los catorce años, un nuevo defecto vino a completar su perfección; las campanas le habían roto el tímpano y se había quedado sordo y así la única puerta de comunicación con el mundo que le había sido concedida por la naturaleza se le había cerrado bruscamente para siempre; y al cerrarse, se interceptó el único rayo de luz y de alegría que habría podido aún iluminar el alma de Quasimodo. Su alma se abismó en una noche profunda y la melancolía de aquel desgraciado se hizo incurable y total como su deformidad. Hay que decir también que su sordera le hizo, de alguna manera, mudo, pues, para no ser causa de burla en los demás, tan pronto como se vio sordo se sumió decididamente en un silencio que no rompía apenas, salvo alguna vez, cuando se encontraba solo. Ató voluntariamente aquella lengua que tantos esfuerzos había supuesto a Claude Frollo el desatar. Esto suponía que, cuando la necesidad le obligaba a hablar, su lengua se encontrara entumecida, torpe, como una puerta con los goznes oxidados.

Si ahora intentásemos penetrar en el alma de Quasimodo a través de esa corteza espesa y dura; si pudiésemos sondar las profundidades de aquel organismo contrahecho, si nos fuese dado mirar con una antorcha tras esos órganos sin transparencia, explorar el interior tenebroso de aquella criatura opaca, iluminar sus rincones oscuros, sus callejones absurdos y lanzar un fulgurante rayo de luz sobre su psique, encadenada en el fondo de aquel antro, la hallaríamos sin duda en alguna actitud desgraciada, empobrecida, encogida y raquítica como a aquellos prisioneros de los plomos de Venecia que envejecían totalmente encorvados en un cuchitril de piedra demasiado bajo y demasiado estrecho.

Es cierto que el espíritu se atrofia en un cuerpo deforme y así Quasimodo apenas si sentía moverse ciegamente dentro de él un alma creada a imagen suya. Las impresiones de los objetos sufrían una refracción considerable antes de llegar hasta su pensamiento. Su cerebro era un medio muy especial: las ideas que lo atravesaban salían de él muy tergiversadas, pues la reflexión que procedía de esta refracción era necesariamente divergente y desviada.

De ahí las mil ilusiones ópticas, las mil aberraciones de juicio, las mil desviaciones por donde divagaba su pensamiento, unas veces alocado y otras idiotizado.

El primer efecto de esa fatal organización consistía en la deformación de las imágenes a través de su vista pues sus percepciones inmediatas eran escasas; el mundo exterior se le presentaba mucho más alejado que a nosotros.

El segundo efecto de su desgracia era el hacerle malo.

Era malo en efecto porque era salvaje y era salvaje porque era repulsivo. Existía una lógica en su naturaleza, como en la nuestra.

Su fuerza, desarrollada extraordinariamente añadía un punto más a su maldad. Malus puer robustus, dice Hobbes. Sin embargo, hay que hacerle justicia en algún aspecto ya que su maldad no era seguramente innata en él. Ya desde sus primeros contactos con los hombres, se había sentido y luego visto abucheado, insultado, rechazado. Las palabras humanas siempre eran para él crítica o burla y, al crecer, sólo odio había visto hacia él. Y también él lo cogió; había contraído el mal general; había recogido el arma con que le habían herido.

Después de todo, sólo de mala gana volvía su rostro hacia los hombres; con su catedral tenía bastante. Estaba poblada de figuras de mármol, reyes, santos, obispos que al menos no se reían de él en sus narices y sólo tenían para él una mirada tranquila y benévola. Las demás estatuas, las de los monstruos y demonios, no sentían odio hacia él, hacia Quasimodo. Se les parecía demasiado para ello. Era más bien de los otros hombres de quien se burlaban. Los santos eran sus amigos y le bendecían y también eran amigos suyos los monstruos y le guardaban; por eso se desahogaba largos ratos con ellos; por eso, a veces pasaba horas enteras, en cuclillas, ante una de esas estatuas, charlando solitariamente con ella y, si alguien aparecía entonces, se escapaba como un amante sorprendido dando una serenata.

La catedral era para él no solamente su compañía sino su mundo, el universo entero, la naturaleza toda. No soñaba con más árboles que las vidrieras siempre en flor, ni con más sombra que la de los follajes de piedra que surgían llenos de pájaros en la enramada de los capiteles sajones, ni con más montañas que las colosales torres de la iglesia, ni con más océanos que el de París susurrando a sus pies.

Lo que amaba sobre todo en su edificio materno, lo que despertaba su alma y le hacía abrir sus débiles alas, replegadas míseramente en su caverna, lo que a veces le hacía feliz eran las campanas. Las quería, las acariciaba, les hablaba, las comprendía. Desde el carillón de la aguja del crucero hasta la gran campana del pórtico a todas las quería con gran ternura. El campanario del crucero, las dos torres eran para él como tres enormes jaulas, cuyos pájaros, criados por él, sólo para él cantaban. Sin embargo, eran las que le habían vuelto sordo, pero las madres quieren con frecuencia más a aquel hijo que más les hace sufrir.

También es cierto que su voz era la única que él podía oír y en este aspecto la gran campana era su predilecta; era la que prefería de entre aquella familia de jóvenes ruidosas que se zarandeaban en torno a él los días de fiesta. Él la llamaba María y estaba sola en la torre meridional con su hermana Jacqueline, más pequeña que ella y encerrada en una jaula menos grande al lado de la suya. La llamaban Jacqueline por el nombre de la mujer de Jean de Montagu, que la donó a la iglesia, hecho este que no le impidió figurar, descabezado, en Montfaucon. En la segunda torre había otras seis campanas y finalmente las seis más pequeñas vivían en el campanario, sobre el crucero, con la campana de madera que únicamente se tocaba desde la tarde del jueves Santo hasta la mañana de la vigilia de Pascua. Quasimodo disponía, pues, de quince campanas en su harén, pero su favorita era la gran María.

Sería difícil hacerse una idea de su alegría en los días de gran repique; tan pronto como el archidiácono le soltaba diciéndole: «¡Anda!», él subía por la escalera de caracol del campanario con mayor rapidez que la que otros tienen bajando. Entraba jadeante en la cámara aérea de la gran campana y la miraba unos momentos con recogimiento y amor y luego, dirigiéndole dulcemente la palabra, la acariciaba con la mano como a un buen caballo antes de una carrera y la compadecía por el trabajo que iba a llevar a cabo. Luego de estas primeras caricias, gritaba a sus ayudantes, situados en el piso inferior de la torre, para que comenzaran. Éstos se colgaban de los cables; el cabrestante rechinaba y la enorme cápsula de metal empezaba a moverse lentamente.

Quasimodo, palpitante, la iba siguiendo con la mirada. El primer golpe del badajo contra la pared de bronce hacía temblar todo el andamiaje al que Quasimodo estaba subido y él vibraba con la campana. «¡Venga!», gritaba entre enormes carcajadas. El movimiento del bordón se aceleraba y a medida que alcanzaba un ángulo más abierto, el ojo de Quasimodo se abría también cada vez más fosforescente y llameante. Empezaba por fin el gran repiqueteo y toda la torre se ponía a temblar, con sus andamiajes, plomos, sillares, rugiendo todo a la vez desde la base de los cimientos hasta los adornos de las crestería. Quasimodo entonces hervía hasta echar espuma; iba y venía y temblaba con la torre de pies a cabeza. La campana, lanzada ya y furiosa, mostraba alternativamente a las dos fachadas de la torre sus fauces de bronce, de donde surgía aquel trueno de tempestad que podía oírse a cuatro leguas. Quasimodo se colocaba ante aquellas fauces abiertas, se agachaba y se levantaba según el ritmo de la campana, respiraba su aliento poderoso, mirando alternativamente a la plaza que se movía allá abajo, a doscientos metros bajo sus pies, y a la enorme lengua de cobre que de segundo en segundo venía a rugir en sus oídos. Era la única palabra que él podía oír, el único sonido capaz de turbar en él el silencio universal; y se esponjaba como un pájaro al sol. De pronto el frenesí de la campana se apoderaba de él y su mirada se transformaba; esperaba el paso del bordón, como una araña espera a la mosca y se lanzaba bruscamente contra él a cuerpo descubierto y entonces, colgado sobre el abismo, lanzado con el balanceo formidable de la campana, se agarraba al monstruo de bronce por las orejuelas, lo oprimía con sus dos rodillas, lo espoleaba con sus dos talones y redoblaba, con todo el choque y todo el peso de su cuerpo, la furia del volteo.

La torre se estremecía y entonces él chillaba y hacía rechinar los dientes; sus cabellos rojizos se erizaban, su pecho hacía el ruido del fuelle de una fragua, su ojo se inflamaba y la campana monstruosa relinchaba jadeante bajo su peso y entonces ya no era el bordón de Nuestra Señora ni Quasimodo, sino más bien un sueño, un torbellino o una tempestad; el vértigo cabalgando sobre el ruido; un espíritu sobre una grupa voladora; un extraño centauro, mitad hombre, mitad campana; una especie de Astolfo horrible, llevado en un prodigioso hipogrifo de bronce. La presencia de este ser extraordinario hacía circular por la catedral como un soplo de vida. Parecía como si se desprendiese de él en opinión al menos de las supersticiones siempre exageradas de la gente, una emanación misteriosa que vitalizara las piedras de Nuestra Señora y que hiciera palpitar las entrañas profundas de la vieja iglesia.

Bastaba con saber que se encontraba en ella para imaginarse cómo cobraban vida y se movían las mil estatuas de los pórticos y de las galerías. En realidad, la catedral parecía una criatura que, dócil y obediente bajo su mano, esperara sus deseos para elevar su gruesa voz, o que estuviese poseída a insuflada de Quasimodo como de un genio familiar y hasta se habría podido creer que él hacía respirar el inmenso edificio, pues, en efecto, estaba en todas sus partes, se multiplicaba por todos los puntos del monumento. A veces se veía con espanto, en lo más elevado de una de sus torres, a un curioso enano trepando, serpeando, avanzando a cuatro patas, descolgándose sobre el abismo, saltando de saliente en saliente y hurgando en el vientre de alguna gárgola esculpida; todos sabían que se trataba de Quasimodo echando a los cuervos de sus nidos; otras veces uno podía tropezarse, por algún rincón oscuro de la iglesia con una especie de quimera viva, agachada y hosca; era Quasimodo meditando. O bien se podía divisar bajo un campanario una cabeza enorme y un paquete de miembros desordenados balanceándose con furia de una cuerda; era Quasimodo que tocaba a vísperas o al ángelus. Con frecuencia, por la noche, se veía vagar una forma horrible por la frágil balaustrada, como de encaje, que corona las torres y bordea el contorno del ábside; era otra vez el jorobado de Nuestra Señora. Entonces, decían los vecinos, toda la iglesia adquiría un aspecto horrible, fantástico, sobrenatural; ojos y bocas se abrían por todas partes; se oía ladrar a los perros, aullar a las tarascas de piedra, a las sierpes que vigilan día y noche con los cuellos estirados y las fauces abiertas, en torno a la monstruosa catedral y si era durante la Nochebuena mientras la gran campana, que parecía agonizar, llamaba a los fieles a la misa del gallo, se extendía por la sombría fachada un aire tan extraño que se habría dicho que el gran pórtico devoraba a la multitud y que el rosetón lo contemplaba impasible. Y todo esto procedía de Quasimodo. Egipto le habría tomado por el dios de aquel templo; la Edad Media le creía el demonio; él era su alma, en realidad.

Hasta tal extremo era así que, para quienes saben que Quasimodo ha existido, la catedral se encuentra hoy desierta, inanimada, muerta. Se percibe que algo ha desaparecido. Ese enorme cuerpo está vacío, es un esqueleto; su espíritu lo ha abandonado y lo que vemos es el hueco y nada más. Es como una calavera en donde se ven las cuencas de los ojos, pero sin mirada.

IV: El perro y el dueño

Existía sin embargo un ser humano hacia el que Quasimodo no manifestaba el odio y la maldad que sentía para con los otros y a quien amaba, quizás tanto, como a su catedral; era Claude Frollo.

La razón era muy sencilla; Claude Frollo le había recogido, le había adoptado, le había alimentado y le había criado. De pequeñito venía a refugiarse entre las piernas de Claude Frollo cuando los perros y los niños le perseguían ladrando. Claude Frollo le había enseñado a hablar, a leer y a escribir y haberle dado, en fin, la gran campana en matrimonio era como entregar Julieta a Romeo.

Por todo ello el agradecimiento de Quasimodo era profundo, apasionado, sin límites y aunque el rostro de su padre adoptivo fuese con demasiada frecuencia hosco y severo, aunque sus palabras fuesen habitualmente escasas, duras a imperativas, nunca aquella gratitud se había desmentido y el archidiácono tenía en Quasimodo al esclavo más sumiso, al criado más dócil y al guardián más vigilante. Cuando el desdichado campanero se quedó sordo se había establecido entre él y Claude Frollo un misterioso lenguaje de signos que sólo ellos dos comprendían, así que el archidiácono era el único ser humano con quien Quasimodo podía comunicarse. Sólo dos cosas había en este mundo con las que Quasimodo tuviera relación: Nuestra Señora y Claude Frollo.

Nada se podía comparar a la autoridad del archidiácono para con el campanero si no eran la dependencia del campanero para con el archidiácono. No habría sido necesaria más que una señal de Claude y la convicción de que aquello iba a agradarle para que Quasimodo se precipitara desde lo más alto de las torres de Nuestra Señora. Era algo admirable el ver que toda aquella fuerza física, tan extraordinariamente desarrollada en Quasimodo, se sometiera ciegamente a la disposición de otra persona; había en aquel hecho una devoción filial y una sumisión servil y también la fascinación de un espíritu para con otro. Se trataba de un torpe, pobre y burdo organismo que se mantenía con la cabeza baja y los ojos suplicantes, sometido a una inteligencia elevada y profunda, dominante y muy superior; existía agradecimiento por encima de todo.

Agradecimiento llevado a límites tan extremos que no sabríamos con qué compararlo pues esta virtud no es de las que cuenten con muchos ejemplos entre los hombres, así que diremos que Quasimodo amaba al archidiácono como jamás perro alguno o elefante o caballo haya amado a su dueño.

V: Continuación de Claude Frollo

En 1482, Quasimodo tendría unos veinte años y Claude Frollo unos treinta y seis: el primero había crecido mientras el otro había envejecido.

Claude Frollo no era ya el sencillo estudiante del colegio Torchi, el tierno protector de un niño, el joven y soñador filósofo que tantas cosas sabía y que todavía ignoraba muchas más. Era un cura austero, grave y taciturno, pastor de almas; señor archidiácono de Josas, segundo acólito del obispo, encargado de los dos decanatos de Montlhery y de Châteaufort y de ciento sesenta y cuatro curatos rurales. Era un personaje imponente y sombrío ante quien temblaban los monaguillos de alba y roquete, los sacristanes, los cofrades de San Agustín, los clérigos de maitines de Nuestra Señora cuando pasaba lentamente bajo las altas ojivas del coro, majestuoso, pensativo, con los brazos cruzados y con la cabeza tan inclinada sobre el pecho que sólo se veía de su rostro su despejada frente.

Pero dom Claude Frollo no había abandonado la ciencia ni tampoco la educación de su hermano pequeño —esas dos tareas de su vida—, aunque con el tiempo habían surgido algunas contrariedades en esas dos agradables ocupaciones. A la larga, dice Paul Diacre, el mejor tocino se vuelve rancio y así el pequeño Jehan Frollo, llamado du Moutin, por el lugar en donde se había criado, no había crecido siguiendo el camino que su hermano Claude había pretendido imprimirle. El hermano mayor querría haber contado con un alumno dócil, piadoso, docto y honrado pero el pequeño, como esos arbolitos que echan a perder el esfuerzo del jardinero y se vuelven testarudamente hacia el lado de donde les viene el aire y el sol, el hermano pequeño no crecía ni echaba ramas bellas y frondosas más que del lado de la pereza, de la ignorancia y de la buena vida. Era un verdadero demonio, muy desordenado, lo que hacía fruncir el ceño a dom Claude, pero también simpático y sutil, circunstancias estas que celebraba alegremente el hermano mayor. Claude le había confiado al mismo colegio de Torchi en donde él mismo había pasado sus primeros años dedicado al estudio y al recogimiento y no dejaba de suponerle una gran pena el ver que, en aquel santuario en el que el nombre de Frollo había sido edificante, hoy fuera motivo de escándalo; por todo ello a veces hacía a Jehan reproches muy serios que éste se sacudía intrépidamente. Después de todo, como ocurre en todas las comedias, el golfillo tenía buen corazón, pero acabado el efecto del sermón, seguía haciendo tan tranquilamente las mismas trapisondas y golferas. Tan pronto se trataba de algún novato, al que había maltratado y zarandeado a guisa de bienvenida —alegre tradición cuidadosamente perpetuada hasta nuestros días—, como de provocar a una banda de estudiantes que se habían, como era clásico, metido en una taberna, quasi clarsico excitati para acabar después apaleando al tabernero con «bastones ofensivos» y saqueando alegremente la taberna hasta destrozar los toneles de vino de la bodega. Otras veces era un bonito informe en latín que el submonitor del colegio de Torchi llevaba, apenado, a dom Claude con una dolorosa indicación en el margen: Rixa; prima causa vinum optimum potatum. Finalmente, se decía también, cosa horrible en joven de dieciséis años, que sus correrías llegaban muy frecuentemente hasta la calle de Slatigny.

A causa de todo esto, Claude, contristado y desanimado en sus afectos humanos, se había lanzado, con más ardor aún, en los brazos de la ciencia, esa hermana que, al menos, no se te ríe en tus narices, que paga siempre, aunque en moneda poco consistente, las atenciones que se han tenido con ella. Así que se hizo más sabio y, al mismo tiempo y como consecuencia lógica, más rígido come sacerdote y cada vez más triste como hombre. Existen para cada uno de nosotros paralelismos entre nuestra inteligencia, nuestras costumbres y nuestro carácter que se desarrollan sin interrupción y no se rompen más que en las grandes perturbaciones de la vida. Como Claude Frollo había recorrido desde su juventud prácticamente todo el círculo de conocimientos humanos positivos, exteriores y lícitos, se vio obligado, a menos de detenerse ubi defuit orbis, a ir más allá; a buscar otros alimentos a la actividad insaciable de su inteligencia. El símbolo antiguo de la serpiente mordiéndose la cola conviene sobre todo a la ciencia y hasta parece que Claude Frollo lo había experimentado pues, al decir de algunas personas muy serias, después de haber agotado el fas del saber humano, había intentado penetrar en el nefas. Se dice que había probado sucesivamente todos los frutos del árbol de la ciencia y, bien por hambre o por hastío, había acabado por probar el fruto prohibido. Como nuestros lectores saben ya muy bien, había participado en todas las conferencias de teólogos, en la Sorbona, había acudido a todas las asambleas de los conocedores del arte bajo la enseña de Saint- Hilaire, a las discusiones de los decretistas, bajo la enseña de Saint-Martin, a los congresos de médicos bajo la advocación de Nuestra Señora ad cupam nortrae Dominae; había degustado todos los manjares permitidos y aprobados que aquellas cuatro inmensas cocinas, llamadas las cuatro facultades,

143

podían elaborar y ofrecer a la inteligencia; pues bien, las había devorado todas, e incluso se había saciado pero sin llegar a calmar su hambre, entonces había excavado más adentro, más profundamente, más por debajo de toda ciencia conocida, material y limitada; se había aventurado hasta poner, quizás, su alma en peligro y se había sentado, en su misma cueva, a la mesa misteriosa de los alquimistas, de los astrólogos, de los herméticos, a cuyos extremos se sientan Averroes, Guillaume de París y Nicolás Flamel, en la Edad Media, y que se prolonga hasta Oriente, a la luz del candelabro de los siete brazos, hasta Salomón, Pitágoras y Zoroastro. Eso era, al menos, lo que, con razón o sin ella, suponía la gente.

También es cierto que el archidiácono visitaba con bastante frecuencia el cementerio de los Santos Inocentes, en donde se hallaban enterrados su padre y su madre con otras tantas víctimas de la peste de 1466; es verdad, pero también es cierto que parecía mucho menos devoto de la cruz de su fosa que de las figuras cabalísticas con las que estaban recargadas la tumba de Nicolás Flamel y la de Claude Pernelle, construida justo al lado.

Es verdad también que con cierta asiduidad se le había visto recorrer la calle de los lombardos y entrar furtivamente en una casita que hacía esquina con la calle de los Ecrivains y la de Marivaulx, la misma que Nicolás Flamel había mandado construir y en la que murió hacia 1417 y que, deshabitada desde entonces, comenzaba a derrumbarse por canto como los herméticos y los alquimistas, buscadores de la piedra filosofal, de todos los países habían desgastado sus paredes grabando en ellas sus nombres.

Algunos vecinos afirmaban incluso haber visto, por un tragaluz, al archidiácono Claude Frollo removiendo y excavando la sierra en sus dos sótanos cuyas jambas estaban atiborradas de versos y de jeroglíficos innumerables, escritos por el mismo Nicolás Flamel. Se suponía que Flamel había enterrado la piedra filosofal en aquellos sótanos y durante dos siglos, los alquimistas, desde Magistri hasta el padre Pacifique, no se han cansado de remover aquel suelo hasta que la casa, tan cruelmente registrada y revuelta de arriba abajo, había acabado casi desapareciendo, reducida a polvo.

Es cierto también que el archidiácono se había apasionado singularmente por el simbolismo del pórtico de la catedral de Nuestra Señora, esa página del libro indescifrable de los magos y alquimistas, escrita en piedra por el obispo de París, Guillaume, que debe de estar seguramente condenado, por haber implantado un frontispicio tan infernal a un poema tan santo como el que representa eternamente el resto del monumento.

Pasaba también el archidiácono Claude por haber vaciado el coloso de San Cristóbal y aquella otra estatua alargada y enigmática, erigida por entonces en la entrada del pórtico y a la que el pueblo, burlándose, llamaba el señor Legrit.

Pero lo que todos habían podido observar eran las horas interminables que pasaba sentado en el parapeto que existía ante los pórticos, contemplando las esculturas de los mismos, fijándose unas veces en las vírgenes locas con sus lámparas hacia abajo y otras en las vírgenes prudentes con sus lámparas hacia arriba, y muchas otras calculando el ángulo de la mirada de aquel cuervo, esculpido en el pórtico de la izquierda que fija su mirada en un punto misterioso de la iglesia, en donde podría seguramente estar oculta la piedra filosofal si no apareciese en los sótanos de la casa de Nicolás Flamel. Era, digámoslo de paso, un destino singular para la iglesia de Nuestra Señora en aquella época, el ser amado de tal manera con intensidad y finalidad diferentes, pero con tanta devoción, por aquellos dos seres tan dispares como Quasimodo y Claude. Amada por uno de ellos —aquella especie de semihombre instintivo y salvaje— a causa de su belleza, por su grandiosidad, por la armonía que se desprende del magnífico conjunto y por el segundo —imaginativo, culto y apasionado— a causa de su significado, por su mito, por el sentido que encierra, por el simbolismo que se desprende de las esculturas de su fachada, como un texto sobre el que se ha escrito otro en un palimpsesto; en una palabra: por el enigma que propone eternamente a la inteligencia humana.

Y es cierto también, para acabar ya, que el archidiácono se había habilitado en la torre que da a la plaza de Grève, al lado del hueco de las campanas, una pequeña y secreta celda, en la que decían que nadie podía entrar, ni siquiera el obispo, sin su permiso.

Hacía ya mucho tiempo que dicha celda había sido abierta, en lo más alto de la torre, entre los nidos de los cuervos, por el obispo Hugo de Besançon, personaje muy dado en su tiempo a toda clase de hechicerías.

Nadie sabía qué podía ocultarse en aquella celda, pero con alguna frecuencia se había visto por las noches, desde los arenales del Terrain, a través de una pequeña claraboya existente en la parte posterior de la torre, aparecer, desaparecer y reaparecer de nuevo a intervalos cortos a iguales, una claridad roja, intermitente, muy rara, que parecía seguir los impulsos de un fuelle, por la gradación de su intensidad, y cuyo origen debía ser más el de una llama que el de una luz. En la oscuridad de la noche y a aquella altura, producía un efecto muy especial que hacía murmurar a las comadres: «Ya está soplando el archidiácono y encendiendo el infierno allá arriba».

Y no es que hubiese en todo aquello pruebas palpables de brujería, pero era como el humo, que nos dice que hay un fuego cerca y como, además, la reputación que tenía el archidiácono era harto sospechosa…

Hay que decir sin embargo que las ciencias de Egipto, la nigromancia, la magia, incluso la más blanca y la más inocente, tenían en él al enemigo más encarnizado y al acusador más implacable ante los tribunales oficiales de Nuestra Señora; ahora bien, que todo ello fuera una aversión sincera o una astucia de ladrón, como esos que gritan: ¡socorro! ¡ladrones! no era óbice para que las más doctas cabezas del capítulo consideraran al archidiácono como un alma aventurada hasta los vestíbulos del infierno y perdida en los antros de la cábala; que andaba a tientas por entre las tinieblas de las ciencias ocultas. Tampoco el pueblo se dejaba engañar y así, para cualquiera que tuviera un poco de sagacidad, Quasimodo pasaba por ser el demonio y Claude Frollo el brujo, y parecía evidente que el campanero tenía que servir al archidiácono durante un cierto tiempo, pasado el cual, le llevaría su alma, como en pago por sus servicios. Por eso, el archidiácono, a pesar de la vida excesivamente austera que llevaba, gozaba de mala reputación entre las gentes sencillas y no existía nariz beata, por inexperta que fuera, que no olfateara en él al brujo.

Y si con los años se le habían ido formando abismos en su ciencia, también se le habían igualmente formado en su corazón. Eso era al menos lo que podía creerse al examinar su rostro en el que no se traslucía su alma más que velada por una nube sombría. ¿De dónde le venía si no su frente calva, su cabeza siempre inclinada y su pecho prominente de tanto suspirar? ¿Qué pensamientos siniestros le hacían sonreír con su deje de amargura mientras sus cejas fruncidas se juntaban como dos toros prestos a luchar entre sí? ¿Por qué eran grises los escasos cabellos que aún le quedaban? ¿Qué era aquel fuego interior que centelleaba a veces en su mirada hasta el punto de parecer sus ojos agujeros perforados en las paredes de un horno?

Aquellos síntomas de violenta preocupación moral habían alcanzado su grado más alto de intensidad en la época en que tiene lugar esta historia y en más de una ocasión algún monaguillo había huido aterrorizado al encontrarle solo en la iglesia; hasta tal punto su mirada era extraña a hiriente; y en más de una ocasión igualmente, estando en el coro, a la hora de los oficios, su vecino de asiento le había oído mezclar al gregoriano ad omnen tonum algunos paréntesis ininteligibles, y más de una vez la lavandera del Terrain, encargada de la «colada del capítulo», había llegado a observar, con enorme temor, marcas de uñas y de dedos crispados en la sobrepelliz del señor archidiácono de Josas.

Por otra parte, su severidad era cada vez mayor y él mismo jamás había llevado una vida tan ejemplar. Tanto por su estado como por su carácter se había mantenido siempre alejado de las mujeres y ahora parecía odiarlas más que nunca y su capucha caía sobre los ojos al menor ruido de unas faldas de seda. Hasta tal punto su austeridad y su reserva eran estrictas en este aspecto, que cuando madame de Reaujeu, hija del rey, vino en diciembre de 1481 a visitar el claustro de Nuestra Señora, se opuso obstinadamente a su entrada, recordando al obispo el estatuto del Libro Negro, fechado la víspera de San Bartolomé en 1334, que prohibía el acceso al claustro a toda mujer «fuese quien fuese, vieja o joven, dama o sirvienta».

A lo que el obispo se vio en la obligación de citarle la ordenanza del legado Odo, que exceptúa a algunas grandes señoras, alicuae magnates mulieres, quae sine scandalo evitari non possunt. Pero aún así el archidiácono protestó objetando que la ordenanza del legado, que se remontaba a 1207, era anterior en 120 años al Libro

Negro y por consiguiente abolida por él y se había negado a presentarse ante la princesa.

También había podido observarse que su horror hacia las egipcias y zíngaras se había multiplicado desde hacía algún tiempo y que había incluso solicitado del obispo un edicto con prohibición expresa para las gitanas de bailar y de tocar el pandero en la plaza de entrada a la iglesia de Nuestra Señora. Y al mismo tiempo estaba consultando en los mohosos archivos del provisorato para reunir los casos de brujos y de brujas condenados a la hoguera o a la horca por complicidad de maleficios con machos cabríos, con cerdas o con cabras.

VI: Impopularidad

EL archidiácono y el campanero, ya lo hemos dicho, eran muy poco apreciados por la mayoría de las gentes de las cercanías de la catedral. Cuando Claude y Quasimodo salían juntos, cosa harto frecuente, y se les veía cruzar —el criado marchando detrás del amo— las calles húmedas, estrechas y sombrías de las manzanas de casas que rodean a Nuestra Señora, más de una palabra injuriosa, más de un canturreo irónico, más de una pulla insultante les acosaba al paso, a menos que Claude Frollo, cosa muy poco frecuente, caminase con la cabeza alta y erguida, mostrando su frente severa y casi augusta a los burlones desconcertados.

Toutes sortes de gens vont après ler poètes. Comme après les hiboux vont criant les fauvettes.

A veces era un chiquillo burlón que se jugaba la piel y los huesos por disfrutar del inefable placer de clavar un alfiler en la joroba de Quasimodo; otras una mocita gallarda, más atrevida de lo necesario, rozaba el hábito negro del cura a la vez que le cantaba en sus barbas la tonadilla burlona: Niche, niche, le diable est pris.

A veces un grupo de viejas escuálidas sentadas a la sombra en los escalones de unos soportales rezongaba ruidosamente al paso del archidiácono y del campanero y les lanzaba entre maldiciones bienvenidas optimistas como: «¡Mira, mira; por ahí pasa uno que tiene su alma igual que el cuerpo del otro!» Otras era un grupo de estudiantes o de soldados, jugando a tres en raya, quienes levantándose todos a su paso les saludaban en latín con algún clásico abucheo como: ¡Eja, eja! Claudius cum claudo.

Lo normal era que estos insultos pasaran desapercibidos para el cura y para el campanero pues Quasimodo estaba demasiado sordo para poder oír cosas tan graciosas y Claude demasiado ensimismado.

LIBRO QUINTO

I: Abbas Beati Martini

La fama de dom Claude había llegado muy lejos y le había valido, hacia la misma época en que se negó a ver a madame de Beaujeu, una visita cuyo recuerdo conservó durante mucho tiempo.

Era de noche y se había recogido, después de los oficios, en su celda canónica del claustro de Nuestra Señora. Ésta, exceptuando algunas redomas de vidrio colocadas en un rincón y llenas de unos polvos bastante sospechosos, muy parecidos al polvo de proyección, nada tenía de extraño ni de misterioso.

Había también, aquí y allá, algunas inscripciones en las paredes, pero eran sólo simples sentencias científicas o piadosas extraídas de buenos autores. Acababa de sentarse el archidiácono a la luz de un candelabro de cobre, con tres bocas, ante un enorme arcón lleno de manuscritos y tenía el codo apoyado en el libro, abierto, de Honorio de Autun, De praedeatinatione et libero arbitrio; estaba hojeando con reflexión profunda un infolio impreso que acababa de traer y que era el único producto de imprenta que podía encontrarse en aquella celda, cuando, de pronto, interrumpiendo su reflexión, llamaron a la puerta.

—¿Quién va? —contestó el sabio con el mismo tono amable de un dogo hambriento al que distraen mientras roe unos huesos, y una voz respondió desde fuera:

—Soy yo, vuestro amigo Jacques Coictier. Frollo le abrió la puerta.

Era efectivamente el médico del rey; un personaje de unos cincuenta años, de fisonomía dura, aunque suavizada por una mirada astuta, acompañado de otro hombre. Los dos llevaban ropajes de color pizarra, forrados de piel de ardilla, bien ceñidos con cinturones y con un gorro de igual tejido y del mismo color. Tenían las manos ocultas entre las mangas, los pies entre sus hábitos y los ojos bajo sus sombreros.

—¡Que Dios me valga, señores! —dijo el archidiácono como mandándoles pasar—. No esperaba visita tan honrosa a estas horas —a la vez que les hablaba de manera tan cortés, paseaba su mirada del médico al compañero de manera inquieta y escrutadora.

—Nunca es demasiado tarde para visitar a un sabio de tanta consideración como dom Claude Frollo de Tirechappe —respondió el doctor Coictier con un acento de la región del francocondado que arrastraba las frases con la majestad de un vestido de cola.

Entonces se inició entre el médico y el archidiácono uno de esos prólogos ampulosos que, según la costumbre de aquella época, eran casi obligatorios en cualquier conversación entre sabios y que no les impedía detestarse cordialmente, aunque, bien mirado, tal situación se repite hoy en día, pues los cumplidos que de la boca de un sabio se dirigen hacia otro sabio no son sino un vaso de hiel endulzada.

Las alabanzas de Claude Frollo hacia Jacques Coictier aludían principalmente a las grandes ventajas personales que el muy digno médico había sabido obtener, a lo largo de su brillante carrera, de cada una de las enfermedades del rey, que constituían una operación alquimista mucho más rentable que la búsqueda de la piedra filosofal.

—¡En verdad mi señor doctor Coictier, me he alegrado mucho al enterarme del obispado obtenido por vuestro sobrino, el reverendo Pierre Versé! ¿No es ahora obispo de Amiens?

—Sí, señor archidiácono; es una gracia especial sin duda de la misericordia divina.

—¿Sabéis que teníais un magnífico aspecto el día de Navidad, al frente de vuestra compañía de la cámara de cuentas, señor presidente?

—Vicepresidente, dom Claude; nada más que vicepresidente.

—¿Cómo va vuestra magnífica residencia de la calle Saint-André-des-Arcs? Es un Louvre, ¿sabéis? me gusta particularmente el albaricoquero que tenéis esculpido en la puerta con ese juego de palabras tan curioso: A l'abri-cozier.

—¡Ay, dom Claude! No sabéis bien lo que me están costando esas obras. Me estoy arruinando a medida que la construcción progresa.

—¡Bueno! ¿No percibís las rentas de la cárcel y de los juzgados dependientes del palacio y las de las casas, tornos, cabañas y barracas de la Clôture? Es como ordeñar a una buena vaca.

—Mi señorío de Poissy no me ha proporcionado nada este año.

—Pero vuestros derechos de Triel de Saint James, de Saint-Germain-en-Laye, siguen siendo muy buenos, ¿no?

—Veintiséis libras y ni siquiera libras parisinas.

—Tenéis también, como cosa fija, el cargo de consejero del rey.

—Sí, mi querido colega, pero ese maldito señorío de Poligny, que tanto da que hablar, no me reporta, un año con otro, más de sesenta escudos de oro.

En los cumplidos que dom Claude dirigía a Jacques Coictier se desprendía un tono irónico, agrio y sordamente burlón, como la sonrisa triste y cruel de un hombre superior y desgraciado que juega a ratos para distraerse con la sólida prosperidad de un hombre vulgar; pero el otro no era capaz de advertirlo.

—Por vida mía que me alegra encontraros con tan buena salud —le dijo ya finalmente don Claude estrechándole la mano.

—Gracias, maestro.

—¡Ah!, a propósito, ¿cómo se encuentra vuestro real enfermo? —preguntó Claude.

—No paga lo suficiente a su médico —le respondió el doctor, mirando de reojo a su compañero.

—¿Lo creéis así, compañero Coictier? —dijo éste.

Estas palabras pronunciadas con un cierto tono de sorpresa e incluso de reproche, atrajo sobre este personaje la atención del archidiácono que, a decir verdad, no había decaído ni un solo momento desde que había franqueado el umbral de su celda. Habían sido precisas las mil razones que tenía para tratar con consideración al doctor Jacques Coictier, el todopoderoso médico del rey Luis XI, para haberle recibido con aquella compañía, y por eso no puso buena cara cuando Jacques Coictier le aclaró:

—Por cierto, dom Claude, os traigo a un colega muy interesado en veros a causa de vuestra gran reputación.

—¡Vaya!: ¿el señor es también de la medicina? —preguntó el archidiácono, fijando en el compañero de Coictier su mirada penetrante. Pero se encontró, bajo las cejas del desconocido, con otra mirada no menos penetrante y desafiante que la suya.

Por lo que la débil claridad de la lámpara permitía juzgar, se trataba de un viejo de unos sesenta años y de estatura media que parecía un tanto enfermo y achacoso. Su perfil, aunque de líneas burguesas, tenía algo de poderoso y de severo; sus pupilas brillaban bajo el arco de las cejas tan profundamente como una luz en el fondo de un antro; y bajo su gorro avanzado que le caía sobre la nariz, se adivinaba la anchura de la frente de un genio.

Él mismo contestó directamente a la pregunta del archidiácono.

—Reverendo maestro —dijo con una voz grave—, vuestra reputación ha llegado hasta mí y he querido consultaros. Soy tan solo un gentilhombre de provincias que se descalza antes de entrar en la morada de los sabios y me gustaría que conociérais mi nombre: me llamo Tourangeau.

«¡Singular para un gentilhombre!» —pensó el archidiácono que se notaba sin embargo ante algo fuerte y serio. Su clarividencia le permitía descubrir una gran inteligencia bajo el gorro forrado de piel del compadre Tourangeau. Mientras consideraba en aquel rostro serio el rictus de ironía, que la presencia de Jacques Coictier había esbozado en su rostro taciturno, se fue poco a poco desvaneciendo como el crepúsculo en el horizonte nocturno.

Se había vuelto a sentar, triste y preocupado, en su gran sillón con su codo apoyado en la mesa, como de costumbre, y la frente apoyada en la mano. Después de unos segundos de reflexión, invitó a sentarse a los dos visitantes y se dirigió al compadre Tourangeau.

—¿Sobre qué ciencia venís a consultarme, maestro?

—Reverendo —le contestó Tourangeau—, estoy enfermo, muy enfermo. Se dice de vos que sois un gran Esculapio y he venido a pediros algunos consejos de medicina.

—¡De medicina! —dijo el archidiácono moviendo la cabeza. Pareció concentrarse durante unos instantes y luego prosiguió:

—Compadre Tourangeau, puesto que así os llamáis; volved la cabeza y encontraréis mi respuesta escrita en la pared.

El compadre Tourangeau obedeció y leyó por encima de su cabeza esta inscripción grabada en el muro: «La medicina es hija de los sueños. -Jamblique».

Pero el doctor Jacques Coictier había oído la pregunta de su compañero con un despecho que se acrecentó ante la respuesta de dom Claude; se acercó al compadre Tourangeau y le dijo al oído en voz lo bastante baja para que no pudiera escucharla el archidiácono:

—Ya os había advertido de su locura, pero vos habéis insistido en verle.

—Es que podría ocurrir que este loco tuviera razón, doctor Jacques —le respondió Tourangeau en el mismo tono y con una sonrisa amarga.

—¡Como queráis! —replicó Coictier secamente. Luego se volvió hacia el archidiácono:

—Sois rápido en vuestro trabajo, dom Claude, y veo que os importa menos Hipócrates que una avellana a un mono. ¡Un sueño la medicina! Estoy seguro que farmacólogos y médicos os lapidarían si estuvieran aquí. ¡Así que negáis la influencia de los filtros en la sangre y de los ungüentos en el cuerpo! ¿Negáis la eterna farmacia de flores y de metales que se llama mundo, hecha expresamente para ese eterno enfermo que se llama hombre?

—Yo niego al médico, no a la medicina ni al enfermo —respondió fríamente dom Claude.

—Así, pues, no es verdad —prosiguió Coictier acalorado— que la gota sea un herpes interno, que pueda curarse una herida de artillería mediante la aplicación de un ratón asado o que una sangre joven pueda devolver la juventud a unas venas viejas ya, mediante una transfusión sabiamente realizada. No es verdad que dos y dos son cuatro o que el emprostotonos sucede al opistotonos.

El archidiácono respondió sin inmutarse:

—Hay cosas sobre las que opino de forma muy particular. Coictier se puso rojo de cólera.

—¡Eh, eh! No hay que enfadarse —dijo el compadre Tourangeau—; el señor archidiácono es nuestro amigo.

Coictier se calmó susurrando en voz baja.

—¡Después de todo se trata de un loco!

—Demonios, maestro Claude —continuó Tourangeau después de un breve silencio—; me siento muy violento; quería haberos hecho dos consultas, una referente a mi salud y otra referente a mi estrella.

—Señor —le replicó el archidiácono—, si pensáis así, mejor habríais hecho no cansándoos en subir la escalera hasta mi celda, pues ni creo en la medicina ni creo en la astrología.

—¿Es verdad? —dijo el compadre sorprendido. Coictier se reía forzadamente.

—Ya os dije que estaba loco —dijo muy bajo a Tourangeau—. ¡No cree en la astrología!

—¡Cómo comprender —prosiguió dom Claude— que cada rayo de estrella sea como un hilo que sujete la cabeza de un hombre!

—¿Y en qué creéis entonces? —exclamó el compadre Tourangeau.

El archidiácono permaneció indeciso unos instantes y, dejando escapar una sombría sonrisa que parecía contradecir a su respuesta, les dijo:

—Credo in Deum.

—Dominum nostrum —completó Tourangeau, haciendo la señal de la Cruz.

—Amén —terminó Coictier.

—Reverendo maestro —continuó el compadre—, me alegro en el alma de veros en tan buena religión, pero, ¿siendo tan sabio como sois, lo sois hasta el punto de no creer ya en la ciencia?

—No —contestó el archidiácono tomando al compadre Tourangeau por el brazo, al mismo tiempo que un destello de entusiasmo brilló en sus pupilas sin brillo—; no, yo no niego la ciencia. No me he arrastrado durante tanto tiempo ni he clavado las uñas en la tierra a través de las interminables ramificaciones de la caverna, sin percibir, delante de mí, allá lejos, al fondo mismo de la oscura galería una luz, una llama, algo, sin duda el reflejo del deslumbrante laboratorio central en donde los pacientes y los sabios han encontrado a Dios.

—Y entonces —le interrumpió Tourangeau—, ¿qué es lo que consideráis como cierto y verdadero?

—La alquimia.

—Pardiez, dom Claude, la alquimia tiene sin duda su razón de existir, pero, ¿por qué blasfemar de la medicina y de la astrología?

—Nada; vuestra ciencia del hombre no es nada, y nada es tampoco vuestra ciencia del cielo —les respondió con autoridad el archidiácono.

—Pero eso es olvidarse de Epidauro y de Caldea —le replicó el médico con sarcasmo.

—Escuchad maese Jacques; estoy hablando de buena fe, pues yo no soy médico del rey y su majestad no me ha dado el Jardín Dédalo para observar las constelaciones. No os enfadéis y escuchadme. ¿Qué verdad habéis sacado, no digo ya de la medicina, que es algo demencial por demás, sino de la astrología? Citadme las virtudes del bustrofedón vertical, los hallazgos del número ziruph y del número zefirod.

—Negaréis —dijo Coictier— la fuerza simpática de la clavícula de la que procede la cabalística.

—Grave error, maese Jacques, pues ninguna de vuestras fórmulas desemboca en la realidad y por el contrario la alquimia cuenta con muchos descubrimientos que no podréis negar; por ejemplo: el hielo aprisionado bajo tierra durante miles de años se transforma en cristal de roca; el plomo es el padre antepasado de todos los metales (ya que el oro no es un metal; el oro es la luz). Al plomo sólo le faltan cuatro períodos, de doscientos años cada uno, para que pueda pasar sucesivamente al estado de arsénico rojo, del arsénico rojo al estaño y de éste a la plata. Éstos son hechos probados, pero el creer en la clavícula, en la línea plena y en las estrellas es tan ridículo como creer, como los habitantes del Gran Catay, que la oropéndola se transforma en topo y los granos de trigo en peces del género ciprino.

—He estudiado la hermética —exclamó Coictier— y os aseguro… El fogoso archidiácono no le dejó terminar:

—Y yo he estudiado la medicina, la astrología y la hermética y os aseguro que únicamente aquí se encuentra la verdad —y al decir esto, abrió el arcón y tomó una redoma llena de aquellos polvos de los que ya hemos hablado—. ¡Solamente aquí se encuentra la luz! Hipócrates es un sueño, Urania es un sueño; Hermes es un pensamiento. El oro es el sol y hacer oro es ser Dios; ésa es la única ciencia. Os digo que he profundizado en la medicina y en la astrología y no es nada. ¡Nada! ¿El cuerpo humano? ¡Tinieblas! ¿Los astros? ¡Tinieblas! —y se dejó caer de nuevo en su sillón en actitud dominadora a inspirada, mientras el compadre Tourangeau le observaba silencioso y Coictier sonreía burlón, alzando imperceptiblemente los hombros y repitiendo en voz baja:

—¡Está loco!

Entonces intervino de pronto Tourangeau:

—¿Y habéis conseguido ya el objetivo maravilloso? ¿Habéis conseguido hacer oro?

—Si lo hubiera conseguido —respondió el archidiácono, articulando lentamente sus palabras como alguien que está reflexionando— el rey de Francia se llamaría Claude y no Luis.

Ante esta respuesta, Tourangeau frunció el ceño.

—Pero, ¿qué estoy diciendo? —prosiguió dom Claude con una sonrisa un tanto desdeñosa—: ¿Qué me importaría el trono de Francia pudiendo levantar el imperio de Oriente?

—¡Magnífico! —añadió el compadre.

—¡Ah!, ¡pobre loco, pobre loco! —murmuró Coictier.

Pero el archidiácono proseguía, dando la impresión de responder sólo a sus pensamientos.

—No, no; todavía sigo a gatas; aún sigo despellejándome la cara y las rodillas entre las piedras del camino subterráneo. Logro percibir algo, pero no puedo verlo aún; no hago sino deletrear, no puedo leer aún.

—Y si supieseis leer —le preguntó el compadre—, ¿seríais capaz de fabricar oro?

—¡Sin duda alguna! —le respondió el archidiácono.

—En ese caso, Nuestra Señora sabe cómo necesito el dinero, y me gustaría mucho aprender a leer en vuestros libros. Decidme, reverendo maestro, ¿vuestra ciencia es acaso enemiga o desagrada a Nuestra Señora?

A esta pregunta del compadre, dom Claude respondió serenamente y con altivez.

—¿De quién soy entonces archidiácono?

—Es verdad, maestro; os voy a pedir algo: ¿consentiríais en iniciarme? Hacedme deletrear con vos.

Claude tomó entonces la actitud majestuosa y pontifical de un Samuel.

—Sois ya un tanto viejo y se necesitarían más años de los que os quedan para emprender un viaje como éste a través del misterio. ¡Vuestros cabellos son ya grises! Se sale de la caverna con el pelo blanco, es verdad, pero hay que entrar con los cabellos negros. La ciencia sabe muy bien, ella sola, socavar, marchitar y secar los rostros humanos; no necesita que la vejez se los preste, pero si el deseo de entrar en su disciplina os domina a pesar de todo y si a vuestra edad deseáis descifrar el temible alfabeto de los sabios, está bien, venid conmigo y yo intentaré enseñaros. No os pediré, pues ya sois muy anciano para ello, que visitéis las cámaras mortuorias de las pirámides, de las que habla el antiguo Herodoto, ni la torre de ladrillos de Babilonia, ni el inmenso santuario de mármol blanco del templo indio de Eklinga. Tampoco he visto, como os pasa a vos, las construcciones caldeas edificadas según la técnica sagrada de Sikra, ni el templo de Salomón, ya destruido, ni las lápidas del sepulcro de los reyes de Israel que están rotas; nos limitaremos a algunos fragmentos del libro de Hermes de los que disponemos aquí. Os podría explicar la estatua de San Cristóbal, el símbolo de Semeur y el de los dos ángeles del pórtico de la Santa Capilla, uno de los cuales tiene en sus manos un jarrón y el otro una nube…

Al llegar aquí, Jacques Coictier, desarmado por las réplicas fogosas del archidiácono, reaccionó interrumpiéndole con el tono condescendiente con el que un sabio corrige a otro:

—Erras, amici Claudi. El símbolo no es el número. Tomáis a Orfeo por Hermes.

—Sois vos el que yerra —le replicó gravemente el archidiácono—. Dédalo es la base; Orfeo es la muralla y Hermes es el edificio; es el todo. Venid cuando os plazca — prosiguió volviéndose hacia Tourangeau—, que yo os mostraré las laminillas de oro depositadas en el fondo del crisol de Nicolás Flamel, y podréis compararlas con el oro de Guillermo de París. Os enseñaré también las secretas virtudes del término griego peristera, pero ante todo, os haré leer una tras otra las letras de mármol del alfabeto, las páginas de granito del libro. Iremos del pórtico del obispo Guillaume y de Saint Jean-le-Rond hasta la Santa Capilla y luego a la casa de Nicolás Flamel, en la calle de Marivaulx, a su tumba, que se encuentra en los Santos Inocentes, a sus dos hospitales de la calle Montmorency. Os haré leer también los jeroglíficos que recubren los cuatro salientes de hierro del pórtico del hospital Saint-Gervais y de la calle de la Ferronnerie. Deletrearemos juntos las fachadas de Saint-Côme, de Sainte-Geneviéve-des-Ardents, de Saint-Martin y de Saint-Jacques-de-la-Boucherie…

Hacía ya mucho tiempo que el Tourangeau, por inteligente que pareciera su mirada, daba la impresión de no poder seguir a dom Claude así que le interrumpió.

—¡Pardiez! ¿Qué libros son los vuestros?

—Aquí tenéis uno —dijo el archidiácono.

Y abriendo la ventana de la celda, señaló con el dedo la inmensa iglesia de Nuestra Señora, que perfilando contra el cielo estrellado la negra silueta de sus dos torres, de sus costillas de piedra y de su monstruosa grupa, parecía una enorme esfinge de dos cabezas sentada en medio de la ciudad.

El archidiácono contempló silencioso durante unos momentos el gigantesco edificio, y extendiendo con un suspiro su mano derecha en dirección del libro impreso, abierto encima de la mesa, y su mano izquierda hacia Nuestra Señora, y paseando con pena la mirada del libro a la iglesia, dijo:

—¡Ay! Esto matará a aquello.

Coictier, que apresuradamente se había aproximado al libro, no pudo por menos de exclamar:

—¡Qué pasa! ¿Qué hay de temible en esto: «Glossa in epistolas D. Pauli? Norimbergae, Antonius Koburguer, 1474»? No es nada nuevo; es un libro de Pierre Lombard, el maestro de las sentencias. ¿Es acaso por estar impreso?

—Vos lo habéis dicho —respondió Claude, que parecía absorto en una profunda meditación y permanecía de pie con el índice doblado y apoyado en el infolio, salido de las famosas prensas de Nuremberg. Después añadió estas misteriosas palabras—:

¡Ay, ay, ay! ¡Las cosas pequeñas acaban con las grandes; un diente triunfa sobre una masa! La rata del Nilo mata al cocodrilo; el pez espada mata a la ballena; ¡el libro matará al edificio!

La llamada a silencio en el claustro sonó en el momento en que el doctor Jacques repetía muy bajo a su compañero su eterna canción:

—¡Está loco!

A lo que su compañero añadió esta vez:

—Creo que sí.

A aquellas horas ningún extraño podía ya permanecer en el claustro. Los dos visitantes se retiraron.

—Maestro —dijo el Tourangeau despidiéndose del archidiácono—, estimo en mucho a los sabios y a los grandes espíritus y os tengo a vos en gran estima. Venid mañana al palacio de las Tournelles y preguntad por el abad de Saint-Martin de Tours.

El archidiácono volvió a su celda estupefacto, comprendiendo por fin qué clase de personaje era el compadre Tourangeau y recordando este pasaje del cartulario de Saint-Martin de Tours: Abbas beati Martini, scilicet rex Franciae, est canonicus de consuetudine et habet parvam praebendam quam habet sanctus Venantius et debet sedere in sede thesaurarii.

Se aseguraba que desde entonces el archidiácono tenía frecuentes charlas con Luis XI cuando su majestad venía a París, y que el crédito de dom Claude hacía sombra a Olivier le Daim y a Jacques Coictier, que, según su costumbre, reprendía mucho al rey por ello.

II: Esto matará a aquello

Que nuestros lectores nos perdonen si nos detenemos un momento para analizar el sentido que se ocultaba tras aquellas palabras enigmáticas dichas un poco antes por el archidiácono: Esto matará a aquello. El libro matará al edificio.

Creemos que este pensamiento tenía dos sentidos; era primeramente el pensamiento de un cura; el espanto de un cura ante una circunstancia nueva cual era la imprenta. Era el miedo y el deslumbramiento del hombre del santuario ante la prensa luminosa de Gutenberg; eran el púlpito y el manuscrito; la palabra hablada y la palabra escrita, alarmadas ante la palabra impresa; algo así como el estupor de un pajarillo contemplando al ángel de la Legión desplegando sus seis millones de alas. Era como la voz del profeta que oye susurrar y afanarse a la humanidad ya emancipada, que lee en el futuro y ve cómo la inteligencia socava la fe y cómo las opiniones van acabando con las creencias, cómo el mundo zarandea a Roma. Pronóstico del filósofo que ve cómo el pensamiento humano volatilizado por la imprenta, se va evaporando del frasco teocrático. Terror del soldado que al ver el ariete de bronce, dice que su fortaleza será fatalmente abatida. Aquello significaba que un poder iba a suceder a otro poder; quería, en fin, significar: la imprenta hará sucumbir a la Iglesia.

Pero bajo este pensamiento, el primero y el más elemental sin duda, creemos que había otro más avanzado; un corolario del primero, más difícil de deducir y más fácil de contradecir; una visión filosófica no sólo para el cura, sino para el sabio y para el artista. Era el presentimiento de que el pensamiento humano, al cambiar de forma, cambiaría también en la expresión, que las ideas capitales de cada generación no iban a tratarse ya del mismo modo ni a escribirse de la misma manera; que el libro de piedra, tan duro y perdurable, iba a ceder la plaza al libro de papel, más sólido y más perdurable aún. Bajo este aspecto la vaga fórmula del archidiácono encerraba un segundo sentido: significaba que un arte iba a destronar a otro arte. Quería decir: la imprenta matará a la arquitectura.

En efecto, desde el origen de las cosas hasta el siglo XV de la era cristiana inclusive, la arquitectura ha sido el gran libro de la humanidad, la expresión principal del hombre en sus diferentes estadios del desarrollo, sea éste bajo la forma de la fuerza o de la inteligencia.

Cuando la memoria de las primeras razas se sintió demasiado llena de cosas, cuando el bagaje de recuerdos del género humano se hizo tan pesado y confuso que la palabra, desnuda y volátil, corría el riesgo de perderse en el camino, fueron transcritos en el suelo de la forma más visible, más duradera y más natural a la vez. Se selló cada tradición bajo un monumento.

Los primeros monumentos fueron simples trozos de roca, que el hierro no había tocado, dice Moisés. La arquitectura comenzó como toda escritura; primero fue alfabeto. Se plantaba una piedra en el suelo y era una letra y cada letra era un jeroglífico y sobre cada jeroglífico descansaba un grupo de ideas igual que hace el capitel sobre la columna fue así como actuaron las primeras razas en todas partes, en todo instante y en toda la superficie de la tierra. Así encontramos la piedra erguida de los celtas, en la Siberia asiática y en las pampas americanas.

Más adelante se hicieron palabras y colocando una piedra sobre otra se fueron acoplando las sílabas y el verbo intentó algunas combinaciones. Palabras son el dolmen y el crómlech de los celtas y los túmulos etruscos y el galgal hebrero. Algunas de estas palabras, el túmulo básicamente, representan nombres propios, pero a veces, cuando se disponía de muchas piedras de una gran extensión de terreno, se escribía una frase completa y así tenemos el acumulamiento enorme en Carnac que sería ya toda una fórmula completa.

Finalmente se hicieron los libros. Las tradiciones habían engendrado símbolos bajo los cuales desaparecían como los troncos de los árboles bajo su propio follaje y esos símbolos en los que creía la humanidad iban creciendo multiplicándose, cruzándose y haciéndose cada vez más complicados. Los primitivos monumentos no eran suficientes para contenerlos y eran desbordados por todas partes, aunque aquellos monumentos expresaran apenas una tradición ruda como ellos mismos, sencilla, desnuda y a ras de suelo. El símbolo necesitaba expandirse en el edificio y así la arquitectura se desarrolló a la par que el pensamiento humano. Se convirtió en un gigante de mil patas y mil cabezas y fijó, bajo una forma eterna, visible y palpable, todo aquel simbolismo etéreo.

Mientras que Dédalo, que es la fuerza, medía, y mientras Orfeo, que es la inteligencia, cantaba, el pilar, que es una letra, el arco, que es una sílaba, la pirámide, que es una palabra, puestos todos a la vez en movimiento por una ley geométrica y por una ley poética, se agrupaban, se combinaban, se amalgamaban, bajaban, subían, se yuxtaponían sobre el suelo, se escalonaban en el cielo hasta escribir, al dictado de la idea general de una época, aquellos libros maravillosos que eran los maravillosos edificios de la pagoda de Eklinga, el Ramseidón de Egipto, o el templo de Salomón.

Ahora bien, la idea madre, el verbo, no se hallaba tan sólo en el fondo de todos aquellos edificios sino también en la forma. El templo de Salomón, por ejemplo, no era únicamente la encuadernación del libro sagrado, era él mismo el libro sagrado. En cada uno de sus recintos concéntricos, los sacerdotes podían leer el verbo traducido y manifestado a los ojos y así podían seguir sus transformaciones de santuario en santuario hasta encerrarle en su último tabernáculo, bajo su forma más concreta que aún seguía siendo arquitectónica: el arca. Y así el verbo estaba encerrado en el edificio, pero su imagen estaba en su envoltura como un rostro humano está sobre el sarcófago de una momia.

El pensamiento, la idea que ellos representaban se manifestaba no sólo en la forma de los edificios sino en el emplazamiento que escogían para erigirlos. Según que el símbolo que quisieran expresar fuera ligero o grave, Grecia coronaba sus montañas con un templo armonioso a la vista, la India excavaba las suyas para cincelar en ellas esas deformes pagodas subterráneas, sustentadas por gigantescas hileras de elefantes de granito.

Así, durante los seis mil primeros años de la humanidad desde la más remota pagoda del Indostán hasta la catedral de Colonia, la arquitectura ha representado a la escritura del género humano. Y esto es tan cierto que no sólo cualquier pensamiento religioso sino cualquier pensamiento humano tiene en este inmenso libro su página y su monumento.

Toda civilización tiene su origen en la teocracia y su fin en la democracia y esta misma ley de libertad, sucesora de la unidad, también aparece escrita en la arquitectura. No nos cansaremos de insistir que no hay que creer que la albañilería solamente tenga poder para edificar templos o para expresar los mitos o los símbolos sacerdotales o para transcribir en jeroglíficos, en páginas de piedra, las tablas misteriosas de la ley; llega un momento en toda sociedad humana en que el simbolismo sacro se gasta y se oblitera bajo el pensamiento libre cuando el hombre se libera del sacerdote o cuando la excrecencia de las filosofías y de los sistemas roe la faz de la religión; si esto fuera así, la arquitectura no sería capaz de reproducir este nuevo estado del espíritu humano, pues sus páginas escritas por el anverso estarían vacías por el reverso y su obra quedaría truncada y el libro resultaría incompleto.

Tomemos, por ejemplo la Edad Media en la que vemos más claro por estar más cerca de nosotros.

Durante su primer período, mientras la teocracia organiza Europa, mientras el Vaticano organiza y reúne a su alrededor los elementos de una Roma hecha con la Roma que yace derrumbada en torno al Capitolio, mientras el cristianismo va buscando en los escombros de la civilización anterior todas las capas de la sociedad y reconstruye con estas ruinas un nuevo universo jerárquico en el que el sacerdocio es la piedra angular, se oye primero manar de entre aquel caos y luego poco a poco, bajo el soplo del cristianismo, bajo la mano de los bárbaros, se ve surgir de los escombros de las arquitecturas muertas, griega y romana, esta misteriosa arquitectura románica, hermana de las construcciones teocráticas de Egipto y de la India, emblema inalterable del catolicismo puro, inmutable y jeroglífico de la unidad papal. En efecto, todo el pensamiento de entonces está escrito en ese sombrío estilo románico, dominado todo él por un sentimiento de autoridad, de unidad, por un sentimiento impenetrable de absoluto, por todo lo que se resume en fin, en Gregorio VII. El sacerdote en todas partes; jamás el hombre, la casta siempre pero nunca el pueblo. Pero llegan las cruzadas, que es un gran movimiento popular, y como todo gran movimiento popular, cualesquiera que sean sus causas y sus fines, desprende siempre de su último precipitado un espíritu de libertad. Van a surgir novedades. He aquí que se abre el período tempestuoso de las Jacqueries y de las Praguerías y de las Ligas; y la autoridad se tambalea; la unidad se divide. El feudalismo exige repartir con la teocracia, en espera del pueblo que surgirá inevitablemente y que tomará, como siempre, la parte del león. Quia nominor leo. Así que el señorío aparece bajo el sacerdocio y más tarde el municipio bajo el señorío; la faz de Europa ha cambiado y también lo ha hecho la faz de la arquitectura; ha pasado la página, igual que ha hecho la civilización, y el nuevo espíritu de la época la encuentra dispuesta a seguir escribiendo bajo sus dictados. De las cruzadas ha vuelto con la ojiva como las naciones con la libertad. Entonces, mientras Roma se va desmembrando, la arquitectura románica muere. El jeroglífico abandona la catedral y se va a blasonar las torres para dar prestigio al feudalismo. La misma catedral, edificio tan dogmático en otros tiempos, invadida ya en lo sucesivo por la burguesía, por el pueblo y por la libertad, se escapa del sacerdote y cae en poder del artista y éste la construye a su gusto. Adiós al misterio, al mito, a la ley. Ahora es la fantasía y el capricho. El sacerdote, con tal de disponer de su basílica y de su altar, no tiene nada que objetar. Los cuatro muros pertenecen al artista. El libro de la arquitectura no pertenece ya al sacerdocio, ni a la religión, ni a Roma, sino a la imaginación, a la poesía al pueblo. De ahí las numerosas y rápidas transformaciones de esta arquitectura que con sólo tres siglos asombrosos de vida marcan un contraste con la inmovilidad estancada de la arquitectura románica que tiene seis o siete. Sin embargo, el arte avanza con pasos de gigante y ahora es el genio y la originalidad populares quienes realizan el trabajo que antes realizaban los obispos. Cada raza escribe, al pasar, en ese libro la línea que le corresponde; tacha los viejos jeroglíficos románicos en el frontispicio de las catedrales y apenas si se ve, aquí y allá, asomar el dogma bajo el nuevo símbolo que en él deposita; el ropaje popular apenas si permite adivinar la osamenta religiosa y resultaría sumamente difícil hacerse una idea de las libertades que, incluso para con la iglesia, se toman los arquitectos. Son los capiteles, ornamentados con monjes y monjas, acoplados vergonzosamente, como en la sala de las chimeneas del Palacio de justicia de París; es el arca de Noé esculpida con todas sus letras, como en el tímpano del gran pórtico de la catedral de Bourges, o es un monje báquico con orejas de burro y con el vaso en la mano riéndose en las narices de toda la comunidad, como en el lavabo de la abadía de Boscherville. Existe en esta época, para el pensamiento escrito en la piedra, un privilegio perfectamente comparable a nuestra actual libertad de prensa; es la libertad de la arquitectura.

Y esta libertad va más allá incluso pues a veces un pórtico, una fachada o una iglesia entera presenta un sentido simbólico totalmente ajeno al culto o incluso hostil a la iglesia. Ya desde el siglo XIII con Guillaume de París, o con Nicolás Flamel en el XV, se están escribiendo esta clase de páginas sediciosas. La misma iglesia de Saint- Jacques-de-la-Boucherie es una muestra de esta oposición.

Como entonces, sólo en este sentido se permitía la libertad de expresión no había más posibilidad de manifestarla que con este tipo de libros, llamados edificios. Sin utilizar esta forma de expresión, habría sido quemado en la plaza pública por mano del verdugo, cualquier manuscrito, si alguien hubiera sido lo bastante imprudente como para correr tal riesgo. El pensamiento pórtico de la iglesia hubiera asistido al suplicio del pensamiento libre. Así, pues, como no se disponía de otro camino que el de la construcción para expresarse, para salir a la luz pública, todo el pensamiento se concentraba en ella y de ahí la inmensa cantidad de catedrales que han cubierto Europa en número tan prodigioso que, aun habiéndolo comprobado, apenas si se le puede dar crédito. Todas las fuerzas materiales y espirituales de la sociedad convergían en el mismo punto: la arquitectura. De esta forma, so pretexto de edificar iglesias a mayor gloria de Dios, el arte se desarrollaba en proporciones grandiosas.

Entonces todo el que nacía poeta se hacía arquitecto. El genio esparcido entre las masas, comprimido por todas partes bajo el feudalismo, como bajo una testudo de escudos de bronce, no encontrando otras salidas que la arquitectura, se encaminaba hacia ese arte y sus Ilíadas tomaban forma de catedrales y todas las demás manifestaciones del arte se situaban obedientes bajo la disciplina de la arquitectura. Eran los obreros de aquella magna obra. El arquitecto, el poeta, el maestro totalizaba en su persona la escultura que cincelaba en las fachadas, la pintura con que iluminaba las vidrieras, la música que animaba sus campanas y que insuflaba en sus órganos. Incluso la pobre poesía propiamente dicha, la que se obstinaba en vegetar en los manuscritos, para ser considerada en algo, estaba obligada a encuadrarse en los edificios bajo la forma de himno o de prosa aunque, bien mirado, era el mismo papel que habían jugado las tragedias de Esquilo en las fiestas sacerdotales de Grecia o el Génesis en el templo de Salomón.

De esta forma, y hasta Gutenberg la arquitectura es la escritura principal, la escritura universal. La Edad Media ha escrito la última página de este libro granítico, que había tenido su origen en Oriente y que había sido continuado por la antigüedad griega y romana. Por otra parte el fenómeno de una arquitectura popular sucediendo a una arquitectura de casta, como hemos visto en la Edad Media, se repite como todo movimiento análogo de la inteligencia humana, en las otras grandes épocas de la historia. Así ocurre, para no evocar aquí más que someramente una ley que exigiría ser desarrollada en varios volúmenes, en el alto Oriente, cuna de los tiempos más primitivos después de la arquitectura hindú; en la arquitectura fenicia, madre opulenta de la arquitectura árabe; en la antigüedad, después de la arquitectura egipcia, de la que el estilo etrusco y los monumentos ciclópeos no son más que una variedad; en la arquitectura griega, de la que el estilo romano no es sino una prolongación recargada de la cúpula cartaginesa; en los tiempos modernos, después de la arquitectura románica; en la arquitectura gótica; y desdoblando estas tres series, encontraremos el mismo símbolo en las tres hermanas mayores, es decir: la arquitectura hindú, la arquitectura egipcia y la arquitectura románica. El símbolo sería la teocracia, la casta, la unidad, el dogma, el mito; Dios, y para las tres hermanas menores, la arquitectura fenicia, griega y gótica, sea cual sea la diversidad de forma inherente a su naturaleza, encontraremos igual sentido, es decir: libertad, pueblo, hombre.

Llámese brahmán, mago o papa en las construcciones hindúes, egipcias o románicas, se adivina siempre al sacerdote y nada más; sin embargo, todo es diferente en la arquitectura popular; son más ricas y menos sagradas; en la fenicia se adivina al mercader, en la griega al republicano y en la gótica al burgués.

Las características generales de toda arquitectura teocrática son la invariabilidad, el horror al progreso, la conservación de la línea tradicional, la consagración de los tipos primitivos, la sumisión continua de todas las formas del hombre y de la naturaleza a los caprichos incomprensibles del símbolo. Son libros tenebrosos que sólo los iniciados saben descifrar. Además cualquier forma, cualquier deformidad incluso, encierra un sentido que la hace inviolable. No pidáis a las construcciones hindúes, egipcias o romanas que reformen su proyecto o mejoren su estatuaria pues todo perfeccionamiento les parece impiedad.

Se diría que en esas arquitecturas la rigidez del dogma se haya extendido a la piedra como una segunda petrificación.

Por el contrario, los caracteres generales propios de las construcciones populares son: variedad, progreso, originalidad, opulencia y cambio continuo. Se encuentran lo suficientemente independizadas de la religión como para pensar en su belleza, para cuidarla, para modificar incensantemente los adornos de estatuas o arabescos; en una palabra, pertenecen al siglo y tienen en consecuencia algo humano que mezclan continuamente con el símbolo divino bajo el que aún se producen. De ahí esos edificios asequibles a cualquier alma, a cualquier inteligencia o a cualquier imaginación, simbólicas todavía, pero fáciles de comprender como la naturaleza misma. Entre la arquitectura teocrática y ésta existe la misma diferencia que entre una lengua sagrada y una lengua vulgar, entre el jeroglífico y el arte, entre Salomón y Fidias.

Si resumimos lo que hemos expuesto hasta aquí muy someramente pasando por alto mil pruebas y miles de objeciones de detalle, llegamos a esto: la arquitectura ha sido hasta el siglo XV el registro principal de la humanidad; en ese intervalo no ha aparecido en todo el mundo el más mínimo pensamiento, por complicado que haya sido, que no se haya hecho piedra en un edificio; toda idea popular, como toda ley religiosa, ha tenido sus monumentos; en fin, que no ha existido pensamiento importante que no haya sido escrito en piedra. ¿Y por qué? Porque cualquier pensamiento, religioso o filosófico tiene interés en perpetuarse, porque cualquier idea que haya sido capaz de conmover a una generación, quiere arrastrar otras ideas y dejar su huella. Ahora bien, ¿no es muy precaria la inmortalidad de un manuscrito? ¿No es mucho más sólido, duradero y resistente un edificio que la expresión de un libro? Basta la simple antorcha de un turco para destruir la palabra escrita, pero para poder demoler la palabra hecha piedra, se precisa de una revolución social, de una revolución terrestre. Los bárbaros han pasado sobre el Coliseo y tal vez el diluvio haya pasado también sobre las pirámides.

En el siglo XV todo cambia.

El pensamiento humano descubre un medio de perpetuarse no sólo más duradero y más resistente que la arquitectura, sino también más fácil y más sencillo. La arquitectura queda destronada. A las letras de piedra de Orfeo van a suceder las letras de plomo de Gutenberg.

El libro va a matar al edificio.

La invención de la imprenta es el acontecimiento más grande de la historia; es la madre de todas las revoluciones; es el modo de expresión de la humanidad que se renueva totalmente; es el pensamiento humano que se despoja de una forma para vestirse con otra; es, en una palabra, el definitivo cambio de piel de esta serpiente simbólica que desde Adán representa la inteligencia.

Bajo la forma de imprenta el pensamiento es más imperecedero que nunca; es volátil a indestructible. Se mezcla con el viento. Con la arquitectura se hacía montaña y se apoderaba con gran fuerza de una época y de un lugar; ahora se convierte en bandada de pájaros, se disemina a los cuatro vientos y ocupa al mismo tiempo todos los lugares del espacio y del aire.

Lo repetiremos una vez más. ¿Quién no es capaz de ver que de esta forma el pensamiento es mucho más indeleble? De sólido que era se ha hecho vivaz, pasa de ser duradero a ser inmortal; se puede demoler una masa pero, ¿cómo extirpar la ubicuidad? Ya puede venir un diluvio que

165

aunque la montaña haya desaparecido bajo las olas, los pájaros seguirán volando pues bastará con que una sola arca flote sobre el cataclismo para que se posen en ella, sobrenaden con ella, asistan con ella al reflujo de las aguas y el nuevo mundo que emerja del caos contemplará, al despertarse, volar sobre él, alado y vivo, el pensamiento del mundo sumergido.

Y cuando se llegue a la conclusión de que este modo de expresión es no sólo el más conservador, sino el más sencillo, el más cómodo, el más práctico para todos; cuando se observe que no arrastra consigo un enorme bagaje y que no necesita pasado instrumental; cuando se compare la enorme dificultad para traducir un pensamiento en piedra, utilizando para ello la asistencia de cuatro o cinco artes y toneladas de oro y montañas de piedra y bosques enteros de andamios y todo un pueblo de obreros; cuando todo esto se compara al pensamiento, que para hacerse libro no necesita más que un poco de papel y de tinta y una pluma, ¿cómo vamos a sorprendernos de que la inteligencia humana haya cambiado la arquitectura por la imprenta? Cortad bruscamente el lecho primitivo de un río; abrid un canal a un nivel inferior y veréis cómo el río abandona su cauce.

Igualmente puede observarse cómo a partir del descubrimiento de la imprenta la arquitectura se va desecando poco a poco, se atrofia y se desnuda. Cómo se nota que las aguas bajan, que la savia se retira y que el pensamiento de los tiempos y de los pueblos la abandonan.

Este enfriamiento es todavía insensible en el siglo XV, pues la prensa es demasiado joven aún y no hace sino retirar a la poderosa arquitectura un excedente de su abundancia de vida.

Pero, a partir del siglo XVI, la enfermedad de la arquitectura es visible; ya no es la expresión esencial de la sociedad y se convierte en un miserable arte clásico. De ser gala, europea, indígena, se hace griega y romana; de personal y moderna se hace seudoantigua. Es a esta decadencia a la que llamamos Renacimiento. Decadencia magnífica a pesar de todo, pues el viejo genio gótico, ese sol que se pone tras la gigantesca prensa de Maguncia, ilumina aún, durante algún tiempo, con sus últimos rayos, todo el amontonamiento híbrido de arcadas latinas y columnatas corintias.

A este atardecer es a lo que nosotros llamamos amanecer.

Sin embargo, desde el momento en que la arquitectura ya no es más que un arte como otro cualquiera; en cuanto deja de ser el arte total, el arte soberano, el arte tirano, carece entonces de la fuerza necesaria para retener a las demás artes y éstas se emancipan, rompen el yugo del arquitecto y cada una se va por su lado y salen ganando en este divorcio. El aislamiento lo acrecienta todo. La escultura se hace estatuaria, la imaginería se convierte en pintura y el canon en música. Algo así como un imperio que se desmorona a la muerte de su Alejandro y cuyas provincias se transforman en reinos.

De ahí Rafael, Miguel Ángel, Jean Goujon, Palestrina, esos esplendores del deslumbrante siglo XVI.

Al mismo tiempo que las artes, el pensamiento se emancipa por todas las partes. Los heresiarcas de la Edad Media habían mellado fuertemente el catolicismo y es en el siglo XVI cuando se rompe la unidad religiosa. Antes de la imprenta, la reforma no hubiera sido más que un cisma, pero la imprenta la convierte en revolución. Suprimid la prensa y la herejía quedará abatida. Fatal o provindencial, Gutenberg es el precursor de Lutero.

Sin embargo, cuando el sol de la Edad Media se ha puesto del todo, cuando el genio gótico se ha extinguido para siempre en el horizonte del arte, la arquitectura se va desluciendo, se decolora cada vez más y hasta llega a desaparecer; el libro impreso, ese gusano roedor del edificio, la succiona y la devora. La arquitectura se despoja, se deshoja y adelgaza a ojos vista; se hace mezquina, se empobrece y hasta se anula. Ya no es capaz de expresar nada, ni siquiera el recuerdo del arte de lo que fue en otro tiempo. Reducida a ella misma, abandonada por las demás artes, porque el pensamiento humano la abandona, recurre a artesanos en lugar de artistas y así el vidrio sustituye a las vidrieras; el picapedrero reemplaza al escultor. Adiós, pues, a toda la savia, a toda originalidad, a la vida y a la inteligencia. Se arrastra como una triste mendiga de taller, de copia en copia. Miguel Ángel, que desde el siglo XVI la sentía morir, había tenido una última idea desesperada. Aquel titán del arte había amontonado el Panteón sobre el Partenón y había creado San Pedro de Roma. Gran obra que merecía ser única, última originalidad de la arquitectura, firma de un artista gigantesco al pie de un colosal registro de piedra que se cerraba. Pero muerto Miguel Ángel, ¿qué puede hacer esta miserable arquitectura que se sobrevive a sí misma en estado de espectro y de sombra? Toma San Pedro de Roma y lo calca, lo parodia; es una manía lastimosa. Cada siglo tiene su San Pedro de Roma: en el XVII el Val-de- Grâce, en el XVIII Sainte-Geneviève. Cada país tiene su San Pedro de Roma: Londres tiene el suyo y San Petersburgo también;

París tiene dos o tres. Insignificante testamento, último desvarío de un gran arte decrépito que vuelve a su infancia antes de morir.

Si en lugar de monumentos característicos como los que acabamos de citar examinamos el aspecto general del arte de los siglos XI al XVIII observaremos los mismos fenómenos de decaimiento y de ruindad.

A partir de Francisco II, la forma arquitectural del edificio desaparece cada vez más y deja surgir la forma geométrica, como el esqueleto huesudo de un enfermo raquítico. Las bellas líneas del arte ceden su lugar a las frías a inexorables líneas del geómetra. Un edificio ya no es tal sino un poliedro. Y sin embargo la arquitectura se atormenta para ocultar esa desnudez. Así tenemos el frontón griego incrustado en el frontón romano y al revés. Siempre es lo mismo; el Panteón en el Partenón, San Pedro de Roma. Así las casas de ladrillo, enmarcadas en piedra de la época de Enrique IV, o la plaza Royale o la plaza Daufine. Así son las iglesias en tiempos de Luis XIII, macizas, barrigudas, bajas, encogidas, cargadas con una cúpula como una joroba, o la arquitectura de tiempos del cardenal Mazarino, el horrible pastiche italiano de las Quatre-Nations. Ahí tenemos aún los palacios de Luis XIV cual largos cuarteles hechos para cortesanos; rígidos, glaciales y aburridos, o los de Luis XV con sus adornos de escarolas y todas las verrugas y todos los hongos que desfiguran esa vieja arquitectura caduca, desdentada y presuntuosa. Desde Francisco II hasta Luis XV el mal gusto ha ido creciendo en progresión geométrica. Al arte sólo le queda ya la piel cubriéndole los huesos y agoniza miserablemente.

Pero, ¿qué ocurre con la imprenta? Toda esta vida que se escapa de la arquitectura se va concentrando en ella. A medida que la arquitectura va perdiéndose, la imprenta crece y se amplía. El capital de energía que el pensamiento humano gastaba en edificios lo invierte ahora en libros. Por eso en el siglo XVI la imprenta alcanza ya el nivel de la arquitectura que va declinando; lucha con ella y acaba por vencerla. En el XVII, la vemos ya soberana, triunfante, asentada en su victoria para ofrecer al mundo la fiesta de un gran siglo literario. En el siglo XVIII, después de un prolongadísimo descanso en la corte de Luis XIV, coge de nuevo la espada de Lutero, arma con ella a Voltaire y corre tumultuosa al ataque de esta vieja Europa de la que ya ha matado la expresión arquitectural y ya en los estertores del siglo lo ha destruido todo.

Hay que esperar el XIX para comenzar una nueva reconstrucción.

Sin embargo, preguntamos ahora, ¿cuál de las dos artes representa en realidad, desde hace tres siglos, al pensamiento humano? ¿Cuál de ellas lo traduce con más fidelidad? ¿Cuál de ellas consigue expresar, no sólo sus manías literarias y escolásticas, sino también su enorme, su profundo y universal movimiento? ¿Cuál se superpone constantemente sin rupturas y sin lagunas al género humano que camina cual un monstruo de mil pies? ¿La arquitectura o la imprenta?

La imprenta. No nos equivoquemos: la arquitectura está muerta, ha muerto definitivamente; muerta por el libro impreso; muerta en fin porque dura menos y es más cara que el libro. Una catedral cuesta capitales ingentes, así que imaginemos qué inversión no sería ahora necesaria para volver a escribir el libro de la arquitectura para hacer surgir de nuevo millones de edificios; para volver a la época en que la cantidad de monumentos era tal que en boca de un testigo ocular: «Habría podido decirse que el mundo, al desperezarse, se había despojado de sus viejas ropas para cubrirse con un blanco vestido de iglesias». Erat enim ut ri mundur, ipre excutiendo semet, rejecta veturtate, candidam eccieriarum vertem indueret (Glaber Radulphus).

¡Un libro se hace tan pronto cuesta tan poco y puede llegar tan lejos! ¡Cómo sorprenderse de que el pensamiento se deslice por esa pendiente! No quiere esto decir que la arquitectura no produzca aún aquí o allá un bello monumento, una obra maestra aislada. Se podrá tener aún, bajo el reino de la imprenta, una columna hecha, supongo, por todo un ejército, con cañones fundidos como se tenía, bajo el reinado de la arquitectura, Ilíadas y Romanceros, Mahabahratas y Nibelungos, hechos por todo un pueblo con rapsodias amontonadas y fundidas. El gran accidente de un arquitecto de ingenio podrá aparecer en el siglo XX como el de Dante en el XIII, pero nunca será ya la arquitectura el arte social y colectivo, el arte dominante. El gran poema, el gran edificio, la gran obra de la humanidad no se construirá ya, se imprimirá.

Y aunque en lo sucesivo la arquitectura pueda manifestarse accidentalmente, ya nunca será la dueña; seguirá el dictado de la literatura, a la que antes dictaba ella su ley. Se invertirán las posiciones respectivas de ambas artes. Es verdad que en tiempos de la arquitectura los poemas, escasos, se parecían a los monumentos. En la India, Vyasa es espeso, extraño, impenetrable como una pagoda. En el Oriente egipcio, la poesía tiene, como los edificios, grandeza y serenidad de líneas; en la Grecia antigua, la belleza, el equilibrio, la calma; en la Europa cristiana, la majestad católica, la ingenuidad popular, la rica y lujuriante vegetación de una época de renovación. La Biblia se parece a las pirámides, la Ilíada al Partenón, Homero a Fidias. Ya en el siglo XIII

Dante es la última iglesia románica y Shakespeare, en el XVI, la última catedral gótica.

Así, para resumir lo dicho hasta aquí de forma necesariamente incompleta y truncada, diremos que el género humano tiene dos libros, dos registros, dos testamentos: la arquitectura y la imprenta; la biblia de piedra y la biblia de papel. Sin duda alguna, al contemplar las dos biblias, tan hojeadas y consultadas a través de los siglos, nos estará permitido el añorar la majestad visible de la escritura de granito; esos gigantescos alfabetos formulados en columnatas, en pilones, en obeliscos; esa especie de montañas humanas que cubren el mundo y el pasado, desde la pirámide hasta el campanario, desde Kéops hasta Estrasburgo. Hay que releer el pasado en esas páginas de mármol; hay que admirar y hojear constantemente el libro escrito por la arquitectura, pero no hay que negar la grandeza del edificio que eleva, a su vez, la imprenta.

Este edificio es colosal. No sé qué hacedor de estadísticas ha calculado que colocando uno sobre otro todos los volúmenes salidos de la imprenta, desde Gutenberg, se llenaría el espacio existente entre la tierra y la luna. Pero no es de esta clase de grandeza de la que queremos hablar. Sin embargo cuando se intenta abarcar con el pensamiento una imagen total del conjunto de las producciones desde la imprenta hasta nuestros días, ¿no se nos aparece este conjunto como una inmensa construcción, teniendo por base al mundo entero, en la que la humanidad trabaja sin descanso y cuya monstruosa cabeza se pierde entre las brumas profundas del futuro? Es como el hormiguero de las inteligencias, la colmena a donde todas las imaginaciones, esas abejas doradas, llegan con su miel; es la torre de los mil pisos. Por aquí y por allá se ven desembocar en sus rampas las cavernas tenebrosas de la ciencia que se cruzan en sus entrañas. En todas partes de la superficie el arte hace proliferar ante los ojos sus arabescos, sus rosetones y sus encajes. Allí cada obra individual, por caprichosa y aislada que parezca, tiene su sitio y su resalte. La armonía procede del conjunto. Desde la catedral de Shakespeare hasta la mezquita de Byron, mil campanarios se agrupan y se entremezclan en esta metrópoli del pensamiento universal. En su base se han escrito algunos antiguos títulos de la humanidad que la arquitectura no había registrado. En la entrada, a la izquierda, se ha sellado el viejo bajorrelieve en mármol blanco de Homero; a la derecha, se yerguen las siete cabezas de la Biblia políglota. Más allá se eriza la hidra del Romancero y algunas otras formas híbridas como los Vedas y los Nibelungos. Ocurre además que el prodigioso edificio se mantiene inacabado y la imprenta, esa máquina gigante que bombea sin cesar toda la savia intelectual de la sociedad, vierte incesantemente nuevos materiales para la obra. Todo el género humano está en ese andamiaje y cada inteligencia es uno de sus obreros. El más humilde coloca una piedra o tapa un agujero y cada día se coloca una nueva hilada. Retif de la Bretonne aporta su cesto de cascotes. Independientemente de la aportación original a individual de cada escritor existen aportaciones colectivas. El siglo XVIII concurre con su Enciclopedia, la revolución aporta su Monitor. Naturalmente que se trata de una construcción que crece y se completa en espirales sin fin y en donde se produce también la confusión de lenguas; es una actividad incesante un trabajo infatigable, un concurso entusiasta de toda la humanidad; es el refugio prometido a la inteligencia contra un nuevo diluvio o contra otra invasión de los bárbaros; es la segunda torre de Babel del género humano.

LIBRO SEXTO

I: Ojeada imparcial a la antigua magistratura

En el año de gracia de 1482, el gentilhombre Robert de Estouteville, caballero, señor de Beyne, barón de Ivry y de Saint-André en la Marca, consejero y chambelán del rey y guardián de la prebostería de París, era un personaje muy afortunado. Tenía casi diecisiete años cuando recibió del rey, el 7 de noviembre de 1465, el año del cometa, el honorable cargo de preboste de París, que era considerado como un señorío más que un cargo propiamente dicho: «Dignitas, —dice Joannes Loemnoeus— , quae cum non exigua potestate politiam concernante, atque praerogativis multis et juribus coniuncta est» Era algo extraordinario ver en 82 a un gentilhombre, comisionado por el rey, para una institución que se remonta a la época del matrimonio de la hija natural de Luis XI con monseñor, el bastardo del Borbón. El mismo día en que Robert de Estouteville había reemplazado a Jacques de Villiers en el prebostazgo de París, maese Jean Dauvet sustituía a maese Hélye de Torrettes en la primera presidencia de las cortes, en el parlamento; Jean Jouvenel de los Ursinos suplantaba a Pierre de Morvilliers en el puesto de canciller de Francia; Regnaul des Dormants desposeía a Pierre Puy del cargo de receptor de peticiones ordinarias de la residencia real. Pero, ¿sobre cuántas cabezas se habían paseado la cancillería, el ministerio y la presidencia desde que Robert de Estouteville había sido nombrado preboste de Paris?

Le había sido entregado en guarda, decían las camas credenciales; y desde luego que lo guardaba bien, pues se aferraba a él, se había entregado a él y hasta se había identificado con él tan bien que había logrado escapar a la furia de cambios que dominaba a Luis XI, rey desconfiado, hostigador y trabajador, que pretendía conservar mediante revocaciones frecuentes la elasticidad de su poder. Aún había más ya que el buen caballero había obtenido para su hijo la continuidad de su cargo y hacía ya dos años que el nombre del gentilhombre Jacques de Estouteville, escudero, figuraba junto al suyo encabezando el registro ordinario del prebostazo de París. ¡Rarísimo en verdad, insigne favor! Es cierto que Robert de Estouteville era un buen soldado, que había lealmente enarbolado su pendón contra la liga del bien público y que además había ofrecido a la reina un maravilloso ciervo confitado el día de su entrada en París en 14… Contaba también con la buena amistad de micer Tristán l'Hermite, preboste de los mariscales del palacio del rey; así que micer Robert gozaba de una dulce y plácida existencia: primeramente unos buenos emolumentos a los que se unían y colgaban, como unos racimos más de su viña, las rentas de la secretaría de lo civil y de lo criminal del prebostazgo más las rentas civiles y criminales de las auditorías del Embas del Châtelet, sin contar los pequeños pontazgos de Mantes y de Corbeil y los impuestos sobre leña y sal. Añádase a esto el placer de la ostentación en sus cabalgadas por la ciudad, y el destacar sobre la vestimenta rojo y tostado de los ediles y de los jefes de la tropa de su hermoso uniforme de guerra, que aún hoy podemos admirar esculpido en su sepulcro en la abadía de Valmont, en Normandía, y su morrión repujado en Montlhéry. Y además, ¿no suponía nada el ejercer autoridad sobre los guardias de la docena, el conserje y vigía del Châtelet, los dos auditores del Châtelet, auditores castelleti, los dieciséis comisarios de los dieciséis barrios, el carcelero del Châtelet, los cuatro sargentos enfeudados, los ciento veinte sargentos de a caballo, los ciento veinte sargentos de vara, el caballero de la ronda con toda su ronda, con su ronda inferior y su contrarronda? ¿No era nada ejercer justicia, alta y baja, derecho de arrestar y de colgar, sin contar la primera jurisdicción, en primera instancia, in prima instantia, como dicen los documentos, sobre el vizcondado de Paris, tan gloriosamente dotado con siete nobles bailiajes? ¿Se puede uno imaginar algo más grato que dictar sentencias y ordenar arrestos como hacía a diario micer Robert de Estouteville, en el Grand Châtelet bajo las ojivas amplias y achatadas de Felipe Augusto? ¿Y el ir como acostumbraba cada noche a la encantadora mansión de la calle Galilée, en el recinto del Palais-Royal, que poseía como dote de su mujer, madame Ambroise de Loré, a descansar de la fatiga que le hubiera producido el haber enviado a algún pobre diablo a pasar la noche por su cuenta en «aquella celdita de la calle de la Escorcherie, que los prebostes y los ediles de París solían utilizar como su prisión y que medía once pies de largo, siete pies y cuatro pulgadas de ancho y otros once pies de alto»?

Pero micer Robert de Estouteville tenía, además de su justicia particular como preboste y vizconde de Paris, parte, ojeada y un buen mordisco también, en la gran justicia del rey. No había cabeza importante que no hubiera pasado por sus manos antes de ir a parar a las del verdugo. Él mismo fue quien había ido a buscar a la Bastille-Saint-Antoine, para llevarle a las Halles, al señor de Nemours, y al condestable de Saint-Pol para llevarle a la plaza de Grève; éste protestaba y gritaba, con gran satisfacción del preboste, que no estimaba en absoluto al señor condestable.

He aquí, en realidad, más de lo necesario para hacer feliz e ilustre la existencia y para merecer, al menos, una página notable en esta interesante historia de los prebostes de París, en la que uno puede enterarse de que Oudard de Villeneuve tenía una residencia en la calle de las Boucheries, que Guillaume de Hangest compró la grande y la pequeña Saboya, que Guillaume de Thiboust cedió a las religiosas de Santa Genoveva sus casas de la calle Clopin, que Hugues Aubriot vivió en la residencia del Port-Épic, y otras mil circunstancias domésticas.

Sin embargo y con tantas razones para tomarse la vida con paciencia y alegría, micer Robert de Estouteville se había levantado aquella mañana del 7 de enero de 1482 muy enfadado y de un humor insoportable. ¿De dónde le venía aquel malhumor? Ni él mismo habría sabido decirlo. ¿Sería porque el cielo estaba gris?, ¿porque la hebilla de su viejo cinturón de Monthléry no ajustaba bien y oprimía demasiado militarmente su gordura de preboste? ¿Quizás porque había visto pasar bajo su ventana a unos rufianes burlándose de él, en pandillas de cuatro, sin camisa bajo sus jubones, con el gorro roto y bien provistos de zurrón y botella? ¿Podría ser el vago presentimiento de las trescientas setenta libras, dieciséis sueldos y ocho denarios que el futuro rey Carlos VIII iba a retirarle de sus rentas el año siguiente? Todo ello queda a elección del lector; nosotros nos inclinamos a creer sencillamente que estaba de mal humor porque estaba de mal humor.

Por otra parte, era al día siguiente de una fiesta, día de aburrimiento para todos, principalmente para el magistrado encargado de barrer y recoger todas Las basuras, en sentido propio y figurado que una fiesta produce en una ciudad como París.

Y además tenía sesión en el Grand Châtelet, aunque hemos observado que los jueces se las arreglan en general para que su día de audiencia sea un día de buen humor al objeto de poder descargar cómodamente sobre alguien, en el nombre del rey, de la justicia o de la ley.

Sin embargo, la audiencia había comenzado sin su presencia y sus lugartenientes en lo civil, en lo criminal y en lo particular hacían sus funciones, según la costumbre. Desde las ocho de la mañana algunos grupos de burgueses y de burguesas amontonados y apiñados en un rincón oscuro del auditorio de Embas del Châtelet, entre una sólida barrera de roble y la pared, asistían tranquilamente al espectáculo variado y regocijante de la justicia civil y criminal administrada por maese Florian Barbedienne, auditor del Châtelet lugarteniente del señor preboste, de manera un tanto atropellada y caprichosa.

La sala era pequeña, abovedada y baja; al fondo se veía una mesa con el emblema de flor de lis, y un gran sillón de madera de roble, repujado, que pertenecía al preboste y que permanecía vacío; y a la izquierda un escabel para el auditor, maese Florian. Abajo se hallaba el escribano garabateando y al frente estaba el pueblo. En la puerta y junto a la mesa, guardias del preboste con sobrevesta de camelote violeta con cruces blancas. Dos guardias del Parloir-aux-Bourgeois, vestidos con sus jubones de la fiesta de Todos Los Santos, medio rojos, medio azules, vigilaban ante una puerta baja y cerrada que se veía al fondo, detrás de la mesa. Sólo una ventana en ojiva, fuertemente encajada en el grueso muro, iluminaba con un rayo pálido de enero, a dos grotescas figuras: el caprichoso demonio de piedra, colgante en el centro de la bóveda, y el juez sentado al fondo de la sala sobre las flores de lis.

En efecto, imaginaos en la mesa del preboste, entre dos legajos de procesos, apoyado en sus codos, con un pie pisando la cola de su toga de paño marrón liso, con la cara envuelta en pieles blancas de cordero, de Las que destacaban sus negras cejas; coloradote, enfadado, cerrando un ojo, llevando con majestad la grasa de sus mejillas, que se juntaban en su mentón, imaginaos así a maese Florian Barbedienne, auditor en el Châtelet.

Ahora bien; el auditor era sordo y éste era, en verdad, un ligero defecto para un auditor. Pero no por ello maese Florian dejaba de juzgar sin apelación y con sensatez. Claro que es cierto que a veces basta con que un juez tenga aspecto de estar atento y, en este caso, el venerable auditor cumplía con creces esta tarea, la única para administrar una buena justicia, tanto mejor cuanto que su atención no podía ser distraída por ningún ruido.

Por otra parte, había en el auditorio un implacable controlador de sus hechos y de sus gestos en la persona de nuestro amigo Jehan Frollo du Moulin, aquel joven estudiante de ayer, aquel peatón al que siempre se podía encontrar en cualquier parte de París, excepto ante la cátedra de sus profesores.

—¡Mira! —decía por lo bajo a su compañero Poussepain, que se reía burlón a su lado mientras comentaba las escenas que se sucedían ante sus ojos—, ahí está Jehanneton du Buisson, la linda hija del gandul del mercado nuevo. ¡Por mi vida que ese viejo va a condenarla! ¡Tiene menos vista que oído! ¡Quince sueldos y cuatro denarios parisinos por haber robado dos rosarios! Resulta un poco caro. Lex duri carminis. ¿Quién es ése? ¡Robin Chief-de-Ville, posadero! ¿Por haber sido maestro en su oficio? Es el pago de su entrada. ¡Eh! ¡Dos caballeros entre estos truhanes! Aiglet de Soins y Hutin de Mailly. ¡Dos escuderos, Corpus Cristi! ¡Ah!, han jugado a los dados; ¿cuándo veré aquí a nuestro rector? ¡Cien libras parisinas de multa a favor del rey! ¡El Barbedienne ése multa como si estuviera sordo! (y es que lo está). Quiero ser mi hermano el archidiácono, si ello me impide jugar, jugar día y noche, vivir para jugar, si eso me impide morir jugando y jugarme el alma después de la camisa. ¡Virgen Santa, cuántas mozas! ¡Como ovejitas una tras otra! ¡Ambioise Lécuyère! ¡Isabeau la Peynette!

¡Bérarde Gironin! ¡Si me las conozco a todas, Dios Santo! ¡Multa, multa! ¡Eso os enseñará a llevar cinturón dorado! ¡Diez sueldos parisinos! ¡Coquetas! ¡Oh!, el viejo hocico de ese juez sordo e imbécil. ¡Ay! ¡Zopendo de Florian! ¡Mastuerzo de Barbedienne! ¡Miradle en su mesa! ¡Come causas, come procesos, come, mastica, se ceba, se llena! Multas, gastos, tasas, costos, salarios, daños, intereses, prisiones, cárceles y cepos con costas son para él como dulces de navidad y mazapanes de San Juan. ¡Mírale qué cerdo! ¡Anda! ¡Otra mujer amorosa! ¡Thibaud la Thibaude nada menos! ¡Por haberse salido de la calle

Slatigny! ¿Quién es ése? ¡Gieffroy Mabonne, gendarme! ¡Ha maldecido el nombre del Padre! ¡Anda! ¡Multa a la Thibaude! ¡Malta a Gieffroy! ¡Multa a los dos! ¡Viejo sordo! ¡Ha debido confundir los dos casos! ¡Van diez contra uno a que hace pagar la blasfemia a la moza y el amor al gendarme! ¡Eh, mira, Robert Poussepain! ¿A quién traen ahora? ¡Anda, si son dos sargentos! ¡Por Júpiter! ¡Si están aquí todos los lebreles de la jauría! ¡Debe ser la gran pieza de la batida! Un jabalí. ¡Es uno, Robin, es uno! ¡Y bien grande! ¡Por Hércules! Si es nuestro príncipe de ayer, nuestro papa de los locos, nuestro campanero, nuestro tuerto y nuestro cojo y nuestro cheposo y nuestra mueca. ¡Si es Quasimodo…!

Y no era nada menos.

Era Quasimodo, atado, liado, vigilado, agarrotado y bien guardado. La escuadra de guardias que le rodeaba iba asistida por el caballero de ronda en persona, que llevaba bordado el escudo de Francia en el pecho y el de la ciudad en la espalda. Nada se veía en Quasimodo, excepto su deformidad, que pudiera justificar todo aquel aparato de alabardas y arcabuces y estaba triste, silencioso y tranquilo. Apenas si su único ojo lanzaba de cuando en cuando una mirada solapada y colérica sobre sus ataduras.

Paseó esa misma mirada a su alrededor, pero tan apagada y adormilada que las mujeres le señalaban con el dedo pero para reírse de él.

Sin embargo, maese Florian, el auditor, hojeó con atención el expediente de la denuncia presentada contra Quasimodo, que le llevó el escribano y después de haberlo visto se quedó meditativo durante un momento.

Gracias a esta precaución que siempre había procurado tener antes de proceder a un interrogatorio, podía conocer por adelantado los nombres, cualidades y delitos del detenido; tenía réplicas previstas a preguntas también previstas y conseguía salir con bien de todas las sinuosidades del interrogatorio sin que se notara demasiado su sordera. El expediente del proceso era para él como el perro para el ciego. Si acontecía por casualidad que su sordera le traicionase aquí o allá por alguna frase incoherente o por alguna pregunta incomprensible, era algo que algunos consideraban que era debido a su profundidad y otros a su imbecilidad. En cualquiera de estos dos casos, el honor de la magistratura quedaba a salvo, pues siempre es mejor que un juez sea considerado imbécil o profundo que no sordo. Así que él ponía sumo cuidado en disimular su sordera a los ojos de todos y generalmente lo conseguía con tal brillantez que hasta él mismo llegaba a creérselo, lo que era, por otra parte, más fácil de lo que puede imaginarse. Todos los jorobados caminan erguidos, los tartamudos van perorando y los sordos hablando en voz baja. El creía que, todo lo más, era un poquito duro de oído; era ésta la única concesión que hacía en este aspecto a la opinión pública, en sus momentos de franqueza y de examen de conciencia.

Habiendo rumiado a fondo el asunto de Quasimodo, echó la cabeza hacia atrás, y cerró un tanto los ojos para dar más empaque e imparcialidad, aunque en aquel momento estaba a la vez sordo y ciego, doble condición sin la cual no se es un juez perfecto; y así, con esta actitud magistral, dio comienzo al interrogatorio.

—¿Vuestro nombre?

Pero he aquí un caso «no previsto por la ley»; el que un sordo tenga que interrogar a otro sordo. Quasimodo, a quien nada advertía que se le estaba formulando una pregunta, continuó mirando al juez fijamente y no respondió. El juez, sordo también, y sin que nada le indicara la sordera del acusado, creyó que éste había respondido, como hacían en general todos los acusados, y continuó con su aplomo mecánico y estúpido.

—Está bien. ¿Vuestra edad?

Quasimodo tampoco respondió a esta pregunta. El juez la creyó cumplimentada y prosiguió.

—Y ahora vuestro estado.

Se mantuvo el mismo silencio en el acusado, pero el auditorio había comenzado a susurrar y a mirarse unos a otros.

—Está bien —continuó imperturbable el auditor, cuando supuso que el acusado había acabado su tercera respuesta—. Se os acusa ante nos: primo, de desórdenes nocturnos; secundo, de vías de hecho deshonestas en la persona de una mujer loca, in praejudicium meretricis; tertio, de rebelión y desobediencia a los arqueros de la ordenanza del rey nuestro señor. Explicadnos todos estos puntos. Escribano, ¿habéis tomado ya nota de todo lo que el acusado ha dicho hasta ahora?

Ante esta desafortunada pregunta se produjo un estallido de risotadas desde la escribanía al auditorio, tan violento, tan loco, tan contagioso y tan general que hasta los dos sordos pudieron enterarse. Quasimodo se dio la vuelta levantando su joroba en un gesto desdeñoso, mientras que maese Florian, igualmente sorprendido, y suponiendo que las risas de los espectadores habrían sido provocadas por alguna réplica irreverente del acusado, materializada para él en aquel gesto de hombros, le apostrofó con indignación.

—¡Pícaro! ¡Vuestra respuesta sería merecedora de la horca! ¿Sabéis con quién estáis hablando?

No era esta salida la más adecuada para detener la general explosión de risotadas, y así pareció a todos tan incongruente y absurda que aquella risa loca se contagió incluso a los sargentos del Parloir-aux-Bourgeois, una especie de sotas de espadas en quienes la estupidez se había vestido de uniforme. Sólo Quasimodo conservó su serenidad por la simple razón de no entender nada de lo que en torno suyo estaba ocurriendo. El juez, cada vez más irritado se creyó en la obligación de continuar con el mismo tono, esperando con ello infundir terror en el acusado, para que al influir éste en el auditorio, abandonase su actitud y renaciese de nuevo la calma y el respeto.

—Es decir, hombre perverso y rapaz, que os permitís faltar al auditorio del Châtelet, al magistrado comisionado para la justicia popular de París, encargado de la investigación de los crímenes, delitos y malos hechos, encargado del control de los oficios y de prohibir su monopolio, de conservar el empedrado, de impedir la reventa de aves y caza y de distribuir la leña y otras clases de madera; de preservar a la ciudad del barro y al aire de enfermedades contagiosas, de mirar continuamente por el bien del público, en una palabra, sin gajes ni esperanza de salarios. ¿Sabéis que me llamo Florian Barbedienne, lugarteniente en propiedad del señor preboste y además comisario, cuestor, controlador y observador con igual poder en prebostería, bailiaje, conservación y presidial…?

No hay razón especial para que un sordo se pare mientras está hablando a otro sordo. Dios sabe dónde y cuándo habría tomado tierra maese Florian, lanzado así por las ramas de la alta elocuencia, si la puerta baja del fondo no se hubiera abierto de repente para dar paso al mismísimo preboste en persona.

No se turbó maese Florian ante su aparición, sino que volviéndose hacia él y enfocando bruscamente hacia el preboste la arenga con la que estaba fulminando a Quasimodo unos momentos antes dijo:

—Señor, requiero la pena que os plazca contra el acusado aquí presente por grave y mirífico desacato a la justicia.

Y se sentó, sofocado, secándose las gruesas gotas de sudor que caían de su frente y empapaban como lágrimas los pergaminos expuestos ante él. Micer Robert de Estouteville frunció el entrecejo a hizo a Quasimodo un gesto tan imperioso y significativo que el sordo comprendió en buena parte.

El preboste le dirigió la palabra con severidad.

—¿Qué has hecho para estar aquí, rufián?

El pobre diablo, suponiendo que el preboste le preguntaba su nombre, rompió el silencio que había mantenido hasta entonces y respondió con una voz ronca y gutural.

—Quasimodo.

La respuesta cuadraba tan mal con la pregunta que las alocadas risas comenzaron a exteriorizarse de nuevo y micer Robert tuvo que gritar encolerizado:

—¿También te burlas de mí, pícaro sinvergüenza?

—Campanero de Nuestra Señora —respondió Quasimodo creyendo que debía explicar al juez quién era.

—Campanero, ¿eh? —replicó el preboste que se había despertado aquella mañana de bastante mal humor, como ya hemos dicho, para que su furia no necesitara ser atizada por tan extrañas respuestas—. ¡Así que campanero! Ya haré yo que te den un carillón de latigazos en el lomo por las calles de París, ¿me entiendes ahora, truhán?

—Si lo que queréis conocer es mi edad —dijo Quasimodo—, creo que hago los veinte para San Martín.

Aquello era ya demasiado; y el preboste no pudo contenerse.

—¡Ah! ¿Te burlas del preboste, miserable? Señores sargentos de vara, llévenme a este bribón a la picota de la plaza de Grève y azótenle durante una hora. ¡Por Dios que me las va a pagar!, y quiero que se pregone esta sentencia, mediante cuatro trompetas-jurados, por las siete castellanías del vizcondado de París.

El escribano se puso a redactar la sentencia.

—¡Por las barbas de Cristo! ¡Ya lo creo que está bien juzgado! —exclamó desde su rincón el joven estudiante Jehan Frollo du Moulin.

El preboste se volvió y fijó de nuevo en Quasimodo su mirada centelleante.

—Creo que este bribón ha dicho por las barbas de Cristo. Escribano, añada doce denarios parisinos de multa por blasfemar y que se dé la mitad a la obra de San Eustaquio, pues tengo devoción especial a este santo.

La sentencia quedó redactada en pocos minutos, siendo su contenido sencillo y breve. La costumbre de la prebostería y del vizcondado de París no había sido aún viciada por el presidente Thibaut Baillet y por Roger Barmne, el abogado del rey. No estaba obstruida entonces por el espeso bosque de embrollos y trámites que esos dos jurisconsultos impusieron a comienzos del siglo XVI. Todo era claro, expeditivo y explícito. Se iba derecho al asunto y se distinguía rápidamente al final del camino, sin zarzas ni recovecos, la rueda, el patíbulo o la picota; al menos se sabía siempre por dónde se iba.

El escribano presentó la sentencia al preboste, que puso en ella su sello, y salió para continuar su visita por los demás auditorios con un espíritu tan dispuesto que debió llenar aquel día todas las prisiones de París. Jehan Frollo y Robin Poussepain se reían bajo cuerda y Quasimodo contemplaba todo aquello con un aire de indiferencia y de sorpresa.

Sin embargo, el escribano, en el momento en que maese Florian Barbedienne leía, a su vez, la sentencia para firmarla, se sintió movido de piedad por aquel pobre diablo y con la esperanza de rebajarle algo la pena, se acercó lo más que pudo a la oreja del auditor y le dijo señalándole a Quasimodo:

—Este hombre está sordo.

Esperaba que el conocimiento de la enfermedad de Quasimodo despertaría el interés de maese Florian en su favor; pero ya hemos visto que maese Florian no tenía interés en que nadie se apercibiese de su sordera y por otra parte era tan duro de oído que no oyó una sola palabra de lo que le había dicho el escribano; pero, como deseaba dar la impresión de oír, respondió:

—¡Ay, ay, ay!, eso es otra cosa; no sabía yo eso: una hora más de picota en ese caso.

Y firmó la sentencia modificada en este sentido.

—Le está muy bien —dijo Robin Poussepain, que guardaba un cierto rencor a Quasimodo—, eso le enseñará a no maltratar a la gente.

II: El agujero de las ratas

Permítanos el lector conducirle hasta la plaza de Grève la que dejamos ayer con Gringoire, para seguir a Esmeralda.

Son las diez de la mañana. Todo nos da a entender que es el día siguiente a una fiesta. El suelo está lleno de restos, cintas, trapos, plumas de penachos, cera de los velones y migajas del festín popular.

Buen número de gente deambula, como se dice ahora; por acá y por allá revolviendo con el pie los tizones apagados ya de la fogata de la alegría, extasiándose ante la Maison-aux-Piliers, recordando las hermosas colgaduras de la víspera y contemplando hoy como último placer los clavos de los que colgaban. Los vendedores de sidra y de cerveza pasean sus barriles entre la gente. Algunos transeúntes van y vienen con prisa. Los comerciantes charlan y se llaman desde la puerta de sus tiendas. La fiesta, los embajadores, Coppenole, el papa de los locos está en boca de todos. Todos comentan y ríen a más y mejor. Sin embargo, cuatro guardias de a caballo, que acaban de apostarse en las cuatro esquinas de la picota, han reunido a su alrededor un buen número de gente esparcida por la plaza condenada a la inmovilidad y al aburrimiento con la pequeña esperanza de poder contemplar una ejecución.

Si ahora el lector, después de haber contemplado esta escena viva y chillona que se representa en los cuatro lados de la plaza, dirige su mirada hacia la antigua casa medio gótica y medio románica de la Tour Roland que hace esquina con el muelle del poniente, podrá observar en el ángulo de la fachada un gran breviario público con ricas decoraciones, preservado de la lluvia por un pequeño tejadillo, y de los ladrones por una reja que permite sin embargo hojearlo. Al lado de aquel breviario hay una estrecha claraboya en ojiva, cerrada con dos barrotes de hierro, en forma de cruz, que es la única abertura que lleva un poco de aire y de luz a una pequeña celda, sin puerta, abierta en la planta baja, en el espesor del muro de la vieja casa, y llena de una paz tanto más profunda y de un silencio tanto más triste cuanto que choca con el ambiente existente en la plaza pública que hay a su lado, la plaza más bulliciosa, animada y popular de París.

Esta celda era célebre en París desde hacía casi tres siglos, cuando madame Rolande de la Tour-Roland, en señal de duelo por la muerte de su padre en las cruzadas, la había hecho excavar en los muros de su propia casa con objeto de encerrarse allí para siempre, sin conservar de su palacio más que esa vivienda cuya puerta estaba tapiada y con la claraboya abierta constantemente tanto en verano como en invierno, y habiendo ofrecido el resto de su fortuna a Dios y a los pobres. La desconsolada dama había esperado la muerte durante veinte años en aquella tumba anticipada, implorando noche y día por el alma de su padre, durmiendo sobre cenizas, sin tener siquiera una piedra como almohada; vestida con un saco negro y viviendo únicamente de la limosna que los transeúntes depositaban en el reborde de la claraboya, pan y agua principalmente; así recibía ella la caridad después de haberla ejercitado. A su muerte, en el momento de trasladarla a su nuevo sepulcro, había legado a perpetuidad aquel sitio para las mujeres afligidas, a las madres, viudas o doncellas, que necesitaran rogar mucho por el prójimo o por ellas mismas y que desearan enterrarse vivas por un gran dolor o por penitencia. Los pobres de su época le habían ofrecido unos hermosos funerales con lágrimas y bendiciones. Pero con gran pesar suyo la piadosa joven no había podido ser canonizada como santa por falta de medios. Los más impíos esperaban que el asunto se hubiera arreglado en el paraíso más fácilmente que en Roma y habían rogado a Dios simplemente por la difunta ya que no lo hacía el papa. La gran mayoría se había conformado con guardar como sagrada la memoria de Rolande y con hacer reliquias de sus harapos. La ciudad, por su parte, había fundado, en memoria de la dama, un breviario público, que guardaba cerca de la lucera de la celda, para que los transeúntes se detuvieran de vez en cuando, aunque sólo fuera para rezar, para que la oración obligara a pensar en la caridad y para que las allí recluidas, herederas de la cueva de madame Rolande, no muriesen de hambre o por olvido.

No eran infrecuentes en las ciudades de la Edad Media esta especie de tumbas. Podían encontrarse con alguna frecuencia, en la calle más concurrida, en el mercado más ruidoso y multicolor, en cualquier parte, bajo las patas de los caballos, o casi, casi, bajo las ruedas de las carretas, una cueva, un pozo, un calabozo vallado y con rejas en cuyo interior rogaba noche y día un ser humano, entregado voluntariamente a una eterna plegaria, a una dura penitencia. Y todas las reflexiones que despertase hoy en nosotros este extraño espectáculo, esta horrible celda, eslabón intermedio entre la casa y la tumba, entre el cementerio y la ciudad, aquel ser vivo apartado de la comunidad humana y considerado casi como muerto, aquella lámpara consumiendo en la sombra su última gota de aceite, aquel resto de vida vacilante, aquel soplo, aquella voz, aquella eterna súplica en una caja de piedra, aquel rostro vuelto para siempre hacia el otro mundo, aquellos ojos iluminados ya por otro sol, aquel oído pegado a las paredes de la tumba, aquel alma prisionera en el cuerpo, aquel cuerpo prisionero en el calabozo, bajo la envoltura de carne y granito, el rumor de aquella alma en pena, nada de todo aquello era conocido por la gente; la piedad poco razonadora y poco sutil de aquellos tiempos no discernía todas estas facetas en un acto religioso.

Tomaba la cosa en bloque y honraba, veneraba y santificaba el sacrificio en circunstancias concretas, pero no analizaba los sufrimientos que de él se derivaban y los compadecía relativamente. Llevaba de vez en cuando algo de comida al desgraciado penitente, miraba por la ventanita para comprobar si aún vivía; desconocía su nombre y apenas si sabía desde cuándo había comenzado a morir, y cuando algún forastero les preguntaba sobre el esqueleto viviente que se pudría en aquella cueva, los vecinos respondían simplemente: es el recluso, o es la reclusa, según que se tratara de un hombre o de una mujer.

Así se veía todo en aquel tiempo, sin metafísicas ni exageraciones, sin cristales deformantes, a simple vista. No se había inventado aún el microscopio ni para las cosas de la materia, ni para las del espíritu.

Por lo demás, aunque no causara mucha extrañeza, los ejemplos de esta clase de enclaustración en el interior de las ciudades eran frecuentes en realidad tal como acabamos de decir. Había en París un buen número de estas celdas de penitencia y de oración y casi todas estaban ocupadas, aunque bien es verdad que el clero se preocupaba de que no quedaran vacías porque podría inducir a tibieza en la fe de los creyentes y por esto mismo las ocupaban con leprosos cuando se carecía de penitentes. Además de la celda de la Grève había otra en Montfaucon, otra en el cementerio de los Inocentes, otra no sé muy bien dónde, hacia la casa de Clichon, creo, y otras tantas más en muchos lugares de las que encontramos el rastro en las tradiciones populares, a falta del lugar material de las mismas.

La Universidad también tenía la suya. En la montaña de Sainte-Geneviéve, una especie de Job de la Edad Media cantó durante treinta años los salmos penitenciales sobre un estercolero, en el fondo de una cisterna, volviendo a empezar cuando los terminaba, salmodiando más alto durante la noche, magna voce per umbras, y aún hoy el que gusta de conocer estas cosas creerá oír su voz al entrar en la calle del «Pozo que habla».

Para limitarnos solamente a la celda de la Tour-Roland, hay que decir que nunca había carecido de penitentes. Desde la muerte de madame Rolande, apenas si había estado libre uno o dos años. Muchas mujeres la habían ocupado hasta la muerte, entrando en ella para llorar a sus padres, a sus amantes o por sus propias faltas. La maledicencia parisina, que se mete en todo incluso en lo que menos debería importarles, pretendía no haber visto encerradas a muchas viudas.

Según era costumbre en la época, una inscripción latina en el muro indicaba al transeúnte que supiera leer el destino piadoso de aquella celda. Hasta mediados del siglo XVI se ha conservado la costumbre de explicar la historia de algunos edificios mediante una breve leyenda colocada encima de la puerta; por ello puede hoy mismo leerse, en Francia, sobre la ventanilla de la prisión de la casa señorial de Tourville: Sileto et spera; en Irlanda, bajo el escudo existente sobre el portalón de entrada del castillo de Fortescue, reza la inscripción: Forte scutum, salus ducum; y en Inglaterra, por encima de la entrada principal de la mansión hospitalaria de los condes de Cowper, se ve: Tuum est. Entonces cualquier edificio encerraba un pensamiento.

Como no había puerta en la celda tapiada de la Tour-Roland, se había grabado con gruesos caracteres romanos, por encima de la ventana, estas dos palabras:

Tu Ora.

Pero como el pueblo, con su enorme sentido común, no ve tanta delicadeza en las cosas y traduce simplemente Ludovico Magno por Porte Saint-Denis, había dado a esta cavidad oscura, sombría y húmeda el nombre de Agujero de las ratas, explicación quizás menos sublime que la otra, pero mucho más pintoresca.

III: Historia de una torta de levadura de maíz

En la época en que transcurre esta historia, la celda de la Tour-Roland estaba ocupada; si el lector desea saber por quién no tiene más que escuchar la conversación de tres comadres que cuando les hemos preguntado por el agujero de las ratas, se dirigían precisamente hacia aquel lado, subiendo por el Châtelet hasta la Grève, bordeando el río.

Dos de estas mujeres iban vestidas como buenas burguesas de París: con su fina marquesota blanca, faldas de tiritaña con rayas rojas y azules, con medias de lana blanca con ribetes de color, muy ajustadas a las piernas, con zapatos cuadrados de cuero marrón y suelas negras y principalmente con un peinado, una especie de cuerno de lentejuelas, lleno de cintas y de encajes como el que aún llevan las mujeres de la región de Champagne. Todo ello dejaba traslucir que pertenecían a esa clase de ricas comerciantes, que se encuentran entre las que los lacayos llaman a veces una mujer y a veces una dama. No llevaban ni sortijas, ni cruces de oro, pudiéndose deducir fácilmente que no era por pobreza sino por miedo a una multa.

Su compañera iba más o menos ataviada de la misma manera, pero había en su presencia y en su desenvoltura ese no sé qué que define a la mujer de un notario provinciano. Se le notaba, por la forma de llevar su cinturón por encima de las caderas, que no llevaba aún mucho tiempo en

París. Añadid a eso una gorguera plisada, lazos en los zapatos, que las rayas de su falda iban en el sentido de lo ancho y no de lo largo y otros tantos detalles que chocaban con el buen gusto.

Las dos primeras andaban con ese aire propio de las parisinas que enseñan París a las provincianas. La provinciana llevaba de la mano a un muchachete gordinflón que tenía en la suya una gran torta.

Lamentamos tener que añadir que, a causa del frío del invierno el muchachete se servía de su lengua como pañuelo.

El muchacho se hacía arrastrar, *non patribus aequis*, como dice Virgilio, y tropezaba a cada paso, con gran griterío de su madre. La verdad es que iba más preocupado por la torta que por el suelo y sin duda debía existir un motivo serio que le impedía tirarle un mordisco (a la torta), pues se contentaba con mirarla golosamente. Creernos que la madre debería haberse encargado de llevar la torta y no someter así al mofletudo muchacho a la crueldad de convertirle en un nuevo Tántalo.

Sin embargo, las tres señoritas (el nombre de damas se reservaba entonces a la nobleza) hablaban todas al mismo tiempo.

—Hay que darse prisa, señorita Mahiette —decía la más joven de las tres y a la vez la más gruesa, a la provinciana—. Me temo mucho que vamos a llegar tarde pues nos han dicho en el Châtelet que le llevaban inmediatamente a la picota.

—Bueno, bueno; ¡no es para tanto, señorita Oudarde Musnier! —decía la otra parisina—; seguro que al menos le tendrán dos horas allí; tenemos tiempo de sobra.

¿Habéis visto alguna vez poner a alguien en la picota, querida Mahiette?

—Sí —dijo la provinciana—; en Reims.

—¡Bah! ¡Qué tiene que ver ésta con vuestra picota de Reims; una mala jaula en donde sólo meten a campesinos! ¡Vaya cosa!

—¡Cómo que campesinos! ¡Campesinos en el mercado de los paños! —dijo Mahiette—; ¡en Reims! Hemos visto allí bien de criminales y algunos habían matado incluso a su padre y a su madre. ¡Sí, sí, campesinos! ¿Por quiénes nos tomáis Gervaise?

La provinciana estaba a punto de enfadarse por el honor de su picota, cuando por fortuna la discreta señorita Oudarde Mousnier cambió de conversación.

—A propósito, señorita Mahiette, ¿qué os han parecido nuestros embajadores flamencos? ¿Los podéis encontrar tan guapos en Reims?

—Tengo que confesar —respondió Mahiette—, que sólo en París se pueden ver flamencos así.

—Os habéis fijado en la embajada, en ese gran embajador que es calcetero — preguntó Oudarde.

—Sí —contestó Mahiette—. Parecía un Saturno.

—¿Y en aquel otro gordo cuya cara parecía un vientre desnudo? — prosiguió Gervaise—. ¿Y en aquel otro, bajito, con ojos pequeños y como bordeados de parpados rojizos, duros y dentados como un cardo?

—Sus caballos sí que son bonitos —dijo Oudarde—, enjaezados como los llevan a la moda de su país.

—Ay querida —interrumpió la provinciana Mahiette mostrando un aire de superioridad—, pues, ¿qué diríais si hubieseis visto en el año 61 hace dieciocho años, cuando la coronación del rey, los caballos de su séquito y los de los príncipes? Plumeros y gualdrapas de todas clases, unas de paños de Damasco, de fino paño de oro con adornos de martas cibelinas. Otros con terciopelos y pieles de armiño y cargados todos de adornos y de campanillas de oro y de plata. ¡Cuánto dinero no habría costado todo eso! ¡Y los preciosos muchachos a caballo que hacían de pajes!

—Lo que no impide —replicó secamente la señorita Oudarde— que los flamencos lleven caballos hermosísimos y que ayer les hayan ofrecido una cena soberbia en el ayuntamiento; en la residencia del señor preboste de los mercaderes, en donde se les sirvieron frutas confitadas, hipocrás, especias y otras exquisiteces.

—¿Qué estáis diciendo, vecina? —exclamó Gervaise—, los flamencos han cenado con el señor cardenal, en su residencia del Petit-Bourbon.

—Que no, que ha sido en el ayuntamiento.

—Os digo que ha sido en el Petit-Bourbon.

—Segurísimo que ha sido en el ayuntamiento —respondió Oudarde con un tono seco—; y además el doctor Scourable les ha dedicado un discurso en latín que les ha complacido enormemente. Me lo ha contado mi marido que es librero jurado.

—Pues segurísimo que ha sido en el Petit-Bourbon —respondió Gervaise en el mismo tono—, y además os diré lo que les ha ofrecido el procurador del señor cardenal: doce dobles de hipocrás blanco, clarete y tinto; veinticuatro cestillos de mazapán dorado de Lión y otras tantas tartas de a dos libras la pieza y seis toneletas del mejor vino de Beaune que se pueda encontrar, blanco y clarete. Supongo que me creerás ahora;

lo sé por mi marido que es el jefe de los guardias del Parloir-aux-Bourgeois y que precisamente comparaba esta mañana a los embajadores flamencos con los del Preste Juan y con el emperador de Trebisonda que vinieron desde Mesopotamia hasta París, con el último rey y que llevaban aros en las orejas.

—Estoy tan segura de que ha sido en el ayuntamiento —replicó Oudarde muy poco impresionada por aquel alarde de precisiones— y de que nunca se ha visto tal cantidad de viandas y dulces.

—Pues yo os digo que han sido servidos por Le Sec, guardia de la ciudad, en la residencia del Petit-Bourbon, y seguramente es eso lo que os induce al error.

—Os digo que en el ayuntamiento.

—Que no, querida, que no. Y además habían encendido en cristales mágicos la palabra Esperanza que está escrita en la gran puerta de la entrada.

—En el ayuntamiento, seguro que ha sido en el ayuntamiento, y además les diré que Husson le Voir tocó la flauta.

—¡Yo os digo que no!

—¡Pues yo os digo que sí!

—¡Pues yo os digo que no!

La buena y rellena Oudatde se disponía ya a replicar de manera que en aquella discusión habrían llegado a los moños si no hubiera sido porque Mahiette las interrumpió diciendo:

—¡Eh! ¿Qué hace toda esa gente reunida allá, al otro lado del puente? Están mirando todos algo que hay en el centro, ¿no?

—Es verdad —dijo Gervaise—, oigo como si tocaran una pandereta. Creo que es la pequeña Esmeralda que hace sus juegos con la cabra. ¡Hala!, más deprisa, Mahiette; avivad el paso y tirad más deprisa del niño que habéis venido aquí para conocer las cosas curiosas de París. Ya ayer habéis visto a los flamencos, hoy vais a ver a la zíngara.

—¡La zíngara! —dijo Mahiette volviéndose bruscamente y cogiendo fuertemente a su niño por el brazo—. ¡Que Dios me guarde! Me robaría mi hijo; ven acá Eustaquio.

Y echó a comer por el malecón hacia la Grève hasta dejar muy atrás el puente; pero el niño del que iba tirando se cayó de rodillas y ella, toda jadeante, se detuvo. Oudarde y Gervaise la alcanzaron.

—¿Creéis que esta gitana os va a robar a vuestro hijo? —dijo Gervaise—. ¡Qué imaginación la vuestra!

Mahiette movía la cabeza preocupada.

—Lo que más me choca es que la Sachette tiene la misma idea de las gitanas.

—¿Qué es la Sachette? —preguntó Mahiette.

—Pues la hermana Gudule —dijo Oudarde.

—¿Y quién es esa hermana Gudule?

—Se ve que sois de Reims para no saberlo —respondió Oudarde—; es la reclusa del agujero de las ratas.

—¿Quién? —preguntó Mahiette—, ¿esa pobre mujer a la que llevamos esta torta? Oudarde hizo con la cabeza un signo de afirmación.

—Esa misma precisamente; vais a verla en seguida en su ventanuco, en la Grève. Piensa como vos sobre estas gitanas vagabundas que tocan el pandero y dicen la buenaventura a la gente. No se sabe de dónde le viene esa aversión a los zíngaros y a los gitanos; pero vos, Mahiette, ¿por qué habéis echado a correr nada más verla?

—¡Oh! —exclamó Mahiette, tomando entre sus manos la cabeza del niño—, no quiero que me ocurra como a Paquette la Chantefleurie.

—¡Vaya! Pues tienes que contarnos esa historia, mi buena amiga —le dijo Gervaise cogiéndola del brazo.

—Me gustaría —respondió Mahiette—, pero, ¡ay! ¡De París tenías que ser para no conocerla! Pues os diré que, pero no necesitamos pararnos para contar la historia, Paquette de Chantefleurie era una guapa muchacha de dieciocho años cuando yo lo era también, es decir, hace dieciocho años y que sólo ella tiene la culpa de no ser hoy, como yo lo soy, una buena y fresca madre de treinta y seis años con un marido y un hijo. Era la hija de Guybertaut, ministril de barcos en Reims, el mismo que había tocado ante el rey Carlos VII en su consagración, cuando bajaba por nuestro río Vesle, desde Sillery hasta Muison. Incluso viajaba en aquel barco madame la Doncella. Pues murió su anciano padre siendo aún Paquette muy niña; así que sólo se quedó con su madre, hermana de M. Mathieu Pradon, calderero de París. Vivía en la calle Parin Garlin y murió el año pasado. Ya veis cómo era su familia. La madre era una buena mujer que, por desgracia, no enseñó nada a Paquette excepto un poco de muñequería, lo que no impidió que la pequeña fuese creciendo y siguiera siendo pobre. Vivían las dos en Reims, río abajo, en la calle de la Folle-Peine. Fijaos en esto porque creo que fue eso lo que trajo la desgracia a la Paquette. En el 61, el año de la coronación de nuestro rey Luis XI que Dios guarde, Paquette era tan alegre y tan bella que en todas las partes la llamaban la Chantefleurie. ¡Pobre niña! Tenía unos dientes hermosísimos y le gustaba reírse para enseñarlos. Pero chica a quien le gusta reír… Pero unos bellos dientes pierden a unos lindos ojos. Ésa era la Chantefleurie. La vida les era dura a ella y a su madre y desde la muerte de su padre habían quedado muy desamparadas. Su trabajo de muñequería apenas si les proporcionaba seis denarios a la semana, lo que no supone más de dos maravedises de águila. Estaban muy lejos de cuando el tío Guybertaut ganaba doce sueldos parisienses en una sola ceremonia de coronación y con una sola canción. Un invierno, en ese mismo año del 61, las dos mujeres no tenían ni leña, ni troncos y hacía mucho frío, lo que le dio a la Chantefleurie tan buen color que algunos hombres la llamaban Paquette y otros Paquerette y ella se perdió. ¡Eustaquio! ¡Te estoy viendo morder la tarta! Nos dimos cuenta de que se había echado a perder un domingo que vino a la iglesia con una cruz de oro al cuello.

¡A los catorce años! ¡Os dais cuenta! Primero fue el joven vizconde de Cormontreuil, que tiene su campanario a tres cuartos de legua de Reims después micer Henri de Triancourt, caballerizo del rey; más tarde, ya con menor categoría, Chiart de Beaulion, sargento de armas, y luego, cada vez más bajo, Guery Aubergen, pinche de cocina del rey, y Macé de Frépus, barbero del Delfín, y Thévenin le Moine, cocinero del rey y así, cada vez menos jóvenes y de menor categoría, fue a parar con Guillaume Racine, menestril de zanfonía y con Thierry de Mer, linternero. Así la pobre Chantefleurie fue de todos. Había perdido hasta su última moneda de oro. ¡Qué os diría yo, amigas mías! En la coronación de aquel mismo año del 61 ella misma ocupó la cama del rey de los rufianes. ¡Todo en el mismo año!

Mahiette suspiró y se secó una lágrima que asomaba a sus ojos.

—La verdad es que es una historia no muy extraordinaria que digamos —dijo Gervaise—, pero no veo que aparezcan en ella ni gitanas ni niños.

—¡Paciencia! —intervino Mahiette—: niños; ahora vais a ver uno. En el 66, dieciséis años va a hacer este mes, por Santa Paula, Paquette dio a luz a una niña. ¡Pobre desdichada! Ella se puso muy contenta pues hacía mucho tiempo que venía deseando un hijo. Su madre, una buena mujer que había siempre cerrado los ojos ante todo, había muerto y así Paquette no tenía a nadie en este mundo que la amara ni nadie a quien amar. Desde hacía ya cinco años que se había perdido la Chantefleurie era una pobre criatura. Estaba sola en la vida, señalada con el dedo, abucheada por las calles, perseguida y golpeada por los guardias y era la mofa de los muchachos harapientos. Además tenía ya veinte años y esa edad es casi la vejez para las mujeres como ella y la vida que llevaba comenzaba a producirle menos que la muñequería de antes; por cada arruga de más, un escudo de menos; el invierno le resultaba especialmente duro, la leña era cada vez más escasa en su leñera y el pan en su artesa. Ya no podía trabajar porque al prostituirse se había hecho perezosa y sufría mucho más porque al hacerse perezosa se había hecho glotona. Así es al menos como el señor cura de Saint-Reims explica el por qué mujeres como ella tienen más frío y más hambre que otras pobres cuando son viejas.

—Sí —observó Gervaise—, pero, ¿y las gitanas?

—Un momento, Gervaise —dijo Oudarde, cuya atención era menos impaciente—.

¿Qué quedaría para el final si todo se dijera al comienzo? Seguid, Maihette, por favor, seguid con la pobre Chantefleurie.

Y Mahiette prosiguió:

—Estaba, pues, muy triste y era muy desgraciada y las lágrimas habían marcado dos surcos en sus mejillas y en su vergüenza, en su locura y en su abandono creyó que sería menos vergonzoso, menos loco y que estaría menos abandonada si tuviera algo en el mundo o alguien a quien poder amar o que la amara y eso tenía que ser un niño, porque sólo un niño podía ser tan inocente como para eso. Había llegado a esa conclusión después de haber intentado amar a un ladrón, el único hombre que podía aceptarla, pero se dio cuenta, al cabo de algún tiempo, de que el ladrón la despreciaba. A estas mujeres de la vida les hace falta un amante o un hijo para llenarles el corazón, si no son muy desgraciadas. Pero como no podía tener un amante, se centró en el deseo de tener un hijo y, como nunca había dejado de ser piadosa, se lo pedía siempre a Dios en sus preces y el buen Dios se apiadó de ella y le dio una hija. No quiero deciros cuánta fue su alegría. Fue una catarata de lágrimas, de besos y de caricias. Ella misma amamantó a la pequeña, le hizo pañales con su manta, la única que tenía en su cama, y ya no volvió a sentir ni el frío ni el hambre y la belleza le volvió de nuevo, pues una soltera vieja puede ser muy bien una joven madre. Volvió a la galantería, la gente volvía a ver a la Chantefleurie y volvió a encontrar clientes para su mercancía y de todos aquellos horrores hizo pañales, gorritos y baberos, juboncitos de encaje, gorritos de satén, sin pensar siquiera en volver a comprar otra manta. ¡Señorito Eustaquio, le he dicho que no mordisquee la torta! Está claro que la pequeña Agnès, era el nombre de pila de la niña porque apellido hacía ya mucho que la Chantefleurie no lo tenía; está claro que aquella pequeña se encontraba envuelta entre más cintas y bordados que la hija de un rey. ¡Tenía entre otras cosas un par de zapatitos que ni el mismo rey Luis XI los tuvo nunca iguales! Ella misma se los había confeccionado y bordado; había puesto en ellos toda la habilidad de sus conocimientos de muñequería y toda la delicadeza de un manto para una virgen. ¡Era el más precioso par de zapatos nunca visto! Eran casi tan largos como el pulgar de mi mano y habría sido necesario verla jugar con sus piececitos para poder creer que podrían caber en ellos porque, ¡eran unos piececitos tan pequeños y tan lindos y tan sonrosados! Más sonrosados aún que el satén de los zapatitos. Cuando tengáis niños, Oudarde, os daréis cuenta de que no hay nada tan bonito como los pies y las manitas de los niños.

—Lo estoy deseando —dijo Oudarde con un suspiro—; pero estoy esperando que ése sea el deseo de mi señor André Musnier.

—Por lo demás —prosiguió Mahiette—, la niña de Paquette no tenía sólo bonitos los pies. Yo llegué a verla cuando sólo tenía cuatro meses y era un cielo de niña. Tenía los ojos más grandes que la boca y el cabello, suavísimo y muy negro, empezaba ya a rizársele. Habría sido una auténtica morenaza a los dieciséis años. A su madre la traía más chalada cada día. La acariciaba, la besaba, le hacía cosquillas, la lavaba, la acicalaba y hasta se la comía a besos. La traía loca por completo y ella daba mil gracias a Dios. Se extasiaba sobre todo con sus piececitos sonrosados; eran para ella una locura de gozo. Siempre los estaba besando y se maravillaba de su pequeñez. La calzaba, la descalzaba, los admiraba, se maravillaba, los ponía al trasluz, se enternecía al ponerla a andar en su cuna y se habría pasado la vida entera de rodillas, calzándola y descalzándola, como si se tratara de los pies del Niño Jesús.

—Es un cuento precioso —dijo a media voz Gervaise—, pero dónde aparece la gitana en todo esto.

—Ahora viene —le replicó Mahiette—. Llegaron un día a Reims una especie de caballeros muy extraños. Eran pícaros auténticos; truhanes que iban recorriendo el país, llevados por su duque y por sus condes. Eran cetrinos y tenían el pelo muy rizado y aros de plata en las orejas. Las mujeres eran aún más feas que los hombres; tenían el rostro más negro y lo llevaban descubierto. Llevaban también una capa pequeña, un viejo paño, hecho de cáñamo, sobre los hombros y una larga cola de caballo. Los niños que se colgaban de sus piernas habrían asustado hasta a los monos. Era una verdadera banda de canallas que venía derecha desde el bajo Egipto hasta Reims, atravesando Polonia. El papa los había confesado, según se decía, y les había puesto de penitencia el ir caminando durante siete años por el mundo sin dormir en camas. Por eso los llamaban penitenciarios y olían que apestaban. Se decía que antes habían sido sarracenos, lo que explica que creyeran en Júpiter y que reclamaran diez libras tornesas en todos los arzobispados, obispados y abadías de monjes mitrados. Parece que tenían este derecho por una bula del papa que los amparaba. Venían a Reims a decir la buenaventura en el nombre del rey de Argelia y del emperador de Alemania. Comprenderéis que no hizo falta más para no permitirles la entrada en la ciudad. Así que toda aquella banda acampó tan tranquila cerca de la Porte de Braine, en el montículo aquel en donde hay un molino junto a los pozos de las antiguas yeserías. La ciudad entera fue a verlos: lo miraban la mano y lo hacían profecías maravillosas. Eran capaces de predecir que Judas llegaría a ser papa. Había muchos rumores sobre ellos como el de ser ladrones de niños y de dinero y el de comer carne humana. La gente sensata advertía a los imprudentes: «No vayáis», pero ellos se les acercaban a escondidas; era como una especie de arrebato y la verdad es que decían cosas insospechadas. Las madres estaban muy orgullosas de sus hijos desde que aquellas egipcias les hubieran leído en la palma de sus manos toda suerte de milagros escritos en pagano y en turco. Una creía tener en su hijo a un emperador, otra a un papa y otras a un capitán. La curiosidad se apoderó también de la pobre Chantefleurie y quiso saber qué tenía en su casa y si su linda hijita Agnès no llegaría a ser un día emperatriz de Armenia u otra cosa; así que la llevó a las egipcias y éstas venga acariciarla y admirarla y besarla con sus negras bocas y venga maravillarse de sus manitas; todo ello, claro, con gran satisfacción de la madre. Hicieron muchas alabanzas de sus piececitos sobre todo y de sus preciosos zapatos. La niña no tenía aún el año y ya empezaba a balbucir, riéndose con su madre como una locuela. Estaba gordita y rolliza y tenía mil gestos encantadores como si fuera un angelito del cielo; se asustó mucho de aquellas egipcias y se echó a llorar. Su madre entonces la abrazó muy fuerte y se fue encantada con la buenaventura que las adivinadoras aquellas habían echado a su hija Agnès. Llegaría a ser una belleza, un dechado de virtudes, una reina en fin. Al día siguiente, aprovechó un momentito en que la niña dormía en su cama, pues la acostaba siempre con ella; dejó la puerta entreabierta y se fue a contarle a una vecina de la calle de la Séchesserie que llegaría un día en que su hija Agnès sería servida en la mesa por el propio rey de Inglaterra, por el archiduque de Etiopía y otras tantas sorpresas más. Al volver, como no

192

oyera los lloros de la niña, mientras subía la escalera, se dijo: «Todavía está durmiendo». Vio que la puerta estaba mucho más abierta de lo que ella la había dejado, entró, se acercó a la cama la pobre madre y vio que la cama estaba vacía. La niña no estaba allí y encontró en el suelo uno de sus zapatitos. Salió de la habitación, se lanzó escaleras abajo y empezó a golpearse la cabeza contra las paredes gritando: «¡Mi hija! ¡Dónde está mi hija! ¡Quién me ha robado a mi hija!». La calle estaba vacía, la casa se encontraba aislada y nadie pudo decirle nada. Se fue entonces a la ciudad, registró todas las calles, corrió por todas las partes durante todo el día, loca, desvariada, terrible, olfateando puertas y ventanas como un animal salvaje que ha perdido sus cachorros. Iba jadeante, despeinada, asustaba el verla y tenía tal fuego en sus ojos que secaba hasta las lágrimas. Detenía a los transeúntes y les gritaba: «¡Mi hija, mi hija, mi pequeñita! Seré la esclava de quien me la devuelva, seré su perro y podrá, si quiere, arrancarme el corazón». Encontró al cura de Saint-Remy y le dijo: «¡Señor cura; ¡trabajaré la sierra con mis uñas, pero devuélvame a mi hijita!». Era desgarrador, Oudarde; y vi a un hombretón, duro él, a maese Ponce Lacabre, el procurador, llorar como un niño. ¡Ay, pobre madre! Por la noche volvió a casa. Durante su ausencia una vecina había visto a dos egipcias entrar a escondidas en su casa, con un paquete en el brazo, y luego salir y escaparse corriendo después de cerrar la puerta. Después se oía en la casa de Paquette como llantos de niño. La madre se echó a reír, loca de alegría, subió las escaleras como si tuviera alas, empujó la puerta como de un cañonazo y entró… ¡Algo terrible, Oudarde! En lugar de su linda Agnès, tan sonrosada y fresca que parecía un regalo de Dios, una especie de monstruo pequeño, repulsivo, cojo, tuerto y contrahecho gateaba por las baldosas. Ella se tapó los ojos asustada. «¡Oh!, se dijo; será que las brujas han convertido a mi hija en este espantoso animal». Se llevaron rápidamente de allí al pequeño patizambo, pues de lo contrario se habría vuelto loca. Debía ser el hijo monstruoso de alguna egipcia que se había entregado al diablo. Parecía de unos cuatro años y hablaba una lengua que desde luego no era humana; eran frases imposibles. La Chantefleurie se había abalanzado sobre el zapatito, como único recuerdo de lo que había amado tanto, y se quedó allí inmóvil, muda y casi sin respirar durante tanto tiempo que creyeron que se había muerto. De pronto tuvo un estremecimiento, empezó a besar furiosamente su reliquia y se deshizo en sollozos como si su corazón acabara de estallar. Os aseguro que todas nos echamos a llorar igual. Ella seguía diciendo: «¡Mi niña, mi bonita niña! ¿Dónde estás?». Y sus gritos nos desgarraban las entrañas. Todavía me entran ganas de llorar al acordarme. Nuestros hijos son como la médula de los huesos. ¡Mi pobre Eustaquio! ¡Eres tan bonito! ¡Si supierais qué bueno es! Ayer mismo me decía: «Yo quiero ser guardia». ¡Oh Eustaquio! ¡Si llegara a perderte! La

Chantefleurie se levantó de pronto y echó a correr por las calles de Reims gritando:

«¡Al campamento de los egipcios! ¡Al campamento de los egipcios! ¡Que vengan los guardias para quemar a las brujas!». Pero los gitanos se habían marchado ya. Era una noche muy cerrada y no se pudo ir tras ellos. Al día siguiente, a dos leguas de Reims, en una zona de brezos, se encontraron entre Sueux y Tilloy los restos de una gran fogata, así como algunas cintas que habían pertenecido a la niña de la Paquette, manchas de sangre y boñigas de macho cabrío. La noche que acababa de pasar era precisamente la del sábado y ya nadie puso en duda que los egipcios habían celebrado aquelarre entre aquellos brezos y que habían incluso devorado a la niña en compañía de Belcebú, como es costumbre entre los mahometanos. Cuando la Chantefleurie se enteró de aquellas cosas tan horribles no lloró; movió los labios como para decir algo, pero no pudo. Al día siguiente tenía todos los cabellos canos y al otro desapareció.

—Es en verdad una historia espantosa —dijo Oudarde—, que hará llorar hasta a un borgoñón.

—Ya no me extraña que tengáis tanto miedo a los gitanos —añadió Gervaise.

—Y vos habéis hecho muy bien en marcharos tan pronto con vuestro Eustaquio — continuó Oudarde— porque esos de ahí son también gitanos de Polonia.

—¡Qué va! —dijo Gervaise—, dicen que vienen de España y de Cataluña.

—¿De Cataluña? Es posible —respondió Oudarde—. Polonia, Cataluña, Valonia, confundo siempre esos países, pero lo que sí es seguro es que son gitanos.

—Y que tienen los dientes lo suficientemente largos como para comerse a los niños —añadió Gervaise—. Y no me extrañaría que también la Esmeralda los hubiera probado, aunque sea tan remilgadita. Su cabrita blanca hace cosas demasiado maliciosas como para no pensar que haya algo raro detrás de todo eso.

Mahiette andaba silenciosa; estaba absorta en esa especie de nebulosa que queda por así decir tras un relato triste y doloroso y que no desaparece más que después de haberse propagado, a través de vibraciones, hasta las fibras más íntimas del corazón. A pesar de ello Gervaise le preguntó:

—¿Y no se ha podido saber qué ha sido de la Chantefleurie?

Mahiette no respondió. Gervaise le repitió otra vez la pregunta, sacudiéndola el brazo y llamándola por su nombre. Sólo entonces Mahiette pareció despertar de sus pensamientos.

—¿Que qué ha sido de la Chantefleurie? —dijo repitiendo maquinalmente las palabras que aún le sonaban en el oído; y haciendo luego un esfuerzo para concentrar la atención en el sentido de estas palabras, respondió—: Nunca más se ha sabido de ella.

Y añadió después de una breve pausa:

—Unos dicen haberla visto salir de Reims, al anochecer, por la puerta de Flechembault, otros que, al amanecer, por la vieja puerta Bassée. Un pobre encontró su cruz de oro colgada en la cruz de un crucero en el campo en donde tiene lugar la feria. Se trata de aquella joya que la perdió en el año 61. Era un regalo del buen vizconde de Cormontreuil, su primer amante. Paquette no quiso nunca deshacerse de ella por muchas miserias que hubiera pasado. La estimaba más que a su vida. Por eso cuando vimos que se había deshecho de su cruz pensamos todas que estaba muerta. Sin embargo, hay gente en Cabaret-les-Vantes que dice haberla visto pasar por el camino de París, andando descalza por los pedregales. Pero en ese caso tuvo que haber salido por la Puerta de Vesle y entonces las cosas no concuerdan. O, mejor dicho, yo creo que salió por la puerta de Vesle en efecto, pero para irse de este mundo.

—No os entiendo —dijo Gervaise.

—La Vesle —respondió Mahiette con una sonrisa melancólica— es el río.

—¡Pobre Chantefleurie! —dijo Oudarde tamblando—. ¡Ahogada!

—Ahogada —prosiguió Mahiette—, y, ¿quién habría dicho al tío Guybertaut cuando pasaba bajo el puente de Tinqueux, río abajo, cantando en su barca, que un día su pequeña Paquette pasaría también bajo aquel puente pero sin barca y sin canción?

—¿Y el zapatito? —le preguntó Gervaise.

—Desapareció con la madre.

—Pobre zapatito —dijo Oudarde.

Oudarde, mujer gruesa y sensible, se habría contentado con suspirar acompañando a Mahiette; pero Gervaise, más curiosa, tenía aún más preguntas.

—¿Y el monstruo? —dijo de pronto a Mahiette.

—¿Qué monstruo? —preguntó ésta.

—El pequeño monstruo egipcio, dejado por las brujas aquellas en la casa de la Chantefleurie a cambio de su niña. ¿Qué habéis hecho con él? Supongo que también lo ahogaríais.

—No —respondió Mahiette.

—¡Cómo! ¿Lo quemasteis? Es más lógico, claro; tratándose de un niño brujo…

—Ni lo uno ni lo otro, Gervaise; el señor arzobispo se interesó por el niño egipcio; lo exorcizó, lo bendijo, hizo salir con mucho cuidado al diablo de su cuerpo y lo envió a París para exponerlo en la tarima de madera, en Nuestra Señora, como niño expósito.

—¡Estos obispos! —dijo Gervaise entre dientes— como son tan sabios no hacen nada como los demás. ¿Qué os parece, Oudarde? ¡poner al diablo donde los niños expósitos!, porque no hay duda de que aquel pequeño monstruo era el demonio, ¿y qué han hecho con él en París, Mahiette? Porque estoy segura de que ninguna persona caritativa lo quiso.

—No lo sé —respondió la de Reims—. Fue precisamente por esas fechas cuando mi marido se hizo con la escribanía de Beru, a dos leguas de la ciudad, y ya no volvimos a ocuparnos del caso. ¡Con eso de que delante de Beru están los dos cerros de Cernay que no lo dejan ver las torres de la catedral de Reims!

Mientras hablaban así, las tres dignas burguesas habían llegado a la plaza de Grève. En su preocupación habían pasado sin detenerse por delante del breviario público de la Tour-Roland y se dirigían maquinalmente hacia la picota en torno a la cual se reunía más gentío cada vez y es probable que el espectáculo que atraía en aquel momento todas las miradas las habría hecho olvidar por completo el agujero de las ratas y la parada que habían decidido hacer allí si el gordinflón de Eustaquio, de seis años, al que su madre llevaba de la mano, no se lo hubiera recordado bruscamente.

—Madre —dijo como si algo le advirtiese que el agujero de las ratas había quedado atrás—: ¿me puedo comer ya la torta?

Si Eustaquio hubiera sido más hábil, es decir menos goloso, habría esperado un poco más y, a la vuelta en la Universidad, en casa de micer

196

André Musnier, en la calle Madame-la-Valence, cuando hubieran estado los dos brazos del Sena y los cinco puentes de la Cité entre el agujero de las ratas y la torta, habría lanzado entonces aquella pregunta tímidamente:

—Madre, ¿puedo comerme ya la torta?

Pero esa pregunta, hecha por Eustaquio en un momento poco prudente, despertó la atención de Mahiette.

—¡A propósito! —exclamó—, nos olvidamos de la reclusa. Decidme dónde está el agujero de las ratas para dejarle la torta.

—Ahora mismo —le respondió Oudarde—. ¡Es una obra de caridad! No era ésa la opinión de Eustaquio.

—¡Adiós mi torta! —dijo levantando los hombros y acercándolos alternativamente hacia los oídos, como expresión manifiesta de descontento.

Las tres mujeres volvieron sobre sus pasos y, al llegar a la proximidad de la Tour- Roland, Oudarde dijo a las otras dos mujeres:

—No debemos mirar las tres a la vez por el agujero para que no se asuste la Sachette; haced como que estáis leyendo el dominus en el breviario mientras asomo la nariz por el tragaluz. La Sachette me conoce un poco; ya os diré cuándo podéis venir.

Se fue ella sola hacia el tragaluz y cuando introdujo su mirada en el interior, sintió una inmensa compasión que se manifestó en todos los rasgos de su rostro; su expresión alegre y su fisionomía confiada cambiaron tan bruscamente de color como si hubiera pasado de un rayo de sol a un rayo de luna. Sus ojos se humedecieron, su boca se contrajo como para llorar y un momento más tarde, llevándose el dedo a los labios, hizo una seña a Mahiette para que se acercara a ver.

Mahiette se acercó emocionada, en silencio y de puntillas como cuando uno se acerca al lecho de un moribundo.

Era ciertamente un espectáculo penoso el que ofrecían las dos mujeres, mientras miraban sin moverse y sin respirar apenas por las rejas de la claraboya del Agujero de las Ratas.

La celda era estrecha, más ancha que profunda, con bóvedas de ojiva y su interior se parecía bastante al alvéolo de una gran mitra de obispo.

En la losa desnuda del suelo, en un rincón, se veía a una mujer sentada o más bien acurrucada. Su mentón estaba apoyado en las rodillas y éstas a su vez estaban fuertemente asidas por los brazos. Así acurrucada, vestida con un saco marrón que la envolvía por completo entre sus pliegues, su larga cabellera gris echada hacia adelante le tapaba la cara y se deslizaba por sus piernas llegando casi hasta los pies. Tenía así, a primera vista, una forma extraña recortada sobre el fondo umbrío de la celda; parecía algo así como un triángulo negruzco cortado en dos por el rayo de luz que venía de la claraboya, una de cuyas partes aparecía iluminada y la otra oscura. Era como uno de esos espectros divididos en una parte de luz y en otra de sombra respectivamente, como pueden verse en los sueños o en la obra extraordinaria de Goya, pálidos, inmóviles, siniestros, acurrucados junto a una tumba o recostados contra la reja de un calabozo. No era ni mujer, ni hombre, ni ser viviente, ni tenía tampoco una forma definida; era una figura, una especie de visión, mezcla de real y fantástico, como la luz y la sombra.

Apenas si, a través de sus cabellos extendidos hasta el suelo, podía distinguirse un perfil escuálido y austero; su ropa dejaba asomar la extremidad de un pie descalzo que se crispaba sobre el suelo duro y helado; y lo poco que de forma humana podía adivinarse bajo aquella envoltura de luto hacia estremecerse.

Aquella figura, que parecía pegada al suelo, daba la impresión de no tener ni movimiento, ni pensamiento, ni aliento. Bajo aquel delgado saco de lienzo, en enero, descalza en un suelo de granito, sin fuego, a la sombra de un calabozo con una lucera oblicua por la que sólo entraba el viento y nunca el sol, ella no parecía ni sufrir ni sentir. Se hubiera dicho que se había hecho piedra con el calabozo y hielo con la estación. Tenía juntas las manos y fija la mirada. A primera vista se la podía confundir con un espectro, después con una estatua.

Sin embargo, sus labios amoratados se abrían a intervalos y temblaban, pero tan muertos y tan maquinalmente, como las hojas movidas por el viento.

También de sus ojos tristes se escapaba una mirada, una mirada inefable, una mirada profunda, lúgubre, imperturbable, fija en uno de los ángulos de la celda que no podía verse desde fuera; una mirada que parecía unir todos los pensamientos sombríos de aquella alma desesperada a no sé qué objeto misterioso.

Así era la criatura a la que llamaban «reclusa», por el lugar en donde se encontraba y «Sachette» por la ropa que llevaba.

Las tres mujeres, ya que Gervaise se había unido a Mahiette y a Oudarde, miraban por la lucera. Sus cabezas interceptaban la débil luz del calabozo sin que la desventurada a la que se la quitaban pareciera ni siquiera fijarse en ellas.

—No la molestemos —dijo Oudarde en voz baja—; se encuentra como en éxtasis y está rezando.

Pero Mahiette contemplaba con una ansiedad cada vez mayor aquella cabeza demacrada, marchita y despeinada y sus ojos se llenaban de lágrimas.

—Sería curiosísimo, —murmuraba mientras pasaba la cabeza por los barrotes del tragaluz y conseguía dirigir la mirada hasta el ángulo en donde los ojos de la desdichada parecían estar invariablemente fijos.

Cuando retiró su cabeza de la claraboya, su rostro estaba inundado de lágrimas.

—¿Cómo llamáis a esta mujer? —preguntó a Oudarde.

—La llamamos Gudule —respondió Oudarde.

—Y yo —prosiguió Mahiette—, yo la llamo Paquette la Chantefleurie.

Entonces, llevándose el dedo a la boca, hizo seña a Oudarde, que se había quedado estupefacta, de que introdujera la cabeza por la lucera y que mirase. Ésta miró y vio en el ángulo en el que la vista de la reclusa estaba clavada con aquella sombra de éxtasis, un zapatito de satén rosa, bordado con mil adornos de oro y plata.

Gervaise miró después a Oudarde y entonces las tres mujeres, contemplando a la desdichada madre, se echaron a llorar.

Pero ni sus miradas ni sus lágrimas habían logrado distraer a la reclusa, que seguía con sus manos juntas, sus labios mudos, sus ojos inmóviles. Para quien conociera su historia, ese zapatito sobre el que se concentraba su mirada, partía el corazón.

Las tres mujeres seguían aún sin decir palabra; no se atrevían a hablar ni incluso en voz baja. Aquel profundo silencio, aquel dolor tan inmenso y aquel gran olvido en donde todo había desaparecido excepto una sola cosa, les producía el efecto de un altar mayor en Pascua o en Navidad. Se callaban, se recogían y hasta casi estaban dispuestas a arrodillarse. Les daba la sensación de haber entrado en una iglesia el día de tinieblas.

Por fin Gervaise, la más curiosa de las tres, y en consecuencia la menos sensible, intentó hacer hablar a la reclusa:

—¡Hermana! ¡Hermana Gudule! —repitió la llamada hasta tres veces, hablando más alto cada vez, pero la reclusa no se movió. Ni una mirada, ni una palabra, ni un suspiro, ni un signo de vida. Oudarde, a su vez, con una voz más dulce y acariciadora le dijo:

—¡Hermana! ¡Hermana Santa Gudule! El mismo silencio, la misma inmovilidad.

—¡Extraña mujer! ¡Ni una bombarda la perturbaría! —exclamó Gervaise.

—A lo mejor está sorda —dijo Oudarde con un suspiro.

—O ciega, quizás —añadió Gervaise.

—O tal vez muerta —añadió Mahiette.

La verdad era que, si bien el alma no había aún abandonado aquel cuerpo inerte, dormido y aletargado, sí se había ocultado tan profundamente, que las percepciones externas no le llegaban en absoluto.

—Tendremos que dejar la torta en la claraboya —dijo Oudarde—, alguien la cogerá, porque… ¿cómo podemos hacer para despertarla?

Eustaquio, que hasta entonces se había mantenido distraído por un carrito tirado por un perro, que acaba de pasar, se dio cuenta de pronto de que las tres mujeres estaban mirando algo por el tragaluz, se sintió, también él picado por la curiosidad y subiéndose a una gran piedra, se puso de puntillas y arrimó su cara redonda a la lucera diciendo:

—¡Madre, déjeme mirar!

Al oír aquella voz infantil clara, fresca, sonora, la reclusa se estremeció y volvió la cabeza con el movimiento brusco de un resorte metálico. Con sus dos largas y descarnadas manos apartó los cabellos que le caían por la frente y clavó en el niño unos ojos sorprendidos, amargos y desesperados. Fue como un relámpago aquella mirada.

—¡Dios mío! —exclamó de pronto escondiendo la cabeza entre las rodillas, y parecía que su voz ronca fuera a desgarrarle el pecho—, ¡por lo menos no me enseñéis a los hijos de los demás!

—Buenos días, señora —le dijo el niño con gravedad.

Pero aquella impresión había despertado a la reclusa. Un largo escalofrío recorrió todo su cuerpo de pies a cabeza; sus dientes comenzaron a castañetear. Levantó un poco la cabeza y dijo apretando los codos contra las caderas y cogiéndose los pies con las manos como para calentarlos.

—¡Oh! ¡Qué frío tan horrible!

—Pobre mujer —dijo Oudarde con gran compasión—. ¿Queréis un poco de fuego?

Ella movió la cabeza rechazándolo.

—Tomad entonces un poco de hipocrás que os calentará —le dijo Oudarde al tiempo que le ofrecía un pequeño frasco.

Ella movió nuevamente la cabeza, rechazándolo y, mirando fijamente, respondió.

—Agua.

Oudarde insistió.

—No, hermana; no es el agua para este tiempo tan frío. Tenéis que beber un poco de hipocrás y comeros esta torta de maíz que hemos hecho para vos.

Ella le rechazó la torta que Mahiette le ofrecía y dijo:

—Sólo pan negro.

—Vamos —dijo Gervaise llena de compasión, y quitándose la capa de lana se la ofreció diciendo—: Tomad esta capa que os dará un poco más calor que la vuestra. Echáosla por los hombros —ella rechazó la capa como lo había hecho antes con el frasco y la torta.

—Un saco —pidió.

—Pero tenéis que daros cuenta de que ayer fue fiesta —insistía la buena de Oudarde.

—Ya me he dado cuenta pues hace dos días que estoy sin agua en la jarra —y añadió después de un silencio—: Cuando hay fiesta se olvidan de mí, y así tiene que ser. ¿Por qué la gente va a pensar en mí si yo no pienso en ellos? A carbón apagado, cenizas frías.

Y como si se hubiera cansado de tanto hablar, dejó caer de nuevo la cabeza entre sus rodillas. La sencilla y caritativa Oudarde que creyó interpretar en sus últimas palabras que se quejaba de frío, le respondió con ingenuidad.

—¿Queréis entonces un poco de fuego?

—¡Fuego! —dijo la Sachette con un extraño acento—. ¿Haréis también un poco para calentar a la pobre niña que está bajo tierra desde hace quince años?

Todos sus miembros empezaron a temblar; su palabra vibraba, sus ojos brillaban y se había incorporado sobre sus rodillas. Entonces tendió de pronto su mano blanca y esquelética hacia el niño que la miraba sorprendido.

—¡Llevaos a este niño! —gritó—. ¡Va a pasar la egipcia!

Entonces cayó de bruces al suelo y su frente se golpeó fuertemente al caer produciendo el ruido de una piedra contra otra. Las tres mujeres la creyeron muerta, pero poco después se removió y vieron cómo se arrastraba sobre sus rodillas y con los codos hasta el rincón en donde se encontraba el zapatito. Entonces ellas ya no se atrevieron a mirar pero oyeron los mil besos y los mil suspiros mezclados con gritos desgarradores y golpes sordos como los de una cabeza que se golpea contra la pared.

Más tarde, después de uno de aquellos golpes, especialmente violento, las tres se estremecieron y ya no volvieron a oír nada.

—¿Se habrá matado? —dijo Gervaise decidiéndose a introducir la cabeza por entre la reja—: ¡Hermana, hermana Gudule!

—Hermana Gudule —insistió Oudarde.

—¡Ay Dios mío! ¡Ya no se mueve! —decía Gervaise—. ¿Se habrá muerto? ¡Gudule, Gudule!

Mahiette, asustada hasta el punto casi de no poder hablar, dijo haciendo un gran esfuerzo:

—¡Paquette, Paquette la Chantefleurie!

Un niño que sopla ingenuamente la mecha mal encendida de un petardo y que lo hace estallar en sus propios ojos, no se queda tan asustado como Mahiette ante la reacción producida en la celda de la hermana Gudule al oír aquel nombre.

Todo el cuerpo de la reclusa se estremeció, se puso de pie y dio un salto hacia la claraboya con unos ojos tan encendidos que Mahiette y Oudarde, el niño y la otra mujer retrocedieron hasta la pared del malecón.

La figura siniestra de la reclusa aparecía agarrada a la reja de la lucera.

—¡Ah! —gritaba con una risa espantosa—. ¡Me está llamando la egipcia!

Y entonces la escena que se desarrollaba en la picota retuvo su mirada huraña. Su frente se frunció horrorizada y sacando por fuera de la reja sus dos brazos esqueléticos gritó con voz estentórea:

—¡Otra vez tú, hija de Egipto! ¡Me estás llamando otra vez ladrona de niños!

¡Maldita seas! ¡Maldita! ¡Maldita! ¡Maldita!

IV: Una lágrima por una gota de agua

Estas palabras eran, por decirlo así, el punto de unión de las dos escenas que hasta allí se habían desarrollado paralelamente y en el mismo momento aunque cada una en su teatro particular. Una, la que acabamos de leer, en el Agujero de las Ratas, y la otra, que leeremos ahora, en las gradas de la picota. La primera no había tenido más testigos que las tres mujeres que el lector acaba de conocer; la segunda había tenido como espectadores a todo el público que ya hemos visto antes agolparse en la plaza de Grève en torno a la picota y a la horca.

Todo aquel gentío, al que los cuatro guardias, colocados desde las nueve de la mañana en cada una de las esquinas de la picota, hacían suponer una ejecución sencilla, no un ahorcamiento sino más bien una flagelación, un desorejamiento, o algo por el estilo; toda aquella turba había aumentado de tal manera que los cuatro guardias, con la gente acosándolos demasiado cerca, se habían visto obligados en más de una ocasión a apretarla, como se decía entonces, con fuertes latigazos o incluso con las grupas de los caballos.

Aquel gentío, acostumbrado ya a la espera de las ejecuciones públicas no se mostraba demasiado impaciente y se entretenía contemplando la picota, que era una especie de construcción muy sencilla formada por un cubo de mampostería, de unos diez pies de altura y hueco en el interior. Unos escalones de piedra, sin labrar, a los que se llamaba por antonomasia «la escalera», llevaban a la plataforma superior, en la que se veía una rueda horizontal, de madera de roble, maciza. Se ataba al condenado a esta rueda, de rodillas y con los brazos a la espalda. Un eje de madera, accionado por un cabrestante oculto en el interior, imprimía rotación a la rueda, que se mantenía constantemente en un plano horizontal, presentando así la cara del condenado a todos los ángulos de la plaza. A eso se le llamaba girar al criminal.

Vemos, púes, que la picota de la Grève estaba lejos de ofrecer todas las distracciones que ofrecía la de las Halles. Nada tenía de monumental ni de arquitectural. Carecía de techo en forma de cruz de hierro y de bóveda octogonal y de las frágiles columnillas que al llegar a lo alto se desplegaban en capiteles de acanto y de flores; no tenía tampoco gárgolas con animales monstruosos ni delicadas tallas esculpidas en piedra como en las Halles.

Había que contentarse con aquellas cuatro paredes de barro con dos filas de baldosas de gres y una mala horca de piedra al lado, sencilla, sin ningún adorno.

Poca cosa era aquello para los entusiastas del arte gótico. Claro que nada había menos entusiasta en arte que aquellos papanatas de la Edad Media, a quienes la belleza de cualquier picota les importaba un bledo.

El condenado llegó por fin, atado al fondo de una carreta, y en cuanto le izaron a la plataforma y cuando pudo ser contemplado desde los cuatro ángulos de la plaza, atado ya con cuerdas y correas a la rueda de la picota, un abucheo impresionante surgió en toda la plaza entre risas y aclamaciones. Todos habían reconocido a Quasimodo.

Porque era él, en efecto, y el cambio era curiosísimo, pues hoy se encontraba en aquella picota de la misma plaza en la que el día anterior había sido aclamado y proclamado como papa y príncipe de los locos, formando su cortejo el duque de Egipto, el rey de Túnez y el emperador de Galilea. Lo que es indudable es que no había nadie entre aquel gentío, ni incluso él mismo, que pensase un poco en esa doble circunstancia de triunfador y condenado. Faltaban en aquel espectáculo Gringoire y su filosofía.

Al poco rato Michel Noiret, trompeta oficial del rey, nuestro señor, impuso silencio al populacho y pregonó la sentencia según orden y mandato del señor preboste. Después se retiró tras la carreta con sus hombres, vestidos con uniforme y librea.

Quasimodo, impasible, no pestañeaba. Cualquier resistencia habría sido inútil por lo que se llamaba entonces, en el estilo de la cancillería criminal, «la vehemencia y la firmeza de las ataduras», lo que quería decir que, en caso de resistencia, las ligaduras y las cadenas se le habrían incrustado probablemente en la carne. Es ésta, por lo demás, una tradición carcelaria y penitencial que no se ha perdido, y así las esposas la conservan aún, como recuerdo, en nuestros días y entre nosotros, pueblo civilizado, dulce y humano (el penal y la guillotina entre paréntesis).

Quasimodo se había dejado llevar y empujar subir, atar y encadenar. Excepto el gesto estúpido de asombro de un salvaje, nada podía deducirse de su fisionomía. Se sabía que era sordo, pero habría podido decirse que era también ciego.

Le pusieron de rodillas sobre la rueda y no hizo el menor gesto. Le despojaron de su jubón y de su camisa quedándose desnudo hasta la cintura y no hizo el menor gesto. Le ataron de nuevo con más correas y clavillos y se dejó hacer. Sólo suspiraba ruidosamente de vez en cuando como un ternero cuya cabeza cuelga y se balancea asomándose por los bordes de la carreta del carnicero.

—El muy cernícalo —dijo Jehan Frollo du Moulin a su amigo Robin Poussepain (pues los dos estudiantes habían seguido al reo, como es lógico)— comprende menos que un moscardón encerrado en una caja.

Fue una carcajada inmensa la que provocó en el gentío la joroba, al desnudo, de Quasimodo, su pecho de camello y sus hombros callosos y peludos. En medio de aquella algazara un hombre de uniforme, de baja estatura y aspecto robusto, subió a la plataforma y se colocó junto al reo.

Su nombre comenzó a circular en seguida entre la asistencia; se trataba de maese Pierrat Torterue, torturador oficial del Châtelet.

Empezó por colocar en uno de los ángulos de la picota un reloj de arena, cuya cápsula superior estaba llena de arena roja, que dejaba fluir hacia el recipiente inferior; después se despojó de un gabán corto que llevaba y se le vio coger en su mano derecha un látigo fino con largas correas blancas, relucientes, anudadas, trenzadas, provistas de uñas metálicas. Con la mano izquierda se remangaba la camisa del brazo derecho.

Jehan Frollo gritaba, levantando su cabeza rubia y rizada por encima de la gente (para ello se había subido a los hombros de Robin Poussepain).

—¡Vengan a ver, señoras y señores! ¡Vengan pues van a flagelar perentoriamente a maese Quasimodo, el campanero de mi hermano, el señor archidiácono de Josas; una curiosa muestra de arquitectura oriental, ¡con la espalda en forma de cúpula y las piernas como columnas salomónicas!

Y la multitud aplaudía y lo celebraba con risotadas, principalmente los niños y las muchachas.

Finalmente, el torturador golpeó el suelo con el pie y la rueda comenzó a girar. Quasimodo se tambaleó entre sus ligaduras. El estupor que se dibujó bruscamente en su rostro deforme provocó de nuevo otra oleada de carcajadas.

De pronto y cuando la rueda en su giro presentó ante maese Pierrat la espalda montañosa de Quasimodo, Pierrat levantó el brazo y las finas correas silbaron cortantes en el aire como un manojo de culebras y cayeron con furia en los hombros del desdichado.

Quasimodo saltó sobre sí mismo, como si despertase sobresaltado y empezó a darse cuenta de lo que pasaba. Se retorció entre sus ligaduras y una violenta contracción de sorpresa y de dolor descompuso los músculos de su rostro, pero no lanzó una sola queja; únicamente volvió la cabeza hacia atrás, a la derecha y luego a la izquierda con movimientos nerviosos, como un toro picado en la grupa por un tábano.

Un segundo latigazo siguió al primero y luego otro y otro y otro sin parar. La rueda no cesaba de girar y los latigazos seguían lloviendo. Pronto empezó a surgir la sangre; se la vio chorrear en mil hilillos por los negros hombros del jorobado y las finas correas del látigo, al girar silbando, la esparcían en gotas entre la multitud.

Quasimodo había recobrado, al menos en apariencia, su impasibilidad del principio. Primero había intentado sordamente sin grandes sacudidas visibles romper sus ligaduras. Se había visto cómo se encendían sus ojos, cómo se tensaban sus músculos, cómo se contraían sus miembros, cómo se estiraban las correas y crujían las cadenas. Era un esfuerzo poderoso, prodigioso, desesperado; sin embargo, las viejas cadenas de la prebostería no cedían, crujieron un poco y nada más. Quasimodo acabó agotado y del estupor pasó a un sentimiento amargo y profundo de desesperación; cerró su único ojo, dejó caer la cabeza sobre su pecho y se hizo el muerto.

Desde ese momento ya no se movió. Nada consiguió provocarle un solo movimiento; ni su sangre, que seguía fluyendo, ni los latigazos que descargaban sobre él con furia redoblada, ni la cólera del torturador que se excitaba a sí mismo y se embriagaba con la ejecución, ni el ruido de aquellas correas horribles, aceradas y silbantes.

Por fin un ujier del Châtelet, vestido de negro, montado sobre un caballo negro, parado junto a la escalera desde el comienzo de la ejecución, extendió su vara de ébano hacia el reloj de arena. El torturador se detuvo. La rueda se detuvo también y el ojo de Quasimodo comenzó a abrirse lentamente.

La flagelación había terminado. Dos criados del torturador oficial lavaron los hombros ensangrentados del reo, los frotaron con no sé qué ungüento que cerró al momento todas las llagas y le echaron por los hombros una especie de paño amarillo a guisa de casulla. Mientras Pierrat Torterue hacía gotear en el suelo las correas rojas, empapadas de sangre.

Pero aún no había acabado todo para Quasimodo; aún le quedaba aguantar aquella hora de picota que maese Florian Barbedienne había tan juiciosamente añadido a la sentencia de micer Robert d'Estouteville. Y todo ello a la mayor gloria del viejo juego de palabras fisiológico y psicológico de Jean de Cumène: Surdus absurdus.

Así que dieron la vuelta al reloj de arena y dejaron al jorobado atado a la rueda para que se hiciera justicia hasta el final.

El pueblo, principalmente en la Edad Media, es en la sociedad lo que el niño en la familia; mientras permanece en ese estado de ignorancia primaria, de inmadurez moral a intelectual, se puede decir de él como del niño:

Cet âge est sans pitié.

Ya hemos indicado cómo Quasimodo era generalmente odiado y por más de una razón en verdad. Seguro que no habría ni un solo espectador entre toda aquella multitud que no tuviera o no hubiera creído tener alguna razón para quejarse del temible jorobado de Nuestra Señora. La alegría había sido total al verle aparecer en la picota y el castigo tan rudo que acababa de sufrir y la lamentable situación en que le habían dejado, lejos de enternecer al populacho, habían hecho su odio más encendido, animándolo con una punta de alegría.

Por eso, una vez satisfecha la vindicte publique como dicen todavía hoy los leguleyos, llegó el turno de las mil venganzas particulares. Aquí, como en la gran sala, eran sobre todo mujeres las que actuaban… pues todas le tenían algún motivo de rencor; unas por su malicia, otras por su fealdad; éstas eran las que más furiosas se mostraban.

—¡Máscara del anticristo! —le decía una.

—¡Cabalgador de mangos de escoba! —le gritaba otra.

—¡Mira qué cara tan trágica nos pone! —aullaba una tercera—. ¡Como para hacerte papa de los locos si ayer fuera hoy!

—Está bien —añadía una vieja—; ésa es la mueca de la picota. ¿Cuándo veremos la de la horca?

—¿Cuándo lo taparán con tu gran campana, y a cien pies bajo el suelo, maldito campanero?

—¡Y pensar que es este diablo el que toca el ángelus!

—¡Eh, tú! ¡Sordo! ¡Tuerto! ¡jorobado! ¡Monstruo!

—¡Tu cara es mejor abortivo que cualquier medicina o cualquier fármaco!

Y los dos estudiantes, Jehan du Moulin y Robin Poussepain, cantaban a voz en grito el viejo estribillo popular:

Une hart
Pour un pendart!
Un fagot
Pour le magot.

Y le llovían otras mil injurias más y abucheos a imprecaciones y risotadas y pedradas por doquier.

Quasimodo era sordo pero veía muy bien y el furor público no estaba pintado en los rostros con menos fuerza que en las palabras y además las pedradas explicaban muy bien las risotadas.

En principio lo aguantó todo, pero poco a poco aquella paciencia que se había endurecido bajo el látigo del torturador, cedió y abrió el camino a todas aquellas picadas de insectos. El toro de Asturias que no se inmuta apenas por el puyazo del picador, se irrita por las mordeduras de los perros y por las banderillas. Primero paseó una mirada amenazadora sobre la multitud pero, agarrotado como estaba, su mirada no tuvo fuerza suficiente para espantar a las moscas que le picaban en sus llagas. Entonces se removió como para librarse de sus ligaduras y sus furiosos esfuerzos hicieron chirriar los ejes de la vieja rueda de la picota. Ante esa circunstancia las risas y los abucheos redoblaron.

Entonces el miserable, al no poder romper su collar de fiera encadenada, se apaciguó y únicamente, y a intervalos, algún suspiro de rabia contenida henchía todas las cavidades de su pecho. Su rostro no denotaba ni vergüenza ni rubor, pues se encontraba demasiado alejado del estado de persona sociable y demasiado cerca del estado natural para saber qué era la vergüenza, aunque, bien mirado, su extrema deformidad le hacía seguramente insensible a la infamia. Pero la cólera, el odio, la desesperación hacían descender lentamente hacia aquel rostro repulsivo una nube cada vez más sombría y más cargada de electricidad que se deshacía en mil relámpagos en el ojo del cíclope.

Aquella nube, sin embargo, se iluminó por un momento, al paso de una mula que cruzaba entre el gentío llevando a un sacerdote.

Tan pronto como vio a la mula y al cura, la expresión de su rostro se suavizó y al furor que contraía las facciones de su cara sucedió una extraña sonrisa llena de dulzura de una sumisión y de una ternura inefables. A medida que el sacerdote se aproximaba, aquella sonrisa se hacía más abierta, más clara, más radiante. Era como si el desdichado reo saludara la venida de un salvador. Sin embargo, en el momento en que la mula se acercó lo suficiente a la picota para que su caballero pudiera reconocer al reo, el cura bajó la mirada, dio media vuelta bruscamente y espoleó a la mula como si tuviera prisa por librarse de los gritos y reclamaciones humillantes y como si le molestase el ser reconocido y saludado por un pobre diablo en tan lamentable situación.

Aquel cura era el archidiácono Claude Frollo. La nube entonces ensombreció aún más la frente de Quasimodo y aún seguía dibujándose en su rostro la sonrisa, pero ya una sonrisa amarga, decepcionada y profundamente triste.

El tiempo iba transcurriendo. Hacía ya hora y media al menos que permanecía allí desgarrado, maltratado, entre burlas continuas y casi hasta lapidado.

De pronto, agitándose nuevamente entre sus cadenas con una desesperación increíble que hizo retemblar todo aquel armazón que le sostenía y rompiendo por una vez el silencio que con tanta obstinación había mantenido hasta entonces, gritó con una voz ronca y furiosa que semejaba más bien un ladrido que un grito humano y que ahogó las burlas y el griterío de la gente:

—¡Agua!

Aquella exclamación desesperada, lejos de provocar la compasión, fue como un nuevo pretexto de diversión para el buen público parisino que rodeaba la escalera y que, es preciso aclararlo, tomado así, en masa y multitudinario, no era menos cruel y menos embrutecido que aquella horrible tribu de truhanes entre la cual ya hemos paseado a nuestros lectores y que no era sino la capa más ínfima del populacho. Ni una sola voz surgió en torno al desventurado Quasimodo que no fuera para hacer mofa de su sed. También es cierto que en aquel momento aparecía más grotesco y repulsivo que lastimoso con su cara enrojecida y chorreando sangre, con la mirada de su ojo totalmente perdida, con su boca espumeante de cólera y de sufrimiento y su lengua casi colgando. Hay que decir además que, aunque se hubiera encontrado entre aquella turba algún alma buena y caritativa de algún burgués o de alguna burguesa que hubiera intentado acercar un vaso de agua a aquella miserable criatura en pena, existía alrededor de la escalera de la picota un prejuicio tal de vergüenza y de ignominia que habrían sido suficientes para desanimar y hacer retroceder al buen samaritano.

Pocos minutos después, Quasimodo paseó por entre la multitud aquella una mirada de desesperación y volvió a repetir con voz más desgarradora esta vez:

—¡Agua!

Y todos se echaron a reír.

—¡Bebe esto! —gritaba Poussepain, tirándole a la cara una esponja empapada en el agua que corría por la calle—. ¡Toma, maldito sordo! Soy deudor tuyo.

Una mujer le tiró una piedra a la cabeza.

—Eso lo enseñará a despertarnos a todos con su maldito carillón.

—¿Y qué? —gritaba un lisiado intentado alcanzarle con su muleta—. ¿Vas a seguir echándonos conjuros desde arriba de las torres de Nuestra Señora?

—¡Aquí tienes una escudilla para beber! —añadía un hombre lanzándole una jarra rota contra el pecho—. Seguro que has sido tú el que, al pasar por delante, has hecho dar a luz a mi mujer un niño con dos cabezas.

—Y a mi gata un gato con seis patas —gruñó una vieja al tiempo que le lanzaba una teja.

—¡Agua! —repitió por tercera vez Quasimodo.

Entonces vio cómo se apartaba el gentío. Una muchacha curiosamente ataviada salió de entre la gente. Iba acompañada de una cabrita blanca de cuernos dorados y llevaba una pandereta en la mano.

El ojo de Quasimodo centelleó. Era la bohemia a la que había intentado raptar la noche anterior, fechoría por la que comprendía vagamente que estaba sufriendo aquel castigo, lo que, por otra parte, no era cierto ni mucho menos, pues se le estaba castigando por la desgracia de ser sordo y por haber sido juzgado por un sordo. Estaba seguro de que también ella había venido para vengarse y darle, como hacían los otros, su golpe correspondiente.

Y en efecto, la vio subir rápidamente a la escalera. La cólera y el despecho le ahogaban. Hubiera deseado derrumbar la picota y si con el centelleo de su ojo hubiera podido fulminar a la zíngara, ésta habría quedado pulverizada antes de alcanzar la plataforma.

Ella, sin decir una sola palabra, se aproximó al reo, que se retorcía en vano para librarse de ella, y soltando una calabaza que a guisa de recipiente tenía atada a la cintura, la acercó muy despacio a los labios áridos del desdichado.

Entonces, de aquel ojo tan seco y encendido hasta entonces, se vio desprenderse una lágrima que fue lentamente deslizándose por aquel rostro deforme y contraído hacía ya mucho rato por la desesperación. Quizás era la primera lágrima jamás vertida por aquel infortunado. No se acordaba ya de la sed y la gitana, con su gracioso gesto de impaciencia, acercó sonriente el cuello de la calabaza a la boca con dientes enormes de Quasimodo. Éste bebió a largos tragos pues tenía una sed ardiente.

Al acabar, el desdichado alargó sus labios amoratados para intentar besar sin duda la bella mano que acababa de socorrerle, pero la joven que, quizás debido al incidente de la noche anterior, no se mostraba demasiado confiada, retiró su mano con el gesto asustado de un niño que teme ser mordido por un animal.

Entonces el pobre sordo, con una tristeza infinita, fijó en ella una mirada llena de reproches.

En cualquier otro lugar habría sido un espectáculo enternecedor el que una bella muchacha, fresca, pura, encantadora, y tan débil al mismo tiempo, ayudase con tanta caridad a un ser tan deforme y tan horrible, pero en aquella picota el espectáculo era sublime.

Toda la multitud se sintió sobrecogida y comenzó a aplaudir furiosamente al tiempo que gritaba:

—¡Bravo! ¡Bravo!

Fue entonces cuando la reclusa vio desde la lucera de su agujero a la gitana, subida en la picota, y cuando lanzó su siniestra imprecación:

—¡Maldita seas, hija de Egipto! ¡Maldita! ¡Maldita! ¡Maldita!

V: Fin de la historia de la torta de maíz

La Esmeralda palideció y descendió de la picota tambaleante, perseguida aún por la voz de la reclusa:

—¡Baja, baja, gitana ladrona, que ya subirás algún día!

—Es una chifladura más de la Sachette —murmuraba el populacho y no hicieron más caso. Esa clase de mujeres eran temidas y su misma condición las hacía sagradas, pues nadie se atrevía a molestar a quien rezaba continuamente noche y día.

Llegó por fin la hora de llevarse a Quasimodo. Lo desataron y el populacho se dispersó.

Cerca del Grand Pont, Mahiette, que volvía con sus dos compañeras, se detuvo bruscamente:

—A propósito, Eustaquio, ¿qué has hecho de la torta?

—Madre, mientras que hablabais con esa dama del agujero, un perro ha mordido la torta y yo he hecho lo mismo.

—Cómo, señorito —dijo la madre—, ¿te la has comido entera?

—Madre, ha sido el perro; yo le reñía, pero como no me hacía caso yo he hecho lo mismo, claro.

—Este niño es terrible —dijo la madre sonriendo y riñéndole al mismo tiempo—.

¿Podéis creer, Oudarde, que él solito se comió todas las cerezas de nuestro huerto de Charleraege? Por eso su abuelo dice que, de mayor, será capitán. ¡Que no se repita, eh, señorito! Andando, leoncete.

LIBRO SÉPTIMO

I: Del peligro de confiar secretos a una cabra

Habían transcurrido varias semanas.

Eran los primeros días del mes de marzo. El sol, al que Dubartas, ese clásico antepasado de la perífrasis, no había aún llamado el gran duque de las candelas, no estaba por ello menos alegre y esplendoroso. Era uno de esos días de primavera, tan tranquilos y bellos que todo París festeja como si fueran domingos, desparramándose por plazas y paseos. En esos días claros, cálidos y serenos, hay una hora muy propicia para admirar el pórtico de Nuestra Señora. Es justo el momento en que el sol, declinando ya hacia su ocaso mira casi de frente a la catedral. Sus rayos, cada vez más horizontales, se retiran lentamente del empedrado de la plaza, y van ascendiendo a poco a lo largo de la fachada haciendo destacar con su luz y sus sombras los mil relieves que la forman, mientras que el gran rosetón central flamea como el ojo encendido de un cíclope destellante de reverberaciones.

Era aquella hora.

Frente a frente de la alta catedral, roja de sol poniente, en la balconada de piedra abierta sobre el pórtico de una rica mansión gótica que hacían ángulo con la plaza y con la calle del Parvis, un grupo de bellas muchachas reía y charlaba con gran alegría. Por la longitud del velo que caía desde lo más alto de su tocado, adornado con numerosas perlas, hasta sus pies, por la finura de la blusa bordada que cubría sus hombros, dejando ver, según la atrevida moda de entonces, el nacimiento de sus bellos pechos virginales, por la riqueza de sus enaguas, más bonitas aún que sus vestidos (refinamiento maravilloso), por los tules, por los terciopelos con que estaban hechas todas sus ropas y principalmente por la blancura de sus manos, manifiestamente ociosas y desocupadas, no era difícil adivinar que se trataba de bellas y ricas herederas. Era en efecto la señorita Flor de Lis de Gondelaurier y sus compañeras Diana de Christeuil, Amelotte de Montmichel, Colombe de Gaillefontaine y la pequeña de Champchevrier. Todas ellas hijas de buena familia, reunidas en aquel momento en casa de la viuda de Gondelaurier, con motivo de la llegada a París de monseñor de Beaujeu y de su señora esposa para escoger a las damas de honor de la princesa heredera, Margarita, a la que había que recibir en Picardia, de manos de los flamencos.

Todos los hidalgos en treinta leguas a la redonda pretendían ese favor para sus hijas y muchos de ellos las habían ya llevado o enviado a París. Éstas habían sido confiadas por sus padres a la guarda discreta y vigilante de madame Aloïse de Gondelaurier, viuda de un antiguo jefe de los ballesteros del rey, retirada con su única hija en su casa de la plaza del Parvis de Nuestra Señora en Paris.

El balcón en donde se hallaban aquellas jóvenes pertenecía a una sala ricamente tapizada con cuero de Flandes de color leonado con ramos dorados. Las vigas que rayaban paralelamente el techo alegraban la vista con mil curiosas esculturas pintadas y doradas. En unos bargueños repujados, brillaban aquí y allí espléndidos esmaltes; una cabeza de jabalí, de porcelana, coronaba un magnífico aparador cuyos dos niveles testimoniaban que la dueña de la casa era mujer o viuda de un caballero distinguido. Al fondo, al lado de una alta chimenea adornada de arriba a abajo con escudos y blasones se hallaba sentada en un riquísimo sillón de terciopelo rojo la dama de Gondelaurier, cuyos cincuenta años se dejaban notar tanto en sus vestidos como en su rostro. A su lado, permanecía de pie un joven de porte orgulloso, aunque un tanto vano y bravucón; uno de esos guapos mozos que caen bien a todas las mujeres, aunque los hombres graves y fisionomistas los desprecien un tanto. Aquel joven lucía un brillante uniforme de capitán de los arqueros del rey, muy semejante al traje de júpiter que ya hemos tenido ocasión de admirar en el primer libro de esta historia, para evitarle así al lector la pesadez de una segunda descripción.

Las señoritas estaban sentadas, unas en la sala y otras en el balcón, sobre almohadones de terciopelo de Utrecht con cantoneras doradas unas y otras sobre escabeles de roble tallados con flores y con figuras. Cada una tenía en sus rodillas un trozo de un gran tapiz para tejer a mano, que estaban confeccionando en común y del que un buen trozo se extendía por la estera que cubría el suelo. Charlaban entre ellas con esa voz susurrante y esas medias risas contenidas, propias de una charla de muchachas cuando hay un hombre joven entre ellas. Ese joven, cuya presencia bastaba para poner en juego el amor propio de aquellas muchachas, parecía no preocuparse demasiado por ellas, y mientras ellas intentaban sutilmente atraer su atención, él parecía más bien interesado en sacar brillo con su guante de piel a la hebilla de su cinturón.

De vez en cuando la señora le dirigía la palabra y él le respondía como buenamente podía, pero con una especie de cortesía torpe y un tanto forzada.

Por las sonrisas, por los gestos de complicidad de madame Aloïse, por los guiños que hacía a su hija Flor de Lis, mientras hablaba bajito con el capitán, se desprendía fácilmente que debían ya estar prometidos o que iban muy pronto a contraer matrimonio Flor de Lis y el joven acompañante, mas por la indiferencia y la actitud un canto forzada del oficial, podía deducirse también, al menos por su parte, que no era un compromiso de amor.

Todo su aspecto manifestaba una expresión de desagrado y aburrimiento que nuestros lugartenientes de guarnición traducen hoy admirablemente con la expresión:

«¡Qué lata! ¡Hoy me ha tocado a mí!».

La buena señora, muy entusiasmada con su hija, como corresponde a una buena madre, no se daba cuenta del escaso entusiasmo del oficial y no se cansaba de señalarle muy bajito, las mil perfecciones con las que Flor de Lis tejía su tapiz o devanaba su ovillo.

—Fijaos —le decía tirándole de la manga para poder hablarle al oído—. Pero,

¡fijaos cómo se agacha!

—¡Ya lo veo, ya! —decía el joven y volvía inmediatamente a su silencio distraído y glacial.

Poco después la joven se agachaba de nuevo y madame Aloïse le insistía:

—¿Habéis visto alguna vez cara tan atractiva y tan alegre como la de vuestra prometida? ¿Puede haberlas más blancas y más rubias? ¿No son sus manos las más perfectas? ¿Y su cuello, no es encantador? ¡Si hasta podría decirse que es como el de un cisne! ¡Cuánto os envidio a veces! ¡Y qué suerte tenéis de ser hombre, pícaro libertino! ¿A que mi hija es adorable? ¿Verdad que estáis perdidamente enamorado?

—¡Claro, claro! —respondía el oficial pensando en otras cosas.

—Pero, decidle algo —le indicó de pronto madame Aloïse, empujándole hacia ella—. Os mostráis demasiado tímido.

Podemos asegurar a los lectores que la timidez no era virtud ni defecto del capitán; no obstante intentó hacer lo que le pedía.

—Bella prima —dijo aproximándose a Flor de Lis—, ¿cuál es el tema de este bello tapiz en el que trabajáis?

—Querido primo —respondió Flor de Lis con un cierto aire despectivo—: ya os lo he dicho más de tres veces: es la gruta de Neptuno.

Era evidente que Flor de Lis veía mucho más claro que su madre la actitud fría y displicente del capitán, hasta el punto que él sintió la necesidad de iniciar una conversación.

—¿Y para quién es toda esa neptunería? —le preguntó.

—Para la abadía de Saint-Antoine-des-Champs —le respondió Flor de Lis sin levantar la vista.

El capitán cogió una esquina del tapiz.

—¿Quién es bella prima, este gendarme gordinflón que sopla con todas sus fuerzas en una trompeta?

—Es Tritón —respondió la joven.

Se deducía de sus respuestas un tono de enfado y el joven comprendió que convenía decirle algo al oído, cualquier tontería, una galantería o cualquier cosa; así que se inclinó pero no fue capaz de encontrar en su imaginación nada más tierno o más íntimo que esto:

—¿Por qué vuestra madre lleva siempre un sobreveste con escudo de armas, como nuestras abuelas en tiempos de Carlos VII? Decidle, hermosa prima que ya no se llevan esas cosas y que su gozne y su laurel bordados en su vestido en forma de blasón le dan un aspecto de chimenea acampanada que anda. Además, os juro que no está bien que uno se siente encima de sus escudos de armas.

Flor de Lis elevó hacia él sus bellos ojos para reprocharle así su actitud.

—¿Eso es todo lo que tenéis que decirme? —le dijo en voz baja.

Pero la buena señora Aloïse, encantada de verlos así tan juntos y susurrándose cosas al oído, decía mientras jugueteaba con los cierres de su libro de las horas:

—¡Qué emocionante escena de amor!

El capitán, cada vez más molesto, recurrió nuevamente a la tapicería:

—¡Es en realidad un trabajo encantador! —exclamó.

Al oír esto Colombe de Gaillefontaine, otra bella rubia de piel blanca con hermosos adornos de damasco azul en su cuello, se decidió a dirigir unas palabras a Flor de Lis con la esperanza de ser respondida por el capitán:

—Querida Gondelaurier, ¿habéis visto las tapicerías del hotel de la Roche-Guyon?

—¿Es el hotel en cuyo patio está el jardín de la lencera del Louvre? —intervino sonriente Diane de Christeuil, mostrando sus hermosos dientes, razón por la que sonreía por cualquier circunstancia.

—¿Y dónde se encuentra el torreón de la antigua muralla de París? —añadió Amelotte de Montmichel, una bellísima morena, rizosa y lozana, que tenía la costumbre de suspirar, tanto como la otra de reír, sin saber muy bien por qué.

—Querida Colomba —intervino madame Aloïse—, ¿os referís a la residencia que pertenecía al señor de Bacqueville, durante el reinado de Carlos VI? Ya lo creo que guarda hermosas tapicerías.

—¡Carlos VI! ¡El rey Carlos VI, nada menos! —murmuró el joven capitán atusándose el bigote—. ¡Cuántos viejos recuerdos tiene esta buena señora!

Madame de Gondelaurier proseguía:

—¡Soberbias tapicerías, ya lo creo! Un trabajo tan elaborado que no se encuentra otro igual.

En aquel momento Bérangère de Champchevrier, una espigada niña de siete años, que estaba mirando la plaza por entre los trifolios de la balconada, exclamó:

—¡Eh! Mirad, bella madrina Flor de Lis, qué hermosa bailarina está danzando en la plaza y cómo toca la pandereta.

Y, en efecto, se oía el alegre sonido de una pandereta.

—Será alguna gitana de Bohemia —dijo Flor de Lis, volviéndose displicente a mirar.

—¡Vamos, vamos! —exclamaban sus compañeras y corrieron todas hacia el balcón, mientras Flor de Lis, dolida por la frialdad de su prometido, las seguía lentamente, y éste, tranquilo porque el incidente había acabado con aquella conversación forzada, se retiraba hasta el fondo de la estancia con la impresión de un soldado que ha sido relevado de su servicio. Sin embargo, debería ser un agradable y encantador servicio el ocuparse de la bella Flor de Lis, al menos así lo había sido al principio. Pero el capitán había ido desilusionándose poco a poco y la perspectiva de su próximo matrimonio le dejaba cada vez más frío. Además era un hombre de humor inconstante y, digámoslo, también de gusto un tanto vulgar. Aunque de muy noble cuna, la vida militar le había hecho contraer hábitos de soldadesca y así le gustaba frecuentar las tabernas y su ambiente; sólo se encontraba a gusto diciendo palabrotas, entre galanteos militares y haciendo conquistas entre mujeres fáciles. Sin embargo, su familia le había ofrecido una sólida educación y buenas maneras, pero, desde muy joven, había comenzado a recorrer todo el país, de guarnición en guarnición, llevando vida de cuartel y cada día aquel barniz de gentilhombre se iba borrando un poquito con el roce de su talabarte de oficial. Aunque la seguía visitando de vez en cuando por un resto de dignidad, se sentía doblemente molesto en casa de Flor de Lis; primeramente, porque, a fuerza de dispersar su amor en todo tipo de lugares y ocasiones, le quedaba ya muy poco para ofrecerle a ella, y además porque rodeado de damas tan bellas, tan estiradas, tan emperifolladas y tan decentes, tenía el recelo constante de que su boca,

acostumbrada por demás a palabrotas y blasfemias, pudiera en cualquier momento perder su freno y dejar escapar alguna expresión tabernaria. ¡Puede uno imaginarse el efecto producido!

Además todo esto se mezclaba en él con grandes pretensiones de elegancia de buena presencia y de distinción. Así que cada cual se las arregle como buenamente pueda para entender esto. Yo sólo soy historiador y me limito a exponer los hechos.

De modo que, pensando o sin pensar, llevaba ya un ratito en silencio, apoyado en la chambrana esculpida de la chimenea, cuando Flor de Lis se volvió de pronto hacia él y le dirigió la palabra. Después de todo, si la pobre muchacha estaba enfadada, no era por ella sino por culpa de su corazón.

—Querido primo, ¿no nos habéis hablado de una joven zíngara a la que salvasteis hace dos meses, de manos de una docena de ladrones, mientras hacíais la ronda nocturna?

—Creo que sí, bella prima.

—¿Y no será acaso esta misma que está ahora bailando en la plaza? Acercaos, primo Febo, a ver si la reconocéis.

Él percibió un secreto deseo de reconciliación en aquella amable invitación que le hacía para acercarse a ella y por el hecho de haberle llamado por su nombre. El capitán Febo de Châteaupers (pues es él a quien tiene el lector ante su vista desde el comienzo del capítulo) se aproximó lentamente al balcón.

—Fijaos —le dijo Flor de Lis, tomando tiernamente el brazo de Febo—, mirad esa jovencita que baila en medio de la gente, ¿es la zíngara que conocéis?

Febo la miró un instante y dijo:

—Sí; la reconozco por su cabra.

—¡Ah, es verdad! Tiene una cabritilla —exclamo Amelotte con admiración.

—¿Es verdad que sus cuernos son de oro? —preguntó Bérangère. Madame Aloïse contestó sin moverse de su sillón:

—¿No es una de esas gitanas que llegaron el año pasado por la Porte Gibard?

—Mi señora madre —corrigió amablemente Flor de Lis—, esa puerta se llama ahora Porte d'Enfert.

La señorita Gondelaurier conocía hasta qué punto aquella manera anticuada de hablar de su madre chocaba al capitán y en efecto éste había ya empezado a rezongar, diciendo entre dientes:

—¡La Porte Gibard! ¡La Porte Gibard! ¡Ni que tuviera que pasar por ella Carlos VI!

—¡Madrina! —exclamó Bérangère moviendo sin cesar los ojos y fijándolos en las torres de Nuestra Señora—. ¿Quién es ese hombre de negro que se ve allá arriba?

Todas las jóvenes levantaron la mirada hacia las torres y vieron en efecto a un hombre con los codos apoyados en la balaustrada superior de la torre septentrional que daba a la plaza de Grève. Era un clérigo. Se distinguían claramente sus ropajes y su rostro apoyado en ambas manos y se mantenía tan quieto que parecía una estatua.

Su mirada estaba fija en la plaza. Era algo así como la mirada del milano que acaba de descubrir un nido de pájaros al que no quita la vista.

—Es el señor archidiácono de Josas —dijo Flor de Lis.

—Tenéis una vista magnífica si sois capaz de reconocerle desde aquí —precisó la Gaillefontaine.

—¡Con qué atención mira a la bailarina! —añadió Diane de Christeuil.

—Pues que tenga cuidado esa egipcia —dijo Flor de Lis— ya que al archidiácono no le gusta Egipto.

—Pues es una pena que la mire de esa manera porque la verdad es que baila maravillosamente —añadió Amelotte de Montmichel.

—Primo Febo —dijo de pronto Flor de Lis—, ya que conocéis a esa gitanilla, ¿por qué no le pedís que suba? Nos distraería mucho.

—¡Muy bien! —dijeron todas las muchachas aplaudiendo.

—Es una locura —respondió Febo—. Seguramente ya no se acuerda de mí y yo no conozco ni su nombre; pero puesto que así lo deseáis, señoritas, voy a intentarlo —y, asomándose a la balaustrada del balcón, se puso a gritar.

—¡Pequeña!

La bailarina no tocaba la pandereta en ese momento y volvió la cabeza hacia el lugar de donde venía aquella voz. Su mirada se fijó en Febo y se paró de repente.

—¡Pequeña! —insistió el capitán, al tiempo que con el dedo le hacía signos para que subiera.

La joven volvió a mirar se ruborizó como si una llama le hubiera subido hasta las mejillas, y cogiendo la pandereta bajo el brazo, se dirigió por entre los espectadores asombrados hacia la puerta de la casa desde la que Febo la llamaba, lentamente, titubeando y con la mirada perdida de un ave que cede a la fascinación de una serpiente.

Poco después se descorrió la cortina que había ante la puerta y apareció la gitana en el umbral de aquella sala. Estaba ruborizada, confusa, sofocada, bajo sus grandes ojos y sin atreverse a dar un paso más.

Bérangère se puso a aplaudir.

La bailarina sin embargo permanecía inmóvil en el umbral de la puerta. No cabía duda de que su aparición había producido también un efecto singular en aquel grupo de jóvenes. También era cierto que un vago a impreciso deseo de agradar al apuesto oficial animaba a todas a la vez y que su espléndido uniforme era el punto de mira de todas sus coqueterías y que, desde su llegada, existía entre ellas una cierta rivalidad secreta y sorda que no se confesaban casi ni a sí mismas pero que no por ello dejaba de manifestarse constantemente en sus gestos y en sus palabras. Ahora bien, como la belleza de todas ellas era pareja, todas luchaban en igualdad de condiciones y todas podían esperar la victoria. Y, claro, la aparición de la gitana había roto bruscamente aquel equilibrio. Era tan rara su belleza que cuando surgió a la entrada de la estancia parecía despedir una especie de luz propia; en aquella sala cerrada, un tanto sombría bajo los artesonados y los tapices de las paredes, ella aparecía incomparablemente más hermosa y más radiante que en la plaza pública. Era como una antorcha trasladada de la claridad a la penumbra; y aquellas nobles damiselas se sintieron, a su pesar, deslumbradas. Cada una de ellas se sintió herida en su belleza, y por esta razón su frente de batalla, perdónesenos la expresión, cambió inmediatamente sin decirse una sola palabra entre ellas, pero todas lo entendieron perfectamente. El espíritu femenino se compenetra más rápidamente que la inteligencia de los hombres. Una enemiga acababa de presentarse; y todas tuvieron este mismo sentimiento y todas se aliaron contra ella. Basta una gota de vino para teñir todo un vaso de agua; y para teñir o cambiar el ambiente de toda una reunión de hermosas mujeres basta con la llegada de una más bonita que ellas; sobre todo si en la reunión hay un solo hombre.

Por ello el recibimiento que hicieron a la gitana fue maravillosamente glacial. La miraron de arriba a abajo después se miraron entre ellas y todo quedó dicho. Sabían perfectamente lo que querían. Por su parte la muchacha esperaba que le dijeran algo y estaba tan emocionada que no se atrevía a levantar los párpados.

Fue el capitán el primero que rompió el silencio.

—¡A fe mía, que es una criatura encantadora! —afirmó con un tono intrépido de ligereza—. ¿Qué opináis vos, mi querida prima?

Esta observación que un admirador más delicado debería haber hecho en voz baja, no ayudó precisamente a disipar los celos de las jóvenes que permanecían muy atentas a la gitana.

Así Flor de Lis respondió al capitán con una disimulada afectación desdeñosa.

—No está mal.

Las otras hicieron sus cuchicheos ante esta respuesta, hasta que madame Aloïse, que no era la menos celosa, pues lo estaba por su hija, se dirigió a la bailarina.

—Acercaos, pequeña.

—Acercaos, pequeña —repitió con una dignidad cómica Bérangère, que apenas si le llegaba a la cadera.

La egipcia se acercó hacia la noble dama.

—Bella niña —dijo Febo con énfasis acercándose unos pasos hacia ella—. No sé si tengo la enorme dicha de ser reconocido por vos…

Ella le interrumpió dirigiéndole una sonrisa y una mirada llena de una infinita delicadeza.

—¡Oh, sí! —le dijo.

—Tiene buena memoria —observó Flor de Lis.

—Es que la otra noche —añadió Febo— desaparecisteis rápidamente. ¿Os asusté acaso?

—¡Oh, no! —dijo la gitana.

Y había en el acento con que aquel «¡oh, no!» fue pronunciado, después del «¡oh, sí!» anterior, algo inefable que hirió a Flor de Lis.

—Pues me dejasteis en sustitución vuestra, preciosa niña —continuó el capitán cuya lengua se iba soltando al hablar a una chica de la calle— a un maldito tipo tuerto y jorobado; el campanero del obispo creo que era. Me han dicho que era hijo bastardo de un archidiácono y diablo de nacimiento. Tiene un nombre la mar de divertido; se llama Témporas o Pascua Florida o Martes de Carnaval, ya no sé cómo: ¡Un nombre de fiesta, de las de repicar campanas! ¡Se permitía raptaros como si estuvieseis hecha para un muñidor! ¡Es por demás! Decid, ¿qué pretendía de vos ese cárabo?

—No lo sé —respondió ella.

—¡Es inconcebible! ¡Un campanero raptar a una chica como si fuera un vizconde!

¡Un villano cazar furtivamente la caza de los nobles! ¡Es increíble! Hay que decir de paso que bien caro lo ha pagado, pues maese Pierrat Torterue es el más rudo palafrenero que jamás haya zurrado a un pícaro; y además os diré, por si os sirve de consuelo, que la piel de vuestro campanero ha sido bien vapuleada con sus manos.

—¡Pobre hombre! —respondió la gitana, a la que aquellas palabras habían reavivado el recuerdo de las escenas de la picota.

El capitán soltó una risotada.

—¡Cuernos! ¡Es ésa una compasión que le cae a ese bribón como una pluma en el culo de un cerdo! Que me vuelva barrigudo como un papa si…

Se detuvo en seco.

—Perdón, señoras. Creo que iba a decir alguna tontería.

—¡Por Dios, señor! —dijo la Gaillefontaine.

—Está hablando a esa criatura en su propia lengua —añadió a media voz Flor de Lis cuyo despecho crecía por momentos y desde luego no disminuyó viendo cómo el capitán estaba encantado de la gitana y principalmente de sí mismo, ni al verle pavonearse repitiendo con galantería grosera y soldadesca:

—Una hermosa mujer, a fe mía.

—Y bastante burdamente vestida —dijo Diane de Christeuil luciendo su dentadura con una sonrisa.

Esta reflexión abrió un rayo de luz para las demás, pues les hizo ver el lado más vulnerable de la gitana. Ya que no podían morder en su belleza, atacaban su vestimenta.

—Es cierto, pequeña —dijo la Montmichel—. ¿Dónde has aprendido a correr por las calles vestida así sin toca ni gorguera?

—Y esa falda tan corta es para echarse a temblar —añadió la Gaillefontaine.

—Y además, querida, insistió con cierta crudeza Flor de Lis —corréis el riesgo de que os detenga la guardia de la docena por llevar ese cinturón dorado.

—Pequeña —siguió la Christeuil con una sonrisa implacable—, si cubrieras honestamente esos brazos, no te los quemaría tanto el sol.

Realmente era un auténtico espectáculo, digno de un espectador más inteligente que Febo, el ver cómo aquellas hermosas jóvenes con sus lenguas envenenadas e irritadas, serpenteaban, se deslizaban y se retorcían alrededor de la bailarina callejera. Eran crueles y graciosas. Rebuscaban, hurgaban malignamente con sus palabras en su pobre y extraña vestimenta, adornada con lentejuelas y oropeles. Todo eran sonrisas, ironías y humillaciones continuas. Llovían sobre la egipcia la falsa y altiva amabilidad, los sarcasmos y las miradas despectivas. Eran como aquellas jóvenes romanas que se divertían clavando alfileres de oro en los senos de una hermosa esclava. Eran como elegantes galgas cazadoras girando, con las fauces abiertas y los ojos exaltados, en torno a una pobre cervatilla del bosque, a las que la mirada del amo no permite matar.

¿Qué era, después de todo, ante aquellas jóvenes de gran abolengo una miserable bailarina callejera? No les preocupaba lo más mínimo su presencia y hablaban de ella, ante ella o a ella misma, en voz alta como de algo sucio y bastante abyecto, aunque bastante bonito a la vez.

La gitana no era insensible a aquellas punzadas y de vez en cuando subía a su rostro un rubor de vergüenza, y un destello de cólera encendía sus ojos o sus mejillas; más de una réplica desdeñosa estuvo a punto de aflorar a sus labios y hacía con evidente desprecio aquel mohín del que ya hemos hablado al lector en otras ocasiones, pero se callaba. Inmóvil dirigía a Febo una mirada de resignación, triste y dulce; había también algo de dicha y de ternura en aquella mirada. Podría decirse incluso que prefería estar callada por miedo a que la echasen de allí.

Febo, por su parte, sonreía y tomaba partido por la gitana con una mezcla de impertinencia y de compasión.

—Déjalas que hablen, querida —repetía haciendo sonar sus espuelas de oro—; vuestra vestimenta tiene mucho de extravagante pero, ¿qué importancia puede tener eso siendo como sois una joven encantadora?

—¡Dios mío! —exclamó la rubia Gaillefontaine, resaltando su cuello de cisne con una sonrisa amarga—, observo que los señores arqueros de la ordenanza del rey se encandilan gustosamente ante los bellos ojos de las egipcias.

—¿Y por qué no? —contestó Febo.

Ante esta respuesta displicente del capitán, lanzada como una piedra sin preocuparse del lugar en donde pueda caer, Colombe se echó a reír y Diana y Amelotte y también Flor de Lis, a la que al mismo tiempo le brotó una lágrima de sus ojos.

La gitana, que había bajado la vista ante las palabras de Colombe de Gaillefontaine, la elevó de nuevo radiante de alegría y de orgullo para mirar a Febo con agradecimiento. Estaba muy hermosa en aquel momento.

La buena señora Aloïse, que presenciaba aquellas escenas, se sintió ofendida y no acertaba a comprender.

—¡Virgen santa! —exclamó de pronto—. ¿Qué es eso que se mueve entre mis piernas? ¡Ay, desgraciado animal!

Era la cabra que acababa de llegar buscando a su dueña y que, al precipitarse hacia ella, había metido sus cuernos entre el revuelo de ropa que formaba a sus pies el vestido de la noble dama cuando permanecía sentada.

Aquello fue una diversión más. La gitana la separó sin decir una palabra.

—¡Oh! ¡Es ésta la cabritilla con sus pezuñas doradas! —exclamó Bérangère dando saltos de alegría.

La gitanilla se puso de rodillas y apoyó en sus mejillas la cabeza suave y acariciadora de la cabrita. Parecía como si la pidiera perdón por haberla abandonado de aquella manera.

Diane se puso a susurrar algo al oído de Colombe.

—¡Dios mío! ¡Pero cómo no lo habré pensado antes! Es la gitana de la cabra. La llaman bruja y dicen que su cabra hace imitaciones y trucos milagrosos.

—¡Pues que nos divierta también la cabra haciéndonos uno de esos milagros! Diane y Colombe se dirigieron vivamente a la gitana diciéndola:

—¡Dile a tu cabra que nos haga un milagro, pequeña!

—No sé lo que queréis decir con ello —respondió la bailarina.

—Pues eso; un milagro; magia, en fin, cualquier brujería de ésas.

—No sé hacerlo.

Y se puso a acariciar de nuevo la linda cabeza de su cabra mientras le decía:

—¡Djali! ¡Djali!

Flor de Lis se fijó entonces en una bolsita de cuero bordada que la cabra llevaba colgada del cuello.

—¿Qué es eso? —preguntó a la gitana.

La gitana la miró con sus grandes ojos y respondió muy seriamente:

—Eso es mi secreto.

—Ya me gustaría conocer cuál es tu secreto —pensó Flor de Lis. Entonces se levantó la buena señora y dijo con cierto tono de enfado.

—Veamos, gitanilla; si tú y tu cabrita no vais a bailarnos nada, ¿qué hacéis aquí adentro?

La gitanilla, sin responder, se dirigió lentamente hacia la puerta y sus pasos eran más lentos cuanto más se acercaba a ella; era como si un invencible imán la retuviera y de pronto se volvió hacia Febo con los ojos húmedos de lágrimas.

—¡Válgame Dios! —exclamó el capitán—. No puede uno marcharse así. Volved y bailad algo para nosotros. A propósito, querida, ¿cómo os llamáis?

—La Esmeralda —contestó la bailarina sin dejar de mirarle.

Ante este extraño nombre, una risotada loca estalló entre las jóvenes.

—¡Vaya nombre tan horrible para una señorita! —dijo Diane.

—Ya veis que es una embrujadora —replicó Amelotte.

—Desde luego, querida —dijo solemnemente madame Aloïse—, ese nombre no lo han pescado vuestros padres en la pila del bautismo.

Desde hacía ya algunos minutos y sin que nadie se fijara, Bérangère había atraído a la cabra hacia un rincón ofreciéndole un mazapán y en un momento las dos se habían hecho buenas amigas. La curiosa niña había soltado el saquito que la cabra llevaba colgado del cuello, lo había abierto y había vaciado su contenido sobre la alfombra. Se trataba de un alfabeto en el que cada letra estaba grabada por separado en una pequeña tablilla de boj. Apenas aquellos juguetes quedaron extendidos en la alfombra cuando la niña vio con sorpresa, y éste debía ser uno de los milagros, retirar algunas letras con su patita dorada y alinearlas en un orden perfecto. Al cabo de unos momentos quedó formada una palabra que la cabra debía tener la costumbre de escribir, por lo poco que tardó en formarla. Bérangère exclamó de pronto juntando las manos con admiración:

—¡Madrina, Flor de Lis, ¡fijaos lo que acaba de hacer la cabra!

Flor de Lis se acercó y al verlo se estremeció. Las letras ordenadas en el suelo formaban esta palabra:

«FEBO»

—¿Ha sido la cabra la que lo ha escrito? —preguntó ella con la voz alterada.

—Sí, madrina —respondió Bérangère.

—Era imposible dudar de ello pues la niña no sabía escribir.

—¡Ése es el secreto! —pensó Flor de Lis.

Pero al grito de la niña habían acudido todos; la madre, las jóvenes, la bohemia y el oficial.

La gitana vio la tontería que había escrito su cabra y se puso roja y luego pálida y finalmente se echó a temblar ante el capitán como si fuera culpable. Éste se quedó muy sorprendido mirándola con una sonrisa.

—¡Febo! —murmuraban estupefactas las jóvenes—. ¡Es el nombre del capitán!

—¡Tenéis una memoria excelente! —dijo Flor de Lis a la gitana que se había quedado petrificada. Un poco después, rompiendo a llorar y cubriéndose el rostro con sus bellas manos exclamó balbuciente—: ¡Es una bruja! —pero en el fondo de su corazón oía otra voz más amarga aún que decía: «¡Es una rival!».

Y se desvaneció.

—¡Hija mía! ¡Hija mía! ¡Vete, gitana del infierno!

En un abrir y cerrar de ojos la Esmeralda recogió las inoportunas letras, hizo una seña a Djali y salió por una puerta mientras se llevaban por otra a Flor de Lis.

El capitán Febo, que se había quedado solo, dudó un momento entre las dos puertas y siguió a la gitana.

II: Un sacerdote y un filósofo hacen dos

EL sacerdote que las jóvenes habían visto en lo alto de la torre septentrional, asomado a la plaza y muy atento a la danza de la gitana, era en efecto el archidiácono Claude Frollo.

Nuestros lectores no se han olvidado de aquella misteriosa celda que el archidiácono se había reservado en esa torre (no sé, para decirlo de pasada, si es la misma cuyo interior puede verse aún hoy por una pequeña ventana cuadrada, abierta hacia el levante a la altura de un hombre, en la plataforma de donde arrancan las dos torres; un cuartucho, hoy vacío y destartalado, cuyas paredes, mal revocadas, están adornadas aquí y allá

225

con algunos dibujos amarillentos que representan fachadas de catedrales. Imagino que ese agujero esté habitado por murciélagos y arañas, en competencia unos y otras, y haciendo los dos una guerra de exterminio a las posibles moscas).

Todos los días, una hora antes de la puesta del sol, el archidiácono subía la escalera de la torre y se encerraba en aquella celda en donde a veces pasaba noches enteras.

Aquel día, una vez llegado ante la puerta del cuartucho, en el momento en que metía en la cerradura la pequeña y complicada llave que llevaba siempre consigo en la escarcela colgada del costado, llegó a sus oídos un ruido de pandereta y de castañuelas que procedía de la plaza del Parvis. La celda, ya lo hemos dicho, no tenía más que una lucera que daba a la parte posterior de la iglesia.

Claude Frollo volvió a guardar precipitadamente la llave y unos instantes más tarde se encontraba en la parte superior de la torre, en aquella actitud sombría y de recogimiento en que las jóvenes lo habían visto.

Estaba allí serio, inmóvil, absorto en un pensamiento y con la mirada fija en algún punto. Todo París estaba a sus pies con las mil flechas de sus edificios y su horizonte circular de colinas suaves, con su río serpeando bajos los puentes y sus gentes circulando por las calles, con las nubes de humo de sus chimeneas y con la cadena montañosa de sus tejados aprisionando a Nuestra Señora. Pero de toda la ciudad, el archidiácono sólo miraba un punto concreto de la calle: la plaza del Parvis; y de entre toda aquella multitud sólo una figura atraía su atención: la gitana.

Habría sido difícil definir la naturaleza de aquella mirada y de dónde procedía la llama que de ella surgía. Era una mirada fija, llena de turbación y de tumultos. Y por la inmovilidad profunda de todo su cuerpo, agitado a intervalos por un escalofrío maquinal como un árbol por el viento, por la rigidez de sus codos, más mármol que la balaustrada en la que se apoyaban, por la sonrisa petrificada que contraía su rostro, se habría dicho que en Claude Frollo sólo había una cosa viva; su mirada.

La gitana estaba bailando. Giraba la pandereta con la punta de los dedos y la lanzaba al alto danzando zarabandas provenzales; ágil, ligera, alegre y sin sentir el peso de la mirada terrible que caía a plomo sobre su cabeza.

El gentío se agolpaba en torno a ella. De vez en cuando un hombre vestido con una casaca amarilla y roja ordenaba aquel círculo e iba luego a sentarse en una silla, a unos pasos tan sólo de la bailarina, y apoyaba la cabeza de la cabra en sus rodillas. Aquel hombre parecía ser el compañero de la gitana. Claude Frolllo, desde aquel lugar tan elevado en donde se encontraba, no podía distinguir sus rasgos.

Desde el momento mismo en que el archidiácono descubriera al desconocido aquel, su atención pareció repartirse entre la bailarina y él. De pronto se incorporó y un temblor recorrió todo su cuerpo:

—¿Quién puede ser ese hombre? —se dijo hablando entre dientes—. ¡Siempre la había visto sola!

Entonces se metió en la bóveda tortuosa de la escalera espiral y bajó. Al pasar ante la puerta del carillón, que se encontraba entreabierta, vio algo que le llamó la atención; vio a Quasimodo que, asomado a una abertura de esos tejadillos de pizarra que se asemejan a enormes celosías, estaba también mirando a la plaza. Su atención era tan grande que ni siquiera se dio cuenta de que pasaba por allí su padre adoptivo. Su ojo salvaje tenía una expresión singular. Era una mirada cautivada y dulce.

—Sí que es raro —murmuró Claude—. ¿Será a la gitana a quien está mirando así?

—y siguió bajando. Al poco rato el preocupado archidiácono salió a la plaza por la puerta que se encuentra bajo la torre.

—¿Qué ha pasado con la gitana? —preguntó mezclándose con el grupo de espectadores que la pandereta había reunido allí.

—No lo sé —contestó alguien— acaba de desaparecer. Creo que se ha ido a bailar algún fandango a esa casa de ahí en frente, de donde la han llamado.

En lugar de la gitana, en aquella misma alfombra cuyos arabescos se borraban momentos antes bajo los dibujos caprichosos de la danza, el archidiácono no vio más que al hombre de rojo y amarillo quien a su vez, para ganar algunas monedas, se paseaba alrededor del corro en donde bailaba la gitana con los codos en las caderas, con la cabeza echada hacia atrás y la cara congestionada con el cuello estirado y llevando una silla entre los dientes. En aquella silla tenía atado a un gato que le habría prestado una vecina y que maullaba muy asustado.

—¡Por Nuestra Señora! —exclamó el archidiácono cuando el saltimbanqui, sudando a mares, pasó ante él con aquella pirámide de silla y gato encima—. ¿Qué hace aquí maese Pierre Gringoire?

La voz severa del archidiácono sobresaltó tanto al pobre diablo que perdió el equilibrio con todo su edificio, y silla y gato cayeron sobre las cabezas de aquel público en medio de un griterío ensordecedor.

Seguramente maese Pierre Gringoire (porque se trataba de él) habría tenido que vérselas con la vecina del gato y con muchos de los espectadores a causa de los golpes y arañazos, si no se hubiera apresurado, aprovechándose del tumulto, para refugiarse en la iglesia a donde Claude Frollo le hacía señas para que le siguiese.

La catedral estaba ya vacía y en penumbra. La oscuridad se apoderaba de las naves laterales y las lámparas de las capillas comenzaban a brillar en contraste con las tinieblas que envolvían las bóvedas. Sólo el gran rosetón de la fachada principal, envolviendo en mil colores los últimos rayos horizontales del sol, destacaba en la penumbra como un revoltijo de diamantes reflejando en el otro extremo su espectro deslumbrador.

Después de andar unos pasos, dom Claude se apoyó en un pilar y se quedó mirando a Gringoire fijamente. No era aquella mirada la que preocupaba a Gringoire, avergonzado como estaba de haberse visto sorprendido por una persona grave y docta con aquel traje de payaso. La mirada del cura no encerraba ni burla ni ironía; era más bien seria, tranquila, penetrante y fue el archidiácono el primero en romper el silencio.

—Venid acá, maese Pierre. Vais a tener que explicarme muchas cosas. Primero: ¿a qué se debe el que hace dos meses que no se os haya visto y que aparezcáis ahora por las plazas, vestido con tanta elegancia ¡a fe mía!, con trajes medio amarillos y medio rojos como si fueseis una manzana de Caudebec?

—Micer —dijo lastimosamente Gringoire—, se trata en verdad de una extraña indumentaria y me encuentro más apurado por ello que un gato con una calabaza encima. Sé que no está bien, y lo lamento mucho, exponer el húmero de un filósofo pitagórico a las porras de los guardias, si llegan a encontrarme de tal guisa. Pero, ¿qué queréis, reverendo? La culpa la tiene mi antiguo jubón que me abandonó cobardemente a comienzos del invierno, con el pretexto de que se caía a pedazos y que necesitaba ir a descansar al cesto del trapero. ¿Qué se puede hacer? La civilización no ha avanzado aún hasta el punto de permitirle a uno ir desnudo por ahí como pretendía el antiguo Diógenes. Añádase a esto que se avecinaba un tiempo muy frío y no es precisamente el mes de enero el mejor para intentar con éxito hacer avanzar un paso así a la humanidad. Apareció esta casaca, la cogí y dejé mi viejo blusón negro que, para un hermético como yo, estaba ya muy poco herméticamente cerrado. Así que aquí me tenéis, vestido de histrión, como San Ginés. ¿Qué queréis?

Es como un eclipse; como si Apolo hubiera guardado los rebaños de Admeto.

—¡Pues habéis encontrado un buen oficio! —replicó el archidiácono.

—Estoy de acuerdo, maestro, en que es mejor filosofar y poetizar, soplar la llama en el horno o recibirla del cielo, que andar llevando gatos por el empedrado. Por eso cuando os habéis dirigido a mí me he quedado tan desconcertado como un asno ante un asador pero, ¿qué queréis, maestro? Hay que vivir todos los días y los versos alejandrinos más bellos no valen para comer lo que un trozo de queso de Brie. Hice para la princesa Margarita de Flandes aquel famoso epitalamio que ya conocéis, pero la ciudad no me lo paga so pretexto de que no era muy bueno. ¡Vamos!, como si se pudiera dar por cuatro perras una tragedia de Sófocles. Así que iba a morirme de hambre cuando por suerte me di cuenta de que no andaba mal de mandíbulas y las he dicho: haced una exhibición de fuerza y de equilibrio y alimentaos vosotras mismas. Ale te ipsam. Un montón de vagabundos que se han hecho buenos amigos míos me han enseñado unos cuantos trucos hercúleos y así puedo ofrecer todos los días a mis dientes el pan que han ganado a lo largo de la jornada con el sudor de mi frente. A pesar de todo, concedo, reconozco que es un pobre empleo de mis facultades intelectuales y que el hombre no está hecho para pasarse la vida tocando el pandero o mordiendo sillas. Pero, reverendo padre, no basta con pasar la vida, hay que ganársela.

Dom Claude le escuchaba en silencio. De pronto sus ojos hundidos se hicieron tan sagaces y penetrantes que Gringoire se sintió, por decirlo así, escudriñado hasta el fondo del alma por aquella mirada.

—Muy bien, maese Pierre, pero, ¿de dónde viene el encontrarnos en compañía de esta bailarina de Egipto?

—Bueno, pues por nada —contestó Gringoire—, porque ella es mi mujer y yo soy su marido.

Los ojos tenebrosos del sacerdote se inflamaron.

—¿Habrás sido capaz de tal cosa, miserable? —le gritó cogiendo con furia el brazo de Gringoire—. ¿Hasta tal punto te ha abandonado Dios como para poner tus manos en esa joven?

—Os juro, monseñor por la parte que me pueda corresponder del paraíso —le respondió Gringoire temblando por todo su cuerpo— que nunca la he tocado, si es eso lo que os inquieta.

—¿Y por qué hablas entonces de marido y mujer?

Gringoire se apresuró entonces a contarle, lo más sucintamente posible, todo lo que el lector conoce ya de sus aventuras en la Corte de los Milagros y de su matrimonio y del cántaro roto. Parecía, por lo demás que aquel matrimonio no se había consumado y que la gitana le escamoteaba todos los días su noche de bodas, como ya ocurriera aquel primer día.

—Es un fastidio —dijo para terminar—, pero se debe a que he tenido la desgracia de desposar a una virgen.

—¿Qué queréis decir? —preguntó el archidiácono que se había ido apaciguando gradualmente al ir escuchando el relato.

—Es harto difícil de explicar —le respondió el poeta—, pues se trata de una superstición. Mi mujer, es por lo que me ha dicho un viejo hampón, al que llaman entre nosotros el duque de Egipto una niña abandonada, o perdida que da lo mismo. Lleva colgado del cuello un amuleto, que según aseguran, le ayudará algún día a encontrar a sus padres, pero que perdería su virtud si la joven perdiera la suya. Y de ahí se desprende el que nosotros dos seamos tan virtuosos.

—Así pues —prosiguió dom Claude cuya frente se despejaba por momentos—, vos creéis, maese Pierre, que esta joven no se ha aproximado jamás a ningún hombre.

—¿Qué creéis, dom Claude, que puede hacer un hombre ante una superstición así? Ella tiene eso metido en la cabeza. Estoy seguro de que esa pudibundez de monja no es sino una rareza que se ha conservado ferozmente entre estas jóvenes gitanas tan fáciles de dominar. Ella sin embargo dispone de tres cosas para su protección: el duque de Egipto que la tomado bajo su protección para venderla, quizás, a algún señor abad; segundo, toda su tribu que siente por ella más veneración que si de Nuestra Señora se tratara y luego una navaja preciosa que la muy pícara lleva siempre escondida en alguna parte, a pesar de las ordenanzas del preboste y que le aparece siempre en las manos en cuanto se la coge por la cintura. ¡Es como una avispa furiosa, creedme!

El archidiácono siguió acosándole a preguntas.

La Esmeralda era, a juicio de Gringoire, una criatura inofensiva y encantadora a incluso guapa si no fuera por un mohín que le era muy propio; una muchacha ingenua y apasionada, desconocedora de todo y apasionada por todo. Desconocía aún, incluso en sueños, cuál era la diferencia entre un hombre y una mujer; era así; loca sobre todo por la danza, por el ruido, por la libertad; algo así como una mujer abeja con alas invisibles en los pies y viviendo siempre en un torbellino. Esa manera de ser la debía al tipo de vida que había llevado siempre. Gringoire había llegado a saber que de muy niña había recorrido España y Cataluña y había estado hasta en Sicilia; también creía Gringoire que había ido con la caravana de zíngaros, de la que ella misma formaba parte, al reino de Argelia, país situado en la Acadia, que limita por un lado con Albania y Grecia y por el otro con el mar de Sicilia y que está nada menos que en el camino de Constantinopla.

Los gitanos, decía Gringoire, eran vasallos del rey de Argelia en su calidad de jefe de la nación de los Moros Blancos. Lo que era cierto es que Esmeralda había venido a Francia desde Hungría, siendo aún muy niña. De todos estos países la muchacha había conservado jirones de jergas extrañas, canciones a ideas extranjeras que hacían que su lenguaje fuese algo tan abigarrado como sus vestidos, medio parisinos y medio africanos. Además las gentes de los barrios que ella frecuentaba la querían por su alegría, por su gentileza, por sus modales decididos, por su forma de bailar y sobre todo por sus canciones. En toda la ciudad, sólo había según ella dos personas que la odiaran y de las que ella hablaba muy frecuentemente y con gran temor: la Sachette de la Tour-Roland, una vulgar reclusa que no se sabía por qué, pero sentía un extraño odio hacia los gitanos y que maldecía a la pobre bailarina cada vez que pasaba ante su lucera y a un sacerdote que siempre que la encontraba la miraba y le hablaba de tal forma que ella sentía miedo. Esta última circunstancia confundió al archidiácono sin que Gringoire se preocupara demasiado por su turbación. Hasta tal punto habían bastado dos meses para que el despreocupado poeta olvidara los detalles singulares de aquella noche en que había encontrado a la gitana y la presencia del archidiácono en aquel asunto. Por lo demás la bailarina no temía nada. Como no echaba la buenaventura, estaba al abrigo de procesos por magia tan frecuentes entre los gitanos.

Además Gringoire era para ella como un hermano, no como un marido, y el filósofo soportaba muy pacientemente aquella especie de matrimonio platónico que al menos le proporcionaba una morada y pan. Cada mañana salía de la truhanería generalmente con la gitana, y la ayudaba a hacer la colecta por las plazas recogiendo las monedas de cobre y de plata y por la noche volvía con ella y se quedaban bajo el mismo techo; ella sin embargo se encerraba en su cuartucho y se dormía con el sueño de los justos.

Una existencia muy dulce y muy propicia a la fantasía y además en su alma y en su conciencia no estaba muy seguro de estar perdidamente enamorado de la gitana. Casi le gustaba la cabra tanto como ella. Era un animalito encantador, dulce, inteligente, espiritual; casi casi una cabra sabia. Nada más frecuente en la Edad Media que esos animales sabios que maravillaban a todos los que los veían y que con tanta frecuencia habían llevado a la hoguera a sus instructores. Sin embargo, las brujerías de la cabrita de pezuñas doradas eran truquitos inocentes. Gringoire se los explicó al archidiácono a quien parecían interesar mucho aquellos detalles. Bastaba casi siempre con presentar a la cabra la pandereta en tal o cual posición para que ella realizara la gracia pretendida. Fue la misma gitana quien le había adiestrado en ello pues mostraba para esas habilidades un talento tan notable que le habían bastado dos meses para enseñar a la cabra a escribir con las letras sueltas la palabra «Febo».

—Febo —dijo el cura—; ¿por qué Febo?

—No lo sé —contestó Gringoire—. Debe tratarse de alguna palabra que ella cree dotada de algún poder mágico y secreto. Incluso lo repite en voz baja cuando cree estar sola.

—¿Estáis seguro —insistió Claude con su mirada penetrante— de que se trata de una palabra y no de un nombre?

—¿Un nombre de quién? —preguntó el poeta.

—Yo qué sé —contestó el sacerdote.

—Yo imagino, micer, que estos bohemios son bastante supersticiosos y adoran al sol y de ahí vendrá lo de Febo.

—No me parece tan claro como a vos, maese Pierre.

—A mí me da igual. Puede estar repitiendo Febo cuantas veces quiera. Lo que es cierto es que Djali me quiere tanco como a ella.

—¿Qué es eso de Djali?

—Es su cabra.

El archidiácono apoyó el mentón en la mano y se quedó meditando un momento y de pronto se volvió bruscamente hacia Gringoire.

—¿Y puedes jurarme que no la has tocado?

—¿A quién? —dijo Gringoire—, ¿a la cabra?

—No, a esa mujer.

—¿A mi mujer? Os juro que no.

—¿Y lo encuentras a solas con ella mochas veces?

—Todas las noches durante más de una hora. Dom Claude frunció el entrecejo.

—¡Oh! Solus cum sola non cojitabuntur orare Pater noster.

—A fe mía que podría rezar no ya el padrenuestro sino el ave María y el credo in Deum patrem omnipotentem sin que ella se preocupe más de mí que una gallina de una iglesia.

Júrame por tu madre —repitió el archidiácono con violencia—, que no has tocado a esa criatura ni con la punta de los dedos.

—Os lo juraría también por la cabeza de mi padre pues ambas cosas se relacionan, pero permitidme a mi vez una pregunta, reverendo maestro.

—Hablad, señor.

—¿Por qué os importa tanto?

La pálida figura del archidiácono se tornó roja cual las mejillas de una muchacha y se quedó cortado un momento; luego dijo visiblemente turbado.

—Escuchad, maese Pierre Gringoire. Que yo sepa, aún no estáis condenado; me intereso por vos y os deseo lo mejor; sin embargo, cualquier contacto, el más mínimo incluso, con esa gitana del demonio, os haría vasallo de Satanás. Sabéis que el alma se pierde siempre por el cuerpo, pues bien; ¡desgraciado de vos si os acercáis a esa mujer! No puedo deciros más.

—Lo intenté una vez el primer día —dijo Gringoire rascándose una oreja.

—¿Tuvisteis tal atrevimiento, maese Pierre? —y la frente del sacerdote se ensombreció.

—En otra ocasión —prosiguió el poeta, sonriendo—, miré por el ojo de la cerradura antes de acostarme y vi en camisón a la criatura más deliciosa que jamás haya hecho crujir los travesaños de la cama con sus pies desnudos.

—¡Vete al diablo! —le gritó el cura con su mirada terrible, empujando por los hombros al maravillado Gringoire y desapareció con grandes zancadas por entre los arcos sombríos de la catedral.

III: Las campanas

Desde aquella mañana de la picota los vecinos de Nuestra Señora habían creído observar que el entusiasmo de Quasimodo para tocar las campanas había remitido un tanto. Antes se oían las campanadas por cualquier pretexto; largos repiques al alba que se prolongaban de prima a completas, repiques para la misa mayor, diferentes tañidos según se tratara de boda o de bautizo; en fin, repiques que se entremezclaban en el aire como un bordado hecho con los sonidos más encantadores.

La vieja iglesia, toda llena de vibraciones y sonidos, era un gozo continuo de campanas. Se notaba continuamente la presencia de un espíritu sonoro y caprichoso que cantaba por todas aquellas bocas de cobre. Y ahora aquel espíritu se había, parecía haberse diluido; la catedral estaba triste y permanecía en silencio. Las fiestas y los entierros tenían su repique sencillo, seco y desnudo; nada más que lo que exigía el ritual. De la doble sonoridad de las iglesias, órgano por dentro y campanas por fuera, sólo se oía el órgano. Podría decirse que ya no estaba el músico del campanario. Sin embargo, allí estaba Quasimodo. ¿Qué se había transformado en él? ¿Sería que la vergüenza y la desesperación de la picota permanecían aún en el fondo de su corazón?

¿Sería que los azotes del torturador repercutían aún en su alma y que la tristeza de semejante trato había apagado en él todo sentimiento, incluso la pasión por las campanas? ¿No sería acaso que María había encontrado una rival en el corazón del campanero de Nuestra Señora y que la gran campana y sus catorce hermanas estaban siendo descuidadas por algo más amable y más bonito?

Ocurrió que en aquel año de gracia de 1482, la Anunciación cayó en un martes, 25 de marzo. Aquel día, la atmósfera era tan pura y transparente que Quasimodo sintió renacer su amor por las campanas. Subió, pues, a la torre septentrional mientras que abajo el sacristán abría de par en par las puertas de la iglesia, que entonces tenían enormes paneles de madera maciza, forrados de cuero, tachonados con clavos dorados y encuadrados con tallas «muy cuidadosamente trabajadas».

Una vez arriba, en el hueco, junto a las campanas, Quasimodo se quedó un rato contemplando, con un triste movimiento de cabeza, las seis campanas como si alguna extraña congoja se hubiera interpuesto en su corazón entre ellas y él.

Pero cuando las hubo puesto en movimiento, cuando sintió aquel racimo de campanas moverse todas bajo su mano, cuando vio, pues no la oía, la octava palpitante subir y bajar por aquella escala sonora como un pájaro que salta de rama en rama, cuando el diablo de la música, ese demonio que sacude un manojo chispeante de acordes, de trinos y de arpegios, se apoderó del pobre sordo, entonces se sintió nuevamente feliz, se olvidó de todo y su corazón, que se iba ensanchando, hizo resplandecer su rostro.

Iba y venía, volteaba aquí y allá, corría de una cuerda a otra, animaba a aquellos seis cantores con la voz y con el gesto como un director de orquesta que espolea la inteligencia de sus músicos.

—¡Vamos! —decía—. ¡Vamos, Gabrielle! Lanza todo tu ruido a la plaza, que hoy es fiesta. ¡No seas perezosa, Thibauld! ¡Que lo estás parando! ¡Venga ya! ¿Acaso te has oxidado, so perezosa? De acuerdo. ¡Más de prisa, más de prisa! ¡Que no se vea el badajo! ¡Déjales sordos a todos, como yo! ¡Eso es! ¡Bravo, bravo, Thibauld! Guillaume, Guillaume, eres el más grande y Pasquier el más pequeño. ¡Pero Pasquier va más rápido! ¡Muy bien, muy bien, Gabrielle! ¡Fuerte, más fuerte aún! ¡Eh!, ¿qué hacéis ahí arriba vosotros dos, Gorriones? No os veo hacer el menor ruido. ¿Qué picos de cobre son los vuestros que parecen bostezar en vez de cantar? ¡Venga! ¡A trabajar, que hoy es la Anunciación y hace buen sol! ¡Que suene bien! ¡Pobre Guillaume, estás jadeando, amigo!

Estaba tan entregado a espolear a sus campanas, que saltaban las seis, a cada cual mejor, sacudiendo sus relucientes grupas como un tiro de mulas españolas azuzado continuamente por los gritos y los ánimos del arriero.

De pronto, dejando resbalar su mirada por entre las anchas escamas de las pizarras que cubren a cierta altura el muro vertical del campanario, vio en la plaza a una muchacha extrañamente vestida, que se detenía, que desenrollaba una alfombra en donde una cabritilla acababa de sentarse y a un grupo de espectadores que se arremolinaba a su alrededor.

Aquella escena cambió súbitamente el curso de sus ideas y detuvo su entusiasmo musical como una corriente de aire solidifica unas gotas de resina líquida. Se detuvo entonces, se olvidó de las campanas y se acurrucó tras el tejadillo de pizarra, fijando en la bailarina aquella mirada soñadora, tierna y dulce que ya sorprendiera en una ocasión al archidiácono.

Las campanas, olvidadas, dejaron de tocar bruscamente, todas a la vez, con gran desesperación de los entusiastas de los volteos que estaban escuchando entusiasmados desde el Pont-au-Change y que hubieron de marcharse, decepcionados, como un perro al que se le enseña un hueso y le dan una piedra.

IV: 'ΑΝ'ΑΓΚΗ

Una hermosa mañana de aquel mismo mes de marzo, creo que era el sábado 29, día de San Eustaquio, nuestro joven amigo, el estudiante Jehan Frollo du Moulin, observó al vestirse que los gregüescos en donde tenía su bolsa no hacían ningún sonido metálico.

—¡Pobre bolsa! —dijo sacándola del bolsillo—. ¡Ni tan siquiera una miserable pieza! ¡Cómo te han dejado de reventada los dados, la cerveza y Venus! ¡Qué flácida, arrugada y vacía te encuentras! ¡Pareces la garganta de una furia! ¡Decidme, señor Cicerón y vos, señor Séneca, ahora que veo vuestras obras, bien usadas ya, y esparcidas por el suelo, de qué me sirve el conocer mejor que el encargado de acuñar moneda o que un judío del Pont-aux-Changeurs que un escudo de oro coronado vale treinta y cinco onzas de a veinticinco sueldos y ocho denarios parisinos cada uno y que un escudo de cuarto creciente vale treinta y seis onzas de veintiséis sueldos y seis denarios torneses cada uno, si no tengo un miserable maravedí para jugármelo al seis doble! ¡Oh, cónsul Cicerón! Ésta no es una desgracia que pueda remediarse con perífrasis del estilo de quemadmodum y de verum enim vero.

Se vistió decepcionado. Mientras se ataba sus botines le vino a la mente un pensamiento que rechazó en seguida, pero que apareció de nuevo, y se puso el chaleco al revés, lo que evidenciaba claramente una violenta lucha interior; por fin, lanzando al suelo su gorro con cierta rabia, exclamó:

—¡Qué le vamos a hacer! ¡Que sea lo que sea! Me voy a casa de mi hermano; seguro que me soltará un sermón, pero al menos me dará algún escudo.

Entonces se puso la casaca, cogió el gorro del suelo y salió a la desesperada.

Bajó por la calle de la Harpe camino de la Cité. Al pasar por la calle de la Huchette, el olor de sus admirables asadores girando sin cesar le hicieron cosquillas en el olfato y no pudo por menos de echar una amorosa mirada al ciclópeo asador, el mismo que un día hiciera exclamar patéticamente al franciscano Calatagirone aquello de: ¡Veramente querte rotisserie sono cosa stupenda! Pero como Jehan no tenía con qué pagar, siguió andando entre suspiros bajo los porches del Petit Châtelet, aquel inmenso trébol doble de torres macizas que guardaba la entrada de la Cité.

Ni siquiera se permitió el lujo, al pasar, de tirar una piedra, como era costumbre, a la miserable estatua de aquel Périnet Lecrerc que había entregado a los ingleses el París de Carlos VI; crimen horrible que su efigie, con la cara machacada por las piedras y manchada de barro, ha expiado ya, durante tres siglos, en el cruce de la calle de la Harpe con la de Bussi, como en una eterna picota.

Una vez cruzado el Petit-Pont y después de recorrer la calle nueva de Santa Genoveva, Juan de Molendino se encontró delante de la catedral de Nuestra Señora. Fue entonces cuando nuevamente la indecisión le hizo dudar y estuvo paseando un ratito ante la estatua de M. Legris repitiéndose un canto preocupado:

—¡El sermón me cae, eso es seguro, el escudo… ya veremos! Preguntó a un pertiguero que salía del claustro:

—¿Sabéis dónde puedo encontrar a monseñor el archidiácono de Josas?

—Creo que se encuentra en su escondrijo de la torre —le respondió el pertiguero—, pero os aconsejo que no le molestéis, a menos que vengáis de parte de alguien como el papa o su majestad el rey.

Jehan dio una palmada.

—¡Diantre! Es la mejor ocasión para ver la famosa celda de las brujerías.

Decidido tras esta reflexión penetró resueltamente por la pequeña puerta negra y comenzó a subir la escalera de caracol de Saint Gilles que lleva a los pisos altos de la torre.

—¡Tengo que verla! —se decía de paso—. ¡Tiene que ser algo curioso esa celda que mi reverendo hermano oculta más que sus partes pudendas! Dicen que enciende allí fuegos infernales y que cuece en ella a todo fuego la piedra filosofal. ¡Demonio! Me importa un rábano la piedra filosofal y preferiría encontrar en ese hornillo una tortilla con huevos de pascua y jamón antes que la mayor piedra filosofal del mundo.

Cuando llegó a la galería de las columnillas, resopló un momento y maldijo a aquella interminable escalera con no sé cuántos millones de diablos y continuó subiendo por la estrecha puerta del patio septentrional, hoy cerrada al público. Poco después de dejar atrás la jaula de las campanas, encontró un pequeño rellano practicado en uno de los refuerzos laterales y bajo su techo una pequeña puerta en ojiva, con una fuerte armazón de hierro y una gran cerradura que consiguió ver a través de una tronera practicada en frente, en la pared circular de la escalera. Quienes hoy tengan curiosidad de visitar esa puerta la reconocerán por una inscripción, grabada con letras blancas sobre la pared ennegrecida, que reza:

ADORO A CORALIE. 1829. FIRMADO UGÈNE.

«Firmado» formando parte de la inscripción.

—¡Uf! —dijo el estudiante—. Aquí debe ser.

La llave estaba puesta en la cerradura y la puerta frente a él. La empujó suavemente y asomó la cabeza por ella.

Seguro que el lector conocerá algo de la obra admirable de Rembrandt, ese Shakespeare de la pintura. Entre tantas maravillosas láminas, hay en particular un aguafuerte que, se supone, quiere representar al doctor Fausto, y que produce siempre un gran asombro en quien lo contempla. Es una celda oscura. En medio hay una mesa llena de objetos repugnantes, como calaveras, esferas, alambiques, compases, pergaminos, jeroglíficos… El doctor está delante de la mesa con su gran hopalanda y un gorro de piel, calado hasta las cejas.

Sólo se le ve de medio cuerpo y se halla un poco incorporado en su inmenso sillón, apoyándose en la mesa con los puños crispados y observando con curiosidad y terror un gran círculo luminoso, formado por letras mágicas, que brilla en la pared del fondo como el espectro solar en la cámara oscura. Ese sol cabalístico parece temblar y llena la tenebrosa celda de un resplandor misterioso. Es al mismo tiempo horrible y hermoso.

Algo parecido a la celda de Fausto se ofreció a la vista de Jehan cuando aventuró su cabeza por la puerta entreabierta. Se trataba igualmente de un reducto apenas iluminado, con un gran sillón y una larga mesa, compases, alambiques, esqueletos de animales colgados del techo, una esfera por el suelo, hipocéfalos mezclados con probetas en donde temblaban laminillas de oro, calaveras colocadas sobre pergaminos llenos de figuras y de símbolos, enormes manuscritos amontonados extendidos descuidadamente por entre los quebradizos pergaminos; en fin, toda una basura científica, amontonada y llena de polvo y de telas de araña; no se veía sin embargo círculo luminoso alguno, ni doctor contemplando en éxtasis la llameante visión, como el águila mira al sol.

Pero la celda no estaba desierta; había un hombre sentado en el sillón e inclinado sobre la mesa. Jehan, colocado detrás de él, no podía ver más que sus hombros y la parte posterior de su cabeza; no le costó sin embargo reconocer aquella cabeza calva a la que la propia naturaleza había dado una tonsura perpetua, como si hubiera pretendido adornar con un símbolo externo la irresistible vocación religiosa del archidiácono.

Así, pues, Jehan reconoció fácilmente a su hermano; pero la puerta se había abierto tan suavemente que ningún ruido había advertido a dom Claude de su presencia y el curioso estudiante aprovechó esta circunstancia para, durante algunos instantes examinar a su gusto aquella celda. Un fogón, que no había observado a primera vista, aparecía a la izquierda del sillón, por debajo de la claraboya. El rayo de luz que penetraba por aquella abertura atravesaba una tela de araña redonda que inscribía con gusto su delicado rosetón en la ojiva de la lucera, en cuyo centro el insecto-arquitecto permanecía inmóvil como el eje de aquella rueda de encaje.

Sobre el fogón había acumulados en desorden toda clase de vasijas, recipientes de gres, alambiques de cristal, matraces de carbón. Jehan observó con pena que no había ninguna sartén. ¡Menuda batería de cocina! —pensó.

Además no había fuego en el fogón y parecía no haber sido encendido hacía mucho; Jehan descubrió en un rincón, como olvidada y cubierta de polvo entre aquellos instrumentos de alquimia, una careta de cristal, que debía servir para preservar el rostro del archidiácono al manipular sustancias peligrosas. Al lado había un fuelle no menos polvoriento con una inscripción incrustada en el cobre de la parte superior, que decía: «Spira, spera».

Había otras muchas inscripciones en las paredes, según era costumbre de los herméticos. Unas estaban escritas con tinta, otras grabadas con objetos punzantes. Aquellas letras góticas o hebreas o griegas o romanas y las inscripciones estaban escritas al azar, todas mezcladas, unas encima de otras, las más recientes borraban a las más antiguas y se entremezclaban todas como las ramas de un matorral o como las lanzas en una batalla. Era como una mezcla confusa de todas las filosofías, de todas las imaginaciones, de todos los conocimientos humanos.

Había alguna aquí y allá que destacaba sobre las demás como una bandera entre las picas de las lanzas. Casi siempre se trataba de una breve divisa griega o latina, como sabía tan bien formularlas la Edad Media: ¿Unde? ¿Inde? —Homo homini monstrum—. Astra, castra, nomen, numen. —Μεγα βιβλιον, μεγα κακον—. Sapere aude. Flat ubi vult… A veces aparecían palabras desprovistas de sentido aparente: αναγκοφαγια, lo que muy bien podía estar ocultando alguna alusión amarga al régimen del claustro. A veces se veía una sencilla máxima de disciplina clerical formulada en hexámetros reglamentarios: Coelestem dominum terrestrem dicito domnum.

Aparecían también por muchas partes citas de grimorios hebraicos, de los que Jehan, que de griego sabía ya muy poco, no entendía absolutamente nada, y todo aquello estaba mezclado continuamente con estrellas, figuras humanas o de animales o de triángulos que se entrecruzaban, lo que hacía que las paredes garrapateadas de aquella celda pareciesen más bien una hoja de papel por la que hubiera pasado un mono con una pluma cargada de tinta.

Por lo demás la celda presentaba un aspecto general de abandono y de deterioro; y el mal estado en que se encontraban los utensilios de trabajo permitía suponer que su dueño hacía tiempo que había abandonado aquello, distraído quizás por otras preocupaciones.

Pero ese dueño se encontraba inclinado sobre un enorme manuscrito adornado con extraños dibujos y parecía atormentarle una idea que le asaltaba continuamente en sus meditaciones. Eso era al menos lo que Jehan dedujo al oírle murmurar con los intervalos propios de alguien que está soñando un poco en voz alta.

—Sí; ya lo había dicho Manou y el propio Zoroastro lo enseñaba, el sol nace del fuego, la luna del sol. El fuego es el alma del gran todo. Sus átomos elementales se expanden y fluyen incesantemente por el mundo en corrientes infinitas. La luz se produce en los puntos de intersección de esas corrientes en el cielo... si esa intersección de corrientes se realiza en la tierra, entonces se desprende oro... La luz y el oro son una misma cosa: fuego en estado concreto... la diferencia entre lo visible y lo palpable... del fluido al sólido para la misma sustancia, del vapor de agua al hielo; eso es todo... No son sueños... es la ley general de la naturaleza... Pero, ¿cómo hacer para concretar científicamente el secreto de esta ley general?... Entonces, ¿esta luz que inunda mi mano es oro?... estos mismos átomos dilatados según una determinada ley... ¿bastaría con condensarlos según otra ley?... ¿Cómo hacerlo? Los hay que han ideado enterrar un rayo de sol... Averroes... sí, sí, fue Averroes. Averroes consiguió enterrar uno bajo la primera columna de la izquierda en el santuario del Corán, en la gran mezquita de Córdoba; pero hasta dentro de ocho mil años no podrá abrirse la fosa, para comprobar si aquella operación ha tenido éxito.

—¡Demonios! —se dijo Jehan—, ¡pues ya hay que esperar para obtener un escudo!

—Los hay que han pensado —continuó el archidiácono en sus ensoñaciones— que sería mejor realizarlo con un rayo de Sirio... pero las dificultades para obtener ese rayo en estado puro son muy grandes, dada la presencia simultánea de otras estrellas que se entremezclan con él... Flamel cree que lo más sencillo es operar con el fuego terrestre... Flamel... ¡Qué nombre de predestinado! Flammal... Eso es: fuego. El diamante procede del carbón, el oro procede del fuego... Pero, ¿cómo obtenerlo?... Magistri afirma que hay nombres de mujer con un atractivo, con un encanto tan dulce y misterioso que basta con sólo pronunciarlos durante la operación... Leamos lo que sobre esto dice

Manou: «Allí en donde se honra a las mujeres los dioses se alegran y en donde se las desprecia, es inútil rogar a Dios… La boca de una mujer es siempre pura; es como el agua corriente o como un rayo de sol… El nombre de la mujer debe ser agradable, dulce, imaginativo… debe acabar por vocales largas y parecerse a las palabras de bendición» Es cierto; tiene razón el sabio. En efecto: la María, la Sofía, la Esmeral… ¡Maldición!, otra vez ese pensamiento.

Cerró violentamente el libro y se pasó la mano por la frente como para deshacerse de aquella idea obsesiva; luego cogió un clavo y un pequeño martillo en cuyo mango figuraban curiosamente algunos signos cabalísticos.

—Hace ya algún tiempo —se dijo con una sonrisa amarga—, que vengo fracasando en todos mis experimentos. La idea fija se apodera de mí y me seca el cerebro como un trébol de fuego. No he logrado aún descubrir el secreto de Casiodoro cuya lámpara ardía sin mecha y sin aceite. Algo que en realidad tiene que ser sencillo.

—¡Demonios! —dijo Jehan entre dientes.

—Así, pues —prosiguió el sacerdote—, ¡basta con un miserable pensamiento para debilitar a un hombre y volverlo loco! ¡Cómo se reiría de mí Claude Pernelle, que no fue capaz, la pobre, de desviar de su rumbo ni por un sólo instante el pensamiento de Nicolás Flamel! ¡Pero cómo es posible teniendo en mis manos el martillo mágico de Zéchiélé! A cada golpe que desde el fondo de su celda daba el temible rabino sobre este clavo y con este martillo, cualquiera de sus enemigos a quien él hubiera condenado, ya podía encontrarse a dos mil leguas, se hundía un codo en la tierra, que acababa irremisiblemente por devorarle. Hasta el rey de Francia, por haber llamado una noche desconsideradamente a la puerta del taumaturgo, se hundió en el pavimento de París hasta las rodillas. ¡Esto ha ocurrido hace apenas tres siglos…! Pues bueno, yo tengo el martillo y el clavo y no son en mis manos herramientas más terribles que un mazo en manos de un carpintero. Y sin embargo sólo me falta encontrar la palabra mágica que pronunciaba Ziéchélé al golpear en el clavo.

—¡Tonterías! —pensó Jehan.

—Vamos, probemos de nuevo, —prosiguió vivamente el archidiácono—. Si lo consigo, veré surgir de la cabeza del clavo la chispa azul… ¡Emen-hétan! ¡Emen-hétan! No es eso; no es eso… ¡Sigéani, sigéani! ¡Que este clavo abra una tumba a quienquiera que lleve el nombre de Febo!… ¡Maldición! ¡Otra vez y siempre esta maldita idea!

Y lanzó el martillo con gran cólera. Después se arrellanó de tal forma en el sillón y se apoyó de tal manera en la mesa que Jehan no conseguía verle tras el respaldo y durante algunos minutos sólo veía su puño convulsivo y crispado sobre el libro. De pronto, don Claude se levantó, cogió un compás y en silencio grabó en letras mayúsculas esta palabra griega.

'ΑΝ'ΑΓΚΗ.

—Mi hermano está loco —se dijo Jehan a sí mismo—. Habría sido mucho más sencillo escribir Fatum. No todo el mundo ha de conocer el griego.

El archidiácono volvió a sentarse en su sillón y apoyó su cabeza en ambas manos, como hace un enfermo que siente la cabeza pesada y con fiebre.

El estudiante seguía observando a su hermano con creciente sorpresa. No podía entenderlo él, que vivía con el corazón al descubierto, él, que sólo se guiaba por la ley natural, que daba vía libre a sus pasiones, sin oponerles el menor obstáculo, él, que no concedía importancia alguna a sus emociones a las que cada día abría un nuevo surco para que fluyeran sin más, y que no conocía tampoco la furia con que fermenta y hierve el mar de las pasiones humanas cuando se le cierran las salidas y cómo arremete y crece y se desborda, ni cómo socava el corazón y estalla en sollozos internos y en sordas convulsiones hasta que destroza sus diques y cava su lecho.

La envoltura austera y glacial de Claude Frollo, aquella superficie fría de virtud escarpada e inaccesible, había conseguido engañar continuamente a Jehan y el alegre y despreocupado estudiante nunca había supuesto que pudiera existir lava incandescente, furiosa y profunda bajo la frente de nieve del Etna.

Desconocemos si súbitamente se dio cuenta de todas esas cosas pero, aunque era un tanto voluble, comprendió que había visto lo que no debería haber visto, y que acababa de sorprender el alma de su hermano mayor en uno de sus momentos más íntimos y que Claude no debía saberlo. Así, pues, viendo que el archidiácono se había sumido nuevamente en su primera inmovilidad, retiró muy despacito su cabeza y simuló ruido de pasos detrás de la puerta como alguien que llega y que quiere advertir de su llegada.

—Entrad —dijo el archidiácono desde el interior de la celda—; os estaba esperando. He dejado la llave expresamente en la cerradura. Pasad, pasad, maese Jacques.

El estudiante penetró con decisión y el archidiácono, a quien tal visita y en tal lugar, desagradaba mucho, se removió en su sillón.

—¿Cómo? ¿Eres tú, Jehan?

—Al menos empieza también por J —dijo el estudiante con su cara colorada, descarada y alegre.

El rostro de dom Claude había adquirido de nuevo su expresión severa.

—¿Qué te traes por aquí?

—Hermano —respondió el estudiante intentando mostrar una expresión formal, compasiva y modesta al tiempo que movía nervioso el gorro entre sus manos con cierto tinte de inocencia—, venía a pediros…

—¿Qué?

—Un poco de moral de la que ando muy necesitado —y Jehan añadió sin apenas levantar la voz—: Y un poco de dinero del que estoy mucho más necesitado —esta última parte de la frase quedó inédita.

—¡Señor! —respondió fríamente el archidiácono—, estoy muy descontento de vos.

—¡Vaya! —suspiró el estudiante.

Dom Claude giró su sillón un cuarto de círculo y miró fijamente a Jehan.

—Me alegro mucho de veros.

Era aquel un exordio amenazador por lo que Jehan se preparó para un rudo golpe.

—Jehan, todos los días me traen quejas vuestras. ¿Qué historia es ésa en que habéis molido a palos al pequeño vizconde Albert de Ramonchamp?

—¡Bueno! —respondió Jehan—, ¡vaya cosa! Un paje tonto que se divertía embadurnando a los estudiantes corriendo con su caballo por el barro.

—Y, ¿quién es —prosiguió el archidiácono— un tal Mahiel Fargel al que habéis destrozado la túnica? Tunicam dechiraverunt, dice la denuncia.

—¡Bueno! ¡Una capa de Montaigu! ¡No valía nada!

—La denuncia dice tunicam y no cappettam. ¿Sabéis latín? Jehan no respondió.

—¡Eso es! —prosiguió el sacerdote moviendo la cabeza—; ¡así van hoy los estudios y las letras! Apenas si alguien comprende el latín, el sirio es desconocido, el griego se hace tan odioso que ya ni siquiera se considera ignorancia entre los doctos el saltarse una palabra griega y oír: Graecum est; non legitur

El estudiante levantó resuelto los ojos.

—Mi querido hermano, ¿queréis que os explique en buen francés esa palabra griega escrita en la pared?

—¿Qué palabra?

—'ΑΝ'ΑΓΚΗ.

Un ligero rubor se dibujó en las mejillas del archidiácono, como las pequeñas humaredas que anuncian al exterior las conmociones secretas de un volcán. Pero el estudiante casi ni se fijó.

—A ver, Jehan —dijo entre balbuceos el hermano mayor—. ¿Qué quiere decir esa palabra?

—«FATALIDAD».

Dom Claude se quedó pálido y el estudiante prosiguió despreocupado:

—Y la palabra de abajo grabada por la misma mano, 'Αναγνεια significa

«impureza»; para que veáis que uno sabe griego.

El archidiácono permaneció silencioso; aquella lección de griego le había hecho volver a sus ideas. El pequeño Jehan, que tenía toda la habilidad de un niño mimado, juzgó que era el momento favorable para insistir en su petición, así que comenzó a hablar con una voz muy suave.

—Mi buen hermano, ¿me guardáis acaso rencor por cuatro bofetadas y cuatro golpes más o menos, dados en buena lid a unos cuantos mozalbetes, quibusdam mormosetis? Ya veis, hermano, que uno sabe también latín.

Sin embargo aquella halagadora hipocresía no produjo en su severo hermano el efecto esperado. Cerbero no mordió el pastel de miel. La frente del archidiácono permaneció inalterable.

—¿A dónde queréis ir a parar? —le cortó en un tono seco.

—Muy bien; ¡al grano! —respondió Jehan decidido—. Necesito dinero.

Ante aquel descaro, la fisonomía del archidiácono se tornó paternal y pedagógica.

—Debéis saber, querido Jehan, que nuestro feudo de Tirechappe, contando el censo y las rentas de las veintiuna casas, no nos proporciona más allá de treinta y nueve libras, once sueldos y seis denarios parisinos. La mitad más que en tiempos de los hermanos Paclet, pero no creáis que es mucho.

—Pero lo necesito —dijo estoicamente Jehan.

—Sigo; debéis saber también que nuestras veintiuna casas dependen del feudo del obispado y que para poder liberar esta dependencia debemos pagar al señor obispo dos marcos de plata dorada, por un valor de seis libras parisinas. Pues bien, aún no he podido reunir esos dos marcos; ya lo sabéis.

—Pero yo necesito dinero —repitió Jehan por tercera vez.

—¿Y qué queréis que hagamos?

Esta última pregunta hizo brillar en los ojos de Jehan un rayo de esperanza; así que de nuevo volvió a su actitud suave y astuta.

—Sabéis, hermano Claude, que nunca recurriría a vos con malas intenciones. No se trata de presumir en las tabernas con vuestro dinero, ni de pasearme por las calles de París con ropajes suntuosos y con mi lacayo, cum meo lacayo; no, querido hermano: lo necesito para una obra de caridad.

—¿Qué obra de caridad es ésa? —preguntó dom Claude un poco sorprendido.

—Tengo dos amigos que desearían ofrecer un canastillo de ropas para el niño de una pobre viuda, de las hospitalarias. Es una obra de caridad que costará por lo menos tres florines y a mí me gustaría contribuir con el mío.

—¿Cómo se llaman vuestros dos amigos?

—Pierre L'Assommeur y Baptiste Croque-Oison.

—¡Bueno! —dijo el archidiácono—, esos dos nombres le van a una obra de caridad como una bomba al altar mayor.

Cierto es, y se dio cuenta de ello más tarde, que Jehan no había ni mucho menos acertado en la elección de nombre para sus dos amigos.

—Y además —prosiguió el sagaz dom Claude—: ¿Desde cuándo un canastillo de ésos vale tres florines? ¿Y para el niño de una hospitalaria? ¿Y desde cuándo las viudas hospitalarias cuidan a sus niños con tantas ropitas y remilgos?

Jehan se lanzó otra vez más un canto a la desesperada.

—Pues lo necesito para ir a ver esta noche a Isabeau la Thiery al Vald'Amour.

—¡Miserable impuro! —exclamó el sacerdote.

—'Αναγνεια —dijo Jehan.

Esta cita, astutamente tomada por el estudiante de las que había en las paredes de la celda, produjo un extraño efecto en el sacerdote que se mordió los labios y su cólera se disimuló entre el rubor de su rostro.

—Marchaos, que estoy esperando a alguien —dijo entonces a Jehan. El estudiante volvió a la carga una vez más.

—Hermano Claude, dadme al menos un pequeño parisis para poder comer.

—¿Por qué parte vais de las decretales de Graciano?

—No lo sé. Perdí mis cuadernos.

—¿Y en humanidades latinas por dónde vais?

—Me robaron mi ejemplar de Horacio.

—¿Y de Aristóteles, qué habéis visto?

—¡Por Dios, hermano! No recuerdo qué padre de la Iglesia ha dicho que todos los errores de los heréticos de todas las épocas han tenido siempre como escondrijo la metafísica de Aristóteles. ¡Fuera Aristóteles! No desearía desgarrar mi religión con su metafísica.

Jovencito —replicó el archidiácono—, en la última entrada del rey había un gentilhombre, de nombre Comines, Philippe de Comines que llevaba bordada su divisa en la gualdrapa de su caballo; os aconsejo que meditéis sobre ella; decía:

Qui non laborat, non manducat.

Ante esa respuesta, el estudiante se quedó en silencio, se cogió la oreja con los dedos y su expresión se tornó hosca. De pronto se volvió rápido hacia dom Claude con la presteza de una ardilla.

—Así que me negáis una triste moneda para comprar un poco de pan en una tahona.

—Qui non laborat non manducet.

Ante esta respuesta inflexible del archidiácono, Jehan se tapó la cara con las manos, como una mujer que solloza y exclamó con una mueca de desesperación: ¡Ο το το το τοι!

—¿Qué quiere decir eso, caballero? —le preguntó Claude sorprendido por aquella salida.

—¿Cómo? —respondió el estudiante mirando a su hermano con insolencia, después de haberse restregado los ojos con las manos para dar así la impresión de estar llorando—, ¡es griego! Es un anapesto de Esquilo que sirve para expresar el dolor a la perfección.

Y entonces lanzó una risotada tan violenta y ridícula que hizo sonreír al archidiácono. La culpa era suya, en efecto; ¿quién le había mandado mimar tanto a aquel muchacho?

—¡Pero, hermano! —prosiguió Jehan enardecido por aquella sonrisa—. ¡Mirad qué agujeros tengo en los zapatos! ¿Puede haber en el mundo coturno más trágico que mis botas enseñando la lengua por la suela?

Pero el archidiácono había vuelto de nuevo a su seriedad de antes.

—Ya os enviaré unas botas nuevas, pero de dinero nada.

—Sólo un miserable ochavo, hermano, insistió suplicante Jehan, y me aprenderé de memoria a Gracián y creeré en Dios y seré un verdadero Pitágoras de ciencia y de virtud, pero, ¡por favor, dadme una monedita de nada! Queréis ver cómo me ataca el hambre, que está ahí con su boca abierta, más negra y repugnante que un tártaro; como la nariz de un fraile.

Dom Claude movió la cabeza.

—Qui non laborat…

Jehan no le permitió terminar.

—¡Pues muy bien! ¡Vete al demonio! ¡Viva la vida! ¡Me iré de taberna en taberna, buscando camorra! ¡Romperé todo y me iré con mujeres! —y al decir esto lanzó su gorro contra la pared, y chasqueó con los dedos como si fueran castañuelas.

El archidiácono le miraba seriamente.

—¡No tenéis espíritu ninguno!

—En ese caso, según Epicúreo, carezco de un no sé qué, hecho de algo que no se sabe qué es.

—Jehan, tenéis que pensar seriamente en enmendaros.

—¡Vaya, hombre! ¡No faltaría más! —dijo mirando alternativamente a su hermano y a los alambiques del horno—. ¡Todo es aquí cornudo: las ideas, las vasijas…!

—Jehan, estáis en una pendiente resbaladiza, ¿sabéis a dónde vais?

—A la taberna —respondió Jehan.

—La taberna acaba llevando a la picota.

—Es una linterna como otra cualquiera y a lo mejor Diógenes hubiera podido con ella encontrar a su hombre.

—Y la picota acaba llevando a la horca.

—La horca es una balanza que tiene a un hombre en un extremo y a toda la tierra en el otro.

—Y la horca acaba llevando al infierno.

—Una inmensa fogata.

—¡Jehan! ¡Jehan! ¡Qué vas a acabar mal!

—Bien, pero el principio habrá sido bueno.

En aquel momento se oyó ruido de pasos en la escalera.

—Silencio —dijo el archidiácono, llevándose un dedo a los labios— aquí viene maese Jacques. Escuchad, Jehan —añadió en voz baja—, no habléis nunca de lo que aquí hayáis visto o podáis oír. Escondeos bajo es fogón y no digáis nada.

El estudiante se acurrucó bajo el horno y allí se le ocurrió una idea genial.

—A propósito, hermano Claude, un florín para que no abra la boca.

—¡Silencio! Os lo prometo.

—Tenéis que dármelo.

—Cógelo tú —dijo el archidiácono tirándole con rabia su escarcela. Jehan se escabulló bajo el horno y la puerta se abrió.

V: Los dos hombres vestidos de negro

EL personaje que entró llevaba túnica negra y su rostro era sombrío. Lo que así de golpe sorprendió principalmente a Jehan (que como podéis suponeros se las había arreglado en aquel hueco para colocarse y poder ver y oír todo a su gusto) fue la enorme seriedad de ropaje y de rostro en el recién llegado.

A pesar de todo podía descubrirse una cierta dulzura en aquel rostro pero una dulzura más bien de gato o de juez, una dulzura empalagosa. Tenía el cabello gris, arrugas en el rostro; rozaba los sesenta años, parpadeaba continuamente, tenía las cejas blancas, el labio inferior colgante y muy grandes las manos.

Cuando Jehan comprendió que no era más que eso, es decir, un médico o un magistrado y que su nariz y su boca estaban demasiado separadas una de otra, señal de estupidez, se encogió en su agujero, lamentando el tiempo que iba a perder allí, en aquella postura tan molesta y en tan mala compañía.

El archidiácono no se había ni siquiera levantado ante la presencia de tal personaje. Le había hecho señas para que se sentara en un escabel cercano a la puerta y después de unos momentos de silencio que parecían una continuación de una meditación anterior, le dijo con cierto aire de superioridad.

—Buenos días, maese Jacques.

—¡Hola, maestro! —respondió el hombre de negro.

Había en las dos formas con que fueron pronunciados por una parte el maese Jacques y por otra aquel maestro por excelencia, una diferencia notoria, como de monseñor a señor, de domine a domne. Era, con toda evidencia, el encuentro del doctor con el discípulo.

—¡Bueno! —prosiguió el archidiácono después de un nuevo silencio que maese Jacques se guardó mucho en no turbar—. ¿Lo vais consiguiendo?

—¡Ay! No, maestro, respondió el otro con una sonrisa triste; sigo soplando y soplando, pero nada; cenizas todo lo que queráis pero ni la menor chispa de oro.

Dom Claude hizo un gesto de impaciencia.

—No me refiero a eso, maese Jacques Charmolue, sino al proceso de vuestro hechicero. ¿No es Marc Cenaine, como se llama el magistrado del Tribunal de Cuentas? ¿Ha confesado ya su magia? ¿Se ha resuelto el caso?

—¡Ay! no por desgracia —respondió maese Jacques, con su deje triste de siempre—. Ese hombre es una roca. Ni aunque le quemásemos en el Marché-aux- Pourceaux diría una palabra; sin embargo no hemos escatimado medios para obtener la verdad y está ya medio descoyuntado. Le hemos dado toda clase de brebajes y hierbas de San Juan, como dice el viejo cómico Plauto.

Adversum stimulos, laminas, crucesque, compedesque. Nervos, catenas, carceres, numellas, perdicas, boias.

Pero de nada sirve todo eso; es terrible ese hombre; no logro comprender su resistencia.

—No habéis encontrado nada nuevo en su casa.

—Pues sí —dijo maese Jacques buscando en su escarcela—, este pergamino. Hay en él algunas palabras que no logramos entender; sin embargo, tenemos al abogado de lo criminal, Philippe Lheulier, que conoce algo el hebreo que aprendió en el asunto de los judíos de la calle Kantersteen en Bruselas.

Mientras hablaba, maese Jacques desenrollaba un pergamino.

—Dádmelo —dijo el archidiácono, que añadió al echar una ojeada al documento—

: ¡Pura magia, maese Jacques! ¡Emen-Hétan! Es la exclamación de las estriges cuando llegan al aquelarre. Per ipsum et cum ipso et in ipso es el conjuro para volver a encadenar al diablo en el infierno. ¡Hax, pax, max! Esto pertenece a la medicina. Una fórmula contra la mordedura de perros rabiosos. ¡Maese Jacques! Todo esto es suficiente; vos sois procurador del rey en asuntos eclesiásticos; este pergamino es abominable.

—Le enviaremos de nuevo a la tortura. Pero tengo aquí también —dijo rebuscando en su bolsa— más cosas que hemos encontrado en casa de Marc Cenaine.

Era una vasija familiar, parecida a las que había en el fogón de dom Claude.

—¡Vaya! —dijo el archidiácono—. Es un crisol de alquimista.

—Tengo que confesaros —prosiguió maese Jacques esbozando una torpe y tímida sonrisa— que también he probado con él y no me ha ido mejor que con el mío.

El archidiácono se puso a examinar la vasija.

—¿Qué es lo que ha grabado en el crisol? ¡Och, och! ¡El conjuro contra las pulgas! Este Marc Cenaine es un ignorante. ¡Cómo ibais a conseguir oro con esto! ¡Sólo sirve para adornar vuestra habitación en verano!

—Ya que estamos con los errores —dijo el procurador del rey—, acabo de fijarme en el pórtico de abajo antes de subir; ¿vuestra reverencia está segura de que la abertura de la obra de física se abre del lado del hospital y que de las siete figuras desnudas que aparecen a los pies de Nuestra Señora, la que lleva las alas en los pies es la de Mercurio?

—Claro —respondió el clérigo—. Lo ha escrito Agustín Nypho, aquel doctor italiano que tenía un demonio barbudo que le enseñaba todas las cosas; ahora cuando bajemos os explicaré todo esto sobre el texto mismo.

—Gracias, maestro —dijo Charmolue con una gran reverencia—. ¡Ah! ¡Ya me olvidaba de ello! A propósito, ¿cuándo os parece que podemos detener a la pequeña hechicera?

—¿A qué hechicera?

—Ya la conocéis: a esa gitana que, a pesar de la prohibición de la autoridad, viene todos los días a bailar en la plaza. Tiene una cabra endemoniada con cuernos de diablo, que lee y escribe y que conoce la matemática como Picatrix; con eso bastaría para detener a toda la gitanería. Ya está listo el proceso y en cualquier momento se puede proceder. ¡Es linda muchacha, esa bailarina, a fe mía! ¡Tiene los ojos negros más bonitos del mundo! ¡Como dos carbunclos de Egipto! ¿Cuándo empezamos?

El archidiácono se puso pálido al oírle.

—Ya os lo indicaré —respondió entre balbuceos y articulando apenas la voz. Y luego prosiguió—: ocupaos de Marc Cenaine.

—Quedad tranquilo —dijo sonriente Charmolue—. Haré que lo aten otra vez a la cama de cuero. ¡Diablo de hombre! Llega a cansar al propio Pierrat Torterue que tiene unas manos mucho más fuertes que las mías. Como dice el buen Plauto.

Nudus vinctus, centum pondo, es quando pendes perpedes.

—¡El tormento del torno!, es lo mejor que tenemos. Le pasaremos por él.

Dom Claude parecía sumido en una sombría preocupación y volviéndose hacia Charmolue:

—Maese Pierrat… maese Jacques quiero decir, ocupaos de Marc Cenaine.

—Muy bien, muy bien, dom Claude. Pobre hombre. Ha sufrido tanto como Mummol. ¡Qué idea la suya de ir al aquelarre! ¡Un magistrado del tribunal de cuentas que debería conocer el texto de Carlomagno Stryga vel masca! En cuanto a esa joven, Esmeralda, creo que la llaman, esperaré vuestras órdenes. ¡Ah!, y cuando pasemos por el pórtico me explicáis también el significado del jardinero pintado de frente que se ve al entrar en la iglesia. ¿No representa al sembrador? ¡Eh, maestro!, ¿en qué estáis pensando?

Dom Claude, abstraído, no le escuchaba. Charmolue observó, siguiendo la dirección de su mirada, que estaba mirando distraídamente la gran tela de araña que adornaba la claraboya. Justo en aquel momento una mosca, que andaba buscando el sol de marzo, se lanzó contra aquella red y quedó allí atrapada. Al agitarse la tela, la enorme araña hizo un movimiento brusco fuera de su escondrijo central y se precipitó sobre la mosca a la que dobló en dos con sus antenas delanteras mientras que con su trompa repugnante le vaciaba la cabeza.

—¡Pobre mosca! —dijo el procurador del rey para asuntos eclesiásticos, a la vez que hacía un movimiento con la mano para salvarla. El archidiácono, como volviendo en sí bruscamente, le detuvo el brazo con cierta violencia.

—¡Maese Jacques, dejad actuar a la fatalidad!

El procurador se volvió un tanto confuso y asustado. Tuvo la sensación de haber sido cogido por el brazo con una pinza de hierro. Los ojos del clérigo permanecían fijos, huraños, encendidos y se mantenía pendiente de aquel conjunto de mosca y araña.

—¡Ah, sí! —prosiguió el sacerdote con una voz que parecía surgida de las entrañas—, esto es el símbolo de todo. Vuela, es alegre, acaba de nacer; busca la primavera, el aire libre, la libertad… ¡Ah, sí! ¡Pero que se topa con el rosetón fatal! Entonces le sale la araña, la repugnante araña… Maese Jacques, dejadlo; ¡es la fatalidad! ¡Ay, Claude! ¡Tú eres esa araña repulsiva! ¡Pobre bailarina! Volabas hacia la ciencia, hacia la luz, hacia el sol; no te preocupaba más que el llegar a la inmensa luz de la verdad eterna; pero al lanzarte hacia el manantial deslumbrante de luz que da al otro mundo, al mundo de la claridad, de la inteligencia y de la ciencia, como un insecto deslumbrada, como un doctor insensato, no has visto la sutil tela de araña, tejida por el destino, entre la luz y tú, y te has lanzado sobre ella a pecho descubierto, como un miserable loco y ahora te debates, con la cabeza rota y las alas arrancadas, entre las antenas de hierro de la fatalidad. ¡Maese Jacques! ¡Ay maese Jacques! Dejad hacer a la araña.

—Os aseguro —le contestó Charmolue, que le miraba sin comprender— que no haré nada. Pero por favor, maestro, soltadme el brazo. Tenéis una mano como unas tenazas.

El archidiácono, en su ensimismamiento, no estaba escuchándole.

—¡Oh, insensato! —continuó sin dejar de mirar a la claraboya—, y aunque pudieras desgarrar esa tela con tus alas de mosquito, ¿crees que habrías logrado llegar hasta la luz? ¡Ay! El cristal que se encuentra detrás, ese obstáculo transparente, esa muralla invisible más dura que el bronce que separa todas las filosofías de la verdad, ¿cómo habrías hecho para atravesarlo? ¡Oh, vanidad de la ciencia! ¡Cuántos sabios no vienen de muy lejos, volando para destrozarse la frente contra ti! ¡Cuántos sistemas se estrellan revoloteando contra ese cristal eterno!

Y se quedó en silencio. Daba la impresión de que estas últimas ideas que le habían llevado insensiblemente desde él mismo hacia la ciencia, le habían calmado. Jacques Charmolue le hizo centrarse por completo en la realidad al dirigirle esta pregunta:

—Y bien, maestro, ¿cuándo me ayudaréis a hacer oro? Me impaciento ya por conseguirlo.

El archidiácono movió la cabeza y esbozó una amarga sonrisa.

—Maese Jacques, debéis leer a Michel Psellus, en su Dialogus de energia et operatione daemonum. Lo que estamos haciendo no tiene nada de inocente.

—¡Más bajo, maestro! Estoy seguro de ello, pero hay que hacer un poco de hermética cuando uno no es más que procurador del rey en asuntos para la Iglesia con treinta escudos torneses al año. Así que hablemos bajo, por favor.

En aquel momento un ruido de mandíbulas masticando, que procedía de debajo del horno, llegó al oído inquieto de Charmolue.

—¿Qué ha sido eso? —preguntó.

Era el estudiante que, molesto y aburrido en su escondrijo, había encontrado una corteza de pan y un trozo de queso revenido y se había puesto a comerlo sin más preocupación, a guisa de desayuno para consuelo de su estómago vacío. Como tenía mucha hambre, hacía también mucho ruido y lo acentuaba más en cada mordisco; esto era lo que había despertado la preocupación del procurador.

—Es uno de mis gatos —intervino rápidamente el archidiácono— que estará regalándose por ahí abajo con algún ratón.

La explicación satisfizo a Charmolue.

—Es verdad, maestro —le respondió éste con una sonrisa respetuosa— todos los grandes filósofos han tenido siempre animales domésticos. Acordaos de aquello que ya dijera Servius: Nullus enim locus sine genio est.

Pero dom Claude, temeroso de alguna nueva intervención de Jehan, recordó a su digno discípulo que aún debían estudiar juntos alguna de las figuras del pórtico y ambos salieron de aquella celda, con un gran «¡uf!» del estudiante que empezaba a preocuparse ya de que en su rodilla quedara marcada para siempre la huella de su barbilla.

VI: Del efecto que pueden producir siete palabrotas lanzadas al aire

¡Te Deum laudamu! —exclamó maese Jehan saliendo de su agujero—. ¡Menos mal que se han largado esos dos búhos! ¡Och, och! ¡Hax! ¡Pax! ¡Max! ¡Pulgas! ¡Perros rabiosos! ¡Demonios! ¡Estoy hasta la coronilla de su conversación! ¡Me da vueltas la cabeza! ¡Y encima el queso estaba rancio! ¡En fin! ¡Abajo, pues! ¡Cojamos la escarcela del hermano mayor y transformemos todas estas monedas en botellas!

Lanzó una mirada de ternura y de admiración al interior de la preciosa escarapela, compuso un poco su ropa, se frotó las botas, sacudió las cenizas de sus pobres bocamangas, se puso a silbar y a dar unos saltitos en el aire, miró a ver si quedaba algo por allí que pudiera cogerse y tomó algún que otro amuleto de bisutería que encontró por el fogón y que podría regalar a Isabeau la Thierry; por fin volvió la puerta que su hermano no había cerrado como última indulgencia y que él, a su vez, dejó abierta, como una travesura más y bajó por aquella escalera de caracol saltando como un pájaro.

Hacia la mitad de la escalera, totalmente en penumbra, se tropezó con algo que se apartó lanzando un gruñido y supuso que podía ser Quasimodo y le hizo tanta gracia aquel lance que bajó el resto de la escalera retorciéndose de risa. Todavía seguía riéndose al llegar a la plaza. Dio unas cuantas patadas en el suelo cuando se vio en la calle.

—¡Oh! ¡Mi bueno y bendito suelo de París! ¡Maldita escalera que agotaría hasta a los mismos ángeles de la escala de Jacob! ¡En qué estaría pensando yo para subir por esa maldita escalera de piedra que llega hasta el cielo! ¡Total, para comer un mal pedazo de queso con pelos y para ver los campanarios de París por una claraboya!

No había dado más que unos pasos cuando vio a aquellos dos búhos, es decir, a dom Claude y a maese Jacques Charmolue contemplando una de las esculturas del pórtico. Se aproximó a ellos de puntillas y oyó cómo el archidiácono decía en voz baja a Charmolue.

—Fue Guillaume de París quien mandó grabar un Job en esa piedra color lapislázuli y dorada en los bordes. Job aparece en la piedra filosofal, que también ella debe ser puesta a prueba y martirizada para que pueda ser perfecta, como dice Raimundo Lulio: Sub conservatione formae specificae salva anima.

—Me da lo mismo —dijo Jehan—, pues el que tiene la bolsa soy yo.

En aquel momento se oyó una voz fuerte y sonora que lanzaba detrás de él una sarta de palabrotas y blasfemias.

—¡Sangre de Dios! ¡Vientre de Dios! ¡Rediós! ¡Cuerpo de Dios! ¡Por el ombligo de Belzebú! ¡Rayos y truenos! ¡Por todos los papas!

—¡Por mi alma! —exclamó Jehan—. Ése sólo puede ser mi amigo el capitán Febo.

Ese nombre de Febo fue oído por el archidiácono en el momento en que estaba explicando al procurador del rey el dragón que esconde la cola en un baño del que sale humo y asoma la cabeza de un rey. Dom Claude se estremeció, se interrumpió con gran sorpresa de Charmolue, se volvió y vio a su hermano Jehan que se acercaba a un oficial de buena presencia, a la puerta de la mansión de Gondelaurier.

Era efectivamente el capitán Febo de Châteaupers que, apoyado en la esquina de la casa de su prometida, estaba jurando como un bárbaro.

—A fe mía que vuestros juramentos son de una facundia admirable —le dijo Jehan a la vez que le estrechaba la mano.

—¡Rayos y truenos! —respondió el capitán.

—¡Bueno, ya está bien, ya está bien! —replicó el estudiante—. ¿De dónde os viene hoy, mi gentil capitán, este torrente de lindas frases?

—Perdonadme, mi buen camarada Jehan —exclamó Febo sacudiéndole la mano—

; no es fácil parar en seco a un caballo al galope y yo estaba jurando al galope. Salgo de casa de esas mojigatas y siempre me ocurre igual al estar con ellas; cuando las dejo se me llena la boca de juramentos y tengo que escupirlos o reviento. ¡Rayos y truenos!

—¿Queréis venir a echar un trago? —le propuso el estudiante. Esta propuesta sosegó un tanto al capitán.

—Me gustaría, pero no tengo dinero.

—¡Hoy lo tengo yo!

—¿Ah, sí? ¡A verlo!

Jehan mostró la escarcela al capitán con majestad y sencillez. Pero el archidiácono que se había alejado de Charmolue, dejándole sorprendido y estupefacto, se había aproximado a escasa distancia de ellos dos, observándoles sin que ellos se dieran cuenta, atentos como estaban mirando la escarcela de Jehan. Febo exclamó:

—Para vos, mi querido Jehan, una bolsa es como tener la luna en un cubo de agua. Se la puede ver pero no está allí; es sólo el reflejo. ¡Pardiez! ¡Te apuesto algo a que son piedras!

—Éstas son las piedras con las que empiedro mi bolsillo —le respondió orgullosamente Jehan.

Y sin más explicaciones, vació la escarcela en una repisa próxima, dándose más importancia que un senador romano.

—¡Santo cielo! —masculló Febo—. Monedas de todo tipo. ¡Es asombroso!

Jehan permanecía digno a impasible. Un par de maravedises se le habían caído al suelo y cuando el capitán, lleno aún de asombro, hizo ademán de agacharse para recogerlos, Jehan le retuvo.

—¡Dejad, capitán Febo de Châteaupers!

Febo contó todas las monedas y volviéndose con solemnidad hacia Jehan, dijo:

—¿Sabéis, Jehan, que tenéis en total veintiséis cuartos parisinos? ¿A quién habéis desvalijado esta noche en la calle Coupe-Gueule?

Jehan, echando para atrás su cabeza rubia y rizada, dijo con tono de desdén y cerrando un poco los ojos.

—Uno que tiene un hermano archidiácono a imbécil.

—¡Por los cuernos de Dios! —exclamó Febo—. Vaya con el hombre importante.

—¡Vamos a beber! —dijo Jehan.

—¿A dónde vamos? —exclamó Febo. ¿A la Pomme d'Eve?

—No, capitán. Vamos a la Vieille Science. Una vieja que sierra un ansa. Es un jeroglífico; me gusta.

—Dejaos de jeroglíficos, Jehan. Es mejor el vino de la Pomme d'Eve y además hay junto a la puerta una parra, al sol, que me alegra cuando bebo.

—De acuerdo; va por Eva y su manzana —dijo el estudiante que añadió tomando a Febo por el brazo—: A propósito, mi querido capitán, acabáis de hablar de la calle Coupe-Gueule. Ya no es así; actualmente ya no somos tan bárbaros; ahora se llama Coupe-Gorge.

Los dos amigos se encaminaron, pues, hacia la Pomme d'Eve. Inútil es explicar que previamente habían recogido todo el dinero y que el archidiácono les seguía, sombrío y huraño. ¿Podría tratarse de aquel maldito nombre que, desde la entrevista con Gringoire, aparecía en todos sus pensamientos? No lo sabía, pero… a fin de cuentas era también un Febo, y ese nombre bastaba para que el archidiácono siguiera a paso de lobo a aquellos dos despreocupados compañeros, oyendo lo que decían, observando todos sus movimientos con una gran ansiedad. Además, lo más fácil era oír todo lo que hablaban, pues lo hacían casi a gritos, preocupándoles muy poco que los transeúntes se enteraran de sus confidencias. Hablaban de mujeres, de vino, de desafíos, de locuras…

Al doblar una esquina les llegó el sonido de una pandereta que procedía de una calle próxima. Dom Claude oyó cómo el oficial decía al estudiante.

—¡Rayos y truenos! Apretemos el paso.

—¿Por qué, Febo?

—Tengo miedo de que me vea la gitana.

—¿Qué gitana?

—La joven esa de la cabra.

—¿La Esmeralda?

—Esa misma, Jehan, siempre se me olvida ese demonio de nombre. Apresuremos el paso o acabará por reconocerme y no quiero que esa chica me pare en la calle.

—¿La conocéis pues, Febo?

Al llegar aquí el archidiácono observó cómo Febo, un tanto burlón, se acercó al oído de Jehan y le dijo algunas palabras en voz baja; luego Febo se echó a reír sacudiendo la cabeza con un gesto de triunfo.

—¿De verdad? —preguntó Jehan.

—¡Por mi alma! —contestó Febo.

—¿Esta noche?

—Esta noche.

—¿Estáis cierto que va a venir?

—¿Estáis loco, Jehan? Esas cosas no se dudan.

—¡Capitán Febo, sois un oficial afortunado!

Los dientes del archidiácono castañeteaban al oír aquello y un escalofrío, perceptible incluso en sus ojos, le recorrió el cuerpo. Se detuvo un momento y se apoyó en una esquina como si estuviera ebrio y continuó con la persecución de los dos alegres y despreocupados mozos.

Cuando volvió de nuevo a acercarse a ellos, ya habían cambiado de conversación; ahora cantaban a voz en grito la vieja canción:

Los niños de los Petits-Carreaux se dejan colgar como terneros.

VII: El fantasma encapuchado

La ilustre taberna de la Pomme d'Eve se hallaba en el barrio de la Universidad, en el cruce de la calle Rondelle con la de Bâtonnier. Era una sala bastante amplia, situada en la planta baja. Su techo de poca altura se apoyaba en un sólido pilar de madera pintado de amarillo. Había mesas por todas partes; jarros de estaño relucientes, colgados de las paredes; mucha clientela, chicas en abundancia, una cristalera que daba a la calle y una parra a la puerta. Sobre la puerta se veía una placa metálica de colores brillantes que tenía pintadas una manzana y una mujer. La placa estaba ya oxidada por la lluvia y giraba al viento sobre un eje de hierro. Esta especie de veleta, inclinada hacia el suelo, era el distintivo de la taberna.

Empezaba a anochecer y el cruce en donde se encontraba la taberna estaba ya oscuro y ésta, llena de luces, se destacaba de lejos como una fragua en la oscuridad. A través de los cristales rotos de la entrada se oía el ruido del entrechocar de los vasos, el bullicio, los juramentos, las discusiones… A través del humo y la neblina que el ambiente de la sala empujaba hacia la cristalera de la entrada, se distinguían cien figuras borrosas y de vez en cuando se destacaba de entre ellas alguna carcajada estridente. Los transeúntes que iban a sus asuntos pasaban de largo sin mirar siquiera hacia aquella alborotadora vidriera. Sólo a veces algún rapazuelo indigente se ponía de puntillas para alzarse hasta la repisa de la ventana aquella y lanzaba al interior de la taberna el acostumbrado grito burlón con que se abucheaba a los borrachos:

—¡Borrachos, borrachos, borrachos!

Había un hombre, sin embargo, que se paseaba imperturbable por delante de la bulliciosa taberna, mirando continuamente hacia ella y no apartándose más que un centinela de su garita. Iba embozado hasta la nariz con una capa que acababa de comprar a un ropavejero muy próximo a la Pomme d'Eve, sin duda alguna para preservarse del frío de las tardes de marzo o quizás para ocultar sus ropajes. De vez en cuando se detenía ante el ventanal traslúcido, de cristales emplomados, y escuchaba o miraba o se impacientaba golpeando los pies contra el suelo.

Por fin se abrió la puerta de la taberna, circunstancia esta que debía estar esperando. Salieron de allí dos bebedores a quienes por un momento la claridad que se filtró al abrir la puerta tiñó de rojo sus rostros joviales. Entonces el embozado se escondió tras un porche del otro lado de la calle y siguió observando desde allí.

—¡Rayos y truenos! —gritó uno de los dos bebedores—. Van ya a dar las siete; es la hora de mi cita.

—Os digo —proseguía su compañero con voz muy pastosa— que no vivo en la calle Mauvaises-Paroles, indignus qui inter mala verba habitat; vivo en la calle Jean- Pain-Mollet, in vico Johannis-Pain-Mollet, y si decís lo contrario sois más cornudo que un unicornio. Todo el mundo sabe que el que ha montado una vez en un oso no vuelve a tener nunca miedo, pero vuestra nariz siempre tira hacia las golosinas como Saint Jacques de l'Hôpital.

Jehan, mi querido amigo; estáis completamente borracho —decía el otro. Y el otro le respondía tambaleándose.

—Os gusta decirlo Febo, pero está comprobado que la nariz de Platón tenía el perfil de un perro de caza.

Sin duda alguna el lector ha reconocido ya a nuestros dos bravos amigos, el capitán y el estudiante. Lo mismo le pasó al que los vigilaba pues comenzó a seguir a paso lento todos los zigzagues que el estudiante obligaba a hacer al capitán que, como bebedor más asiduo había conservado toda su sangre fría.

Al escucharlos atentamente el embozado pudo coger al completo esta interesante conversación.

—¡Por Baco! Intentad enderezar vuestros pasos, señor bachiller pues ya sabéis que tengo que dejaros. Ya son las siete y estoy citado a esa hora con una mujer.

—¡Eh! Pues dejadme. Estoy viendo lanzas de fuego y estrellas. Sois como el castillo de Dampmartin, siempre lleno de juerga.

—Por las verrugas de mi abuela, amigo Jehan, estáis fuera de razón. A propósito,

¿ya no os queda más dinero?

—Señor rector, no hay ningún error; la pequeña carnicería, parva voucheria.

—¡Pero, Jehan; mi buen amigo Jehan! Sabéis que estoy citado con esa pequeña en el Pont Saint-Michel y que sólo puedo llevarla a casa de la Falourdel, la alcahueta del puente, y que tengo que pagar la habitación. La vieja zorra de bigote blanco no me fiará. ¡Jehan! ¡Por favor! ¿Nos hemos bebido acaso toda la bolsa del cura? ¿Ya no os queda ni un triste cuarto parisiense?

—La conciencia de haber sabido aprovechar bien el tiempo es un justo y sabroso condimento para la mesa.

—¡Por todas mis tripas! ¡Parad ya de hablar tonterías y decidme, por todos los demonios, si aún os queda alguna moneda! ¡Dejádmela, pardiez! O tendré que registraros aunque seáis un leproso como Job y sarnoso como César.

—Señor, la calle Galiache es una calle que comienza en la calle de la Verrerie y termina en la calle de Tixeranderie.

—Muy bien, mi buen amigo Jehan, mi pobre camarada; muy bien lo de la calle Galiache, pero ¡por todos los cielos! ¡Volved a la realidad! Sólo necesito un cuarto parisino y lo necesito a las siete.

—Que todo el mundo se calle y que escuche esta canción: Cuando las ratas se coman a los ratones,

el rey será señor de Atrás.

Cuando la mar que es grande y ancha, esté helada por San Juan, se verá por encima del hielo, salir a los de Atrás de su ciudad.

—Bueno, estudiante del anticristo, ¡ojalá te ahorquen con las tripas de tu madre!

—dijo Febo dándole un empujón con el que, borracho como estaba, fue a darse contra la pared y cayó tranquilamente al pavimento de Felipe Augusto. Con un poco de esa piedad fraterna que nunca abandona del todo el corazón de un bebedor, Febo fue empujando a Jehan con el pie hasta una de esas almohadas de pobre que la providencia ha colocado en todas las esquinas de París y que los ricos denigran con desdén llamándolas montones de basura. El capitán colocó la cabeza de Jehan en un plano inclinado hecho de un montón de tronchos de berza y en ese mismo instante el estudiante se puso a roncar haciendo magníficamente el bajo. Pero no se había apagado aún todo el rencor en el corazón del capitán que le dijo mientras se alejaba.

—¡Ojalá te recojan con el carro de la basura!

El hombre de la capa, que no había cesado de seguirle, se detuvo un momento frente al cuerpo del estudiante no sabiendo qué decisión tomar y finalmente, tras un profundo suspiro, se alejó también siguiendo los pasos del capitán.

Igual que han hecho ellos, nosotros vamos también a dejar a Jehan durmiendo bajo la benévola mirada de las estrellas y si, al lector le apetece, vamos a seguir a los otros dos personajes.

Al llegar a la calle Saint-André-des-Arcs, el capitán Febo observó que alguien le seguía. Había visto por casualidad, al mirar hacia atrás, una especie de sombra que se arrastraba tras él arrimándose a las paredes. Cuando él se paraba ella se paraba también y si echaba a andar, la sombra hacía otro tanto. Sin embargo, apenas si llegó a inquietarse un poco.

—¡Bah! —se dijo—; ¡si no llevo ni un cuarto!

Se detuvo de nuevo ante la fachada del colegio de Autun porque fue allí precisamente donde había iniciado lo que él llamaba sus estudios; aún le quedaban costumbres traviesas de su época de estudiante y no pasaba nunca por aquel lugar sin infligir a la estatua del cardenal, erigida a la derecha del portal, aquella especie de afrenta de la que tan amargamente se queja Priapo en la sátira de Horacio Olim truncus eram ficulnus. Se había encarnizado tanto en sus acciones que la inscripción Eduenrsis episcopus estaba ya casi borrada. Así que se detuvo, como era su costumbre, ante aquella estatua.

En el momento en que distraídamente se había puesto a atarse los cordones de las botas, vio cómo la sombra se acercaba a él con pasos lentos; tan lentos eran que tuvo tiempo de fijarse en la capa y el sombrero que llevaba. Una vez a su lado se detuvo y permaneció allí más inmóvil que la estatua del cardenal Bertrand. Sus ojos lanzaron hacia Febo una mirada llena de esa luz imprecisa que se ve por la noche en los ojos de los gatos.

El capitán era valiente y le habría importado muy poco el vérselas con un ladrón con un puñal en la mano, pero aquella estatua móvil, aquel hombre petrificado, le dejaron helado. Le vinieron a la memoria no sé qué leyendas que se contaban entonces acerca de un fantasma encapuchado, vestido de fraile, que merodeaba en las noches por las calles de París. Durante unos instantes permaneció sorprendido hasta que él mismo rompió aquel silencio con una risa forzada.

—Señor, si sois un ladrón como presumo, me hacéis el efecto de una garza que pretende sacar algo de una cáscara de nuez. Mi familia está totalmente arruinada, amigo. Dirigíos, pues, a otra parte. Creo que en la capilla de este colegio hay un trozo de madera de la Vera Cruz engarzado en plata.

En ese instante la sombra sacó la mano de debajo de la capa y la lanzó pesadamente sobre Febo como la garra de un águila, al tiempo que decía.

—¡Capitán Febo de Châteaupers!

—¡Cómo demonios conocéis mi nombre! —dijo Febo.

—No solamente conozco vuestro nombre —prosiguió el hombre de la capa, con voz sepulcral—; sé también que tenéis una cita esta noche.

—Es verdad —respondió Febo estupefacto.

—A las siete.

—Sí; dentro de un cuarto de hora.

—En casa de la Falourdel.

—Precisamente allí, sí señor.

—La alcahueta del Pont-Saint-Michel.

—De San Miguel arcángel, como reza el padrenuestro.

—¡Impío! —gruñó el espectro—. ¿Con una mujer?

—Confiteor

—Que se llama…

—La Esmeralda —contestó Febo despreocupadamente, a la vez que notaba cómo su aplomo le iba volviendo gradualmente.

Al oír ese nombre, la garra de la sombra sacudió con furor el brazo de Febo.

—Mentís, capitán Febo de Châteaupers.

El que hubiera podido ver en aquel momento el rostro encendido del capitán, el salto que dio hacia atrás, tan violento que logró soltarse de las tenazas que le sujetaban, el gesto de bravura con el que echó su mano a la empuñadura de la espada sin que la inmovilidad de aquella sombra se perturbara un solo instante; el que hubiera visto todo esto habría sentido miedo. Era como el combate de don Juan con la estatua del comendador.

—¡Por Cristo y Satanás! —gritó el capitán—. ¡Esa palabra ha sido oída muy pocas veces por los oídos de un Châteaupers! No te atreverás a repetirla.

—¡Mentís! —repitió fríamente la sombra.

Los dientes del capitán rechinaron y se olvidó en ese momento de fantasmas encapuchados y de supersticiones. Sólo sentía que un hombre le insultaba.

—¡Eso está muy bien! —dijo entre balbuceos con una voz ahogada por la rabia. Sacó su espada y luego, tartamudeando, pues la cólera hace temblar igual que el miedo—. ¡Aquí! ¡Ahora mismo! ¡Las espadas, las espadas! ¡Sangre en el empedrado!

El otro no se movió siquiera. Cuando vio a su adversario en guardia y presto a batirse, dijo con un acento vibrante de amargura:

—Capitán Febo, olvidáis vuestra cita.

Los arrebatos de hombres como Febo son como sopas de leche en las que una gota de agua fría es suficiente para detener la ebullición. Aquellas palabras hicieron bajar la espada que refulgía en las manos del capitán.

—Capitán —prosiguió el hombre—, mañana, pasado mañana, dentro de un mes o dentro de diez años me encontraréis presto a cortaros el cuello, pero ahora id a vuestra cita.

—En efecto —dijo Febo, como queriendo capitular consigo mismo—; son dos cosas maravillosas tener una cita con una espada y con una mujer, pero no veo, por qué he de perder la una por la otra si puedo disponer de las dos.

Y envainó su espada.

—Id a vuestra cita —insistió el desconocido.

—Señor —respondió Febo atropelladamente—, muchas gracias por vuestra cortesía. En realidad siempre tendremos tiempo mañana, o cuando sea, de llenar de puntadas y ojales el jubón de nuestro padre Adán. Os agradezco vuestra gentileza en permitirme pasar un cuarto de hora agradable. En verdad esperaba dejaros tumbado en el arroyo y disponer aún de tiempo para la bella, pensando que es de buen tono hacer esperar un poco a las mujeres en tales situaciones, pero me parecéis valiente y es mejor dejar la partida para mañana. Voy, pues, a mi cita de las siete como vos sabéis muy bien —al decir esto Febo se rascó la oreja—. ¡Por los cuernos del diablo!

¡Ya lo olvidaba! No tengo ni un ochavo para pagar el alquiler de la buhardilla y la vieja bruja querrá cobrarse por adelantado pues no se fía de mí.

—Aquí tenéis con qué pagar.

Febo sintió que la fría mano del desconocido deslizaba en la suya una moneda de buen tamaño. No pudo evitar aceptarla y estrechar aquella mano.

—¡Por Dios que sois un buen hombre!

—Con una condición —dijo el hombre—: Probadme que es cierto lo que decís y que soy yo el equivocado. Escondedme en alguna parte desde donde pueda ver si se trata en realidad de la mujer cuyo nombre habéis mencionado.

—¡Oh! —respondió Febo—; eso me da igual. Nos quedaremos en la habitación de Santa Marta. Podréis verlo todo a vuestro gusto desde la perrera que hay al lado.

—Venid, pues —dijo la sombra.

—A vuestras órdenes —respondió el capitán—. No sé si sois micer «Diabolus» en persona pero, por esta noche seamos buenos amigos que mañana os pagaré las deudas; las de la bolsa y las de la espada.

Y empezaron a andar rápidamente. Unos minutos más tarde el rumor del río les anunció que habían llegado al Pont-Saint-Michel, entonces con casas a ambos lados de su cauce.

—Primero voy a haceros entrar —dijo Febo a su compañero—, y luego iré a buscar a la muchacha que me estará esperando junto al Petit Châtelet.

El compañero no respondió. Desde que se habían puesto a andar no había dicho nada. Febo se detuvo frente a una puerta baja y llamó bruscamente. Un rayo de luz surgió por entre las rendijas de la puerta.

—¿Quién llama? —preguntó una voz desdentada.

—¡Por el cuerpo de Cristo y por su cabeza! ¡Por el vientre de Dios! —respondió el capitán. La puerta se abrió al instante, apareciendo en ella una vieja temblorosa sosteniendo una lámpara en sus manos no menos temblorosas. La vieja estaba casi doblada en dos, iba vestida de harapos y se le movía continuamente la cabeza en cuya cara aparecían dos ojos muy pequeños. Llevaba un pañuelo sujetándole el pelo y tenía arrugas en todas partes, en la cara, en las manos, en el cuello; los labios se le apretaban contra las encías y tenía alrededor de la boca como unos pinceles de pelo blanco que le daban el aspecto de un gato. El interior del cuchitril aquel no estaba menos deteriorado que ella. Estaba formado por unas paredes de yeso, unas vigas negruzcas en el techo, una chimenea desmantelada, telas de araña por todos los rincones y en el centro unas cuantas mesas y taburetes mal calzados, un niño sucio junto a las cenizas de la chimenea y al fondo una escalera o más bien una escala de madera que conducía a una trampilla abierta en el techo. Al entrar en aquella madriguera, el misterioso compañero de Febo se embozó hasta los ojos. Sin embargo el capitán, jurando como un sarraceno, se apresuró, como dice nuestro admirable Regnier a hacer relucir el sol en un escudo.

—La habitación de Santa Marta —dijo.

La vieja le trató de monseñor y guardó el escudo en un cajón; era, claro está, la moneda que el hombre del embozo había dado a Febo. En un momento en que la vieja volvió la espalda, el muchachote despeinado y harapiento que jugaba con las cenizas se aproximó hábilmente al cajón, cogió el escudo y puso en su lugar una hoja seca que había arrancado a uno de los leños de la chimenea.

La vieja indicó a los dos gentilhombres, como ella les llamaba, que la siguieran y subió por la escala delante de ellos.

Al llegar al piso superior, colocó la lámpara en un arcón y Febo, como viejo conocido de la casa, abrió una puerta que daba a un cuartucho oscuro.

—Entrad ahí, amigo —le dijo a su compañero. El hombre de la capa obedeció sin pronunciar una sola palabra y la puerta se cerró tras él. Oyó cómo Febo corrió el cerrojo y cómo un momento más tarde bajaba la escalera con la vieja. La luz había desaparecido.

VIII: Utilidad de las ventanas que dan al río

Claude Frollo (pues presumimos que el lector, más inteligente que Febo, no ha visto en toda esta aventura más fantasma encapuchado que el archidiácono) tanteó durante unos segundos el reducto tenebroso en donde Febo le había encerrado.

Era uno de esos recovecos que los arquitectos aprovechan a veces entre los puntos de intersección entre el tejado y el muro de descarga. El corte vertical de aquella perrera, como tan bien lo había definido Febo, habría dado un triángulo. Por otra parte no había ni ventana ni lucera y el abuhardillado del techo impedía mantenerse de pie. Claude se acurrucó, pues, entre el polvo y los cascotes que había por el suelo. Le ardía la cabeza y tanteando con las manos a su alrededor encontró un trozo de vidrio que apoyó en su frente y cuyo frescor le alivió un poco. ¿Qué pasaba en aquel momento por el alma oscura del archidiácono? Sólo Dios y él lo sabían. ¿En qué orden fatal colocaba en su pensamiento a la Esmeralda, a Febo, a Jacques Charmolue, a su hermano pequeño, tan amado y abandonado por él en medio del barro, su sotana de archidiácono, su reputación, quizás, arrastrada hasta casa de la Falourdel, o a todas aquellas visiones y aventuras? No sabría decirlo, pero sí es cierto que aquellas ideas tenían que formar en su espíritu un horrible conjunto.

Hacía ya un cuarto de hora que estaba esperando y le parecía haber envejecido un siglo, cuando de pronto oyó crujir las tablas de la escalera. Alguien estaba subiendo. La trampilla se abrió y apareció un rayo de luz pues en la portezuela apolillada de aquel cuchitril había una rendija bastante ancha a la que pegó inmediatamente su cara. Así podría ver todo lo que ocurriera en la habitación de al lado. La vieja con cara de gato fue la primera en pasar por la trampilla; llevaba una lámpara a iba seguida de Febo que se retocaba el bigote; después seguía una tercera persona que no era sino la bella y graciosa figura de la Esmeralda. El sacerdote la vio surgir de abajo como una aparición deslumbrante. Claude se echó a temblar; una especie de nube cubrió sus ojos y notaba en sus arterias la presión del corazón. Todo comenzó a zumbar y a girar a su alrededor y ya no vio ni oyó nada más.

Cuando volvió en sí, Febo y la Esmeralda se encontraban solos, sentados en el arcón de madera, al lado de la lámpara, cuya luz permitía destacar perfectamente las figuras de los dos jóvenes; había también un miserable camastro al fondo de aquel cuartucho.

Junto al camastro una ventana cuyo cristal hundido, como una tela de araña mojada por la lluvia, dejaba ver un pedazo de cielo y la luna tumbada a lo lejos entre blandos edredones de nubes.

La joven estaba ruborizada, violenta, excitada. Sus largas pestañas daban sombra de púrpura a sus mejillas y el oficial, al que no se atrevía ni a mirar, estaba radiante. Distraídamente y con un gesto encantadoramente torpe iba trazando con su dedo unas líneas incoherentes sobre el banco y luego se quedaba contemplando su dedo. No podían verse sus pies pues la cabritilla estaba echada encima.

Mucho le costó a dom Claude enterarse de lo que decían a causa del zumbido de su sangre y de su propia confusión.

(Nada hay más banal que la charla de dos enamorados; se limita a una repetición continua de «te amo»; frase musical bastante torpe a insípida para quienes la escuchan indiferentes si no va adornada con alguna floritura. Pero Claude no los estaba escuchando con indiferencia.)

—¡Oh! —decía la joven sin levantar los ojos—, no me despreciéis, señor Febo, comprendo que está muy mal lo que estoy haciendo.

—¡Despreciaros, mi bella niña! —respondía el capitán con un aire de galantería superior y distinguida—. ¿Por qué iba a despreciaros, pardiez?

—Por haberos seguido hasta aquí.

—En este punto no vamos a ponernos de acuerdo, preciosa. No debería despreciaros sino odiaros.

La joven se le quedó mirando asustada.

—¿Odiarme? ¿Qué es lo que os he hecho?

—Por haberos hecho tanto de rogar.

—¡Ay! —le respondió—, es que si falto a mi promesa... no encontraré a mis padres... y el amuleto perderá su hechizo... Pero... ¡qué me importa ahora tener padre y madre!

Y al decir esto fijaba en el capitán sus enormes ojos negros, humedecidos por la felicidad y la ternura.

—¡Al diablo si os entiendo! —exclamó Febo.

La Esmeralda permaneció silenciosa unos momentos y luego, con una lágrima en sus ojos y un suspiro en sus labios, dijo.

—¡Os amo señor!

Rodeaba a la joven tal perfume de castidad y tal encanto de virtud que Febo no acababa de encontrarse a gusto junto a ella. Sin embargo se sintió enardecido por aquella confesión.

—¿Que me amáis, decís? —esbozó entusiasmado al tiempo que pasaba su brazo por la cintura de la gitana.

Era ésta la ocasión que estaba esperando. El sacerdote lo vio y tocó con la yema del dedo un puñal que llevaba oculto en el pecho.

—Febo —prosiguió con dulzura la gitana apartando suavemente de su talle las manos tenaces del capitán—, sois bueno, generoso y bello y me habéis salvado a mí que no soy más que una pobre muchacha perdida en Bohemia. Hace mucho tiempo que sueño con un oficial que me salva la vida. Ya soñaba con vos antes de conoceros, Febo. En mi sueño había un hermoso uniforme, como el vuestro, una gran apostura, una espada. Además os llamáis Febo que es un nombre muy bonito; me gusta vuestro nombre y vuestra espada. Sacadla, Febo, para que pueda verla.

—¡Qué niña! —dijo el capitán al tiempo que desenvainaba su sable sonriente. La gitana miró la empuñadura, la hoja y examinó con adorable curiosidad las iniciales de la guarda y besó la espada diciéndole.

—Sois la espada de un valiente. Amo a mi capitán.

Febo aprovechó nuevamente aquella ocasión para besar su hermoso cuello, lo que hizo que la joven, escarlata como una cereza, se incorporara.

Los dientes del archidiácono rechinaron en la oscuridad de su escondrijo.

—Febo, dejadme hablaros —dijo la gitana—. Andad un poco para que pueda ver lo apuesto que sois y para que oiga resonar vuestras espuelas. ¡Qué guapo sois!

El capitán se levantó para complacerla riñéndola con una sonrisa de satisfacción.

—¡Sois como una niña! A propósito, encanto, ¿me habéis visto alguna vez con uniforme de gala?

—No; ¡qué lástima! —le respondió ella.

—¡Eso sí que me cae bien!

Febo volvió a sentarse pero en esta ocasión mucho más cerca de ella.

—Escuchad, querida.

La gitana le dio unos golpecitos en la boca con su linda mano, con un gesto lleno de gracia y de alegría.

—No, no os escucharé. ¿Me amáis? Quiero oíros decir que me amáis.

—¡Que si te amo, ángel de mi vida! —exclamó el capitán arrodillándose—. Mi cuerpo, mi alma, mi sangre, todo es tuyo, todo es para ti. Te quiero y no he querido a nadie más que a ti.

El capitán había repetido tantas veces esta misma frase y en tantas situaciones tan similares que la soltó de corrido y sin un solo error. Ante esta declaración apasionada, la egipcia dirigió hacia el sucio techo, a falta de un cielo mejor, una mirada llena de angélica felicidad.

—¡Oh! —dijo entre murmullos—; ¡éste es uno de los momentos en que uno debería morir!

Febo dedujo que era un buen «momento» para robarle otro beso, que sirvió para prolongar la tortura del archidiácono en su miserable rincón.

—¡Morir! —exclamó el enamorado capitán—. ¿Qué es lo que estáis diciendo, ángel mío? ¡Es justamente el momento de vivir! ¡Morir al comienzo de algo tan dulce!

¡Por los cuernos de un buey, qué tontería! ¡Ni hablar!; escuchadme mi querida Similar… Esmenarda… Perdón, pero vuestro nombre es tan prodigiosamente sarraceno que me resulta difícil pronunciarlo. Es como la espesura por donde sólo despacio se puede andar.

—¡Dios mío! —dijo la pobre muchacha—. ¡Yo que creía que mi nombre era bonito por su singularidad!, pero, puesto que no os agrada, me gustaría llamarme Goton.

—¡Ay! ¡No hay que llorar por cosas tan triviales, encanto! Es un nombre al que sólo hay que acostumbrarse y eso es todo; en cuanto me lo aprenda bien, saldrá solito; ya verás. Escuchadme, querida Similar, os adoro con pasión. Y lo que es realmente milagroso es que os amo de verdad. Sé de una jovencita que se muere de rabia.

La joven, un poco celosa, le interrumpió.

—¿Quién es?

—¡Qué más nos da! —dijo Febo—. ¿Vos me amáis?

—¡Oh! —exclamó ella.

—Pues entonces no hay más que hablar. Ya veréis cómo también yo os amo. Que Neptuno me ensarte si no os hago la criatura más feliz del mundo. Encontraremos una casita en cualquier parte y haré desfilar a mis arqueros bajo vuestras ventanas. Van todos a caballo y dejan pequeños a los del capitán Mignon. Hay ballesteros, lanceros y culebrines de mano. Os llevaré a ver las grandes maniobras de los parisinos al campo de Rully. ¡Es magnífico! ¡Ochenta mil hombres armados y treinta mil arneses blancos! Las sesenta banderas de todos los cuerpos, estandartes del parlamento, del tribunal de cuentas, del tesoro de los generales… en fin, una parada de todos los demonios. Os enseñaré los leones del palacio del rey, que son bestias realmente salvajes. A todas las mujeres les gusta mucho.

Hacía ya algún tiempo que la muchacha, subyugada por sus felices pensamientos, estaba soñando al eco de la voz del capitán, pero no escuchaba sus palabras.

—¡Oh! ¡Ya lo creo que seréis feliz! —proseguía el capitán al tiempo que soltaba suavemente el cinturón de la gitana.

—Pero, ¿qué estáis haciendo? —dijo ella con presteza. Aquella vía de hecho la había despertado de sus fantasías.

—Nada —respondió Febo—. Sólo decía que sería conveniente abandonar toda esta vestimenta de fantasía y de bailarina cuando viváis conmigo.

—¡Cuando viva contigo, mi querido Febo! —dijo la joven con ternura. Y se quedó silenciosa y pensativa.

El capitán, animado por esa ternura, la tomó nuevamente del talle sin que ella se resistiera y comenzó muy suavemente a soltar los lazos de la blusa de la muchacha y soltó tanto su gorgueruelo que el archidiácono, nervioso, vio aparecer por entre el tul de la blusa el bello hombro desnudo de la gitana, suave y moreno cual una luna surgiendo en el horizonte entre brumas.

La joven dejaba hacer a Febo y parecía no darse cuenta de ello. La mirada del joven capitán se encendía.

De pronto, volviéndose hacia él con expresión amorosa, le dijo:

—Febo, tienes que instruirme en tu religión.

—¿En mi religión? —exclamó Febo soltando una risotada—. ¡Instruiros yo en mi religión! ¡Rayos y truenos! ¿Qué pensáis hacer con mi religión?

—Es para casarnos —respondió ella.

El rostro del capitán adquirió una expresión que reflejaba al mismo tiempo la sorpresa y el desdén, la despreocupación y la pasión libertina.

—Pero, bueno, ¿nos vamos a casar?

La gitana se quedó pálida y dejó caer tristemente la cabeza sobre su pecho.

—Veamos, mi bella enamorada. ¿Qué locuras son ésas? ¡Valiente cosa el matrimonio! ¿Se es acaso menos amante por no haber soltado unos latinajos delante de un cura?

Y mientras decía estas cosas con una voz dulce, se iba aproximando cada vez más a la gitana; sus manos acariciadoras habían vuelto a su posición primera, rodeando aquel talle tan fino y grácil; sus ojos se encendían con más viveza y todo anunciaba que el señor Febo había llegado a uno de esos momentos en que el mismo Júpiter hace tantas tonterías que el bueno de Homero se ve obligado a llamar a una nube en su ayuda.

Sin embargo, dom Claude lo presenciaba todo; aquella portezuela estaba hecha con duelas de tonel, podridas ya, que le permitían ver cómodamente a través de sus anchas rendijas. Aquel sacerdote de piel cetrina y de anchos hombros, condenado hasta entonces a la austera virginidad del claustro, se estremecía y enardecía ante aquellas escenas de amor, de noche y de voluptuosidad.

Aquella joven y hermosa muchacha, entregada apasionadamente a aquel otro joven ardoroso, le encendía la sangre en sus venas y se producían en su interior extrañas reacciones. Su vista se perdía, celosa y lasciva, en lo que las manos del capitán iban desvelando.

Si alguien entonces hubiera podido contemplar el aspecto del desventurado clérigo pegado a aquellas tablas apolilladas habría creído ver a un tigre observando cómo un chacal devoraba a una gacela. Sus pupilas brillaban como ascuas a través de las grietas de la puerta.

De pronto, Febo arrancó de un gesto rápido el gorgueruelo de la gitana. La pobre muchacha que se había quedado pálida y soñadora, reaccionó con un sobresalto y se separó bruscamente del intrépido capitán al ver desnudos su cuello y sus hombros, roja de confusión y muda de vergüenza, cruzó sus brazos sobre sus senos para ocultarlos. A no ser por el fuego encendido de sus mejillas, viéndola así silenciosa a inmóvil, se habría dicho que era la estatua del pudor. Sus ojos se mantenían bajos. Pero aquel gesto del capitán puso al descubierto el misterioso amuleto que le colgaba del cuello.

—¿Qué es esto? —le dijo tomándolo como pretexto para acercarse de nuevo a la joven a la que acababa de asustar.

—No lo toquéis —respondió ella con viveza—, es mi guardián. Él me permitirá un día encontrar a mi familia. Si me conservo digna de ello. ¡Oh! ¡Dejadme, capitán!

¡Madre mía, mi pobre madre! ¿Dónde estás? ¡Ayúdame! ¡Por favor, señor Febo, devolvedme mis prendas!

Febo retrocedió y dijo fríamente.

—¡Ay! ¡Ya veo que no me queréis!

—¡Que no os amo! —exclamó la pobre desventurada, al tiempo que se abrazaba al capitán, al que hizo sentarse a su lado. ¡Que no os amo, Febo de mi alma! ¡Que no os amo, Febo de mi vida! ¡Qué estás diciendo, cruel, que me desgarras el corazón!

¡Tómame! ¡Tómame toda! ¡Haz de mí lo que desees! ¡Soy toda tuya! ¡Qué puede importarme el amuleto! ¡Qué me importa mi madre! ¡Tú eres mi madre pues es a ti a quien yo amo! ¡Febo, mi bien amado Febo! ¿Me ves? Soy yo, mírame. Soy esa muchacha, a la que tú no deseas abandonar, que viene a ti, que te busca. Mi vida, mi alma, mi cuerpo, todo os pertenece, capitán. No nos casaremos si eso te disgusta; pero además, ¿quién soy yo? Una desgraciada mujer del arroyo, mientras que tú, Febo, eres un gentilhombre. ¡Buena cosa en verdad! ¡Una bailarina casándose con un oficial! ¡Estaba loca! No, Febo, no. Seré tu amante, tu diversión, tu placer. Siempre que lo desees seré tuya. ¡Qué me importa ser despreciada, manchada, deshonrada! Para eso he nacido. ¡Ser amada! Seré la más feliz y la más orgullosa de todas las mujeres. Y cuando sea vieja y fea, Febo, cuando ya no sirva para amaros, entonces aún podré serviros; otras os bordarán pañuelos; yo seré la criada que se ocupará de vos; me permitiréis sacar brillo a vuestras espuelas, cepillar vuestro uniforme, quitar el polvo a vuestras botas de montar. ¿Verdad, Febo mío, que me permitiréis hacerlo? Mientras tanto, ¡tómame! ¡Toma, Febo, todo te pertenece! ¡Ámame, no te pido más! Nosotras las gitanas sólo eso necesitamos: amor y aire libre.

Y mientras así hablaba, colgaba sus brazos del cuello del oficial; le miraba alzando los ojos, suplicante, con una bella sonrisa y toda llorosa mientras su delicado pecho rozaba la sobreveste de paño y los ásperos bordados. Su bello cuerpo medio desnudo se asía a sus rodillas.

El capitán, embriagado de deseo, colocó sus ardientes labios en aquellos bellísimos hombros africanos. La muchacha, con la mirada perdida en el techo, echada hacia atrás, se estremecía jadeante bajo aquel beso.

De pronto, por encima de la cabeza de Febo, ella vio otra cabeza, un rostro lívido, verdoso, convulsionado, con una mirada de condenado y junto a aquella cara, vio también una mano que sostenía un puñal. Eran la cara y la mano del archidiácono que había roto la puerta y que estaba allí, aunque Febo no podía verle. La joven permaneció inmóvil, helada, muda, ante aquella espantosa visión, como una paloma que levantara su cabeza en el momento mismo en que el gavilán fija en su nido una mirada de presa con sus ojos redondos.

Ni siquiera pudo lanzar un grito. Vio cómo el puñal descendía sobre Febo y luego volvía a elevarse, humeante.

—¡Maldición! —dijo el capitán y cayó al suelo. Ella se desvaneció.

En el momento en que sus ojos se cerraban, cuando todas sus sensaciones se desvanecían, creyó percibir en sus labios un contacto de fuego, un beso más abrasador que el hierro rojo de un verdugo.

Cuando recobró sus sentidos, se hallaba rodeada de los soldados de ronda que se llevaban al capitán, bañado en sangre; el clérigo había desaparecido; la ventana del fondo, que daba al río, estaba abierta de par en par. Recogieron una capa que suponían debía pertenecer al oficial y oyó a alguien decir cerca de ella.

—Es esta bruja la que ha apuñalado al capitán.

LIBRO OCTAVO

I: El escudo convertido en hoja seca

Gringoire y toda la corte de los milagros se hallaban en una incertidumbre mortal. Hacía ya más de un mes que no sabían qué había podido ocurrir con la Esmeralda, lo que entristecía enormemente al duque de Egipto y a sus amigos los truhanes. Tampoco sabían nada de su cabra, circunstancia esta que hacía mayor el dolor de Gringoire. Una noche la egipcia había desaparecido y desde entonces no había vuelto a dar señales de vida. Toda búsqueda había resultado vana. Algunos sabouleux dijeron a Gringoire que la habían visto aquella noche por los alrededores del Pont-Saint- Michel acompañada de un oficial; pero aquel marido a la moda de Bohemia era, a la vez, un filósofo incrédulo y además conocía mejor que nadie hasta qué punto a su mujer le preocupaba la virginidad. Había tenido la ocasión de juzgar el pudor inexpugnable que resultaba de la combinación de la virtud del amuleto por una parte y de la gitana por otra y había hasta calculado matemáticamente la resistencia de aquella castidad elevada al cuadrado. Así que, en este aspecto, estaba tranquilo.

Por eso precisamente no acertaba a explicarse aquella desaparición y su pena era muy grande. Habría adelgazado si eso hubiera sido posible. Se había despreocupado de todo incluso de sus aficiones literarias. Había abandonado su gran obra de Figuris regularibus et irregularibus que había pensado publicar, imprimir, con el primer dinero que tuviese (la imprenta le apasionaba desde que había visto el Didascalon de Hugues de Saint-Victor, impreso con los célebres caracteres de Vindelin de Spine).

Un día, mientras paseaba cabizbajo ante la Tournelle de lo criminal, observó que un grupo de gente se arremolinaba en torno al Palacio de justicia.

—¿De qué se trata? —preguntó a un joven que salía de allí.

—No lo sé muy bien, señor —le respondió el joven—. Dicen que están juzgando a una mujer por haber asesinado a un oficial y como parece que se ha encontrado brujería en ello, el obispo y el Santo Oficio han intervenido en el asunto y mi hermano, que es el archidiácono de Josas, se pasa ahí adentro toda su vida. Quería haberle hablado, precisamente, pero no me ha sido posible a causa del gentío, cosa que no deja de contrariarme porque necesito dinero.

—Lo siento mucho, señor —dijo Gringoire—, y me gustaría prestaros algo, pero si mis calzas están llenas de agujeros no es porque me sobren los escudos.

No se atrevió a decir al joven que conocía a su hermano el archidiácono, al que no había vuelto a ver desde la escena de la iglesia, negligencia esta que le hacía sentirse un tanto molesto.

El estudiante se marchó y Gringoire se fue hacia el gentío que iba subiendo por la escalera de la gran sala. Pensaba que no hay nada como el espectáculo de un proceso criminal para disipar la melancolía, por la estulticia regocijante que de ordinario muestran los jueces. La gente con la que se había mezclado subía apretujándose y silenciosa. Después de un lento a insípido camino por un larguísimo pasillo sombrío que serpenteaba por el interior del viejo palacio, llegó frente a una puerta baja, que daba acceso a una sala. La estatura de Gringoire le permitió explorar con la mirada por encima de las cabezas de aquella multitud abigarrada en la sala. Ésta era enorme y bastante sombría, lo que le daba un aspecto todavía mayor. Estaba comenzando a anochecer y las altas ventanas ojivales no dejaban entrar más que un pálido rayo de luz que se apagaba antes de alcanzar la bóveda formada por un entresijo enorme de maderas talladas, cuyas mil figuras parecían moverse confusamente en la sombra. Ya se habían encendido algunas velas, colocadas aquí y allá en algunas mesas, brillando sobre las cabezas de los escribanos, inclinados sobre sus papeles. El gentío ocupaba la parte anterior de la sala y a derecha a izquierda se veían personas togadas sentadas ante sus mesas; al fondo, en un estrado, un gran número de jueces de los que no se veían las últimas filas, confundidas ya entre la penumbra. En cualquier caso, todos permanecían inmóviles y su expresión era siniestra. Flores de lis en profusión adornaban las paredes de la sala y se podía distinguir vagamente, por encima de las cabezas de los jueces, un gran crucifijo así como picas y alabardas en cuyas puntas brillaba el resplandor de las velas.

—Señor —preguntó Gingoire a uno de sus vecinos— ¿sabéis qué hacen todas esas personas, sentadas en fila como prelados en un concilio?

—Señor —le respondió el vecino—, los de la derecha son los consejeros de la Gran Cámara y los de la izquierda los encargados de las diligencias; los letrados son los que llevan las togas negras y los prelados las togas rojas.

—¿Y el que se ve al fondo, por encima de todos ellos, aquel gordinflón que está sudando?

—Aquél es el señor presidente.

—¿Y esas ovejas que están detrás de él? —prosiguió, en el mismo tono, Gringoire que, como ya hemos visto, detestaba a la magistratura, debido sin duda al odio que albergaba contra el Palacio de Justicia, desde su desafortunada representación dramática.

—Ésos son los señores letrados de diligencias de la casa del rey.

—¿Y el jabalí aquel, que está delante?

—Es el escribano de la corte del parlamento.

—¿Y ese cocodrilo de la derecha?

—Es maese Philippe Lheulier, abogado extraordinario del rey.

—¿Y ese enorme gato negro de la izquierda?

—Es maese Jacques Charmolue, procurador real en asuntos eclesiásticos con los señores del Santo Oficio.

—Y decidme ya, ¿qué pinta aquí toda esa gente?

—Están juzgando.

—Pero, ¿a quién? No veo a ningún acusado.

—Es una mujer, señor; no podéis verla porque nos está dando la espalda y la tapa la gente. Miradla; ahora se la ve; está allí junto a aquel grupo de alabarderos.

—¿Quién es la mujer? ¿Conocéis su nombre?

—No, señor; acabo de llegar pero imagino que se trata de algún asunto de brujería puesto que está presente el Santo Oficio.

—¡Vaya! —dijo nuestro filósofo—. Vamos a ver cómo toda esa gente de toga come carne humana. No está mal; al fin y al cabo es un espectáculo como otro cualquiera.

—Señor —observó el vecino—. ¿No os parece muy tranquilo el aspecto de maese Jacques Charmolue?

—¡Qué quiere que le diga! —respondió Gringoire—. Pero yo desconfío de la calma y de la dulzura que tiene narices afiladas y labios delgados.

El público cortó esta conversación a impuso silencio a los dos charlatanes. Se estaba escuchando un alegato importante.

En medio de la sala, una vieja cuyo rostro desaparecía de tal modo bajo su vestimenta que podría incluso habérsela confundido con un montón de harapos, estaba diciendo:

—Señores; esto es tan cierto como que yo soy la Falourdel, con establecimiento desde hace cuarenta años en el Pont-Saint-Michel y pagando puntualmente todas mis rentas y censos, en el portal que está frente a la casa de Tassin-Caillart, el tintorero,

que está al lado de arriba del río. Hoy soy una pobre vieja, señores, pero en otros tiempos era una linda muchacha. Hacía ya unos cuantos días que me venían diciendo:

«Eh, Falourdel, no hiléis tan rápido en vuestra rueca por la noche que al demonio le gusta devanar con sus cuernos el ovillo de la rueca de las viejas. Tened por cierto que el fantasma encapuchado que el año pasado andaba por los alrededores del templo, anda rondando ahora por la Cité; así que ya sabéis, Falourdel; mucho cuidado; no vaya a llamar a vuestra puerta». Y una noche estaba yo hilando con mi rueca y llaman a la puerta. Pregunto quién es y lanzan unos juramentos. Abro y entran dos hombres; uno de negro con un apuesto oficial. Del de negro sólo se podían ver los ojos que eran como dos brasas pues el resto no era más que capa y sombrero. Bueno; van y me dicen: «La habitación de Santa Marta». Es la habitación de arriba, señores, la más limpia. Van y me dan un escudo. Guardo el escudo en un cajón y me digo: con esto podré comprar unos callos en el matadero de la glorieta. Subimos al cuarto y una vez arriba, mientras yo estaba de espaldas al oficial, el hombre de negro desapareció. Aquello me sorprendió un poco. Sigo: el oficial que tenía la prestancia de un gran señor, baja conmigo y se marcha. No había yo aún terminado de hilar un cuarto de madeja, cuando vuelve con una hermosa muchacha, una muñeca que habría brillado como el sol si hubiera estado peinada. Traía con ella un chivo, un gran macho cabrío blanco y negro, ya no me acuerdo. Eso me da que sospechar. La chica, eso no es cosa mía, pero el chivo… no me gustan esos animales; tienen barba y cuernos… se parecen a un hombre. Y además huelen a sábado. Sin embargo no dije nada pues me habían dado un escudo. Es lógico, ¿no es verdad, señor juez? Hago subir a la chica y al capitán al cuarto de arriba y les dejo solos; es decir, con el chivo. Bajo y me pongo otra vez a hilar. Tengo que deciros que mi casa tiene una planta baja y un primero como las otras casas del puente y que tanto la ventana de la planta baja como la del primero dan al río.

Así que yo estaba hilando y no sé por qué estaba pensando en el fantasma encapuchado que el chivo me había traído a la cabeza y además la chica iba vestida muy raramente. De repente oigo un grito arriba y un

275

ruido como si algo hubiera caído al suelo y más tarde oí cómo abrían la ventana. Me fui entonces a la mía, que está abajo y veo pasar ante mis ojos una masa negra que cae al agua. Era un fantasma vestido de sacerdote; había claro de luna y pude verlo muy bien cómo iba nadando hacia la Cité. Entonces, temblorosa, llamé a la guardia. Estos señores de la docena entran y ya, desde el primer momento, sin saber siquiera de qué iba la cosa, como estaban contentos, van y me pegan. Les expliqué lo que pasaba y juntos subimos al cuarto. ¿Qué encontramos allí? Mi pobre habitación toda manchada de sangre, el capitán tendido en el suelo y con un puñal en el cuello; la muchacha haciéndose la muerta y al chivo todo asustado. Bueno, me dije, tardaré quince días en limpiar el suelo, habrá que rasparlo… será terrible. Se llevaron al oficial. ¡Pobre joven! y a la chica medio desnuda. ¡Ay!, espere, espere. Lo peor fue que, al día siguiente, cuando quise coger el escudo para comprar los callos, me encontré en su lugar una hoja seca.

Cuando la vieja se calló, un murmullo de horror circuló por el auditorio.

—Ese fantasma, el chivo… todo esto huele a brujería —dijo el vecino de Gringoire.

—¡Y la hoja seca! —añadió otro.

—No hay duda —prosiguió un tercero—; es una bruja que tiene tratos con el fantasma encapuchado para desvalijar a los oficiales.

El mismo Gringoire no estaba muy lejos de encontrar todo aquello horrible y verosímil.

—Mujer Falourdel —dijo el presidente con majestad—. ¿No tiene nada más que declarar a la justicia?

—No, monseñor —respondió la vieja—; a no ser que en el atestado se ha dicho que mi casa era un chamizo ruinoso y maloliente, lo que es hablar de manera ultrajante para mí. Las casas del puente no tienen buena pinta porque hay mucha gente en ellas pero no por ello dejan de vivir en ellas los carniceros que son gente muy rica y casados con bellas mujeres, todas muy limpias.

El magistrado que había dado a Gringoire el aspecto de cocodrilo se levantó.

—¡Paz! —dijo—. Les ruego, señores, que no pierdan de vista el hecho de que se ha encontrado un puñal a la acusada. Mujer Falourdel, ¿habéis traído aquella hoja seca en que se transformó el escudo que el demonio os había dado?

—Sí, monseñor —respondió la vieja—. La encontré. Aquí la tenéis.

Un ujier llevó la hoja muerta al cocodrilo, que hizo un gesto lúgubre y la pasó al presidente que, a su vez, la envió al procurador del rey para asuntos de la Iglesia. Y así fue dando la vuelta a toda la sala.

—Es una hoja de álamo —dijo maese Jacques Charmolue—. Nueva prueba de brujería.

Un consejero tomó la palabra.

—Testigo; dos hombres subieron a la vez a vuestra habitación; el hombre de negro al que visteis primeramente desaparecer y luego nadar en el Sena con ropas de clérigo, y el oficial. ¿Quién de los dos os dio el escudo?

La vieja reflexionó un momento y dijo.

—Fue el oficial —un rumor se produjo entonces entre el público.

—¡Vaya! —pensó Gringoire—. Esto es algo que me hace dudar.

Sin embargo, maese Philippe Lheulier, el abogado extraordinario del rey, intervino de nuevo.

—Recuerdo a sus señorías que en la declaración escrita a la cabecera de su cama, el oficial asesinado dijo que, en el momento en que el hombre de negro le había abordado, tuvo vagamente la impresión de que muy bien podría tratarse del fantasma encapuchado. Añadió también que el fantasma le había insistido vivamente a que fuera a intimar con la acusada y, al insinuarle, el capitán que estaba sin dinero, él le había dado el escudo con el que el dicho oficial pagó a la Falourdel. Así, pues, ese escudo es moneda del infierno.

Aquella observación concluyente pareció disipar todas las dudas de Gringoire y de los demás escépticos del auditorio.

—Sus señorías tienen el expediente —añadió el abogado del rey sentándose—; pueden consultar lo dicho por el capitán Febo de Châteaupers.

Al oír este nombre, la acusada se levantó y su cabeza sobresalió entre los asistentes a la sala. Fue entonces cuando Gringoire, espantado, reconoció a la Esmeralda.

Estaba pálida y sus cabellos siempre tan graciosamente trenzados y salpicados de cequíes, caían en desorden. Tenía los labios amoratados y sus ojos hundidos daban miedo. ¡Pobre Esmeralda!

—¡Febo! —dijo ella con turbación—, ¿dónde está? ¡Monseñores, por favor! ¡Antes de matarme decidme si vive aún!

—Callaos, mujer —cortó el presidente—. Eso no es de vuestra incumbencia.

—¡Por caridad! ¡Decidme si aún vive! —rogaba ella, juntando sus bellas manos, ahora descarnadas, y se oía el ruido de cadenas por entre sus ropas.

—¡Está bien! —dijo secamente el abogado del rey— se está muriendo. ¿Estáis ya contenta?

La desventurada volvió a sentarse, ya sin voz, sin lágrimas y blanca como la cera.

El presidente se inclinó hacia un hombre colocado a sus pies, vestido de negro y con un bonete dorado. Llevaba una cadena al cuello y una vara en la mano.

—Ujier —le dijo—, llamad a la segunda acusada.

Todas las miradas se dirigieron hacia una portezuela que se abrió, y con gran sorpresa de Gringoire, dio paso a una cabritilla de lindos cuernos y pezuñas doradas. El elegante animal se detuvo un momento a la entrada, estiró el cuello como si, encaramada en la punta de una roca, tuviera ante sus ojos un enorme horizonte. De pronto descubrió a la gitana y, saltando por encima de la mesa y de la cabeza de un escribano, se plantó de dos saltos en sus rodillas y luego se puso a juguetear graciosamente entre los pies de su ama en demanda de una caricia o de una palabra; la acusada sin embargo permaneció inmóvil y no hubo ni siquiera una mirada para la pobre Djali.

—¡Eh! pero si es el horrible animal del que antes he hablado —dijo la vieja Falourdel—; ¡las reconozco muy bien a las dos!

Entonces intervino Jacques Charmolue.

—Si lo desean vuestras señorías, procederemos a interrogar a la cabra.

Era la cabra, en efecto la segunda acusada. Era muy frecuente entonces los procesos de brujería levantados contra un animal. Encontramos, entre otros, en las cuentas de la prebostería de 1466 un curioso detalle de los gastos del proceso de Gillet-Soulart y de su cerda, ejecutados por rus fechorías, en Corbeil. Allí está todo consignado; los costos de la fosa para guardar a la cerda, los quinientos haces de leña recogidos en el puerto de Morsan, las tres pintas de vino y el pan, última comida del condenado, que compartió fraternalmente con el verdugo, hasta los once días de cuidados y el alimento de la cerda a ocho denarios parisinos por día. Algunas veces se llegaba aún más lejos en este asunto de los animales. Las capitulaciones de Carlomagno y de Luis el Bondadoso infligen graves penas a los fantasmas inflamados que se atrevieran a mostrarse en el aire.

Pero el procurador para asuntos eclesiásticos dijo:

—Si el demonio que posee a esta cabra, y que se ha resistido a todos los exorcismos, persiste en sus maleficios y si continúa asustando a esta corte, le prevenimos que nos veremos forzados a solicitar para él la horca o la hoguera.

Gringoire sintió un sudor frío. Charmolue cogió de una mesa la pandereta de la gitana y presentándosela de una cierta manera a la cabra, le preguntó:

—¿Qué hora es?

La cabra le miró con ojos inteligentes, levantó su patita dorada y golpeó siete veces contra el suelo; y en efecto eran las siete. Un movimiento de pánico agitó a aquella multitud.

Gringoire no pudo contenerse.

—¿No os dais cuenta de que no sabe lo que hace? —exclamó lo más fuerte que pudo.

—¡Silencio en la sala! —dijo secamente el ujier.

Jacques Charmolue, haciendo las mismas maniobras con la pandereta, mandó hacer a la cabra otras de sus habilidades acerca de la fecha, del día, del mes, del año, etc., de las que el lector ya ha sido testigo. Pues bien; por una ilusión óptica, propia de los debates judiciales, los mismos espectadores que, en más de una ocasión habían aplaudido en las plazas las inocentes astucias de Djali, ahora, bajo las bóvedas del Palacio de Justicia, se sentían horrorizados y creían decididamente que aquella cabritilla era el mismo demonio.

Pero aún fue peor cuando, después de que el procurador del rey vaciara en el suelo un saquito de cuero lleno de letras sueltas que la cabra llevaba atado al cuello, se la vio ir separando con su pata las necesarias para formar el nombre de Febo. Los sortilegios de que el capitán había sido víctima parecieron entonces irrefutablemente demostrados y, a los ojos de la concurrencia, la gitana, aquella encantadora bailarina que tantas veces había deslumbrado a los transeúntes con su gracia y donaire, ya no fue más que una horripilante bruja.

Pero la Esmeralda no reaccionaba; ni las graciosas evoluciones de Djali, ni las amenazas del tribunal, ni las sordas imprecaciones del auditorio, nada de todo ello llegaba a su pensamiento.

Fue preciso para estimularla que un sargento la sacudiese sin piedad y que el presidente elevara solemnemente el tono de voz.

—Muchacha, sois de raza bohemia, dada a los maleficios. En complicidad con esa cabra embrujada, implicada en el proceso, en la noche del 29 de marzo último, habéis asesinado y apuñalado de acuerdo con los poderes de las tinieblas, y con ayuda de encantamientos y prácticas de hechicería, a un capitán de los arqueros de la ordenanza del rey, Febo de Châteaupers. ¿Persistís en vuestra negativa?

—¡Horror! —gritó la joven ocultando su rostro entre las manos—. ¡Mi Febo! ¡Oh!

¡Es el infierno!

—¿Persistís en negarlo? —le preguntó fríamente el presidente.

—¡Sí! Lo niego —dijo en un tono terrible al tiempo que se incorporaba y sus ojos brillaban con un fulgor de ira.

El presidente prosiguió imperturbable.

—Entonces, ¿cómo explicáis los cargos que se os imputan? Ella le respondió con voz entrecortada.

—Ya lo he dicho. No lo sé. Fue un cura. Un cura al que no conozco y que me persigue. Un cura infernal.

—Eso es, repuso el juez. El fantasma encapuchado.

—¡Apiadaos de mí, monseñores! No soy más que una pobre muchacha.

—De Egipto —dijo el juez.

Maese Jacques Charmolue tomó la palabra con dulzura.

—Vista la penosa obstinación de la acusada, se requiere la aplicación de la tortura.

—Concedido —dijo el presidente.

Todo el cuerpo de la desdichada joven se estremeció, pero se levantó sin embargo ante las órdenes de los alabarderos y se encaminó con paso firme, precedida por Charmolue y por los sacerdotes de la Inquisición, entre dos filas de alabarderos, hacia una puerta secreta que se abrió súbitamente y se cerró tras su entrada, lo que produjo en Gringoire el efecto de unas fauces horribles que acababan de devorarla.

Cuando hubo desaparecido se oyó un balido quejumbroso. Era la cabrita que lloraba.

Se suspendió la audiencia. Cuando un consejero precisó que sus señorías se encontraban cansadas y que sería esperar demasiado tiempo hasta el final de la tortura, el presidente respondió que un magistrado debe saber sacrificarse en el cumplimiento de su deber.

—¡Vaya con la desagradable pícara! —dijo un viejo juez—. ¡Tener que aplicarle el tormento antes de que hayamos cenado!

II: Continuación del escudo convertido en hoja seca

Después de subir y bajar varios escalones por entre pasillos tan oscuros que era necesario iluminarlos con lámparas en pleno día, la Esmeralda, rodeada continuamente de su lúgubre cortejo, fue introducida a empujones por los guardias del palacio en una cámara siniestra. Era una cámara redonda en la planta baja de uno de esos torreones que todavía hoy, en nuestro siglo, sobresalen por entre las modernas construcciones con que el nuevo París ha recubierto al antiguo. No había ventanas en aquella especie de cueva ni más aberturas que la entrada misma, baja y con una pesada puerta de hierro, aunque no por ello carecía de claridad.

Empotrado en el mismo muro había un horno encendido con un gran fuego y era éste el que llenaba aquella cueva con sus reverberaciones, haciendo totalmente inútil la iluminación de una miserable vela que aparecía colgada en un rincón. El rastrillo de hierro que servía de cierre para el horno estaba levantado en aquellos momentos y de su boca llameante, empotrada en el muro tenebroso, sólo dejaba ver la extremidad inferior de sus barrotes como una hilera de dientes negros, agudos y espaciados que semejaba una de esas bocas de dragón legendario lanzando llamaradas.

A la luz que salía de aquella boca, la prisionera vio, esparcidos por la estancia, terribles instrumentos cuyo use ella desconocía aún. En el centro y casi a ras de tierra se extendía un colchón de cuero del que colgaba una correa con hebilla, unida a una argolla de cobre que mordía un monstruo achatado esculpido en la piedra angular de la bóveda. Tenazas, pinzas con largos brazos de hierro, se amontonaban en el interior del horno y al rojo vivo entre las brasas.

El sangrante resplandor del horno sólo iluminaba en toda aquella estancia un montón de cosas horribles.

Aquel infierno se llamaba sencillamente la cámara del interrogatorio.

En la cama estaba displicentemente sentado Pierrat Torterue, el torturador oficial. Sus ayudantes, dos enanos de cara cuadrada, con delantales de cuero, sujetos con cintas de lona, ponían a punto los hierros del horno.

Por más que la pobre muchacha había recobrado su valor, sintió un miedo horrible nada más entrar en aquella estancia.

Los guardias del bailío del palacio se colocaron a un lado, los sacerdotes de la Inquisición en otro.

El escribano, la escribanía y una mesa se encontraban al fondo de la cámara.

Maese Jacques Charmolue se aproximó a la gitana con una sonrisa.

—Querida niña —le dijo—, ¿persistís en vuestra negativa?

—Sí —respondió ella, con voz casi apagada.

—En ese caso —prosiguió Charmolue—, nos será muy penoso interrogaros con más insistencia de lo que quisiéramos. Sentaos en esta cama, por favor. Maese Pierrat, dejad sitio a esta joven y cerrad la puerta.

Pierrat se levantó con un gruñido.

—Si cierro la puerta, se me va a apagar el horno.

—Muy bien —continuó Charmolue—, pues dejadla abierta entonces.

La Esmeralda se había quedado de pie pues aquel lecho de cuero, en el que tantos desgraciados se habían retorcido, le hacía estremecerse y el terror le calaba hasta la médula de los huesos. Así, pues, se quedó allí asustada y semiinconsciente. A una señal de Charmolue, los dos ayudantes la cogieron y la sentaron en aquel camastro. No le hicieron ningún daño pero cuando aquellos hombres la tocaron, cuando estuvo en contacto con el cuero, sintió como si toda su sangre fluyera al corazón. Echó una mirada turbada por toda la habitación y le pareció que todo se movía y que todo avanzaba hacia ella; que la subía a lo largo del cuerpo para morderla y pincharla. Le pareció que todo aquel deforme utillaje de tortura que había visto en la estancia fueran murciélagos, arañas, ciempiés y otros bichos.

—¿Dónde está el médico? —preguntó Charmolue.

—Aquí —respondió alguien vestido de negro, a quien ella no había visto antes. La Esmeralda se estremeció.

—Señorita —prosiguió la voz dulce y suave del procurador para asuntos de la Iglesia—, os lo pregunto por tercera vez: ¿persistís en negar los hechos de los que se os acusa?

En esta ocasión, no pudo responder más que con una señal de cabeza pues le faltó la voz.

—¿Persistís? —dijo Jacques de Charmolue—. Entonces, sintiéndolo mucho, me veré obligado a cumplir con los deberes que me exige mi cargo.

—Señor procurador del rey —interrumpió bruscamente Pierrat—: ¿Por dónde comenzamos?

Charmolue dudó un instante haciendo un gesto ambiguo, como el de un poeta que busca una rima.

—Por el borceguí —contestó al fin.

La desventurada se sintió tan profundamente abandonada por Dios y por los hombres, que su cabeza cayó sobre su pecho como algo inerte incapaz de sostenerse por sí mismo.

El torturador y el médico se acercaron a ella al mismo tiempo y mientras tanto los dos ayudantes se pusieron a rebuscar entre aquel horrible arsenal.

Al ruido de aquellas espantosas herramientas, la infortunada joven tembló como una rama muerta galvanizada.

—¡Oh! —murmuró tan bajo que nadie pudo oírlo—. ¡Oh, mi Febo! —y luego se sumió en una inmovilidad y en un silencio totales.

Aquel espectáculo habría desgarrado el corazón de cualquiera, excepto el corazón de los jueces. Podría decirse que era una pobre alma pecadora interrogada por Satanás ante el portillo escarlata del infierno.

El desgraciado cuerpo al que iban a aplicar aquel espantoso revoltijo de sierras, ruedas y caballetes, el ser que iban a manipular las rudas manos de los verdugos y los brazos de las tenazas, no era sino aquella criatura frágil, dulce y blanca. ¡Pobre grano de mostaza el que la justicia humana entregaba para ser triturado a las espantosas muelas de la tortura!

Pero ya las manos callosas de los ayudantes de Pierrat Torterue habían puesto brutalmente al descubierto aquella encantadora pierna, aquel delicado pie que tantas veces habían maravillado a los transeúntes con su gracia y con su belleza en tantas plazuelas de París.

—¡Qué pena! —masculló el torturador al contemplar aquellas formas tan graciosas y tan delicadas. Si el archidiácono hubiera estado presente, irremisiblemente habría tenido que acordarse en aquel momento de su símbolo de la mosca y la araña. Poco después la desdichada vio, a través de una nube que se extendía por sus ojos, aproximarse la bola y en seguida vio su pie aprisionado entre cierres de hierro desaparecer envuelto en aquel espantoso aparato. Fue entonces cuando el mismo terror le devolvió su coraje.

—¡Quitadme eso! —gritó con rabia, incorporándose con su cabellera revuelta—.

¡Piedad! —volvió a exclamar.

Entonces se lanzó fuera de aquella cama para echarse a los pies del procurador del rey, pero su pierna permanecía sujeta al pesado bloque de roble y de hierros y cayó encima de la bota, más rota que una abeja que tuviera plomo en sus alas.

A una señal de Charmolue la llevaron nuevamente a la cama y dos enormes manos sujetaron a su fino talle la correa que colgaba de la bóveda.

—Por última vez, ¿confesáis los hechos del proceso? —preguntó Charmolue con su imperturbable aspecto de bondad.

—Soy inocente.

—Entonces, muchacha, ¿cómo explicáis las circunstancias que concurren en vuestra causa?

—Lo siento, monseñor. No lo sé.

—¿Lo negáis, pues?

—Todo.

—Proseguid —dijo Charmolue a Pierrat.

Pierrat hizo girar la manivela de la bota y ésta comenzó a oprimir el pie, lo que obligó a la desgraciada a lanzar uno de esos gritos que carecen de transcripción en cualquier lengua humana.

—Deteneos —dijo Charmolue a Pierrat—. ¿Confesáis? —preguntó a la gitana.

—¡Todo! —gritó la miserable—. ¡Lo confieso todo! Pero, ¡tened piedad!

No había calculado sus fuerzas al afrontar el tormento. ¡Pobre niña! Su vida había transcurrido tan alegre, tan suave, tan dulce, que el primer dolor la había vencido.

—La piedad me obliga a deciros —observó el procurador del rey— que es la muerte lo que os espera, si confesáis.

—Me lo imagino —dijo, y cayó en la cama de cuero, deshecha, doblada en dos, colgada de la correa atada a su pecho.

—¡Arriba, preciosa! Aguantad un poco —le dijo maese Pierrat mientras la levantaba un poco para soltarle las correas—. Os parecéis al borreguito de oro que cuelga del cuello de monseñor de Borgoña.

Jacques Charmolue dijo elevando el tono de voz.

—¡Tomad nota, escribano! Joven gitana, ¿confesáis vuestra participación en los ágapes, aquelarres y maleficios del infierno, con los fantasmas, las brujas y los vampiros? Responded.

—Sí —dijo tan bajo que sus palabras se perdían en sus labios.

—¿Confesáis haber visto al macho cabrío que Belcebú hace aparecer entre nubes para convocar el aquelarre y que sólo las brujas pueden ver?

—Sí.

—¿Confesáis haber adorado las cabezas de Bofomet, esos abominables ídolos de los templarios?

—Sí.

—Y haber tenido trato habitual con el diablo bajo la forma de una cabra familiar, como figura en el proceso.

—Sí.

—Y finalmente ¿confesáis y reconocéis que, con la ayuda del demonio y con la del fantasma, conocido vulgarmente por «el fantasma encapuchado», en la noche del veintinueve de marzo pasado habéis apuñalado y asesinado a un capitán llamado Febo de Châteaupers?

Entonces la Esmeralda levantó sus grandes ojos y se quedó mirando fijamente al magistrado; después respondió como maquinalmente, sin convulsiones ni estremecimientos.

—Sí.

Era evidente que todo se había desquiciado en aquella mujer.

—Anotad, escribano —prosiguió Charmolue. Luego, dirigiéndose a los ayudantes, añadió:

—Desatad a la prisionera y llevadla a la audiencia.

Cuando descalzaron a la prisionera, el procurador para asuntos eclesiásticos examinó su pie todavía hinchado por el dolor.

—¡Bueno! El mal no ha sido muy duro. Parece que habéis gritado a tiempo.

Todavía podréis bailar, preciosa.

Después se volvió hacia sus acólitos de la Inquisición.

—¡Por fin la justicia se ha hecho luz! ¡Es tranquilizador esto, señores! La señorita podrá atestiguar que hemos actuado con toda la dulzura posible.

III: Fin del escudo convertido en hoja seca

Cuando pálida y cojeando, volvió a la sala de la audiencia, fue recibida con un murmullo general de satisfacción. Por parte del auditorio aquel murmullo significaba un sentimiento de impaciencia satisfecha; lo mismo que se experimenta en el teatro cuando se acaba el último entreacto y cuando por fin se levanta el telón y la obra va a comenzar. Por parte de los jueces, era la esperanza de cenar pronto. Hasta la cabrita baló de alegría y quiso correr hacia su dueña; no pudo hacerlo porque la habían atado a un banco.

Se había hecho totalmente de noche. El número de velas seguía siendo el mismo y su luz era tan escasa que apenas si iluminaba los muros de la sala y todos los objetos se hallaban como sumidos entre brumas a causa de la oscuridad. Se distinguían malamente algunos de los rostros apáticos de los jueces. Frente a ellos, al otro extremo de la larga sala, podía verse un punto vago de blancura que se destacaba claramente entre las sombras: era la acusada.

Había llegado a su sitio medio arrastrándose. Cuando Charmolue se hubo magistralmente instalado en el suyo, dijo sin mostrar excesiva vanidad por su éxito.

—La acusada ha confesado todo.

—Mujer gitana —prosiguió el presidente—: ¿No es cierto que habéis confesado todos vuestros hechos de brujería y de prostitución así como el asesinato de Febo de Châteaupers?

El corazón de la gitana se encogió y sus sollozos se oyeron entre la sombra.

—Todo lo que queráis, pero matadme pronto.

—Señor procurador del rey para asuntos eclesiásticos —dijo el presidente—, la cámara está dispuesta a oír vuestras requisitorias.

Maese Charmolue exhibió un terrible montón de hojas y comenzó a leer con mucha gesticulación y con el tono exagerado propio de la abogacía una parrafada en latín en donde todas las pruebas del proceso se exponían en perífrasis ciceronianas adornadas con citas de Plauto, su comediante favorito. Lamentamos no poder ofrecer a nuestros lectores esta pieza tan destacable de su exposición. El orador se manifestaba con gestos ampulosos y todavía se encontraba en el exordio y el sudor le cubría ya la frente, los ojos y la cabeza. De pronto, se interrumpió en medio de una de sus parrafadas y su mirada, que de ordinario era tranquila y hasta un tanto estúpida, se transformó y pareció fulminante.

—Señores —exclamó (ahora en francés puesto que no figuraba en los papeles)—, Satán se encuentra de tal modo mezclado en este asunto que incluso asiste a nuestros debates, importándole muy poco la personalidad de quien le represente. ¡Mirad ahí!

—Y al hablar así, señaló con la mano a la cabrita que, al ver gesticular a Charmolue, debió creer que ella podía hacer otro tanto y sentándose sobre sus patas traseras, imitaba como mejor le salía, con sus patas delanteras, y su cabeza con perilla, la pantomima patética del procurador del rey para asuntos de la Iglesia. Recordemos que era ésa una de sus más graciosas imitaciones. El incidente y esta prueba definitiva produjeron un gran efecto; así que ataron las patas a la cabra y el procurador del rey encontró de nuevo el hilo de su elocuencia.

Fue larguísimo aquello pero la perorata resultó admirable. Aquí tenemos la última frase; añádase a ella la voz engolada y el gesto jadeante de maese Charmolue.

—Ideo Domni, coram stryga demonstrata, crimine patente, intentione criminis existente, in nomine sanctae ecclesiae Nostroe Domince Parisiensis, quoe est in saisina habendi omnimodum altam et bassam justitiam in illa hac intemerata Civitatis insula tenore proesentium declaremus nos requirere, primo, aliquandam pecuniariam indemnitatem; secundo, amendationem honorabilem ante portalium maximum Nostroe Domince, ecclesiae cathedralis; tertio, sententiani in virtute cujus ista stryga cum sua capella, seu in trivio vulgariter dicto la Grève, seu in insula exeunte in fluvio Secanae juxta pointam juardini regalis, executatae sint.

Dicho esto, se ajustó el gorro y volvió a sentarse.

—¡Eh! —suspiró Gringoire, decepcionado—: ¡Bassa latinitas!

Otro hombre de toga negra, que estaba junto a la acusada, se puso de pie. Era su abogado.

Los jueces, todos en ayunas, comenzaron a murmurar.

—Sed breve, abogado —le dijo el presidente.

—Señor Presidente —respondió el abogado—, puesto que mi defendida ha confesado su crimen, sólo me queda una palabra que decir a sus señorías. He aquí un texto de la ley sálica: «Si una bruja-vampiro se ha comido a un hombre y lo confiesa, pagará una multa de ocho mil denarios que equivalen a doscientos sueldos de oro». Ruego a la cámara que únicamente condene a mi cliente al pago de esta indemnización.

—Ese texto está ya derogado —adujo el abogado extraordinario del rey.

—Nego —replicó el defensor.

—¡Que se vote! —terció un consejero—; el crimen es manifiesto y ya es demasiado tarde.

Se procedió a la votación sin abandonar la sala. Los jueces manifestaron su votación con el gorro porque todos tenían prisa. Se vio cómo sus cabezas se iban descubriendo una tras otra en la penumbra de la sala, ante la pregunta lúgubre que les dirigía muy bajo el presidente. La pobre acusada parecía mirarles pero sus ojos empañados no podían ver nada.

A continuación el escribano se puso a escribir y pasó al presidente un largo pergamino.

Fue entonces cuando la desventurada Esmeralda oyó cómo se removía la gente, cómo se entrechocaban las picas y oyó también una voz glacial que decía:

—Muchacha gitana, en fecha que decida el rey nuestro señor, al medio día, seréis conducida en una carreta, en sayal, descalza y con la soga al cuello, ante el pórtico de la catedral de Nuestra Señora y allí os retractaréis con una antorcha de cera, de dos libras de peso, en la mano y de allí seréis conducida a la plaza de Grève en donde seréis colgada y estrangulada en la horca de la ciudad. Igualmente se procederá con vuestra cabra. Pagaréis a la Inquisición tres leones de oro en reparación de los crímenes que habéis cometido y que vos misma habéis confesado, de brujería, de magia, de lujuria y de asesinato en la persona del señor Febo de Châteaupers. ¡Que Dios tenga piedad de vuestra alma!

—¡Oh! ¡Debe ser un sueño! —murmuró la gitana mientras sentía cómo unas rudas manos se la llevaban.

IV: Lasciate ogni speranza

En la Edad Media, cuando un edificio estaba terminado, había por debajo de la tierra otro tanto como lo que se veía en el exterior. Salvo los que estaban construidos sobre pilotes, como Nuestra Señora, los palacios, las fortalezas, las iglesias, tenían siempre un doble fondo. En las catedrales se trataba casi de otra especie de catedral subterránea, baja, oscura, misteriosa, ciega y muda, bajo la nave superior, rebosante de luz y con música de órgano y sonidos de campanas resonando noche y día; a veces aquella planta no era más que un sepulcro. En los palacios, en las fortalezas, los sótanos eran prisiones y a veces también sepulcros o ambas cosas a la vez. Esas imponentes construcciones, de las que ya en otra parte hemos explicado cómo se formaban, no tenían simplemente cimientos sino, por decirlo de algún modo, raíces que se iban ramificando, bajo el suelo, en estancias, galerías y escaleras, como lo que se edificaba en la superficie, y así los palacios y fortalezas estaban enterradas hasta medio cuerpo.

Los sótanos de un edificio constituían otro edificio, al que había que bajar en lugar de subir, y que construía sus pisos subterráneos bajo el montón de pisos exteriores del monumento igual que esos bosques o esas montañas que se invierten reflejados en las aguas límpidas de un lago por debajo de los bosques y de las montañas de la orilla.

En la fortaleza de Saint-Antoine, en el Palacio de justicia de París, en el Louvre, esos sótanos eran prisiones y sus plantas subterráneas se reducían y ensombrecían a medida que iban descendiendo. Eran otras tantas zonas en donde se iban escalonando diferentes matizaciones del horror. Dante no ha encontrado nada mejor para su infierno que esos calabozos en forma de embudos que desembocaban generalmente en un foso con fondo de cuba en donde Dante colocó a Satanás y donde la sociedad metía a sus condenados a muerte. En cuanto algún miserable era encerrado allí, decía adiós a la luz, al aire, a la vida, a ogni speranza. No volvía a salir de allí sino era para ser quemado o ser colgado. A veces se pudrían allí hasta la muerte. La justicia humana llamaba a eso olvidar. Entre los hombres y él, el condenado sentía pesar sobre su cabeza un amontonamiento de piedras y de carceleros; y la prisión entera, la imponente y maciza fortaleza, no era más que una inmensa y complicada cerradura que le encadenaba para siempre fuera del mundo de los vivos.

En un fondo de cuba así, en las mazmorras excavadas por San Luis, en los calabozos de la Tournelle, allí habían encerrado a la Esmeralda, condenada a la horca, por miedo quizás a una evasión. ¡Todo el colosal Palacio de justicia sobre su cabeza!

¡Pobre mosca que habría sido incapaz de remover la menor de sus piedras!

En realidad, la providencia y la sociedad habían sido igualmente injustas pues nunca habría sido necesario para someter a una criatura tan frágil semejante exhibición de desgracias y de tortura.

Allí estaba ella, perdida en la oscuridad, sepultada, encerrada, emparedada. Si alguien la hubiera visto en tal estado, habiéndola antes visto reír y bailar al sol, se habría echado a temblar. Fría como la noche, como la muerte, sin una ligera brisa entre sus cabellos, sin ningún ruido humano en sus oídos, sin ningún rayo de luz en sus ojos, partida en dos, cargada de cadenas, acurrucada junto a una jarra de agua y un poco de pan, echada sobre un montoncito de paja en un charco de agua formado a sus pies por el rezumar del calabozo, sin movimiento y apenas sin aliento; casi no podía ni sufrir. Febo, el sol, el mediodía, el aire libre, las calles de París, sus danzas siempre aplaudidas, los dulces devaneos con el capitán; luego el clérigo, la alcahueta, el puñal la sangre, la tortura, el patíbulo, todo esto desfilaba por su cabeza, a veces como una visión alegre y dorada y otras cual una pesadilla informe. En cualquier caso sólo era una lucha terrible y vaga que se perdía en la oscuridad o una música lejana, allá, en la tierra pero imposible de oír en aquella profundidad en la que ella había caído.

Desde que se encontraba allí ni velaba ni dormía. En aquella infortunada mazmorra no era capaz de distinguir la vigilia del sueño, ni el sueño de la realidad, ni el día de la noche.

Allí todo se mezclaba y se rompía flotando confusamente en su cabeza y ya no sabía ni era capaz de sentir ni de pensar. Nunca jamás criatura alguna se había visto tan sumida en la nada. Y así, insensible, helada, petrificada, apenas si había sido capaz de oír el ruido de una trampilla que dos o tres veces se había abierto en algún lugar por encima de ella, sin dejar siquiera filtrarse un haz de luz, para que una mano pasara a través de ella un trozo de pan negro.

Sin embargo, era aquélla la única comunicación que le quedaba con los hombres; las visitas periódicas del carcelero.

Había algo a lo que su oído se mostraba aún sensibilizado: por encima de su cabeza la humedad se filtraba a través de las piedras enmohecidas de la bóveda, dejando discurrir a intervalos regulares una gota de agua. Maquinalmente escuchaba el ruido de aquella gota al caer en el charco que había junto a ella.

Aquella gota representaba el único movimiento a su alrededor, el único reloj que marcaba el tiempo, el único entre todos los ruidos de la superficie de la tierra que llegaba hasta ella.

Para ser más exactos habría que decir que sentía también, en aquella cloaca de fango y de tinieblas, una cosa fría que, de cuando en cuando, le rozaba los pies o los brazos y que la hacía estremecerse.

Tampoco sabía cuánto tiempo llevaba allí. Se acordaba de haber oído en algún lugar pronunciar una condena de muerte contra alguien y luego de que la habían llevado a la mazmorra. También se acordaba de haberse despertado, helada, en el silencio de la noche y de haber intentado desplazarse arrastrándose con las manos, pero entonces unas argollas le habían lastimado los tobillos, y había sentido también el ruido de cadenas. Poco más tarde percibió que todo estaba amurallado a su alrededor y que debajo de ella había humedad en el suelo y un montón de paja. No había ni una mala luz ni un respiradero. Ella se había sentado entonces en la paja y, a veces para cambiar de postura, sobre un escalón de piedra que había en el calabozo. Durante algún tiempo había intentado contar los negros minutos, marcados por aquella gota de agua, pero pronto aquel triste trabajo de un cerebro enfermo se había cortado por sí solo en su cabeza y la había sumido en una especie de estupor.

Por fin un día o una noche (pues día y noche tenían el mismo color en aquel sepulcro) creyó oír por encima de su cabeza un ruido más fuerte que el que de ordinario hacía el carcelero al traerle su ración de agua y de pan. Levantó entonces la cabeza y vio como un rayo rojizo pasar a través del hueco de la portezuela o trampilla practicada en la bóveda de la mazmorra. Al mismo tiempo la pesada cerradura chirrió, la trampa rechinó al girar sobre sus oxidados goznes, se abrió y ella logró ver una luz, una mano y la parte inferior del cuerpo de dos hombres; la puerta era demasiado baja y no podía ver sus cabezas. Aquella luz le hirió tan vivamente que hubo de cerrar los ojos.

Cuando volvió a abrirlos de nuevo la puerta ya se había cerrado, el farol se hallaba encima del escalón y un hombre, sólo uno, se hallaba de pie delante de ella. Una cogulla negra le caía hasta los pies y un capuchón del mismo color le tapaba el rostro. No se veía nada de su persona, ni su cara ni sus manos. Era un largo sudario negro que se mantenía de pie y bajo el cual podía verse que se movía algo. Ella se quedó mirándolo fijamente durante algunos minutos pero ni él ni ella se dijeron nada. Podría decirse que eran dos estatuas solamente. Dos cosas parecían tener vida en aquel calabozo; la mecha del farol que chisporroteaba a causa de la humedad del ambiente y la gota de agua de la bóveda que cortaba aquella crepitación irregular con su chapoteo monótono y hacía temblar la luz del farol en círculos concéntricos en el agua aceitosa de la charca.

Por fin la prisionera rompió el silencio:

—¿Quién sois?

—Un sacerdote.

Aquella palabra, su acento, el sonido de su voz la hicieron estremecerse. El sacerdote prosiguió articulando sordamente.

—¿Estáis preparada?

—¿Para qué?

—Para morir.

—¡Oh! —dijo ella—. ¿Será pronto?

—Mañana.

Su cabeza que se había erguido con alegría volvió a caer sobre el pecho.

—¡Es mucho tiempo! —murmuró—. ¿Que más les daba hacerlo hoy mismo?

—¿Tan desgraciada sois? —le preguntó el sacerdote tras un silencio.

—Tengo mucho frío —respondió la gitana.

Entonces se cogió los pies con las manos, en un gesto habitual de quienes sienten frío y que ya vimos también hacer a la reclusa de la Tour-Roland, y sus dientes castañetearon.

Por debajo del capuchón, el sacerdote pareció pasear su mirada por el calabozo.

—¡Sin luz! ¡Sin fuego! ¡Sin agua! ¡Es horrible!

—Sí; —respondió ella con el gesto asombrado que la desgracia había dejado en su cara—. La luz es para todos. ¿Por qué sólo me dan la oscuridad?

—¿Sabéis —preguntó el sacerdote después de un nuevo silencio— por qué estáis aquí?

—Creo que alguna vez me lo dijeron —dijo pasándose sus dedos por las cejas como para ayudarse a recordar— pero ya no lo sé.

De pronto rompió a llorar como un niño.

—Querría salir de aquí, señor. Tengo frío y miedo y hay aquí bichos que se me suben por el cuerpo.

—Muy bien; seguidme.

Al decir esto el sacerdote la tomó por el brazo y, aunque la desgraciada estaba helada hasta los huesos, aquella mano le produjo una sensación de frío.

—¡Oh! —murmuró ella—, es como la mano helada de la muerte. ¿Quién sois vos?

El sacerdote alzó su capucha y ella se quedó mirándole. Era aquel rostro siniestro que venía persiguiéndola desde hacía tanto tiempo; aquella cabeza de demonio que se le había aparecido en la casa de la Falourdel, por encima de la adorada cabeza de Febo; aquellos ojos que había visto brillar por última vez cerca de un puñal.

Aquella aparición tan fatal siempre para ella y que, de desgracia en desgracia, la había ido empujando hasta el suplicio, la sacó de su embotamiento y le pareció que aquella especie de velo que había cubierto su memoria se estaba desgarrando. Todos los detalles de su lóbrega aventura, desde la escena nocturna, en casa de la Falourdel, hasta su encierro en la Tournelle, le vinieron atropelladamente a su cabeza pero no imprecisos y confusos como hasta entonces, sino nítidos, crudos, tajantes, vivos y terribles. Aquellos recuerdos medio borrados y obstruidos por el exceso de sufrimiento, se reavivaron ante el rostro sombrío que tenía delante, de igual manera que el calor hace surgir frescas en el papel blanco las letras invisibles trazadas en él con tinta simpática. Creyó, al verle, que todas las llagas de su corazón se reabrían, sangrantes, a la vez.

—¡Ah! —exclamó con un temblor convulsivo y tapándose los ojos con las manos—.

¡Es él!

Luego, descorazonada, dejó caer sus brazos y se quedó sentada, con la cabeza baja, la mirada fija en el suelo, muda y temblorosa.

El clérigo la miraba con los ojos de un milano que desde las alturas ha estado planeando en torno a una pobre alondra, oculta en los trigales, y que cada vez ha ido reduciendo los círculos formidables de su vuelo y de pronto se abate sobre su presa como una flecha y la sujeta jadeante en sus garras.

Ella se puso a murmurar muy bajo:

—¡Acabad! ¡Terminad ya! ¡El golpe de gracia! —y, aterrorizada, ocultaba la cabeza entre sus hombros como el cordero que espera el mazazo del carnicero.

—Así, pues, ¿os causo horror? —dijo él por fin. Pero ella no le respondió—. ¿Os causo horror? —volvió a insistir.

Los labios de la muchacha se contrajeron como si sonriera.

—Sí —contestó—. El verdugo hace escarnio del condenado. ¡Hace meses que me persigue, que me amenaza, que me aterroriza! Sin él, Dios mío, ¡qué feliz habría sido!

¡Él me ha lanzado a este abismo! ¡Santo cielo! ¡Él le ha matado! ¡Mi Febo!

En este punto dijo levantando los ojos hacia el clérigo y estallando en sollozos.

—¡Miserable! ¿Quién sois vos? ¿Qué os he hecho? ¿Por qué me odiáis? ¿Qué tenéis contra mí?

—¡Te amo! —contestó el clérigo.

Entonces su llanto se cortó súbitamente y se quedó mirándole de una manera estúpida. El clérigo se había puesto de rodillas ante ella y la miraba con ojos encendidos.

—¿Me oyes? Te digo que te amo.

—¡Qué triste amor! —dijo la desgraciada estremeciéndose. El clérigo prosiguió.

—Es el amor de un condenado.

Los dos permanecieron en silencio durante algún tiempo, abrumados por el peso de sus emociones; él, como turbado, ella como idiotizada.

—Escucha —dijo por fin el sacerdote, que parecía haber recobrado una extraña serenidad—: Te lo voy a contar todo. Voy a decirte lo que hasta ahora no me he atrevido siquiera a decirme a mí mismo cuando interrogaba furtivamente mi conciencia en las horas profundas de la noche en donde la oscuridad es tal que parece que Dios no puede vernos. Escúchame, muchacha; antes de conocerte yo era feliz…

—¡Y yo! —suspiró débilmente la Esmeralda.

—No me interrumpas. Sí; era feliz o, al menos, creía serlo. Era puro y mi alma estaba llena de una claridad transparente. No había nadie más orgulloso y radiante que yo. Los sacerdotes me hacían consultas sobre la castidad y los doctores sobre la religión. Sí; lo conocía todo. La ciencia era mi hermana y me satisfacía. Y no es que no tuviera otros pensamientos, pues más de una vez mi cuerpo se había estremecido al paso de unas formas de mujer. Pero esa fuerza del sexo y de la sangre que, loco adolescente, había creído ahogar para siempre, más de una vez conmovió convulsivamente la cadena de los férreos votos que me atan, miserable de mí, a las frías piedras del altar; pero el ayuno, la oración, el estudio, las maceraciones del claustro habían permitido que el espíritu dominase al cuerpo. Además evitaba siempre a las mujeres; y por otra parte me bastaba con abrir un libro para que todos los vapores impuros de mi cerebro se desvanecieran ante el esplendor de la ciencia. Al poco tiempo sentía cómo se iban alejando las cosas espesas del mundo y me encontraba tranquilo, deslumbrado y sereno en presencia del resplandor de la eterna verdad. Mientras el demonio no envió para atacarme más que vagas sombras de mujer que pasaban ante mis ojos, por la iglesia o por las calles, o en el campo y que apenas si me venían en mis sueños, aquello lo vencía con facilidad. Pero, ¡ay!, si no he podido alzarme con la victoria es por culpa de Dios que ha hecho al hombre y al demonio de fuerzas desiguales. Escúchame, un día…

Aquí el clérigo se detuvo y la prisionera oyó surgir de su pecho sollozos que producían estertores desgarradores.

El sacerdote prosiguió.

—… Un día me encontraba asomado a la ventana a mi celda… ¿Qué libro estaba leyendo entonces? ¡Todo es como un torbellino dentro de mi cabeza! En fin; estaba leyendo. Mi ventana daba a la plaza y de pronto oí un ruido de pandereta y música. Molesto por verme así interrumpido en mis meditaciones, miré hacia la plaza y lo que yo vi, lo veía también mucha genre; sin embargo, creedme, no era un espectáculo hecho para ser contemplado por ojos humanos. Allá abajo, en el suelo, era mediodía y brillaba el sol, estaba bailando una criatura. Tan hermosa era que el mismo Dios la habría preferido a la Virgen y la habría escogido para madre y habría querido nacer de ella si ella hubiese existido cuando él se hizo hombre. Tenía unos espléndidos ojos negros y entre sus cabellos negros jugueteaba el sol transformándolos en hilos de oro. Sus pies desaparecían con el ritmo rápido de la danza como desaparecen los radios de una rueda que gira velozmente. Por toda su cabeza y en sus trenzas negras había unas placas de metal que destellaban con los rayos de sol y eran como una corona de estrellas sobre su frente. Su vestido cuajado de lentejuelas brillaba azul, cubierto de mil destellos, como una noche de verano. Sus brazos, ágiles y morenos, se anudaban y se movían en torno a su cintura y la forma de su cuerpo era de una belleza sorprendente.

¡Oh! ¡Era una figura resplandeciente que se destacaba con fulgor de entre la misma luz del sol…! ¡Ay, muchacha!, aquella joven eras tú. Sorprendido, embriagado, hechizado, te miraba y te miraba. Te miré tanto que, de pronto, me estremecí de pavor y me sentí presa de la fatalidad.

El sacerdote, emocionado, se detuvo otra vez. Más tarde prosiguió.

—Y ya medio fascinado intenté asirme a algo en mi caída. Recordé las trampas que el demonio me había tendido en otras ocasiones. Aquella criatura que veía abajo poseía esa belleza sobrenatural que sólo del cielo o del infierno puede proceder. No podía ser una simple muchacha hecha de barro y débilmente iluminada en su interior por el vacilante rayo de un alma de mujer. ¡Tenía que ser un ángel! Pero un ángel de tinieblas y de llamas, que no de luz. Mientras pensaba en eso, vi junto a ti una cabra, el animal de los aquelarres, que me miraba y se reía. El sol del mediodía ponía fuego en sus cuernos. Fue entonces cuando logré entrever que era una trampa del demonio y estuve cierto de que tú venías del infierno y que venías para perderme. Estaba seguro de ello.

Al llegar aquí el clérigo miró de frente a la prisionera y añadió fríamente.

—Y aún lo creo. Sin embargo, tu hechizo iba surtiendo su efecto; tu danza me trastornaba y sentía cómo el misterioso maleficio me iba dominando. Todo lo que debería estar despierto se adormecía en mi espíritu y al igual que los que mueren de frío perdidos en la nieve, encontraba placer en dejarme envolver por aquel sueño. De pronto empezaste a cantar. ¿Qué podía hacer yo, miserable? Tu canto era aún más seductor que tu danza. Quise huir y fue imposible. Estaba clavado y fuertes raíces me sujetaban al suelo. Me parecía que el mármol del suelo me había subido hasta las rodillas y tuve que quedarme hasta el final. Tenía helados los pies y la cabeza me hervía. Por fin te compadeciste de mí, dejaste de cantar y desapareciste. El reflejo de aquella deslumbrante visión, el eco de aquella música hechicera se fue poco a poco desvaneciendo de mis ojos y de mis oídos y caí contra un rincón de la ventana más rígido y más débil que una estatua. El toque de vísperas me despertó. Me levanté y eché a correr, pero, ¡ay! Algo, dentro de mí, se había caído y no podía levantarse; algo había surgido en mí de lo que no podía desprenderme.

Tras una breve pausa, prosiguió de nuevo.

—Sí; a partir de aquel día hubo dentro de mí un hombre al que no conocía. Quise servirme de todos mis antiguos remedios: el claustro, el altar, el trabajo, los libros.

¡Locura inútil! ¡Cómo suena a hueco la ciencia, cuando golpea con desesperación una cabeza llena de pasiones! ¿Sabes acaso, muchacha, lo que desde entonces veía entre mi libro y yo? A ti. Veía tu sombra; la imagen de aquella aparición luminosa que un día había atravesado el espacio para llegar hasta mí. Pero aquella imagen no tenía ya el mismo color; era sombría, fúnebre, tenebrosa, como el círculo negro que se graba mucho tiempo en la vista del imprudente que ha mirado fijamente al sol. Como no podía librarme de ti; como oía siempre tu canción zumbona en mi cabeza y hasta en mis rezos te veía bailar y por la noche me parecía que tu cuerpo venía a deslizarse sobre el mío, quise verte, tocarte, saber quién eras, comprobar si tu imagen se asemejaba a aquella imagen ideal que de ti me había quedado; quebrar quizás mi sueño en contacto con la realidad. En cualquier caso esperaba que una impresión nueva borrara la primera, pues la primera se me había hecho ya insoportable. Te busqué y logré verte ¡por desgracia! Cuando conseguí verte por segunda vez, deseé verte mil veces; deseé verte siempre; ¿cómo puede uno detenerse en esa pendiente infernal? Desde entonces dejé de ser yo. El otro extremo del hilo con el que el demonio me había atado las alas estaba sujeto a tu pie y desde entonces fui, como tú, un ser errante y vagabundo. Te esperaba bajo los porches para verte, te espiaba en la calle, tras las esquinas, te vigilaba desde lo alto de mi torre. Por las noches volvía a mí mismo y me encontraba más hechizado, más desesperado, más embrujado, más perdido. Supe que eras egipcia, bohemia, gitana, zíngara, ¿cómo Podía dudar entonces de tu magia? Escucha. Esperé que un proceso pudiera liberarme de tu poder, de tu encanto. Una bruja hechizó a Bruno d'Asr la hizo quemar y se curó. Yo conocía la historia y quise intentar el remedio. Traté primero de que se le prohibiera bailar en la plaza ante el atrio de Nuestra Señora, esperando así olvidarte si tú no volvías, pero no lo tuviste en cuenta y volviste. Más tarde se me ocurrió secuestrarte y hasta lo intenté una noche. Éramos dos y ya lo habíamos conseguido cuando surgió ese maldito capitán que te libró de nosotros y allí comenzó tu desgracia, la mía y la suya. Por fin, sin saber ya qué hacer, te denuncié al Santo Oficio pensando en curarme como Bruno d'Ast. Pensaba, aunque confusamente, que un proceso te entregaría a mí; que en una prisión podría tenerte y serías mía; que allí no podrías escaparte de mí; que hacía ya mucho tiempo que tú me poseías y que ya era hora de que yo te poseyera a mi vez. Cuando uno hace el mal, tiene que hacer todo el mal. ¡Es una locura quedarse a medias en lo monstruoso! ¡La profundidad del crimen provoca delirios de gozo! ¡Un sacerdote y una bruja pueden fundirse en el placer sobre la paja de una mazmorra! Así que te denuncié. Fue entonces cuando te asustaba con mis encuentros. Lo que tramaba contra ti, la tormenta que iba acumulando sobre tu cabeza se escapaba de mí en amenazas y en relámpagos. Pero todavía no estaba seguro pues mi proyecto presentaba aspectos horribles que me obligaban a retroceder. Quizás si hubiera renunciado entonces, mi repugnante idea se habría podido resecar en mi cerebro sin llegar a fructificar. Creí siempre que podría depender de mí el proseguir o detener el proceso. Pero todo mal pensamiento es inexorable y desea convertirse en realidad. En donde yo me creía poderoso la fatalidad disponía de más poder que yo. ¡Qué pena!, ¡qué pena!, ha sido ella, la fatalidad, la que se ha apoderado de ti y te ha entregado al engranaje terrible de la máquina que tan tenebrosamente yo mismo había construido. Escúchame, que ya estoy acabando. Un día, otro bonito día de sol, veo pasar ante mí a alguien que pronuncia tu nombre y que se ríe con lujuria en sus ojos. ¡Maldición! Le seguí. El resto ya lo conoces. El clérigo se calló y la muchacha sólo acertó a exclamar.

—¡Oh, mi Febo!

—No pronuncies ese nombre —dijo el clérigo cogiéndola violentamente del brazo—. ¡No vuelvas a pronunciar ese nombre! ¡Qué miserables somos! ¡Ese nombre es el que nos ha perdido! O más bien, por el juego inexplicable de la fatalidad, nos hemos perdido los unos a los otros. Estás sufriendo, ¿verdad? Tienes frío, la oscuridad te ciega, el calabozo te aprisiona; pero te queda un rayo de luz en tus entrañas,

¡aunque sólo sea tu amor de niña por ese hombre vacío que jugaba con tu corazón! Para mí es distinto; ¡yo llevo el calabozo en mi interior y el frío y la desesperación están dentro de mí! ¡La oscuridad reina en mi alma! ¿Sabes acaso lo que yo he sufrido? He asistido a tu proceso. Estaba sentado en los bandos del Santo Oficio; sí; bajo una de las capuchas de los sacerdotes un condenado se retorcía de dolor. Cuando te condenaron yo estaba allí y allí estaba también cuando te interrogaron y cuando te encerraron. ¡Guarida de lobos! Era mi crimen, mi patíbulo lo que yo estaba viendo alzarse lentamente sobre tu cabeza. En cada testimonio, en cada prueba, en cada requisitoria, yo estaba allí y me ha sido posible contar cada uno de tus pasos en esta vía dolorosa. También estaba yo allí cuando esa bestia feroz... ¡Oh! ¡pero yo no había previsto la tortura! Escúchame. Te he seguido en la cámara de la tortura. Te he visto desnudar y manipular medio desnuda por las manos infames del verdugo. Y vi tu pie, ese pie al que hubiera querido, por un imperio, besar una sola vez y morir; ese pie bajo el que yo habría experimentado tanta felicidad si me pisara la cabeza, lo vi preso en aquella horrible bota que convierte los miembros de un ser vivo en un amasijo sangrante. ¡Oh, el miserable! Mientras veía eso, escondía bajo mis hábitos un puñal con el que me desgarraba el pecho. Cuando tú lanzaste aquel grito, lo hundí en mis carnes; al segundo grito me lo clavé en el corazón. Mira, ¡creo que aún estoy sangrando!

Abrió entonces su sotana y en efecto, su pecho aparecía desgarrado como por el zarpazo de un tigre y tenía en un costado una herida bastante ancha todavía sin cicatrizar.

La prisionera retrocedió horrorizada.

—¡Oh! —dijo el clérigo—. ¡Ten piedad de mí, muchacha! Te crees desdichada, pero, ¡ay! no sabes lo que es la desgracia. ¡Amar a una mujer! ¡Ser sacerdote! ¡Ser odiado! Amarla con todas las fuerzas de su alma; saberse presto a dar su sangre por la más pequeña de sus sonrisas; su reputación, su salvación, la inmortalidad, la eternidad, esta vida y la otra; lamentar no haber sido rey, genio, emperador, arcángel o dios para someterse a sus pies como el menor de los esclavos. ¡Estrecharla noche y día en mis sueños y en mis pensamientos y verla enamorada de un uniforme de soldado! ¡No poder ofrecerle sino una miserable sotana de clérigo que le provocará miedo y rechazo! ¡Estar presente con sus celos y su rabia mientras ella prodiga a un miserable e imbécil fanfarrón sus tesoros de amor y de belleza! ¡Contemplar ese cuerpo que os abrasa, esos senos tan dulces, esa carne palpitar y enrojecer bajo los besos de otro!

¡Oh, cielos! ¡Amar sus pies, sus brazos, su cuello, pensar en sus venas azules, en su piel morena hasta retorcerse noches enteras en el suelo de la celda, y ver convertirse en torturas todas las caricias, con las que uno ha soñado para ella! No haber conseguido después de todo más que acostarla en aquella cama de cuero. ¡Ésas son las verdaderas tenazas puestas al rojo en el fuego del infierno! ¡Feliz el que es aserrado entre dos tablas o descuartizado con cuatro caballos! ¿Sabes algo del suplicio que te hacen sufrir noches enteras tus propias arterias que te hierven, tu corazón que estalla y tu cabeza que se rompe; tus dientes que se muerden las manos; verdugos encarnizados que te vuelven continuamente como en una parrilla al rojo en pensamientos de amor, ¿de celos y de desesperación? ¡Muchacha, por favor! ¡Dame un momento de tregua! ¡Un poco de ceniza para estas brasas! ¡Enjuga, te lo ruego, el sudor que a chorros discurre por mi frente! ¡Niña! Tortúrame con una mano pero acaríciame con la otra! ¡Ten piedad, muchacha! ¡Compadécete de mí!

El sacerdote se revolvía en el agua del suelo y se golpeaba la cabeza contra las aristas de los escalones de piedra mientras la muchacha, inmóvil, le escuchaba y le miraba.

Cuando por fin se calló, agotado y jadeante, ella repitió a media voz:

—¡Oh, mi Febo!

El sacerdote se arrastró hasta ella de rodillas.

—Por favor —suplicó— ¡si tenéis entrañas no me rechacéis! ¡Te amo! ¡Soy un miserable! ¡Cuando pronuncias ese nombre, desventurada, es como si triturases con tus dientes todas las fibras de mi corazón! ¡Por favor! Me voy contigo al infierno si vienes de allí. El infierno en donde estés será mi paraíso, pues tu presencia es más encantadora que la de Dios. Dime, ¿no me amas? El día en que cualquier mujer llegase a rechazar un amor semejante, habría creído que las montañas se abrirían. ¡Oh! ¡Si tú quisieras…! ¡Podríamos ser tan felices! Huiríamos. Yo te ayudaría a hacerlo. Podríamos ir a cualquier lugar. Buscaríamos en la tierra el lugar más luminoso, con más árboles, con cielo más azul. ¡Nos amaríamos, nos entregaríamos nuestras almas y nuestra sed de nosotros mismos sería tan insaciable que la calmaríamos en común en la copa inextinguible de nuestro amor!

La muchacha le interrumpió con una risa terrible a hiriente.

—¡Fijaos, padre, tenéis sangre en las uñas!

El sacerdote se quedó petrificado durante algunos instantes, con la vista fija en sus manos.

—Pues entonces —prosiguió el clérigo, con una extraña dulzura— ultrájame, búrlate de mí, abrúmame, pero ven conmigo. ¡Apresurémonos! Te repito que es para mañana. Es el patíbulo de la Grève, ¿recuerdas? ¡Está ya preparado! ¡Es horrible verte marchar en esa carreta! ¡Por favor, nunca había sentido como ahora todo lo que te amo! Podrás amarme quizás después de haberte salvado y no me importa que puedas odiarme tanto tiempo como quieras, pero ven, por favor. ¡Es mañana! ¡Mañana! ¡La horca! ¡Tu suplicio! ¡Sálvate! ¡Apiádate de mí!

La tomó del brazo; estaba muy turbado y quiso llevarla consigo. Ella clavó en él una mirada penetrante.

—¿Qué le ha ocurrido a mi Febo?

—¡Ah! —dijo el clérigo soltándola el brazo—. ¡No tenéis piedad!

—¿Qué le ha ocurrido a Febo? —repitió fríamente.

—Ha muerto —contestó el clérigo.

—¿Muerto? —dijo ella con el mismo tono glacial—. Entonces, ¿por qué me habláis de vivir?

Él no la escuchaba.

—¡Oh! —decía hablando consigo mismo—; debe estar muerto. La hoja profundizó mucho a incluso creo que llegué con la punta al corazón. Sí; tenía puesta mi vida en aquel puñal.

La muchacha se lanzó sobre él como una fiera rabiosa y le empujó hacia la escalera con fuerza sobrehumana.

—¡Vete, monstruo! ¡Vete, asesino! ¡Déjame morir! ¡Que nuestras sangres dejen sobre tu frente una mancha indeleble! ¿Ser tuya? ¡Jamás! ¡Jamás! ¡Nada, ni el infierno será capaz de reunirnos! ¡Vete, maldito!

El clérigo tropezó en la escalera, cogió su lámpara y empezó a subir lentamente los escalones que llevaban a la puerta; la abrió y salió del calabozo.

De pronto la muchacha vio de nuevo aparecer su cabeza; tenía una expresión de espanto y le gritó con una voz de rabia y desesperación.

—Te repito que ha muerto.

Ella cayó de bruces y ya no se volvió a oír en la mazmorra más que el suspiro de aquella gota de agua que hacía temblar el charco en la oscuridad.

V: La madre

No creo que pueda haber en el mundo nada más alegre que las ideas que despierta en el corazón de una madre la vista de los zapatitos de su hijo principalmente cuando se trata de los zapatos de una fiesta, de los domingos, del día del bautizo; esos zapatitos bordados hasta la misma suela con los que el niño no ha dado todavía un paso. Ese zapatito tiene tanta gracia, le es tan imposible andar que, para la madre, es como si viera a su hijo. Le sonríe, lo besa y le habla. Se pregunta cómo un pie puede ser tan pequeñito y, aunque no esté el niño, sólo basta el zapatito para hacer aparecer ante los ojos de la madre a la dulce y frágil criatura. Cree verla y lo consigue en realidad; la ve viva, sonriente, con sus delicadas manitas, con su cabecita redonda y sus labios puros; con sus ojos serenos cuyo cristalino es azulado. Si es en invierno, ahí está, gateando por la alfombra y trepando con grandes dificultades a un taburete y la madre tiembla pensando que pueda acercarse al fuego. Si es en verano, va gateando por el patio o por el jardín, o arranca la hierba de entre las piedras, mira ingenuamente a los grandes perros, a los grandes caballos, sin miedo alguno; juega con las conchas, con las flores y enfada al jardinero que encuentra los macizos llenos de arena y tierra por los caminos del jardín. Todo es alegre y brillante a su alrededor, como lo es él y hasta el soplo de aire y el rayo de sol que juegan a placer entre los rizos alborotados de su pelo. El zapato sugiere a la madre todo esto y le derrite el corazón como el fuego a la cera.

Pero cuando el niño se pierde, esos mil recuerdos alegres y tiernos que se agolpan en torno al zapatito se convierten en otros tantos motivos de cosas horribles. Ese bonito zapato bordado no es más que un instrumento de tortura que destroza continuamente el corazón de la madre. La fibra afectada siempre es la misma; la más profunda, la más sensible; pero ya no es un ángel quien la acaricia sino un demonio el que la desgarra.

Una mañana, mientras el sol de mayo surgía majestuoso por esos cielos de un azul intenso sobre los que al Garofalo le gusta colocar sus descendimientos de la Cruz, la reclusa de la Tour-Roland oyó un ruido de ruedas de caballos y de hierros en la plaza de Grève. Se despertó, colocó su melena en sus orejas para reducir el ruido y se puso a contemplar de rodillas aquel objeto inanimado que adoraba desde hacía ya quince años. Aquel zapatito, ya lo hemos dicho, significaba para ella todo el universo. En él estaban concentrados todos sus pensamientos y así sería hasta su muerte. La cantidad de amargas imprecaciones que había lanzado al cielo, las quejas enternecedoras, las plegarias y los sollozos, a causa de aquel juguetito de satén rosa, sólo la cueva sombría de la Tour-Roland podía saberlo. Nunca tanta desesperación se ha extendido sobre algo tan lindo y tan gracioso.

Se habría dicho que aquella mañana su dolor se escapaba más violento que de costumbre y desde el exterior se oían sus lamentos lanzados en voz alta y monótona. Algo que partía el corazón.

—¡Hija mía! ¡Hija mía! —decía la Sachette—. ¡Mi pobre, mi querida niña! ¡Ya no te veré nunca! ¡Se acabó para siempre! ¡Me parece que fue ayer! ¡Dios mío, Dios mío!

¡Más valiera no habérmela dado para quitármela tan pronto! ¿No sabéis acaso que nuestros hijos viven siempre en nuestro vientre y que una madre que ha perdido a su hijo ya no cree en Dios? ¡Ay! ¡Qué desgraciada soy! ¡Quién me mandó salir de casa aquel día! Señor, Señor, ¿por qué me la habéis quitado así? ¿Es que no me habéis visto nunca con ella cuando la calentaba con gozo con mi cuerpo, cuando me sonreía mientras mamaba, cuando hacía andar sus piececitos por mi pecho hasta llegar a mi boca? ¡Si hubierais visto esto, Dios mío, ¡habríais tenido piedad de mi alegría y no me habríais quitado el único amor que me quedaba en mi corazón! ¿Tan miserable era yo, señor, para que ni siquiera me hubieseis mirado antes de condenarme? ¡Ay, Señor! Aquí está mi zapato; pero, ¿dónde está el pie? ¿Y el resto? ¿Y mi hija? ¿Qué han hecho contigo? ¡Devolvedmela, Señor! ¡Devolvedrnela, aunque sólo sea una hora, un minuto y mandadme después con los demonios para toda la eternidad! ¡Mis rodillas, Señor, ¡se han descarnado quince años de tanto rogaros! ¿No es bastante aún, Señor? ¡Oh!, si supiera dónde está una orla de vuestras vestiduras, me agarraría a ella con mis manos y no tendríais más remedio que devolvérmela. Mirad su zapatito, Señor, ¿no os apiadáis de mí? ¿Podéis condenar a este suplicio a una pobre madre, durante quince años? ¡Virgen santa! ¡Virgen santa de los cielos! ¡A mi niño Jesús, me lo han quitado, me lo han robado, me lo han comido entre los brezos, le han bebido la sangre y han machacado sus huesos! ¡Qué me importa a mí que esté en el cielo! ¡No quiero a vuestro ángel, quiero a mi niña! ¡Soy una leona y quiero a mi cachorro! ¡Oh! ¡Me arrastraré y me golpearé la cabeza contra las piedras; me condenaré y os maldeciré si no me devolvéis a mi hija! Ya veis cómo tengo los brazos destrozados, ¿no vais a tener piedad de mí, Señor? ¡Oh! ¡Devolvedme a mi hija, aunque no me deis más que sal y pan negro; ella me calentará como el sol! ¡Dios mío! ¡Señor mío! Yo sólo soy una pobre pecadora, pero mi hija me hacía piadosa; por su amor me había hecho más religiosa y os veía a través de sus sonrisas como por una rendija en el cielo. ¡Oh,

Señora!, permitidme que pueda únicamente una vez, una sola vez, calzar en su lindo pie sonrosado este zapatito y moriré bendiciéndoos, Virgen Santa. ¡Quince años! ¡Qué mayor sería ya! ¡Desventurada niña! Entonces, ¿será posible que ya no vuelva a verla?

¿Ni siquiera en el cielo?, porque yo no iré allí. ¡Cuánta miseria! ¡Tener que contentarse con este zapato!

La desgraciada mujer se había echado sobre el zapatito, su consuelo y su desesperación desde hacía ya muchos años; pero sus entrañas se desgarraban en sollozos como el primer día, pues siempre es el primer día para una madre que ha perdido a su hija. Esa pena, ese dolor nunca se hace viejo. La ropa de luto puede gastarse o blanquearse con el tiempo pero el corazón siempre estará enlutado.

En aquel momento pasaron ante la celda un grupo de voces frescas y alegres. Siempre que veía a niños o oía sus voces, la pobre madre se precipitaba hacia el ángulo más sombrío de su sepulcro. Se habría dicho que intentaba hundir su cabeza entre los muros para no oírlos. Esta vez sin embargo no fue así; se irguió como sobresaltada y escuchó con gran atención; uno de los muchachos acababa de decir.

—Es que hoy van a colgar a una gitana.

Con el brusco sobresalto de aquella araña que ya hemos visto lanzarse sobre una mosca al notar el movimiento de su tela, ella corrió hacia el tragaluz que daba, como ya sabemos, a la plaza de Grève. En efecto, se había colocado una escalera cerca del patíbulo permanente y el verdugo se ocupaba en la revisión de las cadenas oxidadas por la lluvia. Había curiosos a su alrededor.

El alegre grupo de muchachos ya se había alejado. La Sachette buscaba con la mirada a algún transeúnte al que pudiera interrogar y vio cerca de su celda a un sacerdote que aparentaba estar leyendo en el breviario público pero que le interesaba mucho menos aquel breviario protegido por rejas que el patíbulo hacia el que, de vez en cuando, lanzaba una ojeada sombría y esquiva.

—Padre —le preguntó—. ¿A quién van a colgar ahí?

El sacerdote la miró sin responder y ella preguntó de nuevo. Entonces dijo:

—No lo sé.

—Han dicho unos chiquillos que iban a colgar a una gitana —insistió la reclusa.

—Creo que sí —respondió el sacerdote.

Entonces Paquette la Chantefleurie soltó una carcajada de hiena.

—Hermana, mucho debéis odiar a las gitanas —replicó el sacerdote.

—¿Que si las odio? Son brujas y ladronas de niños. Me devoraron a mi niña,

¡pobrecita! Mi única hija. ¡Ya no me queda corazón! ¡Ellos se la comieron!

Asustaba el verla pues su aspecto era aterrador. El sacerdote la miró fríamente.

—Hay una sobre todo a la que odio y he maldecido. Es una joven de la edad que mi hija tendría ahora, si su madre no me la hubiera comido. Cada vez que esa joven víbora pasa ante mi celda me revuelve la sangre.

—Pues hermana, alegraos, porque ésa es a la que vais a ver morir. Inclinó la cabeza sobre el pecho y se alejó lentamente.

La reclusa se retorció los brazos de contento.

—Le había predicho que la colgarían. Gracias, padre.

Y se puso a dar grandes zancadas ante los barrotes de su ventana, desmelenada, con los ojos encendidos y empujando la pared con su hombro. Tenía el aspecto feroz de una loba hambrienta, encerrada hace mucho tiempo y que imagina próximo el momento de la comida.

VI: Tres corazones de hombre distintos

Sin embargo, Febo no había muerto. Los hombres de su especie son duros de pelar. Cuando maese Philippe Lheulier, abogado extraordinario del rey, dijo a la pobre Esmeralda: Se está muriendo, era por error o por broma.

Cuando el archidiácono repitió a la condenada: está muerto, ocurría que, en realidad no sabía nada de ello, aunque lo creyera, aunque contara con ello y aunque no dudara de ello a incluso aunque así lo esperase.

Habría sido demasiado duro dar a la mujer que amaba buenas noticias de su rival.

Cualquier hombre habría hecho otro tanto en su lugar.

No es que la herida de Febo no hubiera sido grave, pero lo había sido menos de lo que el archidiácono se jactaba. El boticario, al que le habían llevado en el primer momento los soldados de la ronda, había temido por su vida durante ocho días a incluso se lo había dicho en latín. Pero la juventud había vencido y, como ocurre con frecuencia, a pesar de los pronósticos y de los diagnósticos, la naturaleza se había complacido en salvar al enfermo ante las barbas del médico. Ya había sufrido los primeros interrogatorios por parte de Philippe Lheulier y de los inquisidores estando aún en el catre del boticario, circunstancia esta que le había molestado mucho. Por eso, un buen día, sintiéndose mejor, dejó sus espuelas de oro al boticario, en pago de sus servicios, y desapareció.

Esta circunstancia no entorpeció para nada la instrucción del proceso, ya que la justicia de entonces se preocupaba muy poco de la claridad y de la equidad de un proceso criminal. Sólo se pedía que el criminal fuera colgado. Los jueces tenían bastantes pruebas contra la Esmeralda; creían, por otra parte, que Febo había muerto y no se preocuparon más de ello.

Por lo demás, Febo no había ido muy lejos. Había ido sencillamente a reunirse con su compañía, de guarnición en Queue-en-Brie, en Isle-de-France, a poca distancia de París.

Además, no le agradaba en absoluto comparecer en persona en aquel proceso. Deducía vagamente que su papel iba a ser poco airoso; en el fondo, no tenía ideas muy claras y no sabía muy bien qué pensar del asunto. Poco religioso y harto supersticioso, como cualquier soldado, cuando pensaba en aquella aventura no quedaba muy tranquilo acerca de la cabra, las extrañas circunstancias en que había conocido a la Esmeralda, la forma no menos extraña en que ella le había dejado adivinar su amor, su condición de gitana y en fin el asunto del fantasma encapuchado. Creía entrever en esa historia mucho más de magia que de amor; probablemente una bruja o tal vez el diablo; en fin, una comedia o, para decirlo en el lenguaje de la época, un misterio muy desagradable en el que él desempeñaba un papel muy poco airoso; el del que recibe los golpes y las burlas. En cualquier caso, el capitán se encontraba muy apesadumbrado y sentía esa especie de vergüenza que La Fontaine ha definido tan admirablemente.

Honteux comme un renard qu'une poule aurait pris.

Esperaba que el asunto no diera mucho que hablar; pensaba que, estando él ausente, su nombre apenas si sería pronunciado o que, en cualquier caso, no iría más allá del alegato de la Tournelle. En nada se equivocaba en este último punto pues no existía entonces la Gaceta de los tribunales y como apenas si pasaba una semana sin hervir a un falsificador o sin colgar a una bruja, o sin quemar a un hereje en cualquiera de las innumerables justicias de París, se estaba ya tan acostumbrado a ver en todos los cruces a la vieja Temis feudal, con los brazos remangados haciendo su trabajo en las horcas, en las escaleras y en las picotas, que no se le daba la menor importancia.

La gente bien de aquella época apenas si conocía el nombre del condenado que pasaba a su lado y todo lo más era el populacho el que gustaba aún de platos tan vulgares como el de una ejecución. Una ejecución era un incidente habitual en la vía pública; algo así como el horno portátil del panadero o la venta pública de carnes y pieles; así, el verdugo era una especie de carnicero con ropas un poco más oscuras que los demás.

Así, pues, Febo no tardó demasiado en olvidarse de la encantadora Esmeralda o Similar, como él decía, ni de la puñalada de la gitana o del fantasma encapuchado (poco le importó cuál de los dos había sido, y de los resultados del proceso). Sin embargo, en cuanto su corazón se vio libre, en seguida le vino a la cabeza la imagen de Flor de Lis. Su corazón, como la física de la época, sentía horror del vacío.

Además, la permanencia en Queue-en-Brie era muy aburrida; se trataba de un pueblo de herradores y de vaqueras, de manos ásperas y agrietadas; una larga fila de casuchas y chozas que bordean ambos lados de la calle a lo largo de media legua; en fin, lo que se dice una queue.

Flor de Lis era su anterior pasión; una linda joven con una dote encantadora. Así, pues, una buena mañana, repuesto ya de su herida, y suponiendo que después de dos meses el asunto aquel de la gitana estaría ya bien olvidado, el enamorado caballero llegó impaciente a las puertas de la mansión Gondelaurier.

No prestó demasiada atención a un grupo harto numeroso que se agolpaba en la plaza, ante el pórtico de Nuestra Señora. Pensó que puesto que era el mes de mayo, se trataría de alguna procesión, de algún pentecostés o de alguna otra fiesta. Ató su caballo a las anillas de la entrada y subió alegremente a ver a su bella prometida.

Ésta se encontraba sola con su madre.

Flor de Lis guardaba aún en su corazón la escena de la bruja, su cabra, aquel maldito alfabeto y la prolongada ausencia de Febo. Sin embargo, al ver entrar a su capitán, le encontró un aspecto tan atractivo, con su gonela nueva, su tahalí tan reluciente, y con una actitud tan apasionada que se ruborizó de placer. Ella misma estaba más atractiva que nunca. Había trenzado de maravilla su magnífica cabellera rubia y llevaba un vestido azul celeste que tan bien les va a las mujeres muy blancas, coquetería que le había enseñado Colombe, y tenía un tanto turbada la mirada con esa especie de languidez amorosa que aún les favorece más.

Febo, que hacía tiempo no había visto a ninguna mujer, salvo las busconas de Queue-en-Brie, se quedó embelesado contemplando a Flor de Lis. Esta circunstancia le propició una actitud galante y delicada que facilitó rápidamente la reconciliación. La misma señora de Gondelaurier, siempre tan maternal y sentada en su gran sillón, no se sintió con fuerzas para hacerle reproches y los que le dedicó Flor de Lis, se convirtieron pronto en tiernos arrullos.

La muchacha se hallaba junto a la ventana tejiendo aún su gruta de Neptuno. El capitán, apoyado en el respaldo de su silla, recibía los amorosos reproches, a media voz, de Flor de Lis.

—¿Qué ha sido de vos desde hace más de dos meses, mala persona?

—Os juro —respondía Febo, un poco molesto por la pregunta—, que sois tan hermosa que hasta un obispo se prendaría de vos —y ella no podía evitar una sonrisa.

—Está bien, está bien, caballero. Dejemos mi belleza y respondedme. ¡No debo serlo tanto, por lo que se ve!

—Pues sabed, querida prima que me llamaron de mi guarnición.

—¿Y dónde está la tal guarnición, por favor? ¿Y por qué no habéis venido ni siquiera a despediros?

—En Queue-en-Brie.

Febo estaba encantado de que la primera pregunta le ayudara a esquivar la segunda.

—¡Pero si está aquí, al lado! ¿Cómo no habéis venido a verme ni una sola vez? La pregunta era ya muy comprometida para Febo.

—Es que… el servicio… y además, mi encantadora prima, sabed que he estado enfermo.

—¡Enfermo! —exclamó ella, asustada.

—Sí… herido.

—¡Herido!

La pobre muchacha se quedó confusa.

—¡Oh! No os asustéis por tan poca cosa —dijo Febo despreocupadamente—. Una discusión, una estocada. ¡Qué más os da!

—¡Qué más me da! —exclamó Flor de Lis alzando sus bellos ojos llenos de lágrimas—. ¡No sabéis lo que decís! ¿Qué estocada ha sido ésa? Quiero saberlo todo.

—Está bien, querida. He tenido mis más y mis menos con Mahé Fédy, ¿sabéis? El teniente de Saint-Germain-en-Laye y nos hemos descosido la piel un poquito cada uno. Eso ha sido todo.

El mentiroso capitán sabía muy bien que un lance de honor permite a un hombre realzarse ante los ojos de una mujer. En efecto, Flor de Lis le miraba a los ojos con un sentimiento de miedo, de amor y de admiración. Pero no se había quedado tranquila del todo.

—¡Ojalá estéis totalmente repuesto, Febo mío! No conozco a ese Mahé Fédy, pero es un villano y, ¿por qué habéis discutido?

Aquí Febo, cuya imaginación se mostraba mediocremente creadora, empezaba ya a encontrar dificultades para salir bien parado de su proeza.

—¡Ya no me acuerdo! ¡Cosa de poco! Un caballo... unas palabras... Hermosa prima, dijo, para así poder cambiar de conversación. ¿Por qué hacen tanto ruido en la plaza?

Febo se aproximó a la ventana.

—¡Dios mío! ¡Fijaos, querida prima, cuánta gente hay en la plaza!

—No lo sé —dijo Flor de Lis—; algo he oído de una bruja que va a retractarse esta mañana ante la iglesia para ser colgada luego.

El capitán estaba tan seguro de que el asunto de la Esmeralda estaba ya liquidado, que le importaron muy poco las palabras de Flor de Lis. A pesar de todo le hizo un par de preguntas.

—¿Cómo se llama la bruja?

—No lo sé —le contestó.

—Y, ¿qué dicen que ha hecho?

Ella contestó levantando esta vez sus blancos hombros.

—No lo sé.

—¡Dios mío! —dijo la madre—. Hay tantas brujas ahora que se las quema sin saber ni cómo se llaman. Sería tanto como querer conocer el nombre de todas las nubes del cielo. Pero podemos estar tranquilos dentro de todo, pues Dios lleva un buen registro.

—Aquí la venerable dama se levantó y se acercó a la ventana.

—¡Señor! Tenéis razón, Febo. ¡Qué cantidad de populacho! ¡Bendito sea Dios!

¡Están hasta en los tejados! ¿Sabéis, Febo?, esto me recuerda mi juventud; la entrada del rey Carlos VII. Había tanta gente como hoy. Ya no sé en qué año era. Cuando os cuento estas cosas os da la impresión de mucho tiempo; ¡sin embargo, para mí es tan poco! En cualquier caso el pueblo era mucho mejor que hoy. Había gente hasta en los matacanes de la Porte Saint-Antoine. El rey llevaba a la reina a la grupa de su caballo y tras sus altezas iban todas las damas a la grupa con sus señores. Recuerdo que nos reímos mucho porque al lado de Amanyon de Garlande, que era muy bajito, iba el señor de Matefelon, un caballero de

308

estatura gigantesca, que había matado ingleses a montones. Era muy hermoso. Era un desfile de todos los gentilhombres de Francia con sus oriflamas desplegadas al viento. Desfilaban los de pendón y los de bandera, y, ¿yo qué sé cuánto más? El señor de Calan con pendón, Jean de Châteaumorant con bandera. El señor de Coucy con bandera y más lienzos que ningún otro, exceptuando al duque de Borbón… ¡Ay! ¡Qué triste es pensar en cosas que han existido y que ya no volverán!

Los dos enamorados no escuchaban a la respetable viuda. Febo había vuelto a apoyarse en el respaldo de la silla de su prometida, lugar privilegiado, desde donde su mirada libertina dominaba todas las aberturas de la marquesota de Flor de Lis, que de vez en cuando se entreabría tan oportunamente, permitiéndole ver tantas cosas exquisitas y dejándole adivinar tantas otras, que Febo deslumbrado por aquella piel con reflejos de satén, se decía para sí: ¿Cómo puede amarse a alguien que no sea blanca?

Los dos estaban silenciosos. La joven le miraba de vez en cuando con ojos dulces y enamorados y sus cabellos jugaban con un rayo de sol de primavera.

—Febo —dijo de pronto Flor de Lis en voz baja—. Vamos a casarnos dentro de tres meses, juradme que jamás habéis amado a otra mujer.

—¡Os lo juro, ángel mío! —respondió Febo acompañando sus palabras con una mirada apasionada. Hasta él mismo se lo creía seguramente en esos momentos.

La buena madre, encantada de ver a los prometidos en una armonía tan dulce, había salido de la estancia para ocuparse de algún quehacer de la casa. Febo se dio cuenta de ello y la soledad animó de tal manera al aventurado capitán que se le llenó la cabeza de extrañas ideas. Flor de Lis le amaba, él era su prometido y los dos estaban solos. Su antigua atracción hacia ella se había despertado, no quizás en toda su frescura, pero sí en todo su ardor. Después de todo tampoco es un gran crimen el comer un poco de trigo aunque aún esté verde. No sé si fue esto lo que le pasó por la cabeza, pero lo que es cierto es que Flor de Lis se asustó repentinamente por la expresión de su mirada. Miró a su alrededor y no vio a su madre.

—¡Dios mío! —dijo sonrojada y nerviosa—. ¡Qué calor tengo!

—Sí —respondió Febo—, ya estamos cerca del mediodía y el sol es molesto; corramos las cortinas.

—No, no; al contrario —dijo la pobre muchacha—; necesito aire.

Y como una cierva que oye el jadear de la jauría, se levantó y corrió hacia la ventana; la abrió y se apresuró hasta el balcón.

Febo, un tanto contrariado, la siguió.

La plaza de Nuestra Señora, a la que daba el balcón, como sabemos, ofrecía en aquellos momentos un espectáculo siniestro y singular que cambió el motivo del miedo de la tímida Flor de Lis.

Un gentío enorme que refluía hacia todas las calles adyacentes, abarrotaba la plaza propiamente dicha. El pequeño muro que rodeaba la plaza no habría sido suficiente para mantenerla libre si no hubiera sido reforzado por una doble y apretada fila de alabarderos y de arcabuceros con sus culebrinas en la mano.

Gracias a ese bosque de picas y de arcabuces, la plaza estaba vacía. La entrada estaba flanqueada por un destacamento de alabarderos con las enseñas del obispo. Las fuertes puertas de la iglesia estaban cerradas, lo que contrastaba con las innumerables ventanas de la plaza que abiertas todas de arriba a abajo dejaban asomar miles de cabezas amontonadas casi como las balas de cañón en un parque de artillería.

La superficie de toda aquella multitud era gris, sucia y terrosa. El espectáculo que estaba esperando era evidentemente de los que interesan y atraen a lo que hay de más bajo entre la población. Nada más repulsivo que el rumor que surgía de aquel hormiguero de gorros amarillentos y de cabellos sórdidos. Entre aquel gentío había más risas que gritos y abundaban más las mujeres que los hombres.

De vez en cuando el rumor general se veía atravesado por una voz agria y vibrante.

—¡Eh! ¡Mahiet Baliffre! ¿Van a colgarla ahí?

—¡Imbécil! ¡Aquí es la retractación pública, en sayal! ¡Dios va a soltarle unos latinajos a la cara! Siempre se hace a mediodía. Si lo que te interesa es la horca, entonces vete a la Grève.

—Ya iré después.

—Eh, Boucandry, escucha. ¿Es verdad que ha rechazado al confesor?

—Sí, Bechaigne; parece que sí.

—¡Vaya con la pagana!

—Siempre se hace así, señor. El bailío del palacio tiene que entregar al malhechor, ya juzgado, para la ejecución; si es laico al preboste de París; si es clérigo al encargado del obispado.

—Gracias, señor.

—¡Dios mío! —decía Flor de Lis—. ¡Pobre criatura!

Este pensamiento llenaba de dolor la mirada que ella paseaba por la multitud. El capitán, mucho más pendiente de ella que de aquel montón de harapientos, pasaba el brazo, amorosamente, rodeándola por la cintura. Ella se volvió suplicante y sonriente.

—¡Por favor, Febo, ¡dejadme ahora! ¡Si volviera mi madre vería vuestra mano!

En aquel momento comenzaron lentamente a dar las doce en el reloj de Nuestra Señora y un murmullo de satisfacción estalló entre la multitud. Todavía no se habían extinguido las vibraciones de la última campanada cuando todas las cabezas se arremolinaron, como las aguas bajo un vendaval, y un inmenso clamor surgió del suelo, de las ventanas y de los tejados.

—¡Ahí viene!

Flor de Lis se llevó las manos a los ojos para no ver.

—Preciosa —le dijo Febo— ¿deseáis entrar?

—No —respondió; y los ojos que acababa de cerrar por miedo, volvió a abrirlos por curiosidad.

Una carreta, tirada por un robusto caballo normando, rodeada de soldados a caballo con librea violeta y grandes cruces blancas en el pecho, acababa de desembocar en la plaza por la calle Saint-Pierre-aux-Boeufs. Los soldados de la guardia iban abriéndoles paso. Al lado de la carreta iban a caballo algunos oficiales de la justicia y de la política, reconocibles por sus ropajes negros y por su torpe manera de montar. A la cabeza de todos ellos desfilaba maese Jacques Charmolue.

En la fatal carreta iba sentada una muchacha con los brazos atados a su espalda, sin ningún sacerdote a su lado. Iba con el sayal y sus largos y negros cabellos (la moda de entonces era no cortarlos hasta llegar al pie del cadalso) caían sueltos por su cuello y sus hombros medio descubiertos.

Por entre la ondulante cabellera, más negra y brillante que el plumaje de un cuervo, se veía retorcerse y anudarse un cordón gris y rugoso que desollaba las frágiles clavículas y se enrollaba al delicado cuello de la pobre muchacha como un gusano a una flor. Bajo la cuerda brillaba un pequeño amuleto adornado con abalorios verdes que le habían dejado, sin duda, porque no puede negarse nada a los que van a morir. Los espectadores de las ventanas podían ver en el fondo de la carreta sus piernas desnudas que ella intentaba ocultar por un último instinto de pudor femenino. A sus pies se veía una cabrita atada. La condenada sujetaba con sus dientes su camisa mal puesta.

Se diría que, en su desgracia, estaba sufriendo más por verse así expuesta, medio desnuda, a todas las miradas. ¡Ay! El pudor no se ha hecho para ser sometido a tales circunstancias.

—¡Jesús! —dijo vivamente Flor de Lis al capitán—. ¡Mirad, querido primo! ¡Es aquella vulgar gitana de la cabra!

Mientras hablaba así se volvió hacia Febo, que tenía los ojos fijos en la carreta y que se encontraba muy pálido.

—¿Qué gitana de la cabra? —preguntó entre balbuceos.

—¡Cómo! —replicó Flor de Lis—. ¿No os acordáis ya? Febo la interrumpió.

—No sé a qué os referís.

Febo hizo ademán de entrar, pero Flor de Lis, cuyos celos, que esta misma gitana había ya excitado en otra ocasión, acababan de despertarse de nuevo, le lanzó una mirada penetrante y desconfiada. Ella recordaba vagamente en ese momento haber oído hablar de un capitán mezclado en el proceso de aquella bruja.

—¿Qué os ocurre, Febo? Se diría que esa mujer os ha turbado. Febo intentó bromear.

—¡A mí! ¡Ni mucho menos! ¡Qué cosas!

—Entonces quedaos y veamos hasta el fin —indicó ella imperiosamente.

Al desventurado capitán no le quedó más solución que permanecer allí. Lo que le tranquilizaba un poco era que la condenada no quitaba la vista del suelo de la carreta. Era la Esmeralda, con toda certeza. En este último peldaño del oprobio y de la desgracia, ella se mostraba aún hermosa y sus enormes ojos negros parecían más grandes aún a causa de lo demacradas que aparecían sus mejillas. Su perfil lívido era puro y sublime. Se parecía a lo que había sido, como una Virgen de Masaccio se parece a una Virgen de Rafael: más débil, más delgada, más demacrada.

Por lo demás, salvo su pudor, no quedaba en ella nada que no estuviera descuidado, como si todo le fuera indiferente, tan castigada se había visto por el estupor y por la desesperación. Su cuerpo se movía al compás de los tumbos de la carreta como algo roto e inerte. Su mirada era triste y desvaída y aún podía percibirse una lágrima en sus ojos pero inmóvil o, por mejor decir, helada.

Ya la lúgubre cabalgata había pasado por entre la multitud, entre gritos de alegría y actitudes de curiosidad.

Hay que decir sin embargo, a fuer de historiador fiel, que viéndola tan bella y tan abatida, mucha de aquella gente, incluso los de corazón más duro, se sintieron conmovidos. Por fin la carreta llegó hasta la plaza y se detuvo ante el pórtico central. La escolta se colocó a ambos lados. Cesaron los rumores y los gritos entre la multitud y en medio de aquel silencio lleno de solemnidad y de ansiedad, se abrieron las dos hojas de la gran puerta, girando sobre sus goznes, que chirriaron con un ruido de pífano. Entonces se vio todo a lo largo la profundidad de la iglesia, sombría, de luto, iluminada apenas por algunos cirios que brillaban a lo lejos en el altar mayor; abierta, como las fauces de una caverna en medio de una plaza rebosante de luz. Más al fondo, entre las sombras del ábside, lograba entreverse una gigantesca cruz de plata, bordada sobre un lienzo negro que colgaba desde la bóveda hasta el suelo. Toda la nave estaba desierta, aunque en los asientos del coro se distinguían confusamente algunas cabezas de clérigos y, cuando la puerta se abrió del todo, surgió de la iglesia un canto grave y monótono que lanzaba a bocanadas fragmentos de salmos lúgubres sobre la cabeza de la condenada:

«Non timebo millia populi circumdantis me; exurge, Domine; salvum me fac, Deus».

«Salvum me fac, Deus, quoniam intraverunt atquae usque ad animam meam».

«Infixus sum in limo profundi; et non ests substantia».

Al mismo tiempo otra voz aislada del coro entonaba en las gradas del altar mayor este melancólico ofertorio.

«Qui verbum meum audit, et credit et qui misit me, habet vitam aeternam et in judicium non venit; sed transit a morte in vitam».

Este salmo que algunos ancianos perdidos, entre la oscuridad, cantaban de lejos a aquella hermosa criatura llena de juventud y de vida, acariciada por la brisa de la primavera, inundada de sol, era de la misa de difuntos.

El pueblo escuchaba con recogimiento. La infeliz, asustada, tenía la vista y el pensamiento perdidos en las entrañas oscuras de la iglesia. Sus labios blancos temblaban como rezando y cuando el auxiliar del verdugo se acercó a ella para ayudarla a bajar de la carreta, oyó que repetía en voz baja esta palabra: Febo.

Le desataron las manos y la hicieron bajar, acompañada de su cabra, a la que también habían soltado y que se puso a balar de alegría al sentirse libre. La hicieron andar descalza por el duro empedrado hasta llegar a los escalones del pórtico. La cuerda que llevaba al cuello se iba arrastrando tras ella como si fuera una sirviente que les siguiera.

En aquel momento cesaron los cánticos de la iglesia y una gran cruz de oro y una fila de cirios se pusieron en movimiento entre las sombras. Se oyó sonar la alabarda de los suizos y poco después apareció ante los ojos de la multitud una larga procesión de clérigos con casulla y de diáconos con dalmática, que avanzaba lentamente hacia la condenada, entonando sus salmos.

Su mirada se detuvo en el que iba en cabeza inmediatamente detrás del que portaba la cruz.

—¡Oh! —exclamó muy bajo y con un escalofrío—. ¡Otra vez él! ¡El clérigo!

En efecto, era el archidiácono. Llevaba a su izquierda al sochantre y el chantre iba a su derecha, portando el bastón propio de su oficio. Iba avanzando con los ojos fijos y abiertos, entonando con voz fuerte:

«De ventre inferi clamari et exaudisti vocem meam»,

«Et projecisti me in profundum in corde maris, et flumen circumdedit me».

En el momento en que el clérigo apareció a la luz bajo el alto pórtico ojival, envuelto en una amplia capa plateada con una cruz negra, estaba tan pálido que más de uno, entre la multitud, pudo pensar que era uno de los obispos de mármol, arrodillados en las losas sepulcrales del coro, que se había levantado y que venía a recibir en el umbral de la tumba a la que iba a morir.

Ella, no menos pálida, ni se había dado cuenta de que le habían puesto en la mano un pesado cirio de cera amarilla, ya encendido; tampoco había oído la chillona voz del escribano que leía el texto fatal de la retractación pública. Cuando le pidieron que dijera «Amén», respondió «Amén». No se rehízo hasta que vio al clérigo hacer señas a sus guardianes para que se alejaran y avanzar lentamente hacia ella.

Entonces sintió cómo la sangre le hervía en la cabeza y un resto de indignación se encendió en aquel alma entumecida y fría.

El archidiácono se aproximaba a ella lentamente. Incluso en aquella situación extrema ella vio cómo paseaba por su desnudez una mirada brillante de lujuria, de celos y de deseo. Después le dijo en voz alta.

—Mujer, ¿habéis pedido perdón a Dios por vuestras faltas y por vuestros pecados?

—se acercó a su oído (los espectadores creían que estaba haciendo su última confesión) y añadió—: ¿Quieres aceptarme? Todavía puedo salvarte.

Ella le miró fijamente.

—Vete, demonio, o te denuncio.

Él se sonrió con una horrible sonrisa.

—No te creerán. No harías más que añadir un nuevo escándalo a tu crimen.

Respóndeme. ¿Me aceptas?

—¿Qué has hecho con mi Febo?

—Está muerto —dijo el sacerdote.

En ese mismo instante el miserable archidiácono levantó maquinalmente la mirada y vio al otro lado de la plaza, en el balcón de la mansión Gondelaurier, al capitán de pie junto a Flor de Lis. Dudó un instante, se pasó la mano por los ojos, volvió a mirar, masculló una maldición y todos los músculos de su rostro se contrajeron violentamente.

—Pues bien, ¡muere si quieres! Nadie te poseerá —dijo entre dientes. Entonces levantó la mano sobre la gitana y gritó con voz fúnebre:

—Inunc, anima auceps et sit tibi Deus misericords.

Era la temible fórmula con la que se acostumbraba a cerrar estas sombrías ceremonias. Era la señal convenida del sacerdote al verdugo.

El pueblo se arrodilló.

—Kyrie eleyson —dijeron los restantes curas, situados bajo la ojiva del pórtico.

—Kyrie eleyson —repitió la multitud con el murmullo que corre por todas las cabezas como el chapoteo de un mar agitado.

—Amén —terminó el archidiácono.

Volvió la espalda a la condenada, su cabeza cayó sobre su pecho, sus manos se cruzaron y se reunió con el resto del cortejo. Poco después se le vio desaparecer, con la cruz, la capa y los cirios bajo los arcos brumosos de la catedral y su voz sonora se fue apagando lentamente en el coro entonando este último versículo de desesperación:

Omnis gurgites tui et fluctus tui super me transierunt.

Al mismo tiempo, el golpear intermitente del asta con puntera de hierro de las alabardas de los suizos, ahogándose poco a poco bajo los intercolumnios de la nave, producía el efecto de las campanadas de un reloj dando la última hora de la condenada.

No obstante, las puertas de Nuestra Señora permanecían abiertas, mostrando una iglesia vacía, desolada, oscura, sin cirios y sin voces. La condenada permanecía inmóvil en su sitio, esperando que dispusiesen de ella. Uno de los sargentos de vara hubo de acercarse a micer Charmolue que, durante toda aquella escena, había permanecido examinando el bajorrelieve del gran pórtico que representa para unos el sacrificio de Abrahán y para otros la operación filosofal, tomando al sol por el ángel, al fuego por la leña y al filósofo artesano por Abrahán.

Costó bastante arrancarle de su contemplación, pero por fin se volvió y, a una señal suya, dos hombres vestidos de amarillo, los ayudantes del verdugo, se aproximaron a la gitana para atarle las manos.

La desventurada, en el momento de subir nuevamente a la fatídica carreta y encaminarse hacia su última estación, se sintió quizás invadida por añoranzas de vida y levantó sus ojos rojos y secos hacia el cielo, hacia el sol, hacia las nubes de plata recortadas aquí y allá en trapecios y en triángulos azules y después los bajó hacia tierra mirando a la gente, a las casas… De pronto, mientras el hombre de amarillo le estaba atando los brazos, ella lanzó un grito terrible; un grito de alegría. En aquel balcón de allá, de la esquina de la plaza, acababa de verle; era su amigo, su señor, Febo; la otra aparición de su vida. ¡El juez la había mentido! Era él; no había duda. Estaba allí, hermoso, vivo, vestido con su deslumbrante uniforme, con plumas en el gorro y la espada en el costado.

—¡Febo! —gritó—. ¡Febo de mi vida!

Quiso extender hacia él sus brazos temblorosos de amor y de felicidad, pero estaban atados.

Entonces vio cómo el capitán fruncía el ceño y cómo la bella joven, que se apoyaba en él, la miraba con boca desdeñosa y ojos irritados; el mismo Febo pronunció algunas palabras que no llegaron hasta ella y los dos se eclipsaron precipitadamente tras los cristales del balcón.

—¡Febo! —gritó desesperada—. ¿También tú lo has creído?

Un pensamiento monstruoso acababa de asaltarla. Se acordó de que había sido condenada por asesinato en la persona de Febo de Châteaupers.

Hasta aquí lo había soportado todo, pero este último golpe fue demasiado rudo y cayó desvanecida al suelo.

—¡Vamos! —ordenó Charmolue—. ¡Subidla a la carreta y acabemos ya!

Nadie había aún descubierto en la galería de las estatuas de los reyes, esculpidos inmediatamente por encima de las ojivas del pórtico, a un extraño espectador que hasta entonces lo había observado todo tan impasiblemente con tal atención, con un rostro tan deforme que, a no ser por su ropaje medio rojo y medio violeta, se le habría podido confundir con uno de aquellos monstruos de piedra por cuyas bocas desaguan desde hace seiscientos años los largos canalones de la catedral. Aquel espectador no se había perdido nada de lo que, desde el mediodía, había ocurrido ante el pórtico de Nuestra Señora. Ya desde los primeros momentos, sin que nadie se hubiera preocupado de mirarle, había atado fuertemente a una de las columnillas de la galería una gruesa cuerda de nudos cuyo extremo colgaba hasta la escalinata. Una vez hecho esto se había quedado mirando tranquilamente y silbaba de vez en cuando al pasar los mirlos delante de él. De pronto, cuando los ayudantes del verdugo se disponían a ejecutar la flemática orden de Charmolue, saltó al otro lado de la balaustrada de la galería, cogió la cuerda con los pies primero, con las rodillas y con las manos luego, y después se le vio descolgarse por la fachada como una gota de lluvia deslizándose por un cristal; se le vio luego correr hacia los dos verdugos con la velocidad de un gato caído de un tejado, derribarles con sus enormes puños, coger a la gitana de una mano, como una niña coge una muñeca y de un solo salto llegar hasta la iglesia, alzando a la joven sobre su cabeza y gritando con voz estentórea.

—¡Asilo!

—¡Asilo! ¡Asilo! —repitió la muchedumbre y diez mil aplausos hicieron refulgir de alegría y de orgullo el único ojo de Quasimodo.

La sacudida hizo volver en sí a la condenada que abrió los ojos y al ver a Quasimodo volvió a cerrarlos súbitamente como asustada de su salvador.

Charmolue y los verdugos y toda la escolta se quedaron atónitos. En el recinto de Nuestra Señora, la condenada era en efecto inviolable pues la catedral era un lugar de asilo y toda la justicia humana expiraba en sus umbrales.

Quasimodo se había detenido bajo el gran pórtico. Sus enormes pies parecían tan sólidamente asentados en el suelo como los pesados pilares románicos. Su enorme cabeza peluda se hundía en sus hombros como los leones que tienen enormes melenas en lugar de cuello. Sujetaba a la muchacha en sus manos callosas como un paño blanco, pero con tanta precaución que parecía tener miedo de romperla o de marchitarla. Se habría dicho que era consciente de sostener algo delicado, exquisito y precioso hecho para unas manos distintas de las suyas y a veces daba la impresión de no atreverse ni a tocarla. Después, de pronto, la estrechaba entre sus brazos contra su anguloso pecho, como a su bien, como a su tesoro, como habría hecho la propia madre de aquella muchacha. Su ojo de gnomo se inclinaba sobre ella; la inundaba de ternura, de dolor y de compasión y luego se retiraba súbitamente inundado de luz. Ante esto, las mujeres reían y lloraban y la multitud se entusiasmaba pues, en aquellos momentos, Quasimodo mostraba en realidad una belleza especial. Se mostraba hermoso. Aquel huérfano, aquel niño abandonado, aquel deshecho se sentía augusto y fuerte y miraba a la cara, a esa sociedad de la que se sentía apartado y en la que él estaba ahora influyendo tan poderosamente; miraba de frente a esa justicia humana a la que él había arrancado su presa, a todos esos tigres, obligados a morder en el vacío, a los verdugos y a todas aquellas fuerzas del rey a las que, con la fuerza de Dios, acababa de aplastar él, el más despreciable de todos.

Y además era algo enternecedor aquella protección venida de un ser tan deforme, hacia una criatura tan desventurada; era conmovedor el que Quasimodo salvara a aquella condenada a muerte. Eran las dos miserias más extremas de la naturaleza y de la sociedad que se juntaban y se ayudaban mutuamente.

Después de algunos minutos de triunfo, Quasimodo se introdujo bruscamente en la iglesia con su carga. El pueblo, atraído siempre por las proezas, le buscaba con la mirada por entre la oscuridad de la nave, lamentando la rapidez con que había desaparecido de su vista y de sus aclamaciones. De pronto se le vio aparecer de nuevo en uno de los extremos de la galería de los reyes de Francia; la atravesó corriendo como un loco, levantando su conquista con los brazos y gritando:

—¡Asilo!

La multitud estalló otra vez en aplausos. Una vez que hubo atravesado aquella galería, volvió a desaparecer en el interior de la iglesia. Poco después reapareció en la plataforma superior, con la gitana siempre entre sus brazos, y siempre corriendo como un loco y gritando:

—¡Asilo! ¡Asilo! ¡Asilo!

—¡Viva! ¡Bravo! —gritaba el pueblo por su parte, y aquellas estruendosas aclamaciones llegaban hasta la otra orilla, sorprendiendo a la gente de la Grève y a la reclusa que seguía esperando con la vista fija en el patíbulo.

LIBRO NOVENO

I: Fiebre

Claude Frollo no estaba ya en Nuestra Señora cuando su hijo adoptivo cortaba tan por lo sano aquel nudo fatal con el que el desgraciado archidiácono había atado a la gitana y se había atado a sí mismo. Cuando llegó a la sacristía, se quitó el alba, la capa y la estola, arrojándolo todo en las manos de uno de los sacristanes y salió rápidamente por una puerta semioculta del claustro. Allí ordenó a un barquero del Terrain que le cruzara a la orilla izquierda del Sena. Una vez allí se perdió por entre las empinadas calles de la Universidad sin rumbo fijo, encontrando a cada paso grupos de hombres y mujeres que se apresuraban alegres hacia el Pont Saint-Michel con la esperanza de llegar aún a tiempo de ver colgar a la bruja. Iba pálido, perdido, turbado, más ciego y confuso que un ave nocturna suelta y perseguida en pleno día por una pandilla de muchachos.

No sabía dónde estaba ni lo que pensaba. Iba como en sueños; andaba, caminaba, corría, tomando cualquier calle al azar, sin saber cuál era, empujado constantemente hacia adelante por la Grève, por la horrible Grève que sentía confusamente a sus espaldas.

Atravesó así la montaña de Sainte Geneviève saliendo por fin de la ciudad por la Porte Saint-Victor, y continuó alejándose del recinto de torres de la Universidad hasta que las casas empezaron a hacerse más escasas, hasta que, por fin, una elevación del terreno le hizo perder de vista aquel odioso París. Cuando ya se creyó a cien leguas, en el campo, en zona deshabitada, se detuvo y le pareció que por fin respiraba.

Entonces ideas horribles se amontonaron en su cabeza. Comenzó a ver claro en su alma y se estremeció.

Pensó en aquella desventurada muchacha que le había perdido y a quien él, a su vez, había perdido. Echó una mirada huraña a la doble vía tortuosa que la fatalidad había obligado a seguir a sus dos destinos hasta llegar a aquel punto de intersección en que el destino mismo los había destrozado implacablemente. Pensó en el absurdo de los votos perpetuos, en la vanidad de la ciencia, de la castidad, de la religión, de la virtud, incluso en la misma inutilidad de Dios. Se hundió conscientemente en malos pensamientos y, a medida que se hundía más en ellos, sentía estallar en sus entrañas una risa satánica y cavando así en su alma, al comprobar cuán grande era el espacio que la naturaleza había reservado

319

en ella a las pasiones, su risa se hizo aún más amarga. Removió en el fondo de su corazón todo su odio, toda su maldad y reconoció, con la mirada fría de un médico que examina a un enfermo, que ese odio y esa maldad no eran más que amor viciado; que el amor, ese manantial en el hombre de todas las virtudes humanas, se tornaba en algo horrible en el corazón de un sacerdote, y que un hombre como él se convertía en demonio al hacerse sacerdote. Entonces su risa fue atroz y de pronto se quedó pálido al considerar el aspecto más siniestro de su fatal pasión; de ese amor corrosivo, envenenado, rencoroso, implacable que únicamente había conseguido el patíbulo para uno y el infierno para el otro; condenados ambos.

Luego volvió a reírse pensando que Febo estaba vivo que, después de todo el capitán vivía, que estaba alegre y contento, que tenía un uniforme más bonito que nunca y una nueva amante a la que llevaba para ver cómo colgaban a la anterior. Pero aquella risa sarcástica fue mayor cuando se dio cuenta de que, de entre todos los seres vivos a los que habría deseado la muerte, la egipcia única criatura a la que no odiaba, era a la única a la que no había perdonado.

Su pensamiento pasó luego del capitán al pueblo y tuvo un arrebato inaudito de celos: pensó que también el pueblo, todo el pueblo había tenido ante sus ojos y casi desnuda a la mujer que él amaba. Se retorcía los brazos al pensar que aquella mujer, cuya forma, entrevista sólo por él en la oscuridad, le hubiera proporcionado la suprema felicidad, había sido entregada, en pleno día, a todo un pueblo, vestida como para una noche de voluptuosidad. Lloró de rabia por todos aquellos misterios de amor profanados, manchados, desnudos, marchitos para siempre. Lloró de rabia imaginando cuántas miradas inmundas se habrían recreado en aquel sayal mal ajustado; pensando que aquella bella muchacha, aquella virginal azucena, aquel vaso de pudor y de delicias al que sólo temblando se habría atrevido él a aproximar sus labios, acababa de convertirse en una escudilla pública a la que el populacho más vil de París, los ladrones, los mendigos, los lacayos, se habían acercado a beber, todos juntos, un placer desvergonzado, impuro y depravado.

Y cuando intentaba hacerse una idea de la dicha que habría podido encontrar en la tierra si ella no hubiera sido gitana ni él sacerdote; si Febo no hubiera existido y si ella le hubiera amado; cuando se figuraba que una vida llena de serenidad y de amor le habría sido posible, también a él; que en aquellos momentos y en cualquier lugar de la tierra había parejas felices, disfrutando de dulces charlas bajo naranjos o a la orilla

320

de cualquier arroyuelo, o ante un atardecer o bajo una noche estrellada; y que, si Dios lo hubiera permitido, habría podido formar con ella una de esas felices parejas, su corazón se deshacía en ternuras y se llenaba de desesperación.

—¡Oh! ¡Es ella! ¡Es ella!

Era ésta la idea fija que le asediaba sin cesar, que le torturaba, que le presionaba el cerebro y que le desgarraba las entrañas; sin embargo, no lo lamentaba, no se arrepentía; todo lo que había hecho, volvería a hacerlo una vez más. Prefería verla en las manos del verdugo que en los brazos del capitán; pero estaba sufriendo; sufría tanto que a veces se arrancaba los cabellos para ver si habían encanecido.

Hubo un momento entre otros en que pensó que quizás en aquel mismo instante la horrible cadena que había visto por la mañana podría estar apretando su nudo de hierro alrededor de aquel cuello tan frágil y tan gracioso, y ese pensamiento le hizo sudar por todos los poros de su cuerpo.

Hubo otro momento en que, mientras se reía diabólicamente de sí mismo, se representó a la Esmeralda tal como la viera el primer día, vivaz, despreocupada, alegre atractivamente vestida, inquieta, alada, armoniosa, y la Esmeralda del último día, con el sayal y la cuerda al cuello, subiendo lentamente con sus pies descalzos por la empinada escalera del patíbulo; su imaginación le presentó de tal manera este doble cuadro que no pudo evitar un grito terrible en su garganta.

Mientras que aquel huracán de desesperación transformaba, rompía, doblaba, arrancaba de raíz todo en su alma él se quedaba contemplando la naturaleza que vivía a su alrededor. A sus pies unas gallinas rebuscaban picoteando entre la maleza; los escarabajos de esmalte corrían al sol y por encima de su cabeza algunas nubes grises huían por el cielo azul y por el horizonte la torre de la abadía de Saint-Victor asomaba por un altozano su obelisco de pizarra y el molinero del otero de Copeaux contemplaba silbando el lento girar de las aspas de su molino. Toda aquella vida tranquila, activa, organizada que, bajo mil aspectos, se iba reproduciendo en su entorno, le molestaba y por ello reanudó su huida.

Siguió así, campo a través, hasta la noche. Aquella huida de la naturaleza, de la vida, de sí mismo, del hombre, de Dios, de todo, se prolongó durante el día entero. A veces se tiraba al suelo y arrancaba con sus uñas plantas de trigo todavía tiernas; a veces se detenía en la calle desierta de un pueblo y sus pensamientos le resultaban tan insoportables que se cogía la cabeza con las dos manos como para arrancársela y lanzarla al suelo.

Hacia el atardecer se examinó de nuevo y se encontró casi loco; la tempestad levantada en él desde el instante en que había perdido la esperanza y la voluntad de salvar a la gitana no había dejado en su conciencia ni sola idea sana, ni un solo pensamiento en su sitio. Su razón permanecía prácticamente destruida por completo. Sólo aparecían en su mente dos imágenes muy nítidas: la Esmeralda y el patíbulo; el resto era oscuridad. Aquellas dos imágenes juntas dibujaban en su espíritu un grupo espantoso y cuanto más atención les prestaba, más se agigantaban en una progresión fantástica; una llena de gracia, de encanto, de belleza, de luz y el otro lleno de horror, de manera que, al final, la Esmeralda se le aparecía como una estrella y la horca como un enorme brazo descarnado.

Algo destacable es que, durante aquella horrible tortura, nunca le surgió la idea seria de morir. ¡Así estaba hecho aquel miserable! Se aferraba a la vida y hasta es posible que, detrás de todo ello, viese realmente el infierno.

El día seguía declinando y el ser vivo que aún existía en él, pensó confusamente en la vuelta. Se imaginaba lejos de París pero, cuando se orientó mejor, comprobó que no había hecho sino rodear el recinto de la Universidad. La torre de Saint-Sulpice y las tres altas agujas de Saint-Germain-des-Prés se recortaban en el horizonte, a su derecha y cuando oyó el quién vive de los hombres de armas del abad, los vigilantes del recinto almenado de Saint-Germain, se volvió y tomó el sendero que había delante entre el molino de la abadía y la leprosería del burgo y un momento después se encontró cerca del Pré-aux-Clercs. Aquel prado era famoso por los tumultos que se organizaban día y noche; era la hidra de los monjes de Saint-Germain, *quod monachis Sancti Germani pratensis hydra fuit, clericis nova semper dissidiorum capita suscitantibus.*

El archidiácono temió encontrar a alguien y tenía miedo de todo rostro humano. Acababa de evitar la Universidad, el barrio de Saint-Germain y pretendía entrar en las calles lo más tarde posible. Pasó de largo el Pré-aux-Clercs, tomó el camino desierto que le separaba del Dieu-Neuf y llegó por fin al borde del agua. Allí dom Claude encontró a un barquero que, por unos pocos denarios parisinos, le hizo remontar el Sena hasta el puente de la Cité, y le dejó en aquel istmo abandonado en el que el lector ha visto ya soñar a Gringoire y que continuaba hasta pasados los jardines del rey, paralelo a la isla del barquero de las vacas.

El movimiento monótono del barco y el chapoteo del agua habían adormecido un poco al desventurado Claude. Cuando ya el barquero se hubo alejado, él permaneció aún estúpidamente, de pie, en la orilla, mirando hacia delante y no viendo las cosas más que a través de los movimientos deformantes que le hacían ver una especie de fantasmagoría. No es raro que el cansancio producido por un gran dolor produzca estos efectos en la mente.

El sol se había ya escondido tras la alta Tour-de-Nesle; era el momento del crepúsculo; el cielo era blanco como blanca era el agua del río. Entre aquellas dos blancuras, la orilla izquierda del Sena, en la que él tenía fijos los ojos, proyectaba su masa sombría y, cada vez más delgada por la perspectiva, se hundía entre las brumas del horizonte como una flecha negra. Estaba rodeada de casas, de las que sólo se distinguía su oscura silueta, nítidamente recortada en la oscuridad, en el fondo claro del cielo y del agua. Aquí y allá las ventanas comenzaban a encenderse como brasas.

Aquel inmenso obelisco negro, así aislado, entre los dos manteles blancos del cielo y del río, muy ancho en aquel lugar, produjo en dom Claude un efecto singular, comparable a lo que pudiera sentir un hombre que, tumbado de espaldas al pie de los capiteles de la catedral de Estrasburgo, viera la enorme aguja hundirse por encima de su cabeza en las penumbras del crepúsculo; sólo que aquí era Claude quien estaba de pie y el obelisco el que estaba echado; pero, como el río, al reflejar al cielo, prolongaba el abismo por debajo de él, el inmenso promontorio parecía tan atrevidamente lanzado hacia el vacío como la flecha de una catedral y la impresión era la misma.

Esta impresión tenía incluso algo de más extraño y profundo, ya que parecía la aguja de Estrasburgo, pero como si fuera de dos leguas; algo inaudito, gigantesco a inconmensurable; un edificio como ningún ojo humano haya visto nunca; una torre de Babel.

Las chimeneas de las casas, las almenas de las murallas, los piñones tallados de las fachadas, la flecha de los agustinos, la Tour-de-Nesle, todos aquellos salientes que mellaban el perfil del colosal obelisco, acrecentaban aquella ilusión, engañando curiosamente a la vista con los resaltes y relieves de unas esculturas densas y fantásticas. Claude creyó ver, en el estado de alucinación en que se encontraba —ver con sus ojos de la cara— el campanario del infierno; las mil luces esparcidas por toda la altura de aquella espantosa torre, le parecieron otras tantas bocas del inmenso horno interior y las voces y los ruidos, que de ellas salían, otros tantos estertores y gritos. Entonces le entró el miedo y se tapó las orejas con las manos para no oírlos, dio media vuelta para no ver nada y se alejó a grandes pasos de aquella horrible visión.

La visión sin embargo estaba en él.

Cuando se adentró en las calles, la gente que se codeaba al resplandor de los escaparates le producía el efecto de un eterno ir y venir de espectros a su alrededor. Sentía ruidos horribles en el oído y fantasías extraordinarias le turbaban el espíritu. No veía ni casas, ni suelo, ni carros, ni hombres, ni mujeres, sino un caos de objetos indefinidos que se fundían por los bordes unos en otros. En una esquina de la calle de la Barillerie había una tienda de comestibles cuyo alero estaba, según costumbre inmemorial, guarnecido todo a lo largo de anillas de hojalata de las que colgaban bastoncitos de madera que, movidos por el viento, se entrechocaban produciendo un sonido como de castañuelas. Él creyó oír entrechocarse en la oscuridad los huesos de los esqueletos colgados en Montfaucon.

—¡Oh! —exclamó—, ¡el viento de la noche empuja a unos contra otros y junta el ruido de sus cadenas con el de sus huesos! ¡Tal vez ella se encuentre ahí colgada entre los demás!

Enloquecido, no supo ya a dónde ir. Unos pasos más allá, se encontró en el Pont Saint-Michel. Vio luz en la ventana de una planta baja y se aproximó. A través de sus cristales resquebrajados, descubrió una habitación sórdida que despertó en su espíritu un recuerdo confuso. En aquella sala, mal iluminada por una débil lámpara, había un hombre rubio y jovial, de figura agradable, que estaba abrazando y besando entre grandes risotadas a una muchacha, vestida con mucho descaro. Cerca de la lámpara se veía a una vieja hilando y cantando a la vez con una voz cascada. Como las risotadas del joven no eran continuas, la canción de la vieja llegaba a trozos hasta el clérigo. Era algo muy poco inteligible y horroroso.

Grève aboie, Grève grouille! File, file, ma quenouille,

File sa corde au bourreau Qui siffle dans le pre au. Grève, aboye, Grève grouille. La belle corde de chanvre!

Semez d'ici jusqu'á Vanvre

Du chanvre et non pas du blé. Le voleur n'a pas volé

La belle corde de chanvre! Grève grouille, Grève aboie! Pour voir la fille de joie Pendre au gibet chassieux Les fenêtres sont des yeux. Grève grouille, Grève aboie.

Al llegar aquí, el joven volvía a reír y a acariciar a la joven. La vieja era la Falourdel y la muchacha una mujer pública; el joven era su hermano Jehan.

Dom Claude seguía mirando, pues le daba igual un espectáculo que otro.

Vio cómo Jehan se acercaba a una ventana del fondo de la sala, la abría y echaba una ojeada al muelle del Sena en donde brillaban a lo lejos mil ventanas encendidas, y le oyó decir al cerrarla:

—¡Por vida mía! Se está haciendo de noche. Los burgueses encienden sus velas y Dios sus estrellas.

Después se acercó a la chica y rompió una botella que había en una mesa a la vez que gritaba.

—¡Vacía otra vez! ¡Ya no me queda dinero! Isabeau, querida amiga, no estaré contento de Júpiter hasta que no cambie tus pechos blancos en dos negras botellas para mamar vino día y noche, vino de Beaune.

Aquella broma hizo reír a la ramera y Jehan salió.

Apenas si dom Claude tuvo tiempo de echarse al suelo para no encontrarse de frente con Jehan y ser reconocido. Por suerte la calle era oscura y el estudiante estaba borracho. Sin embargo, distinguió al archidiácono tumbado en el suelo.

—¡Vaya, vaya! Aquí hay uno que hoy se lo ha pasado bien —y empujó con el pie a dom Claude que contenía la respiración.

—Borracho del todo —dijo Jehan—. Andando, que está como una cuba; es como una sanguijuela salida del tonel. ¡Y está calvo! Es un viejo —dijo agachándose—,

¡Fortunate renex!

Después dom Claude le oyó alejarse y decir:

—Da igual; la razón es hermosa y mi hermano, el archidiácono es un hombre con suerte por ser bueno y tener dinero.

Entonces el archidiácono se levantó y corrió sin parar hasta Nuestra Señora, cuyas enormes torres veía aparecer en la oscuridad por encima de las casas.

Al llegar a la plaza de la catedral, totalmente sofocado, retrocedió y no se atrevió a levantar la vista hacia el funesto edificio.

—¡Oh! —dijo en voz baja—, ¿será verdad que tales cosas hayan pasado aquí hoy; esta misma mañana?

Por fin se decidió a mirar a la iglesia. La fachada se destacaba, oscura, sobre un cielo rutilante de estrellas y la luna, en cuarto creciente, estaba en aquel momento encima de la torre derecha y parecía colgada, como un pájaro luminoso, en el borde de la balaustrada, recortada en tréboles negros.

La puerta del claustro se hallaba cerrada pero el archidiácono llevaba siempre consigo la llave de la torre en donde se encontraba el laboratorio y la utilizó para entrar en la iglesia.

Encontró allí una oscuridad y un silencio de caverna. Por las grandes sombras que caían por todas partes en anchos pliegues, se dio cuenta de que aún no habían quitado las colgaduras para la ceremonia de aquella mañana. La gran cruz de plata refulgía en la oscuridad, salpicada de algunos puntos brillantes, como una vía láctea en aquella noche de sepulcro. Las altas ventanas del coro mostraban por encima de las colgaduras negras el extremo superior de sus ojivas, cuyas vidrieras, atravesadas por la luz de la luna, sólo tenían los colores apagados de la noche, como el violeta, el blanco y el azul que sólo se ven en las caras de los muertos. El archidiácono, al ver alrededor del coro aquellas puntas pálidas de la parte superior de las ojivas, creyó ver mitras de obispos condenados. Cerró los ojos y cuando los abrió de nuevo le parecieron caras pálidas que le miraban fijamente.

Echó a andar por la iglesia y le pareció que también la iglesia se movía; que vivía; que cada pilar se convertía en una enorme pata que golpeaba el suelo con su enorme planta pétrea y que la gigantesca catedral se asemejaba a una especie de elefante prodigioso que resoplaba y que se ponía en movimiento, utilizando los pilares como patas, sus dos torres como trompas y el inmenso paño negro como gualdrapa.

La fiebre o la locura habían alcanzado tal intensidad que el mundo exterior no era para el infortunado clérigo más que una especie de apocalipsis visible, palpable, pavorosa.

Hubo un momento en que estuvo más calmado y recorriendo las naves laterales observó, detrás de uno de los pilares, una luz rojiza. Se acercó a ella como si fuera una estrella; era la pequeña lamparita que iluminaba noche y día el breviario público de Nuestra Señora, tras una rejilla de hierro. Se abalanzó sobre el santo libro con la esperanza de encontrar en él algún consuelo o algo de ánimo. El libro se encontraba abierto en este pasaje de Job por el que su vista se paseó: «Y un espíritu pasó ante mi rostro y sentí como un ligero soplo y se me erizó el vello de mi piel».

Ante aquella lúgubre lectura, experimentó lo que experimenta un ciego al sentirse picado por el bastón que ha recogido del suelo. Las piernas comenzaron a fallarle y se derrumbó sobre el suelo, pensando en la que había muerto aquel mismo día. Sentía que pasaban por su cerebro tantas humaredas monstruosas que le parecía como si su cabeza se hubiera convertido en una de las chimeneas del infierno.

Quizás permaneció durante mucho tiempo en esta actitud, sin pensar en nada, anonadado y pasivo bajo la mano del demonio.

Poco a poco fue recobrándose y pensó en ir a refugiarse en la torre cerca de su fiel Quasimodo. Se incorporó y como sentía miedo cogió, para iluminarse la lamparita del breviario. Aquello era un sacrilegio, pero no estaba en condiciones para preocuparse por tan poca cosa.

Subió lentamente por la escalera de las torres, lleno de un secreto terror, que debía afectar también a los escasos transeúntes de la plaza de Nuestra Señora que vieran aquella misteriosa luz rojiza de la lámpara ascendiendo, a aquellas horas, de aspillera en aspillera, hasta lo alto del campanario.

De pronto sintió algo de frío en su rostro y es que se encontraba bajo la puerta de la más elevada de las galerías. El aire era fresco; por el cielo corrían grandes nubes blancas que se mezclaban unas sobre otras y se aplastaban en los ángulos, asemejándose a un río desbordado por la corriente del invierno. La luna, varada en su cuarto creciente en medio de las nubes, se asemejaba a un navío celeste, encallado entre aquellos hielos del aire.

Bajó la vista y contempló durante un momento, por entre el enrejado de columnillas que une las dos torres, a lo lejos y a través de un velo de humos y de brumas, la multitud silenciosa de los tejados de París, afilados, innumerables, amontonados y pequeños como las olas de un mar tranquilo en una noche de verano.

El resplandor de la luna se esparcía por el cielo, dando a la sierra un tono de ceniza. En aquel momento el reloj levantó su voz endeble y cascada y dio las doce. El clérigo pensó en el mediodía y que eran las doce que volvían de nuevo.

—¡Oh! —se dijo muy bajo—. ¡Qué fría debe estar ya!

De pronto, el viento apagó su lámpara y casi simultáneamente vio surgir, por el lado opuesto de la torre, una sombra, un resplandor, una forma blanca de mujer. Se estremeció pues junto a aquella mujer había una cabritilla que prolongaba con su balido la última campanada del reloj.

Tuvo el valor de mirarla. Era ella; estaba pálida y sombría. Su melena le caía sobre los hombros como por la mañana pero sus manos estaban

327

libres y no llevaba la soga al cuello. Estaba libre; estaba muerta. Iba vestida de blanco y un velo blanco también le cubría la cabeza. Se acercaba a él lentamente, mirando al cielo y la cabra sobrenatural la seguía. Entonces se sintió de piedra y demasiado pesado para huir. A cada paso que ella avanzaba, él retrocedía otro; eso era todo. Así volvió hasta la bóveda oscura de la escalera. Se sentía helado ante la idea de que ella pudiera llegar hasta donde él se encontraba; si lo hubiera hecho, él habría muerto de terror.

Ella se acercó hasta la puerta de la escalera y se detuvo allí durante algunos momentos; miró fijamente hacia la oscuridad, pero, aparentemente no vio al clérigo y siguió. Le pareció más alta que cuando vivía. Vio la luna a través de su vestido blanco y hasta llegó a percibir su respiración.

Cuando hubo pasado, empezó a bajar la escalera con la lentitud que había observado en aquella aparición, creyéndose él mismo un espectro, asustado, con el cabello erizado y con su lámpara apagada en su mano; mientras bajaba los peldaños en espiral, oía nítidamente en su oído una voz que reía y que repetía:

«... Y un espíritu pasó ante mi rostro y sentí como un ligero soplo y se me erizó el vello de mi piel».

II: Jorobado, tuerto y cojo

En la Edad Media todas las ciudades y, hasta Luis XII, toda Francia, tenían sus lugares de asilo. Estos lugares de asilo, en medio del diluvio de leyes penales y de jurisdicciones bárbaras que inundaban la ciudad, eran como islas que se elevaban por encima del nivel de la justicia humana. Cualquier criminal que arribara a ellas podía considerarse salvado. En cada arrabal había tantos lugares de asilo como patíbulos. Era como el abuso de la impunidad frente al abuso de los suplicios; dos cosas negativas que intentaban corregirse una con otra. Los palacios del rey, las residencias de los príncipes y principalmente las iglesias disfrutaban del derecho de asilo. A veces se hacía lugar de asilo a toda una ciudad, sobre todo cuando se necesitaba repoblarla. En 1467, Luis XI hizo de París un lugar de asilo.

Una vez puesto el pie en el asilo, el criminal era sagrado, pero tenía que guardarse muy mucho de no salir de él, pues dar un paso fuera del santuario suponía caer de nuevo a la corriente. La rueda, el patíbulo, la estrapada, montaban guardia en torno al lugar de refugio y acechaban continuamente a su presa como los tiburones en torno al barco. Se han visto condenados que encanecían así en un claustro, en la escalera de un palacio, en el huerto de una abadía, bajo los porches de una iglesia. Así, pues, el asilo era una forma de prisión como cualquier otra. Ocurría a veces que un decreto solemne del parlamento violaba el asilo y devolvía al condenado a los verdugos; sin embargo, esta circunstancia se presentaba muy raramente. Los parlamentos tenían miedo de los obispos y cuando estos dos estamentos llegaban a enfrentarse, la toga no hacía buen juego con la sotana. A veces, sin embargo, como en el caso de los asesinos de Petit- Jean, verdugo de París, y en el de Emery Rousseau, asesino de Jean Valleret, la justicia pasaba por encima de la Iglesia y procedía a la ejecución de las sentencias. Sin embargo, a menos que un decreto del parlamento no les amparara, ¡ay de quienes violaran a mano armada un lugar de asilo! Ya se sabe cuál fue la muerte de Robert de Clermont, mariscal de Francia, y la de Jean de Chálons, mariscal de Champagne y sin embargo el reo no era más que un tal Perrin Marc, empleado de un cambista, un miserable asesino; pero los dos mariscales habían roto las puertas de Saint-Méry. Hechos como éste se consideraban con gran severidad.

Existía en lo relativo a los refugios un gran respeto que, según la tradición, se extendía a veces hasta a los animales. Aymoin nos habla de un ciervo que, acosado por Dagoberto, se había refugiado junto al sepulcro de San Dionisio; se salvó porque la jauría se detuvo en seco, quedándose ladrando.

Las iglesias disponían generalmente de una celdita preparada para recibir a los que suplicaban asilo. En 1407, Nicolás Flamel hizo construir para ellos encima de las bóvedas de Saint Jacquesde-la-Boucherie una habitación que le costó cuatro libras, seis sueldos y diecséis denarios parisinos.

En Nuestra Señora existía una celda en la techumbre de las capillas laterales, bajo los arbotantes, frente al claustro, precisamente en el lugar en donde hoy la mujer del portero de las torres ha hecho un jardín, que es a los jardines colgantes de Babilonia lo que una lechuga a una palmera o lo que una portera es a la reina Semíramis.

Fue allí donde, tras su desenfrenada y triunfal carrera por las torres y las galerías, Quasimodo había depositado a la Esmeralda. Mientras duró aquella carrera la muchacha no había recobrado el sentido a iba medio adormilada, medio despierta, sin sentir nada excepto que iba por el aire, que estaba flotando y que volaba y que alguien la llevaba por encima de la tierra. De vez en cuando oía las risas sonoras y la voz ruidosa de Quasimodo en su oído. Cuando abría los ojos, veía confusamente abajo el París salpicado con sus mil tejados de pizarra y de tejas como un mosaico rojo y azul y delante de ella la cara horrible y alegre de Quasimodo; entonces sus párpados se cerraban de nuevo y creía que todo había terminado, que la habían ejecutado durante su desvanecimiento y que el deforme espíritu que había presidido su destino, se había apoderado de ella y se la llevaba; no se atrevía a mirarle y no podía hacer nada.

Pero cuando el campanero de Nuestra Señora, con sus cabellos revueltos por el viento y jadeante por su esfuerzo, la dejó en la celda del refugio y cuando sintió que sus pesadas manos desataban cuidadosamente la soga que le lastimaba los brazos, experimentó esa especie de sacudida que despierta sobresaltados a los pasajeros de un navío cuando encalla en medio de una noche oscura. Sus pensamientos comenzaron también a despertarse y los recuerdos se le fueron apareciendo uno a uno. Así comprobó que estaba en Nuestra Señora y se acordó de haber sido arrancada a las manos del verdugo, recordó que Febo estaba vivo y que ya no la amaba; estas dos ideas, en las que tanta amargura se mezclaba, se presentaban juntas a la pobre condenada; entonces se volvió hacia Quasimodo que se mantenía de pie ante ella, y que le asustaba.

—¿Por qué me habéis salvado?

Él la miró con ansiedad como intentando adivinar lo que ella estaba diciendo. Ella volvió a repetirle la pregunta y entonces él le lanzó una mirada profunda y triste y huyó.

La Esmeralda se quedó asombrada.

Volvió poco después con un paquete que dejó a sus pies. Eran vestidos que algunas mujeres caritativas habían dejado para ella en el umbral de la iglesia.

Entonces se miró a sí misma y, al verse casi desnuda, se sonrojó. Estaba volviendo la vida a la gitana.

Quasimodo pareció experimentar también una especie de pudor y, tapándose los ojos con sus enormes manos, se alejó otra vez, pero, en esta ocasión, con pasos lentos.

Ella se vistió rápidamente. Era un vestido blanco y un velo también blanco; los hábitos de una novicia del Hospital.

Casi no había aún terminado cuando vio volver a Quasimodo. Traía esta vez un cesto bajo un brazo y un colchón en el otro. Había en el cesto una botella, pan y algunas provisiones; puso el cesto en el suelo y dijo:

—Comed.

Extendió después el colchón en el suelo y dijo:

—Dormid.

Eran su propia comida y su propio colchón lo que el campanero había ido a buscar.

La gitana levantó sus ojos hacia él en agradecimiento y no pudo articular palabra alguna, pues el pobre diablo era horrible, en verdad; bajó la cabeza como con un escalofrío de miedo.

Entonces él le dijo:

—Os doy miedo. Soy muy feo, ¿verdad? No es necesario que me miréis; escuchadme únicamente. Durante el día deberéis quedaros aquí y, de noche, podéis pasear por la iglesia; pero no salgáis nunca de la iglesia, ni de día ni de noche o estaréis perdida. Os matarían y yo moriría.

Emocionada, levantó la cabeza para responderle, pero ya había desaparecido. Ella se encontró sola pensando en las palabras singulares de aquel ser casi monstruoso y extrañada por el tono de su voz que era muy ronco, pero, a la vez, muy dulce.

Después examinó la celda; era una habitación de unos seis pies cuadrados con una lucera y una puerta en el plano inclinado del techo; de piedras lisas. Varias gárgolas con figuras de animales parecían asomarse en torno a ella y estirar el cuello para asomarse por la pequeña claraboya. Por el borde del tejado veía la parte alta de mil chimeneas que hacían subir bajo sus ojos los humos de todos los hogares de París.

Triste espectáculo para la pobre gitana, niña expósita, condenada a muerte, desgraciada criatura, sin patria, sin familia, sin hogar.

Cuando el pensamiento de su soledad se le aparecía así, más angustioso que nunca, sintió que una cabeza velluda y barbuda se deslizaba entre sus manos y entre sus rodillas y se echó a temblar (todo le asustaba ya).

Era la pobre cabra, la ágil Djali, que se había ido tras ella en el momento en que Quasimodo había dispersado a la brigada de Charmolue y que se deshacía en carantoñas a sus pies, desde hacía más de una hora, sin poder obtener ni una triste mirada. La egipcia, entonces, la cubrió de besos.

—¡Oh, Djali! —decía—. ¡Cómo te he olvidado! ¡Tú siempre estás pensando en mí!

¡No eres ingrata!

Y al mismo tiempo, como si una mano invisible hubiera levantado el peso que oprimía las lágrimas de su corazón, desde hacía ya mucho tiempo, se echó a llorar; y a medida que las lágrimas corrían sentía que, con ellas, se iba también lo que había de más acre y de más amargo en su dolor.

Llegada la noche, la encontró tan bella y la luna le pareció tan dulce que dio la vuelta a la galería superior que rodea la iglesia. Sintió un gran alivio al comprobar qué tranquila se aparecía la tierra desde aquella altura.

III: Sordo

A la mañana siguiente, al despertarse, se dio cuenta de que había dormido y esta circunstancia la extrañó pues hacía mucho tiempo que había perdido la costumbre de dormir. Un alegre rayo de sol mañanero entraba por la claraboya y le daba en la cara. Al mismo tiempo que el sol, vio en la claraboya algo que la asustó; era la horrible cara de Quasimodo. Cerró los ojos sin querer, pero era en vano pues creía seguir viendo, a través de sus párpados rosa, aquella máscara de gnomo, tuerto y con los dientes mellados. Sus ojos seguían aún cerrados cuando oyó una voz ruda que le decía muy amigablemente.

—No tengáis miedo que soy yo, vuestro amigo. Había venido a veros dormir.

¿Verdad que no os molesta el que os vea dormir? ¿Qué más os da que yo esté aquí cuando tenéis los ojos cerrados? Ahora me voy; ya los podéis abrir que me he escondido tras la pared.

Había algo aún más lastimero que aquellas mismas palabras y era el tono con que las decía. La egipcia, emocionada, abrió los ojos y efectivamente ya se había marchado de la claraboya. Se acercó hasta ella y vio al pobre jorobado acurrucado en uno de los ángulos del muro, en una postura incómoda. Entonces ella, intentando superar la repugnancia que le inspiraba, le dijo con dulzura que se acercara. Por el movimiento de los labios de la egipcia, Quasimodo creyó que le mandaba irse y entonces se levantó y se retiró lentamente cojeando, con la cabeza baja, sin atreverse siquiera a levantar hacia la joven su triste mirada llena de desesperación. Ella le pidió nuevamente que se acercara, pero él seguía alejándose. Entonces la Esmeralda salió fuera de la celda y le cogió por un brazo. Sintiéndose así tocado por ella, Quasimodo comenzó a temblar

332

por todo el cuerpo. Levantó su ojo suplicante y, al ver que ella le acercó hacia sí misma, toda su cara se iluminó de alegría y de ternura. Ella quiso que entrara en la celda, pero él se obstinó en quedarse a la entrada.

—No, no —le dijo—; el búho no puede entrar nunca en el nido de la alondra.

Entonces ella se sentó muy graciosamente en su lecho con la cabra, dormida, a sus pies y los dos se quedaron inmóviles durante algunos instantes, considerando en silencio, él tanta gracia y ella tanta fealdad. A cada momento, ella descubría en Quasimodo alguna deformidad más. Su mirada se paseaba desde las rodillas zambas a su espalda jorobada y desde la joroba a su único ojo. No era capaz de entender que un ser tan torpemente esbozado pudiera existir en realidad. Sin embargo, había en él, repartidas, tanta tristeza y tanta dulzura que empezó a acostumbrarse a aquella fealdad.

Fue él quien rompió el silencio.

—¿Me pedís que me quede?

Ella le hizo un signo afirmativo con la cabeza al tiempo que le decía:

—Sí.

Él entendió en seguida el movimiento de la cabeza.

—¡Ay! —dijo, no atreviéndose casi a terminar—, es que... ¡como soy sordo!

—¡Pobre hombre! —dijo la gitana con una expresión de comprensiva compasión. Él se sonrió dolorosamente.

—Creéis que ya no me faltaba más que eso, ¿verdad? Pues, sí; soy sordo; así estoy hecho. Es horrible, ¿verdad? ¡Vos si que sois hermosa!

Había en el tono de aquel desventurado un sentimiento tan profundo de su miseria, que ella no tuvo fuerzas para añadir más; por otra parte no habría podido oírlo. Él añadió.

—Nunca me he sentido tan feo como ahora; cuando me comparo con vos, me apiado de mí, pobre monstruo. Seguramente os parezco como un animal, ¿no? Vos, sin embargo, sois como un rayo de sol, como una gota de rocío, como el trino de un pájaro. Yo soy algo horrible; ni hombre ni animal, un no sé qué más duro, más pisoteado, más deforme que una piedra.

Entonces se echó a reír y aquella risa era lo más desgarrador del mundo.

—Sí; yo soy sordo, pero si me habláis mediante gestos y signos, os entenderé. Tengo un maestro que habla conmigo de esa manera y además entenderé rápidamente cuáles son vuestros deseos por el movimiento de los labios y por vuestra mirada.

—Muy bien —le dijo la gitana—; decidme entonces por qué me habéis salvado.

—Os he comprendido —le respondió—; me preguntáis por qué os he salvado. Seguramente os habéis olvidado de un miserable que intentó raptaros una noche; un miserable al que al día siguiente consolasteis en la picota infame. Aquella gota de agua y vuestra compasión es algo que no podré pagar con mi vida. Vos os habéis olvidado de aquel miserable, pero yo lo he recordado.

Ella le estaba escuchando con una ternura profunda. Una lágrima había brotado del ojo del campanero, pero no llegó a caer e incluso parecía como si hubiese tomado a honor el sorberla.

—Escuchadme —continuó cuando estuvo seguro de que la lágrima no se escaparía—, tenemos aquí torres tan altas que cualquier hombre que cayera de ellas se mataría antes de llegar al suelo; cuando queráis que me tire, no tendréis que pronunciar una sola palabra; bastará con mirarme.

Entonces se levantó. Aquel ser tan extraño, por desgraciada que fuera la gitana, le inspiraba compasión. Le pidió que se quedara.

—No, no —respondió—. No puedo quedarme demasiado tiempo. No me encuentro cómodo cuando me miráis y si no retiráis la vista es sólo por compasión. Será mejor que me vaya a donde pueda veros sin que me veáis.

Luego, sacando un pequeño silbato metálico, se lo dio a la gitana y le dijo.

—Tomad; si me necesitáis, o si queréis que venga, cuando ya no os cause miedo, silbad con esto; ese ruido lo oigo muy bien. Y dejando el silbato en el suelo se marchó.

IV: Loza y cristal

Fueron pasando los días y la calma volvía poco a poco al alma de la Esmeralda. El exceso de dolor como el exceso de alegría es algo violento que dura poco. El corazón humano no puede permanecer demasiado tiempo en ninguno de esos extremos. La bohemia había sufrido tanto que ya no le quedaba más que el asombro.

Con la seguridad le había vuelto también la esperanza. Ahora estaba fuera de la sociedad, fuera de la vida, pero presentía vagamente que quizás no iba a ser imposible el volver a engranarse en ella. De momento era como una muerta que tuviera en reserva una llave de su tumba.

Sentía alejarse de ella poco a poco las terribles imágenes que durante tiempo la habían obsesionado. Todos aquellos repugnantes fantasmas, Pierrat Torterue, Jacques Charmolue, se iban borrando en su espíritu; todos, incluso el del sacerdote.

Y además Febo estaba vivo; eso era seguro; ella misma le había visto. Después de todas aquellas sacudidas fatales que habían hecho que todo se derrumbara en ella, sólo una cosa había quedado en pie en su alma: el sentimiento de su amor por el capitán. Es que el amor es como un árbol, un árbol que crece por sí mismo, que echa profundamente sus raíces por todo nuestro ser y con frecuencia sigue aún reverdeciendo incluso en un corazón destrozado.

Y lo que es más inexplicable es que, cuanto más ciega es la pasión, con más tenacidad se mantiene. Nunca es más sólida que cuando no tiene en qué apoyarse.

Pero sin duda la Esmeralda no pensaba en el capitán sin amargura. Sería espantoso que también él estuviera engañado, que hubiera creído lo imposible, que hubiera entendido que había sido ella quien le apuñaló; ¡ella que habría dado mil vidas por él! Pero, en fin, no había que tenérselo demasiado en cuenta porque, ¿no había confesado ella su crimen? ¿No había cedido, débil mujer, a la tortura? La culpa era toda suya. Debería haberse dejado arrancar las uñas antes que pronunciar tal palabra. En fin, con que ella volviese a ver a Febo una sola vez, un solo minuto… una sola palabra, una mirada servirían para sacarle de su error, para hacerle volver a ella. De eso estaba segura. Estaba confusa también por muchas cosas extrañas; por el azar de la presencia de Febo el día de la retractación pública, por la joven con quien se hallaba en aquellos momentos. Sin duda que debía ser su hermana. La explicación no era muy razonable, pero se contentaba con ella porque necesitaba creer que Febo continuaba amándola solamente a ella. ¿No se lo había jurado? ¿Qué más necesitaba aquella crédula e ingenua criatura? Y además en todo aquel asunto, ¿no estaban las apariencias más bien contra ella que contra él? Así, pues, ella esperaba, esperanzada. Digamos que la iglesia, aquella enorme iglesia que la rodeaba por todas las partes, que la guardaba y la preservaba, era en sí misma un poderoso tranquilizante. Las líneas solemnes de su arquitectura, la atmósfera religiosa de todos los objetos que la rodeaban, los pensamientos piadosos y serenos que transpiraban, por así decirlo, todos los poros de aquellas piedras, actuaban sobre ella sin que ella se diera cuenta. En el edificio se producían ruidos de una calma y majestad tales que tranquilizaban a su alma enferma: el canto monótono de los oficios, las respuestas del pueblo a los sacerdotes, inarticuladas a veces, sonoras otras, el armonioso temblor de las vidrieras, el órgano resonando como cien trompetas, los tres campanarios zumbando como tres enjambres gigantes… Toda aquella orquesta, cual gama gigantesca que subía y bajaba continuamente desde la muchedumbre al campanario, adormecía su memoria, su imaginación y su dolor. Las campanas, sobre todo, la mecían. Era como un magnetismo poderoso el que aquellos enormes instrumentos lanzaban a oleadas sobre ella.

Por todo esto cada amanecer la encontraba más tranquila, menos pálida y con una respiración más acompasada. A medida que sus llagas internas se iban cerrando, su gracia y su belleza florecían en su rostro, pero más recogidas y serenas. Iba recobrando también su carácter habitual a incluso algo de su alegría; aquella mueca suya tan graciosa, su pudor, el placer de cantar y el amor por su cabra. Por las mañanas tenía gran cuidado de vestirse en uno de los ángulos de su celda por miedo a que pudiera verla por la lucera alguno de los vecinos próximos.

A veces, cuando el recuerdo de Febo se lo permitía, pensaba en Quasimodo. Era el único lazo, la única relación y comunicación que le quedaba con los hombres, con los seres vivientes. ¡La pobre desventurada se encontraba más aislada del mundo que Quasimodo! No conseguía comprender nada de aquel extraño amigo que el azar le había deparado.

A menudo se reprochaba no sentir una gratitud ciega, pero es que se sentía incapaz de acostumbrarse al desgraciado campanero. Su fealdad le resultaba excesiva.

No había utilizado nunca el silbato de Quasimodo, lo que no impidió que éste apareciera de cuando en cuando los primeros días. Ella hacía todo lo posible para no volverse con demasiada repugnancia cuando él le traía el cesto con las provisiones o la jarra de agua, pero él percibía siempre el más pequeño gesto en este sentido y se alejaba con tristeza.

En una ocasión se presentó cuando la gitana estaba acariciando a Djali y él permaneció pensativo unos momentos ante este grupo tan gracioso de la cabra y la gitana hasta que por fin exclamó, moviendo su pesada y deformada cabeza.

—Mi desgracia es que me parezco demasiado a un hombre; me gustaría ser animal del todo, como lo es esta cabra.

Ella se quedó mirándole con gran asombro y él respondió a aquella mirada.

—Yo sé muy bien por qué lo digo —y se fue.

En otra ocasión se presentó a la entrada de la celda —no entraba nunca— en el momento en que la Esmeralda entonaba una antigua balada española; no entendía la letra pero se le había quedado en la memoria porque, de niña, las gitanas la habían acunado con ella. A la vista de aquella cara que había aparecido tan bruscamente, la muchacha se interrumpió con un gesto involuntario de miedo. El desgraciado campanero se puso de rodillas ante la entrada de la celda y juntando sus enormes manos con un gesto suplicante, le dijo con gran pena.

—Por favor, os lo ruego; continuad; no me echéis.

Ella, que no quiso afligirle, prosiguió su romanza con un cierto temblor. Su miedo se fue disipando sin embargo y se dejó llevar totalmente por la canción melancólica y armoniosa que estaba cantando. Él se había quedado de rodillas, con las manos juntas, como rezando atento conteniendo la respiración, con su mirada fija en las pupilas brillantes de la gitana. Se habría dicho que oía la canción a través de sus ojos.

Otra vez se acercó a ella con ademán torpe y tímido, como siempre.

—Escuchadme —le dijo con esfuerzo—, tengo algo que deciros.

La gitana le hizo comprender por señas que le escuchaba y entonces él comenzó a suspirar, entreabrió sus labios y durante un momento pareció que iba a hablar y después se quedó mirándola, hizo un movimiento negativo con la cabeza y se alejó lentamente, con las manos en la frente, dejando estupefacta a la gitana.

Entre las grotescas figuras esculpidas en el muro, había una que él apreciaba muy particularmente y con la que parecía cambiar con frecuencia miradas fraternas. Una vez la egipcia le oyó decir.

—¿Por qué no seré yo de piedra como tú?

Y, en fin, en otra ocasión, una mañana la Esmeralda se había acercado hasta el borde del tejadillo y estaba mirando la plaza por encima del tejado puntiagudo de Saint Jean-le-Rond. Quasimodo se encontraba también allí, detrás de ella. Se solía colocar así para evitar en lo posible a la muchacha el desagrado de mirarle. De pronto la gitana se echó a temblar y una lágrima y un rayo de luz brillaron a la vez en sus ojos. Se arrodilló al borde del tejadillo y tendiendo sus brazos a la plaza con angustia se puso a suplicar.

—¡Febo! ¡Ven! ¡Una palabra! ¡Sólo una palabra! ¡En nombre del cielo! ¡Febo! ¡Febo!

Su voz, su rostro, su gesto, toda ella tenía la expresión desgarradora de un náufrago que lanza la señal de socorro a un alegre navío que navega a lo lejos, por el horizonte, entre rayos de sol.

Quasimodo se asomó a la plaza y comprobó que el objeto de aquella tierna y delirante súplica era un joven, un capitán, un apuesto caballero con uniforme refulgente, que se paseaba caracoleando por el fondo de la plaza y saludaba con su casco empenachado a una bella dama que le miraba sonriente desde su balcón. Además, el oficial no podía oír a la desventurada que le llamaba pues se encontraba demasiado lejos.

Pero el pobre sordo la había oído y un suspiro profundo surgió de su pecho. Se volvió. Su corazón rebosaba de lágrimas y se golpeaba convulsivamente la cabeza con sus dos puños. Al final tenía en cada mano un puñado de cabellos rojizos.

La gitana no le prestaba atención, pero él decía en voz baja y con rechinar de dientes.

—¡Maldición! ¡Así es como hay que ser por lo visto! ¡Sólo hay que ser hermoso por fuera!

Pero la gitana seguía de rodillas y gritaba con una agitación extraordinaria.

—¡Oh! ¡Mírale! ¡Ahora se baja del caballo! ¡Va a entrar en aquella casa! ¡Febo! No me oye. ¡Febo! ¡Qué mala es esa mujer! ¿Por qué le tendrá que hablar al mismo tiempo que yo? ¡Febo! ¡Febo!

El sordo la miraba y entendía perfectamente todos aquellos gestos. El ojo del pobre campanero se llenaba de lágrimas, pero no las dejaba correr por su cara. De pronto, él la tiró suavemente del borde de la manga y ella se volvió. Tenía un aspecto muy tranquilo y le dijo.

—¿Queréis que vaya a buscárosle? Ella lanzó un grito de alegría.

—¡Oh, sí! ¡Corred! ¡Rápido! ¡Traédmelo! ¡Traedme al capitán! Te querré si me lo traes —y le abrazaba las rodillas. Quasimodo no pudo por menos que mover la cabeza dolorosamente.

—Os lo traeré —repitió con voz débil. Después volvió la cabeza y se precipitó a grandes pasos por la escalera abajo, ahogado en sollozos.

Cuando llegó a la plaza, no vio más que el caballo atado a la puerta de la residencia Gondelaurier. El capitán acababa de entrar.

Levantó la mirada hacia el tejado de la catedral y vio a la Esmeralda en el mismo sitio y en la misma postura y le hizo una señal de resignación con la cabeza. Después se quedó recostado junto al porche de la casa dispuesto a esperar la salida del capitán.

Celebraban en casa de los Gondelaurier uno de esos días de gala que preceden a las bodas. Quasimodo veía entrar a mucha gente, pero no salía nadie. De vez en cuando miraba hacia el tejado y la egipcia no se movía más de lo que lo hacía él. Un palafrenero vino a desatar el caballo y le metió en las cuadras de la casa.

Así pasó la jornada entera, Quasimodo apoyado en el porche y la Esmeralda en el tejado y Febo, seguramente, a los pies de Flor de Lis.

Se hizo de noche. Una noche cerrada, sin luna. Por más que Quasimodo intentaba mirar hacia la Esmeralda, ésta pronto se confundió con una especie de mancha blanca en el crepúsculo; después nada; se borró pues todo era oscuridad.

Quasimodo vio cómo se iluminaban de arriba a abajo de la fachada las ventanas de la casa de los Gondelaurier. Vio también cómo se iban encendiendo uno a uno todos los ventanales de la plaza y allí estaba cuando se apagó el último de ellos, pero el capitán no salía. Cuando los últimos paseantes habían regresado ya a sus casas, cuando todas las ventanas de las demás casas se apagaron, allí permanecía aún Quasimodo solo, completamente solo en la oscuridad. Aún no existía alumbrado en la plaza de Nuestra Señora.

Era más de medianoche y los ventanales de la mansión Gondelaurier permanecían aún encendidos. Quasimodo, inmóvil y atento, veía pasar tras los cristales de mil colores una multitud de sombras que se movían y bailaban. Si no hubiera sido sordo, a medida que los ruidos de París se apagaban, habría oído cada vez más nítidamente en el interior de la casa Gondelaurier, un ruido de fiesta de alegría y de música.

Hacia la una de la mañana los invitados comenzaron a retirarse. Quasimodo, oculto en la oscuridad, los veía salir bajo el porche iluminado con antorchas, pero ninguno de ellos era el capitán y su cabeza se llenaba de pensamientos tristes. A veces se quedaba mirando al aire, como aburrido. Grandes nubarrones negros, pesados, desgarrados colgaban como hamacas de crespón bajo la bóveda estrellada de la noche. Parecían las telas de araña del cielo.

En uno de aquellos momentos vio de pronto cómo se abría misteriosamente la puerta-ventana del balcón, cuya balaustrada de piedra se recortaba por encima de su cabeza. La frágil puerta de cristal dio paso a dos personajes tras los cuales volvió a cerrarse sin ruido. Eran un hombre y una mujer. Le costó bastante trabajo a Quasimodo reconocer en el hombre al apuesto capitán y en la dama a la que había visto por la mañana dar la bienvenida al oficial desde lo alto de aquel mismo balcón. La plaza estaba totalmente a oscuras y un doble cortinaje carmesí que se había cerrado tras la puerta-ventana, al salir a la terraza, no dejaba llegar al balcón más que un poquito de luz de la estancia.

El hombre y la joven, por lo que podía deducir nuestro sordo que no oía una sola palabra de lo que se decían, parecían abandonados a una tierna e íntima conversación. La joven había permitido al oficial que le abrazara la cintura con su brazo y se resistía dulcemente a ser besada.

Quasimodo asistía desde abajo a aquella escena tanto más graciosa cuanto que no estaba hecha para ser vista. Contemplaba con amargura aquella felicidad y aquella belleza pues, después de todo, la naturaleza no era muda en aquel pobre hombre y por muy torcida que tuviera su columna vertebral no dejaba por ello de estremecerse como la de cualquier otra persona. Pensaba en la miserable parte que le había reservado la providencia y cómo las mujeres, el amor y el placer pasarían siempre de largo ante sus ojos y tendría que contentarse con ver la felicidad de los otros. Pero lo que más le desgarraba de aquel espectáculo, lo que llenaba de indignación su espíritu, era el pensar lo que tendría que sufrir la egipcia si lo viera. Es verdad que la noche era muy cerrada y que la Esmeralda, contando con que aún estuviera en el mismo sitio (cosa que no ponía en duda), se encontraba muy lejos, pues apenas si él mismo podía distinguir en el balcón a los dos enamorados; esto era lo único que le consolaba.

La conversación se hacía cada vez más animada. La joven parecía suplicar al capitán que no le pidiese más y Quasimodo no distinguía en todo ello más que las bellas manos juntas, las sonrisas mezcladas con lágrimas, las miradas a las estrellas de la joven y los ojos ardientes del capitán fijos sobre ella.

Por fortuna, pues la resistencia de la joven flaqueaba ya, la puerta del balcón se abrió de súbito apareciendo una señora mayor. La bella dama se quedó un tanto confusa, el oficial adoptó una postura de desagrado y los tres volvieron adentro.

Poco después un caballo piafó bajo el porche y el brillante oficial, envuelto en su capa, pasó rápidamente ante Quasimodo. El campanero le dejó doblar la esquina de la calle y luego echó a correr tras él, con su agilidad de mono, gritando.

—¡Eh! ¡Capitán!

El capitán se detuvo.

—¿Qué me querrá este bribón? —dijo al divisar en la oscuridad aquella especie de figura derrengada que corría tras él dando tumbos.

Pero ya Quasimodo había llegado hasta él y había cogido con decisión las bridas de su caballo.

—Seguidme, capitán; hay aquí alguien que desea hablaros.

—¡Por el cuerno de Mahoma! —masculló Febo—. A este pajarraco me lo conozco yo de algo. ¡Eh, amigo! ¿Quieres soltar la brida de mi caballo?

—Capitán —respondió el sordo—. ¿No me preguntáis quién es?

—Te digo que sueltes el caballo —repitió Febo impaciente—. ¿Qué querrá este tipo que se agarra al testuz de mi caballo? ¿Te has creído que mi caballo es una horca?

Quasimodo, lejos de soltar las bridas del caballo, se disponía a obligarle a dar la vuelta. Incapaz de explicarse la resistencia del capitán se apresuró a decirle.

—Venid, capitán. Os espera una mujer —y añadió haciendo un esfuerzo—: una mujer que os ama.

—¡Vaya un pájaro que me cree en la obligación de ir a ver a todas las mujeres que me aman! ¡O que dicen que me aman! ¿Y si por una casualidad se pareciera a ti, cara de lechuza? Di a quien te envíe, que se vaya al diablo y que voy a casarme.

—Escuchadme —exclamó Quasimodo, creyendo que con esta palabra acabaría con sus dudas—. Venid, monseñor, se trata de la egipcia que ya conocéis.

Estas palabras produjeron gran impresión en Febo, pero no la que el sordo había esperado. Hay que recordar que el capitán se había retirado con Flor de Lis momentos antes que Quasimodo salvara a la condenada de manos de Charmolue. Desde entonces, en todas sus visitas a la casa Gondelaurier se había guardado bien de volver a hablar de aquella muchacha cuyo recuerdo le apenaba, después de todo. Por su parte Flor de Lis no había considerado inteligente decirle que la egipcia vivía.

Febo creía, pues, muerta a la pobre Similar y que de esto hacía ya, al menos, uno o dos meses. Añádase a todo esto que desde hacía ya un rato el capitán pensaba en medio de la oscuridad profunda de la noche, en la fealdad sobrenatural, en la voz sepulcral del extraño mensajero; en que era más de la medianoche y que la calle estaba desierta como la noche aquella en que fuera atacado por el fantasma encapuchado y que su caballo resoplaba cada vez más ante la presencia de Quasimodo.

—¡La egipcia! —exclamó casi con susto—. ¡Ya, ya! ¿De dónde vienes? Acaso del otro mundo.

Y echó mano al puño de su daga.

—¡Pronto, pronto! —insistía el sordo, tratando de sujetar al caballo—. ¡Por aquí!

Febo le asestó una fuerte patada en medio del pecho. El ojo de Quasimodo se encendió y hasta inició un ademán para lanzarse sobre Febo pero dijo conteniéndose:

—¡Qué feliz deberíais ser de tener a alguien que os ame! —insistió sobre la palabra

«alguien» y dijo soltando las bridas del caballo—: ¡Marchaos!

Febo picó espuelas y salió jurando. Quasimodo vio cómo desaparecía entre la niebla de la calle.

—¡Será posible que la rechace! —murmuraba entre dientes.

Volvió a Nuestra Señora, encendió su lámpara y subió a la torre. Tal como suponía, la gitana estaba aún en el mismo sitio.

En cuanto le vio aparecer corrió hacia él.

—¡Venís solo! —exclamó juntando con dolor sus bellas manos.

—No he podido encontrarle —dijo secamente Quasimodo.

—¡Deberías haberle esperado toda la noche! —añadió con cierto enfado. Él vio su gesto de cólera y entendió el reproche.

—Ya le vigilaré mejor en otra ocasión —respondió agachando la cabeza.

—¡Vete! —le dijo.

Y se fue. La Esmeralda estaba descontenta con él. Quasimodo había preferido ser maltratado por ella que afligirla. Se había guardado para sí mismo todo el dolor.

A partir de aquel día la egipcia no volvió a verle. Quasimodo dejó de ir a su celda. Todo lo más lograba divisar a veces su figura en lo alto de una torre, con aire melancólico y con la vista fija en ella. Pero desaparecía al notar que ella le había descubierto.

Hay que decir que se sentía un tanto afligida por la ausencia voluntaria del pobre jorobado. En el fondo de su corazón ella se lo agradecía, aunque Quasimodo nunca se hacía ilusiones.

Ella no le veía, pero sentía la presencia de un buen genio en torno a ella. Una mano invisible renovaba sus provisiones mientras dormía. Una mañana encontró en su ventana una jaula con pájaros. Muy cerca de su celda, por la ventana se veía una escultura que la asustaba y ya en más de una ocasión se lo había indicado a Quasimodo. Una buena mañana —pues todas estas cosas se hacían de noche— ya no estaba allí. La habían roto. Quien trepara hasta aquella escultura no lo había hecho sin riesgo de su vida.

A veces, al anochecer, oía una voz velada, cerca del campanario, que cantaba, como para dormirla, una canción triste y curiosa. Eran versos sin rima, como hechos por un sordo.

Ne regarde pas la figure, Jeune fille, regarde le coeur.

Le coeur d'un beau jeune homme est souvent difforme Il y a des coeurs ou l'amour ne se conserve pas.

Jeune fille, le sapin n'est pas beau, N'est pas beau comme le peuplier, Mais il garde son feuillage l'hiver. Hélas! A quoi bon dire cela?

Ce qui n'est pas beau a tort d'être; La beauté n'aime que la beauté.

Avril tourne le dos á Janvier. La beauté est parfaite,

La beauté peut tout,

La beauté est la seul chose qui n'existe pàs a demi. Le corbeau ne vole que le jour,

Le hibou ne vole que la nuit Le cygne vole la nuit et le jour.

Otra mañana vio, al despertarse, en su ventana, dos jarroncitos llenos de flores. Uno era de cristal muy bonito y reluciente, pero estaba resquebrajado y había dejado escapar el agua por lo que sus flores se habían marchitado; el otro era un jarro de loza vulgar y corriente, pero había conservado todo el agua y sus flores rojas se habían conservado frescas.

No estoy seguro si lo hizo con intención, pero la Esmeralda cogió el ramillete marchito y lo llevó todo el día en el pecho.

Aquel día no oyó cantar la voz en la torre y no le dio demasiada importancia. Se pasaba todo el día acariciando a Djali, vigilando la puerta de la residencia Gondelaurier, conversando muy bajo con Febo y echando migas de pan a las golondrinas.

Por otra parte, ya no veía ni oía a Quasimodo. El pobre campanero parecía haber desaparecido de la catedral. Pero una noche que permanecía desvelada pensando en su capitán, oyó suspiros junto a su celda. Se levantó asustada y vio a la luz de la luna una masa informe echada delante de su puerta. Era Quasimodo que estaba allí, durmiendo en el suelo.

V: La llave de la puerta roja

El archidiácono había llegado a enterarse por los rumores de la calle de qué forma se había salvado la egipcia y cuando lo confirmó no supo lo que sintió. Se había hecho a la idea de la muerte de la Esmeralda y de esta manera vivía tranquilo pues había llegado a la sima más profunda del dolor. El corazón humano (dom Claude había meditado mucho sobre este tema) no puede aguantar más que un cierto grado de desesperación. Cuando la esponja está ya totalmente empapada, el mar puede cubrirla, pero sin añadirle ni una lágrima más.

Si la Esmeralda hubiera muerto, la esponja estaría empapada y ya todo estaría dicho para dom Claude en esta tierra. Pero al saberla viva, al igual que Febo, nuevamente volverían las torturas, las sacudidas, las alternativas; la vida, en fin. Y Claude estaba harto de todo aquello.

Así, pues, al confirmar la noticia, se encerró en su celda del claustro y no apareció ni en las conferencias capitulares ni en los oficios. Cerró la puerta a todos incluso al obispo y así quedó enclaustrado durante varias semanas. Le creyeron enfermo y así era, en efecto. ¿Qué hacía así encerrado? ¿Bajo qué pensamientos se debatía el infortunado? ¿Se estaba entregando a su última batalla, a su temible pasión? ¿Estaba elaborando un último plan de muerte para ella y de perdición para él?

Su Jehan, su adorado hermano, su niño mimado, llegó a su puerta en una ocasión y llamó y juró y suplicó y se identificó diez veces, pero Claude no abrió.

Pasaba jornadas enteras con la cara pegada a los cristales de la ventana. Desde aquella ventana, situada en el claustro, veía la celda de la Esmeralda e incluso a veces la veía con su cabra o con Quasimodo. Se fijaba en las delicadas atenciones del vulgar sordo, en su obediencia, en sus maneras delicadas y sumisas para con la gitana. Se acordaba, porque su memoria era excelente, y la memoria es el tormento de los celosos, se acordaba de la forma especial con que el campanero la había mirado en una ocasión y se preguntaba qué motivos habrían movido a Quasimodo para salvarla. Fue testigo de mil detalles entre la bohemia y el sordo cuya pantomima, vista de lejos y analizada por su pasión, le pareció muy tierna. Desconfiaba de la particularidad de las mujeres y sintió confusamente que se le despertaban unos celos, que nunca habría sospechado y que le hacían enrojecer de vergüenza y de indignación.

—¡Pase aún por el capitán, pero por éste! Tal pensamiento le trastornaba.

Sus noches eran terribles. Desde que supo que la gitana estaba viva, las frías ideas del espectro y de la tumba, que durante un día entero le habían obsesionado, se habían desvanecido y la carne volvía a aguijonearle y se retorcía en el lecho sabiendo a la muchacha tan cerca de él.

Cada noche su delirante imaginación le representaba a la Esmeralda en todas las actitudes que más le habían hecho hervir la sangre. La veía echada sobre el capitán apuñalado, con los ojos cerrados y sus hermosos senos manchados con la sangre de Febo; y aquel momento de delicias en que el archidiácono había depositado sobre sus labios pálidos un beso que, aunque medio muerta, la desgraciada sintió que la quemaba. La veía desnudada por las manos salvajes de los verdugos, dejando descalzo y permitiendo que metieran en aquella bota de tornillos de hierro su pequeño pie, su pierna fina y redonda, su rodilla ágil y blanca.

Seguía viendo aún aquella rodilla de marfil, que quedaba fuera del horrible aparato de Torterue. Y se la imaginaba también con el sayal y la soga al cuello, descalza, con los hombros desnudos, casi desnuda, como la había visto el último día.

Aquellas imágenes voluptuosas le hacían crispar los puños y estremecerse.

Una noche, entre otras, aquellas imágenes le calentaron tan cruelmente su sangre virgen de sacerdote, que mordió su almohada, saltó de la cama, se echó una sobrepelliz encima y salió de su celda medio desnudo, con la lámpara en la mano y fuego en la mirada.

Conocía dónde se encontraba la llave de la Puerta Roja que comunicaba el claustro con la iglesia; además siempre llevaba consigo, como ya sabemos, una llave de la escalera de las torres.

VI: Continuación de la llave de la puerta roja

Aquella noche la Esmeralda se había dormido en su celda, olvidada ya de los malos momentos, llena de esperanza y de dulces pensamientos. Llevaba ya dormida bastante rato, soñando, como lo hacía siempre, con Febo, cuando le pareció oír ruido a su alrededor. Su sueño era ligero a inquieto como el sueño de un pájaro. Cualquier cosilla la despertaba. Abrió los ojos. La noche era muy oscura, pero descubrió en su lucera una cara que la estaba mirando. Una lámpara iluminaba aquella cara y, cuando vio que había sido descubierta por la Esmeralda, la apagó.

La joven, sin embargo, había tenido tiempo de reconocerla y sus párpados se cerraron aterrorizados.

—¡Oh! —dijo con voz ahogada—. ¡El clérigo!

Todas sus desgracias pasadas desfilaron ante ella como en un relámpago y se dejó caer en la cama, helada por el miedo.

Momentos más tarde sintió un contacto a lo largo de su cuerpo que la hizo estremecerse de tal forma que se incorporó, furiosa y despierta, sobre el lecho.

El clérigo se había acercado a ella y la rodeaba con sus brazos. Ella quiso gritar entonces, pero no pudo.

—¡Vete, monstruo! ¡Vete, asesino! —le dijo con voz baja y temblorosa, llena de cólera y de terror.

—¡Piedad! ¡Piedad! —murmuró el sacerdote, besando los hombros de la muchacha.

Ella le cogió la cabeza por el poco pelo que le quedaba a intentó alejarse de sus besos como si fueran mordeduras.

—¡Por favor! —insistía el infortunado—. ¡Si conocieras la fuerza de mi amor por ti!

Es como el fuego, como plomo derretido; como mil cuchillos clavados en el corazón.

Y detuvo con gran fuerza los brazos de la joven; ésta le gritó asustada.

—¡Déjame o te escupo en la cara! Él entonces la soltó.

—¡Humíllame! ¡Pégame! ¡Sé cruel conmigo! ¡Haz lo que quieras, pero ámame!

¡Apiádate de mí!

Ella entonces le golpeó con furia de niño. Sus manos se encrespaban para arañarle la cara.

—¡Vete, demonio!

—¡Por piedad, ámame! —gritaba el pobre cura echándose sobre ella y respondiendo a sus golpes con caricias.

De pronto ella comprobó que él era el más fuerte.

—¡Hay que acabar! —dijo el clérigo apretando los dientes.

La joven se vio dominada, jadeante y rota entre sus brazos, a su merced y sintió cómo una mano pasaba lascivamente por su cuerpo. Hizo entonces un supremo esfuerzo y se puso a gritar con todas sus fuerzas.

—¡Socorro! ¡A mí! ¡Un vampiro!, ¡un vampiro!

Pero nadie acudía. Sólo Djali estaba despierta y balaba con angustia.

—Cállate —decía el cura jadeante.

De pronto, mientras se debatía, arrastrándose por el suelo, la mano de la gitana encontró algo frío y metálico. Era el silbato de Quasimodo. Lo cogió con una gran convulsión, llena de esperanza, lo llevó a los labios y sopló con todas las fuerzas que le quedaban. El silbato emitió un sonido claro, agudo, penetrante.

—¿Qué es eso? —dijo el clérigo.

Y casi al mismo tiempo se sintió cogido por una mano vigorosa. La celda estaba a oscuras y no pudo distinguir quién le sujetaba así, pero oyó un rabioso rechinar de dientes y entre la escasa luz, mezclada entre las sombras, vio brillar un gran cuchillo por encima de su cabeza.

El clérigo creyó percibir la forma de Quasimodo y supuso que no podía ser otro. Se acordó de haber tropezado al entrar contra un bulto cruzado ante la puerta, pero como el recién llegado no pronunciaba una sola palabra, no sabía qué creer. Entonces sujetó el brazo que sostenía el cuchillo al tiempo que gritaba.

—¡Quasimodo!

Pero, en su desesperación, había olvidado que Quasimodo era sordo.

En un abrir y cerrar de ojos el clérigo estaba en el suelo con una pesada rodilla en su pecho. Por la forma angulosa de la rodilla, dedujo que se trata en efecto de Quasimodo, pero, ¿qué hacer? ¿Cómo hacerse reconocer? La noche, además de sordo, le hacía ciego.

Se encontraba perdido; la joven, sin piedad, como una tigresa irritada, no intervenía para salvarle y el cuchillo estaba ya muy cerca de su cabeza. La situación era muy crítica. De pronto, su adversario se detuvo y por un momento pareció vacilante.

—¡No quiero mancharla de sangre! —dijo con una voz sorda.

Era, en efecto, la voz de Quasimodo. Entonces el clérigo notó una enorme mano que le cogía y le arrastraba por los pies fuera de la celda. Era allí, afuera, donde iba a morir. Por suerte para él, la luna había salido hacía un momento y después de franquear la puerta de la celda, uno de sus pálidos rayos cayó sobre el rostro del clérigo. Quasimodo le miró de frente y, al verle, se estremeció. Entonces le soltó al tiempo que retrocedía lentamente.

La gitana que se había acercado a la puerta vio sorprendida el brusco cambio de papeles. Ahora era el clérigo el que amenazaba y Quasimodo el que suplicaba.

Dom Claude, que amenazaba al sordo con gestos de cólera y de reproche, le hizo señas para que se retirara.

El sordo bajó la cabeza y se puso de rodillas ante la puerta de la gitana.

—Monseñor —le dijo con voz grave y resignada—, después haced lo que os plazca, pero matadme antes.

Al decir esto, tendía su cuchillo al sacerdote, que, fuera de sí, se lanzó a cogerlo, pero fue más rápida la muchacha y cogió ella el cuchillo de las manos de Quasimodo. Luego se echó a reír con furia.

—Acércate —le dijo al cura.

Mantenía el cuchillo en alto y el cura se quedó indeciso pues seguramente habría sido capaz de clavárselo.

—No te atreverás, cobarde —le gritó. Después añadió con una expresión implacable, a sabiendas incluso de que iba a atravesar con mil hierros al rojo el corazón del cura.

—¡Ah! ¡Sé además que Febo no ha muerto!

El cura derribó a Quasimodo de una patada y temblando de rabia desapareció bajo la bóveda de la escalera.

Cuando se hubo marchado, Quasimodo recogió el silbato que acababa de salvar a la gitana.

—Se estaba oxidando —le dijo al devolvérselo— y luego la dejó sola.

La joven, trastornada por la violencia de aquella escena, se derrumbó agotada en el lecho y se puso a sollozar. Su horizonte se había vuelto de nuevo siniestro.

Por su parte, el cura, había regresado a tientas hasta su celda.

Estaba claro. ¡Dom Claude estaba celoso de Quasimodo! Con aspecto meditativo repetía sus fatales palabras:

—¡No será de nadie!

LIBRO DÉCIMO

I: Gringoire tiene algunas buenas ideas

Desde que Pierre Gringoire había comprendido la marcha de aquel asunto y que decididamente habría soga, horca y otras historias para los personajes principales de la comedia, no se había preocupado demasiado del tema; pero los truhanes, entre los que se había quedado, considerando que, en el peor de los casos, era la mejor compañía de París, habían seguido interesándose por la egipcia. Él lo consideraba normal por parte de quienes no tenían, como ella otras perspectivas que Charmolue y Torterue y que no cabalgaban, como él, por regiones fantásticas entre las dos alas del pegaso.

Sabía por sus conversaciones que su desposada del cántaro roto se había refugiado en Nuestra Señora, y se había alegrado mucho, pero ni siquiera tenía la intención de ir a verla; a veces pensaba en la cabritilla y eso era todo. Por lo demás, durante el día, hacía sus piruetas para vivir y por la noche lucubraba una memoria contra el obispo de París pues se acordaba de haber quedado empapado por las ruedas de sus molinos y no se lo perdonaba. Tenía también entre manos el comentario de la bonita obra de Baudry le Rouge, obispo de Noyon y de Tournai, de Cupá Petrarum, que le había despertado un súbito interés por la arqueología, indicación que había sustituido en su corazón al hermetismo, del que, por otra parte, no era más que un corolario natural puesto que existe una relación íntima entre el hermetismo y la construcción. Gringoire había pasado sencillamente del amor, hacia una idea al amor, a la forma de esa misma idea.

Un día, se había detenido cerca de Saint-Germain-L'Auxerrois, junto a la esquina de una residencia llamada le For-l'Evêque, que quedaba frente a otra llamada le For- le-Roi. Había en aquel For-l'Evêque una atractiva capilla del siglo XIV cuyo ábside daba a la calle. Gringoire examinaba devotamente las esculturas externas, pues se encontraba en una de esas etapas de goce egoísta, exclusivo, supremo, en las que el artista no ve en el mundo más que el arte y sólo le interesa el mundo del arte. De pronto siente cómo una mano se posa gravemente en sus hombros; se vuelve y ve que se trata de su antiguo amigo, de su antiguo maestro, el archidiácono.

Se quedó sorprendido. Hacía mucho tiempo que no había visto al archidiácono y dom Claude era uno de esos hombres solemnes y apasionados cuyo encuentro interfiere siempre en el equilibrio de un filósofo escéptico.

El archidiácono permaneció en silencio algunos instantes, durante los cuales Gringoire tuvo el placer de observarle. Encontró a dom Claude muy cambiado, pálido como una mañana de invierno, ojeroso y con el pelo casi blanco. Fue por fin el cura quien rompió el silencio diciendo con tono tranquilo pero gélido.

—¿Cómo os encontráis, maese Pierre?

—¿Mi salud? Bueno, se puede decir de todo; pero bien, en conjunto; no hago excesos. ¿Recordáis, maestro?, el secreto de una buena salud, según Hipócrates, id est: cibi potus, somni, venus, omnia moderata sint.

—Así, pues, no tenéis preocupaciones, maese Pierre —prosiguió el archidiácono, mirándole fijamente.

—No; desde luego que no.

—¿Y qué estáis haciendo ahora?

—Pues ya lo veis maestro; estaba examinando las tallas de estas piedras y la manera como ha sido cincelado este bajorrelieve.

El clérigo esbozó una sonrisa amarga, de esas en que sólo se mueve una de las extremidades de la boca.

—¿Y eso os divierte?

—¡Estoy como en el paraíso! —contestó Gringoire y añadió inclinándose sobre las esculturas, con ese entusiasmo de un conocedor de los fenómenos vivos.

—¿Acaso no encontráis, por ejemplo, que esta metamorfosis de bajorrelieve ha sido realizada con gran habilidad, delicadeza y paciencia? Mirad esta columnata.

¿Habéis visto quizás en torno a algún capitel hojas más tiernas y más acariciadas por el cincel? Mirad estos tres altorrelieves de Jean Maillevin que, desde luego, no son las mejores obras de este gran genio. Pero la ingenuidad, la suavidad de los rostros, la gracia de sus movimientos, los pliegues de los ropajes y ese encanto inexplicable que se mezcla con todos sus defectos, hacen que esas figurinas aparezcan más alegres y delicadas, incluso demasiado. ¿No lo encontráis divertido?

—Desde luego —respondió el clérigo.

—¡Y si vierais el interior de la capilla! —prosiguió el poeta con un entusiasmo locuaz—. ¡Esculturas por doquier! ¡Todo lleno como el cogollo de una col! ¡El ábside, en particular, es tan piadoso que no he visto nada igual en ninguna parte!

Dom Claude le interrumpió.

—Ya veo que sois feliz.

—Pues sí, la verdad. Primero me gustaron las mujeres, luego los animales y ahora me gustan las piedras. Es tan divertido como los animales y las mujeres, pero menos pérfido.

El clérigo, con un gesto suyo, habitual, se llevó la mano a la frente.

—¿De verdad?

—Pues claro —dijo Gringoire—. Además, da muchas satisfacciones.

Entonces cogió al clérigo por el brazo, que se dejó llevar fácilmente, y le hizo entrar en la torreta de la escalera de Fort-L'Evéque.

—¡Esto sí que es una escalera! Me siento feliz sólo con verla. Tiene los escalones más curiosos y a la vez más sencillos de todo París. Todos están rebajados por la base. Su belleza y sencillez consisten en la distancia que hay de uno a otro, de un pie más o menos, y que están entrelazados, enclavados, encajados, encadenados, engastados, entretallados unos con otros, como mordiéndose, pero de una forma sólida y delicada a la vez.

—¿Y no deseáis nada más?

—Nada más.

—¿Y no echáis nada de menos?

—No siento añoranzas ni deseos. Mi vida transcurre tranquila.

—Sí, pero el hombre propone y Dios dispone.

—Yo soy un filósofo pirroniano —le respondió—, y todo lo mantengo en equilibrio.

—¿Y cómo os ganáis la vida?

—Escribo de cuando en cuando alguna epopeya y alguna tragedia, pero lo que más me da es el trabajo que vos ya conocéis, maestro; eso de llevar pirámides de sillas con mis dientes.

—¡Un oficio vulgar para un filósofo!

—¡Pero sigo con lo del equilibrio! —respondió Gringoire—. Cuando se tiene una idea, uno la encuentra en todas las cosas.

—De acuerdo, de acuerdo —respondió el archidiácono, que prosiguió, después de un breve silencio—. Sin embargo, vivís harto miserablemente.

—Miserable puede, desgraciado no.

En aquel momento oyeron un ruido de caballos y los dos vieron desfilar, al otro lado de la calle, una compañía de arqueros de la ordenanza del rey, con lanzas en ristre y su capitán a la cabeza. Era un desfile muy vistoso y los cascos de los caballos resonaban fuertemente en el adoquinado.

—¡Qué manera tenéis de mirar a ese oficial! —dijo Gringoire al archidiácono.

—Es que me parece que le conozco.

—¿Cómo se llama?

—Creo —dijo el clérigo—, que se llama Febo de Châteaupers.

—¡Febo! ¡Un nombre muy curioso! Hay también un Febo que es conde de Foix y además me acuerdo de una muchacha que sólo juraba por Febo.

—Venid, tengo algo que deciros.

Desde el desfile de aquella tropa se notaba una agitación bajo el aspecto glacial del archidiácono. Echó a andar y Gringoire se fue tras él, acostumbrado como estaba a obedecerle, al igual que cualquiera que hubiera tratado a este hombre de gran personalidad. Llegaron en silencio hasta la calle de los Bernardinos que se encontraba desierta y allí dom Claude se detuvo.

—¿Qué queréis decirme, maestro? —le preguntó Gringoire.

—¿No os parece —le respondió el archidiácono con un aire de reflexión profunda—, que la vestimenta de estos caballeros que acabamos de ver es más bonita que la vuestra y que la mía?

Gringoire movió la cabeza.

—A fe mía que prefiero mi tabardo amarillo y rojo que esas escamas de hierro y de acero. ¡Vaya gusto ir haciendo al andar el mismo ruido que el malecón de la chatarra en un día de terremoto!

—Así, pues, Gringoire, ¿nunca habéis sentido envidia de esos buenos mozos con sus uniformes de guerra?

—¿Envidia de qué, señor archidiácono? ¿De su fuerza? ¿De sus armaduras? ¿De su disciplina? Es mejor la filosofía y la independencia, aunque sea con harapos. Prefiero ser cabeza de ratón que cola de león.

—Es curioso lo que decís —le contestó el cura soñador—; hay que reconocer, sin embargo, que un uniforme es algo muy bonito.

Viéndole tan pensativo, Gringoire se alejó un poco para admirar el porche de una casa próxima. Al poco rato volvió dando palmadas de satisfacción.

—Si estuvierais menos preocupado por los bellos uniformes de esa gente de guerra, os rogaría que os acercarais a ver esa puerta. Siempre he dicho que la casa del señor de Aubry tiene la entrada más soberbia del mundo.

—Pierre Gringoire —dijo el archidiácono—, ¿qué ha sido de aquella bailarina egipcia?

—¿La Esmeralda? ¡Pues sí que cambiáis bruscamente de conversación!

—¿No era vuestra mujer?

—Sí, por el sistema de una jarra rota. Teníamos para cuatro años. A propósito — añadió Gringoire mirando al archidiácono con un gesto un tanto burlón—. Pensáis mucho en ella, ¿no?

—¿Y vos? ¿Ya no os interesa?

—Un poco. ¡Tengo tantas cosas…! ¡Dios mío, qué bonita era su cabra!

—¿No os había salvado la vida la gitana esa?

—Pardiez que es cierto.

—¿Y qué ha sido de ella? ¿Qué habéis hecho con ella?

—No sé qué deciros, pero creo que la colgaron.

—¿Estáis seguro?

—Seguro, seguro no. Cuando vi que querían colgar a unos cuantos, me retiré del juego.

—¿Eso es todo lo que sabéis?

—¡Esperad! Me dijeron que se había refugiado en Nuestra Señora y que allí estaba segura. Me alegro de ello pero no he sabido si la cabra se salvó con ella. Y no sé nada más.

—Os voy a informar de algo más —dijo dom Claude y su voz, hasta entonces baja, lenta y casi apagada, se hacía oír sonora—. Está refugiada en Nuestra Señora, efectivamente, pero dentro de tres días la justicia la detendrá y será colgada en la plaza de Grève. Hay sobre esto un decreto del parlamento.

—Es una pena, ¿no?

El clérigo se hallaba de nuevo frío y tranquilo.

—Y, ¿quién demonios —insistió el poeta— se ha interesado en solicitar un decreto de integración? ¿No podían dejar tranquilo al parlamento? ¿A quién molesta el que una pobre muchacha se refugie bajo los arbotantes de la catedral junto a los nidos de las golondrinas?

—Hay demonios en el mundo —le respondió el archidiácono.

—Esto empieza a ponerse mal —observó Gringoire. El archidiácono prosiguió tras un silencio:

—Así, pues, ¿ella os salvó la vida?

—Sí, señor; entre mis buenos amigos los truhanes. Faltó un pelo para que me colgaran. Hoy lo hubieran lamentado.

—¿No queréis hacer nada por ella?

—Ya lo creo que me gustaría, dom Claude. ¡Pero si voy a meterme en un lío por eso…!

—Y, ¿qué importa?

—¿Cómo que qué importa? Es fácil decirlo, maestro. Tengo dos grandes obras comenzadas.

El clérigo se golpeó la frente. A pesar de su calma aparente, de vez en cuando un gesto violento revelaba convulsiones internas.

—¿Cómo salvarla?

Gringoire le dijo:

—Maestro; os voy a responder: Il padett, lo que en turco quiere decir: Dios es nuestra esperanza.

—¿Cómo salvarla? —repitió Claude, pensativo. También Gringoire se golpeó la frente esta vez.

—Escuchadme, maestro; yo tengo mucha imaginación. ¿Y si se pidiese gracia al rey?

—¿Gracia a Luis XI?

—¿Y por qué no?

—Es más fácil quitarle un hueso a un tigre.

Gringoire continuó entonces buscando nuevas soluciones.

—¡Eh! ¡Escuchad! ¿Queréis que envíe a las matronas una solicitud declarando que la muchacha está encinta?

Aquella idea hizo brillar las hundidas pupilas del sacerdote.

—¡Encinta! ¡Qué absurdo! ¿Acaso sabes tú algo del asunto? Gringoire se quedó asustado por su tono y se apresuró a decir.

—¡Qué va! ¡Yo no sé nada! Nuestro matrimonio era un verdadero foris maritagium.

Yo quedé fuera del matrimonio. Pero podría obtenerse un aplazamiento.

—Eso es una locura, una infamia; cállate.

—No deberíais enfadaros —murmuró Gringoire—. Con un aplazamiento, que no hace mal a nadie, se pueden ganar cuarenta denarios esas matronas que son mujeres pobres —pero el clérigo no le estaba escuchando.

—Pero es preciso que salga de allí —murmuraba—. El decreto debe ser cumplido dentro de tres días. Además, no habría sido necesario tal decreto. ¡Ese Quasimodo! Desde luego las mujeres tienen unos gustos depravados; y levantando la voz:

—Maese Pierre, escuchad: lo he pensado bien; sólo hay un medio de salvarla.

—¿Cuál?, porque yo no veo más.

—Escuchad, maese Pierre. Recordad que le debéis la vida. Voy a exponeros francamente mi idea. La catedral está vigilada noche y día y no se permite salir salvo a los que antes se haya visto entrar. Vos podéis entrar; vendréis hasta allí y yo os introduciré. Os cambiaréis las ropas con ella; ella se pondrá vuestro jubón y vos su falda.

—Hasta ahora va bien —observó el filósofo—, ¿y luego?

—¿Luego? Ella saldrá con vuestras ropas y vos os quedaréis allí con las suyas.

Quizás vos acabéis en la horca pero ella se salvará.

Gringoire se rascó la oreja con un aire muy serio.

—¡Vaya! Es una idea que a mí sólo no se me habría ocurrido nunca.

Ante la propuesta inesperada de dom Claude, la cara abierta y bonachona del poeta se había oscurecido bruscamente, como se oscurece un risueño paisaje italiano ante un vendaval inesperado, producido al esconderse el sol tras las nubes.

—Bueno Gringoire, ¿qué os parece mi proyecto?

—Os diré, señor, que no es que quizás me cuelguen; es que me colgarán con toda certeza.

—Pero eso no es asunto nuestro.

—¡Pestes! —protestó Gringoire.

—Ella os salvó la vida; es una deuda que debéis pagar.

—¡Hay otras muchas que tampoco he pagado!

—Maese Pierre; es absolutamente necesario. El archidiácono hablaba con gran autoridad.

—Escuchadme, dom Claude —respondió el poeta consternado—. Defendéis una idea que creo equivocada, pues no entiendo por qué me habrían de ahorcar a mí en vez de a otro.

—¿Pues qué tenéis entonces para aferraros tanto a la vida?

—¡Cómo! ¡Mil razones!

—Decid cuáles son, por favor.

—¿Cuáles?; el aire, el cielo, la mañana, la noche, el claro de luna, mis buenos amigos los truhanes, los buenos ratos pasados con las mozas, los bellos monumentos de París que estoy estudiando, los tres libros que tengo empezados, uno de los cuales va contra el obispo y sus molinos y, ¡yo qué sé cuántas cosas más! Anaxágoras decía que estaba en el mundo para admirar el sol. Además, tengo la suerte de pasar todos mis días, de la mañana a la noche, con un hombre de ingenio que soy yo y me resulto muy agradable.

—¡Cabeza de chorlito! —murmuró el archidiácono—. A ver, dime: esa vida que tan maravillosa te parece, ¿quién te la ha conservado? ¿A quién debes el respirar este aire, o ver el cielo, o el poder distraer tu cerebro de pájaro con pamplinas y otras tonterías?

¿Sin ella dónde estarías ahora? ¿Quiere que muera ella, ella, gracias a la cual tú estás vivo? ¿Quieres que muera una criatura como ella, hermosa, dulce, adorable, necesaria para la luz del mundo y más divina que Dios? Y mientras tanto tú, medio sabio y medio loco, bosquejo de persona, especie de vegetal que te imaginas que piensas y que andas, ¿tú seguirías viviendo con esa vida que has robado, tan inútil como una vela en pleno sol? ¡Un poco de caridad Gringoire! Sé generoso también tú ya que ella empezó siéndolo.

El clérigo se mostraba vehemente y Gringoire que le escuchaba primero indiferente, luego enternecido, acabó haciendo una mueca trágica imitando con su cara pálida a la de un recién nacido que llora.

—¡Qué patético os habéis puesto! —le dijo enjugándose una lágrima—. Bueno, ya pensaré en ello. Pero, ¡vaya ideas las vuestras! Aunque, después de todo, prosiguió tras un silencio, ¿quién sabe? ¡A lo mejor no me cuelgan! No se casan siempre los que se prometen. Cuando me encuentren en aquella celda, tan grotescamente vestido con falda y con cofia, a lo mejor se echan a reír. Además, si me cuelgan, ¡pues qué! La cuerda es una clase de muerte como cualquier otra o, mejor dicho, no es una muerte como cualquier otra; es una muerte digna del sabio que ha oscilado toda su vida; una muerte que no es ni carne ni pescado, como el espíritu del verdadero escéptico; una muerte impregnada de pirronismo y de dudas, que se mantiene entre el cielo y la tierra y que le deja a uno en suspenso. Es una muerte de filósofo y tal vez me estaba predestinada. Es algo magnífico el morir como se ha vivido.

El cura tuvo que interrumpirle.

—¿Estamos de acuerdo?

—¿Qué es la muerte a fin de cuentas? —prosiguió Gringoire con exaltación—. Un mal momento, un peaje; el paso de poco a nada. Como alguien preguntara a Cercidas, el megapolitano, si moría a gusto, respondió: «¿Y por qué no? Después de morir veré a grandes hombres como a Pitágoras entre los filósofos, a Hecateo entre los historiadores, a Homero entre los poetas o a Olimpo entre los músicos».

El archidiácono le tendió la mano y le dijo:

—Estamos, pues, de acuerdo. Vendréis mañana. Aquel gesto hizo reaccionar a Gringoire que se mostró más realista.

—¡Ah! ¡Ni hablar! ¡Qué va! ¡Desde luego que no! —dijo con el tono de un hombre que acaba de despertarse. ¡Morir colgado! ¡Eso es absurdo! No quiero.

—Adiós entonces —y el archidiácono añadió entre dientes—: ¡Ya lo encontraré!

—No me interesa volver a encontrarme con este diablo de hombre —pensó Gringoire; y acercándose hasta dom Claude le dijo.

—Eh, señor archidiácono, ¡que no haya enfado entre viejos amigos! Veo que os interesáis por esa joven, por mi mujer, quiero decir, pues muy bien; habéis ideado una estratagema para sacarla sana y salva de la catedral, pero ese sistema me resulta extremadamente desagradable. ¡Si yo encontrara otro! Os advierto que se me acaba de ocurrir ahora mismo una inspiración muy luminosa. Si se me ocurriera una idea eficaz para sacarla de ese mal trance sin compromiso para mi cuello con ningún tipo de nudo corredizo. ¿Qué me diríais entonces? ¿No os sería suficiente? ¿Es necesario que me cuelguen para que así os quedéis contento?

El clérigo retorcía con impaciencia los botones de su sotana.

—¡Qué torrente de palabras! Vamos a ver cuál es tu plan.

—Muy bien —prosiguió Gringoire hablándose a sí mismo y rascándose la nariz con el dedo índice en señal de meditación—. ¡Eso es! Los truhanes son buena gente y la tribu de Egipto quiere mucho a la Esmeralda, así que colaborarán a la primera insinuación. Nada hay más fácil que eso. Una maniobra excelente. En medio del desorden será fácil llevársela. Mañana mismo por la noche. No habrá que decírselo dos veces.

—¡El plan! Cuéntalo —le dijo el cura sacudiéndole violentamente. Entonces Gringoire se volvió majestuoso hacia él.

—¡Dejadme! Ya veis que lo estoy elaborando —se quedó aún unos momentos reflexionando y luego se puso a aplaudir su propia idea gritando—: ¡Admirable! ¡No puede fallar! ¡El éxito es seguro!

—Cuál es el plan —insistió vehemente dom Claude.

Gringoire estaba radiante.

—Acercaos que os lo digo al oído. Es una contramina verdaderamente genial que nos saca a todos de apuro. ¡Pardiez! Hay que reconocer que no soy un idiota.

Se interrumpió pensativo.

—¡Ah! Y la cabrita, ¿está con la joven?

—Sí. ¿Qué demonios tiene eso que ver?

—Sí; la habrían colgado. También colgaron a una cerda el mes pasado. Al verdugo le gustan estas cosas. Y además se come después al animal. ¡Colgar a mi pequeña Djali! ¡Pobre cabritilla!

—¡Maldición! —exclamó dom Claude—. El verdugo eres tú. ¿Cuál es el medio de salvación que has encontrado, bribón? ¿Habrá que sacarte la idea con los fórceps?

—¡Es formidable, maestro! ¡Escuchad!

Gringoire se acercó al oído del archidiácono y le habló muy bajo, mirando a uno y a otro lado de la calle por donde, además, no pasaba nadie. Cuando hubo contado todo, dom Claude le cogió la mano, indiferente y le dijo.

—Está bien, hasta mañana.

—Hasta mañana —repitió Gringoire.

Y mientras el archidiácono se alejaba, por un lado, él se iba por el otro, diciéndose en voz baja:

—Es un asunto muy serio, señor Pierre Gringoire, pero no importa. Que no se diga que, por ser pequeño, uno se asusta de las grandes empresas. Bitón llevó sobre sus hombros un gran toro y los alzacolas, las currucas y las moscaretas son capaces de cruzar el océano.

II: Haceos truhán

De vuelta al claustro, el archidiácono encontró a su hermano Jehan du Moulin que le estaba esperando a la puerta de su celda. Para no aburrirse durante la espera, se había entretenido dibujando en la pared, con un carbón, el perfil de su hermano mayor, enriquecido con una nariz desmesurada.

Apenas si dom Claude miró a su hermano pues eran otros los asuntos que le ocupaban. El alegre rostro de aquel bribón cuya presencia había serenado tantas veces la fisonomía triste del clérigo no era capaz en aquellos momentos de disipar las brumas que cada día con más fuerza se iban haciendo más espesas en aquella alma corrompida y mefítica.

—Hermano, vengo a veros —le dijo tímidamente Jehan. El archidiácono ni siquiera levantó los ojos hacia él.

—¿Pues?

—Hermano —prosiguió el hipócrita—, sois tan bueno para mí y me dais tan buenos consejos que acabo siempre volviendo a vos.

—¿Y qué más?

—¡Ay, hermano! ¡Qué razón teníais al decirme: Jehan! ¡Jehan!, cessat doctorum, doctrina, discipulorum disciplina. Jehan, sé prudente, Jehan sé estudioso, Jehan no paséis las noches fuera del colegio sin razón que lo justifique y sin permiso de los maestros. No os peleéis con los picardos, noli, Ioanes, verberare picardos, no os envilezcáis como un asno inculto, quasi asinus illiteratus. Jehan, permitid que la prudencia de los maestros os imponga los castigos precisos. Jehan, Jehan, visitad todas las noches la capilla y cantad una antífona, con los versículos y las oraciones, a nuestra gloriosa señora la Virgen María. ¡Ay! ¡Qué excelentes consejos, los vuestros!

—¿Y qué más?

—Hermano, ¡tenéis ante vos a un hombre culpable y criminal, a un miserable libertino, a un monstruo! Mi querido hermano, Jehan ha pisoteado vuestros sabios y generosos consejos como si fueran paja e inmundicia. Dios, que es extraordinariamente justo, ya me ha castigado por ello. Mientras no me ha faltado el dinero, me he entregado a las comilonas, a hacer locuras y a la vida fácil. ¡Oh! ¡Qué hermosa cara tiene el libertinaje visto de frente! ¡Pero qué horrible sin embargo visto por detrás! Ahora que no tengo ni blanca, que he vendido mis ropas, mi camisa y mi toalla, ¡se me acabó la buena vida! Se acabó la hermosa lámpara y ya no me queda más que una vulgar mecha de sebo con malos olores. Las chicas se ríen de mí. No puedo beber más que agua y los acreedores y los remordimientos me persiguen.

—¿Y ya se acabó?

—¡Ay, mi querido hermano! Me gustaría llevar una vida mejor y por eso acudo a vos con el corazón contrito, como un penitente en busca de confesión y me doy grandes golpes de pecho. Tenéis toda la razón en querer que me licencie y me haga maestro ayudante en el colegio de Torchi. Os tengo que decir que ahora siento en mí una gran vocación hacia este estado. Pero carezco hasta de tinta y tendré que comprarla; tampoco tengo plumas y tendré que comprarlas; ni papel, ni libros; me falta de todo. Necesito para todo ello algunos dineros y acudo a vos, querido hermano, con el corazón contrito.

—¿Eso es todo?

—Sí —dijo el estudiante—. Sólo un poco de dinero.

—No lo tengo.

El estudiante dijo entonces, con un aire serio y a la vez decidido. —Muy bien, hermano. Lamento mucho tener que deciros que me han hecho en otras partes propuestas muy atractivas. ¿No me vais a dar dinero? ¿No? En ese caso voy a hacerme truhán.

Al pronunciar esa terrible palabra, tomó la actitud de Ajax, esperando ver caer el rayo sobre su cabeza.

El archidiácono le dijo fríamente.

—Haceos truhán.

Jehan le hizo una profunda reverencia y se alejó, silbando, por la escalera del claustro.

Cuando pasaba por el patio del claustro, bajo la ventana de la celda de su hermano, oyó cómo se abría ésta; levantó entonces la vista y vio pasar por la abertura la severa cabeza de su hermano.

—¡Vete al diablo! Ahí va el último dinero que vas a recibir de mí.

Al mismo tiempo, el archidiácono le arrojó una bolsa que hizo al estudiante un buen chichón en la frente. Jehan se alejó, enfadado y contento a la vez, como un perro al que le hubiesen golpeado con un hueso.

III: ¡Viva la alegría!

EL lector ya sabrá que una parte de la Corte de los Milagros estaba cerrada por la antigua muralla del recinto de la ciudad, y que buena parte de las torres de esa muralla empezaban ya a derrumbarse en aquella época. Una de aquellas torres la habían convertido los truhanes en lugar de diversión. Habían hecho un bar en la sala de abajo y las demás cosas en los pisos de arriba. Aquella torre era el lugar más activo y en consecuencia el más repugnante de la truhanería. Era como un enjambre monstruoso zumbando noche y día. De noche, cuando el resto de la pordiosería estaba ya durmiendo y cuando no se veía ya ninguna luz en las ventanas de aquellas casas de adobes, cuando ya no se oía ningún grito en aquel innumerable montón de casas, en aquellos hormigueros de ladrones, de prostitutas, de niños robados o de bastardos, se podía reconocer siempre aquella torre alegre por el ruido que de ella surgía y por la luz escarlata que se difundía a la vez por los respiraderos y por las ventanas y por las grietas d sus ruinosos muros; aquel resplandor se escapaba, por decirlo así por todos los poros de la torre.

El sótano hacía, pues, de taberna. Se bajaba a ella a través de una portezuela y de una escalera tan escarpada como un alejandrino clásico. En la puerta aparecía, a guisa de emblema, una pintura mal embadurnada que representaba unas monedas nuevas y unos pollos muertos y desplumados. Por debajo de aquella pintura figuraba una inscripción interpretativa de la misma: Aux ronneurs pour les trépatsés.

Una noche, cuando el toque de queda sonaba en todas las torres de París, si a los vigías les hubiera dado por entrar en la temible Corte de los Milagros, habrían podido ver que en la taberna aquella había más jaleo que de costumbre, que se bebía y se juraba más que nunca. Afuera había varios grupos que hablaban en voz baja, como cuando se está tramando una conspiración, mientras que acá o allá, algunos de aquellos tipos afilaban contra el empedrado las hojas de sus cuchillos.

Sin embargo, en el interior, el vino y el juego distraían tan fuertemente aquella noche a los truhanes que habría resultado muy difícil adivinar, por lo que ellos decían, de qué se trataba. Sólo se veía que estaban más alegres que de ordinario y que a todos se les veía de vez en cuando algún arma entre las ropas; una hoz, un hacha, un tajo o el cañón de un viejo arcabuz.

La sala, de forma redonda, era muy amplia pero las mesas se hallaban tan juntas unas de otras y los bebedores eran tantos que todo lo que había en la taberna: hombres, mujeres, bancos, jarras de cerveza, los que bebían, los que dormían y los que jugaban, los sanos, los lisiados… parecían amontonados con tanto orden y armonía como un montón de conchas de ostras. Había algunas velas de sebo encendidas por las mesas, pero la verdadera luminaria de la taberna, lo que hacía el papel de araña de techo en un teatro de ópera, era el fuego. Aquel sótano era tan húmedo que nunca se dejaba apagar la chimenea, ni incluso en pleno verano. Era enorme, como campana esculpida, protegida con fuertes parrillas de hierro y atizadores. Tenía uno de esos grandes fuegos de leña y de turba que de noche, en las calles de los pueblos, reflejan en rojo, sobre las paredes de enfrente, el espectro de las ventanas enrejadas. Un encargado, sentado gravemente cerca del fuego, hacía girar un asador, lleno de trozos de carne.

Aunque la confusión era grande, en una primera ojeada podían distinguirse entre el gentío tres grupos principales que se apiñaban en torno a tres personajes, ya conocidos del lector: uno, curiosamente ataviado con muchos adornos a la moda oriental, era Mathias Hungadi Spicali, duque de Egipto y de Bohemia. El bribón estaba sentado encima de una mesa con las piernas cruzadas, el dedo levantado, haciendo exhibición de su ciencia, en voz alta, hablando de magia blanca o de magia negra a cuantos le rodeaban boquiabiertos. Otro grupo se agolpaba en torno a nuestro antiguo amigo, el valiente rey de Túnez, armado hasta los dientes. Clopin Trouillefou, con aspecto serio y en voz baja, organizaba el pillaje de un enorme tonel lleno de armas, medio reventado ya, del que salían en cantidad hachas, espadas, cazoletas, cotas de malla, cuchillos, puntas de lanza y azagayas, saetas y más hierros, como salen manzanas y uvas del cuerno de la abundancia. Cada cual iba cogiendo del montón, uno un morrión, otro un estoque, otros un puñal; incluso los niños se armaban y hasta algún lisiado había que, armado y hasta acorazado, pasaba por entre las piernas de los bebedores como un enorme escarabajo.

Y, finalmente, un tercer grupo, el más ruidoso y jovial y también el más numeroso, llenaba los bancos y las mesas en medio de los cuales peroraba entre juramentos una voz aflautada que surgía por debajo de una pesada armadura completa, desde el casco a las espuelas. El individuo que así se había colgado toda una panoplia, desaparecía de tal manera tras aquella vestidura de guerra que sólo se veía de su persona su descarada nariz, roja, respingona, unos rizos rubios, una boca rosa y unos ojos inquietos.

Llevaba el cinturón cuajado de dagas y puñales; una gran espada al costado, una ballesta oxidada a su izquierda y una enorme jarra de vino ante él, sin contar a una rolliza moza descarriada, que se encontraba a su derecha. Todas las bocas que le rodeaban bebían, juraban y reían.

Añádase a todo esto otros veinte grupos secundarios, las mozas y mozos de servicio que iban de acá para allá con las jarras en la cabeza, los jugadores en cuclillas dándole a los dados, o a las bolas, a las tabas o al juego apasionante de las anillas; con las discusiones en un rincón y las caricias y los besos en otro. Mezclando todo esto podrá tenerse una idea de aquel cuadro sobre el que vacilaba la luz de aquella gran chimenea llameante, que proyectaba sobre las paredes de la taberna mil sombras desmesuradas y grotescas. En lo que al ruido se refiere, era como el interior de una campana en pleno repique.

La grasera de la que saltaba una lluvia de grasa llenaba con su chisporroteo continuo los intervalos de los mil diálogos que se entrecruzaban de una a otra parte de la sala.

Había en medio de todo aquel jaleo, al fondo de la taberna, en el banco interior de la chimenea, un filósofo que se hallaba meditando; tenía los pies en las cenizas y los ojos puestos en los tizones; era Pierre Gringoire.

—¡Vamos, rápido! ¡Apresuraos! ¡Armaos! ¡Antes de una hora estamos en marcha!

—decía Clopin Trouillefou a todos aquellos charlatanes. Había también una muchacha que tarareaba:

Bonsoir, mon père et ma mère! Les derniers couvrent le feu.

Dos jugadores de cartas discutían.

—¡Tramposo! —gritaba el más enfadado de los dos, amenazando al otro con el puño—. ¡Te voy a dejar la cara hecha un trébol! Y así podrás pasar por Mistigri en el juego de cartas de monseñor el rey.

—¡Uf! —protestaba un normando, reconocible por su acento gangoso—. Estamos aquí amontonados como los santos de Caillouville.

—Hijos —decía el duque de Egipto a su auditorio, hablando en falsete—, las brujas de Francia van a los aquelarres sin escoba ni grasa ni montura; sólo van con algunas palabras mágicas. Las brujas de Italia tienen siempre un macho cabrío esperándolas a la puerta, pero todas ellas salen por la chimenea.

La voz del joven bribón, armado de pies a cabeza, dominaba aquel barullo.

—¡Bravo! ¡Bravo! ¡Hoy hago mis primeras armas! ¡Truhán! Por Cristo que soy truhán. ¡Llenadme el jarro de vino! Amigos míos; me llamo Jehan Frollo du Moulin y soy gentilhombre. Estoy seguro de que si Dios fuera gendarme se acabaría haciendo salteador. Hermanos, vamos a hacer una bonita expedición y todos somos valientes.

Asaltaremos la iglesia, derribaremos sus puertas y sacaremos de allí a la muchacha; la salvaremos de los jueces y de los curas; desmantelaremos el claustro y quemaremos al obispo en el obispado. Y además lo haremos todo en menos tiempo del que tarda un burgomaestre en tragarse una cucharada de sopas. Nuestra causa es justa. Saquearemos la catedral y se acabó. Colgaremos a Quasimodo. ¿Conocéis a Quasimodo, señoritas? ¿Le habéis visto jadear con el bordón el día de Pentecostés?

¡Por todos los diablos que es digno de verse! ¡Se diría un diablo a caballo de una gárgola! ¡Amigos míos, escuchadme! Soy truhán hasta el fondo de mi corazón y tengo alma de bellaco. He sido rico y me comí mis bienes. Mi madre quería hacer de mí un oficial y mi padre subdiácono; mi tía consejero de los tribunales, mi abuela protonotario del rey y mi tía abuela tesorero togado; pero yo me he hecho truhán. Se lo dije a mi padre y me escupió a la cara su maldición; se lo dije también a mi madre que se echó a llorar, la pobre señora, y a babear como ese tronco en la parrilla. ¡Viva la alegría! ¡Soy un auténtico liberado! Tabernera, amiga mía, ¡más vino que todavía puedo pagarlo! Pero que no sea de Suresnes que me raspa el gaznate; preferiría, ¡qué diablos!, hacer gárgaras con un cesto.

El auditorio aplaudía y se reía a carcajadas; viendo todo aquel jaleo a su alrededor el estudiante prosiguió.

—¡Qué bien suena este ruido! Populi debacchantis populosa debacchatio!

Y se puso a cantar, con la vista turbada, como en éxtasis y como un canónigo entonando las vísperas.

—¡Quae cantica! ¡quae organa! ¡quae cantinelae! ¡quae melodiae hic sine fine decantantur! Sonat melliflu hymnorum, organa suavissima angelorum melodia, cantica canticorum mira.

Se interrumpió un momento y dijo:

—¡Cantinera del demonio, dame de cenar!

Hubo un momento en que nadie hablaba y justo entonces se oyó la voz agria del duque de Egipto que adoctrinaba a sus gitanos.

—La comadreja se llama Adouine, el zorro Pie azul o el Corredor de bosques, el lobo Pie gris o Pie dorado, el oso, el Viejo o el Abuelo. El sombrero de un gnomo le hace a uno invisible y permite ver las cosas invisibles. Para bautizar a un sapo hay que vestirle de terciopelo rojo y negro, ponerle un cascabel al cuello y una campanilla en las patas. El padrino se pone delante y la madrina detrás. Es el demonio Sidragasum quien tiene el poder de hacer bailar desnudas a las muchachas.

—¡Por todos los demonios! —interrumpió Jehan—. Ya me gustaría a mí ser el demonio Sidragasum.

Mientras tanto los truhanes seguían armándose entre cuchicheos, al otro lado de la taberna.

—¡La pobre Esmeralda! —decía una gitana—. Es nuestra hermana. Tenemos que sacarla de allí.

—Entonces, ¿sigue aún en Nuestra Señora? —preguntó un mendigo con cara de judío.

—¡Sí, pardiez!

—Pues entonces, camaradas —exclamó el mendigo—, ¡a Nuestra Señora todos! Porque además hay en la capilla de San Fereol y Ferrution dos estatuas, una de San Juan Bautista y otra de San Antonio, las dos de oro, y que pesan entre los dos diecisiete marcos de oro y quince estelines; las peanas, de plata dorada, diecisiete marcos y cinco onzas. Sé todo esto porque soy orfebre.

En este momento, sirvieron la cena a Jehan que recostándose en el pecho de la cantinera dijo:

—¡Por San Voult-de-Loucques, a quien el pueblo llama San Goguelu, que soy un hombre feliz! Tengo ante mí a un imbécil que me mira con su cara barbilampiña de archiduque y a mi izquierda otro cuyos dientes son tan largos que le tapan el mentón. Y para colmo, yo, como el mariscal de Gié en el asedio de Pontoise, tengo mi diestra apoyada en una protuberancia. ¡Por las barbas de Mahoma, camarada! ¡Pareces un mercader de pelotas y encima te vas a sentar junto a mí! ¡Amigo mío! Yo soy un noble y las mercancías son incompatibles con la nobleza. ¡Largo de ahí, pues! ¡Y vosotros, dejad ya de pegaros! ¡Pero, cómo! Tú, Bautista Croque-Oison, con esa nariz tan bonita,

¿vas a exponerla ante los puños de ese buitre? ¡Imbécil! Non cuiquam datum est habere nasum. ¡Eres divina, Jacqueline Ronge Oveille! ¡Es una pena que estés calva!

¡Eh! Yo me llamo Jehan Frollo y mi hermano es archidiácono. ¡Que se vaya al diablo! Todo lo que os digo es cierto. Al hacerme truhán he renunciado alegremente a la mitad de una casa situada en el paraíso y que mi hermano me había prometido: Dimidiam domum in paradiso. Cito el texto: tengo un feudo en la calle Tirechappe y todas las mujeres se enamoran de mí; esto es tan cierto como que San Eloy era un orfebre excelente y que los cinco oficios de la buena villa de París son los curtidores, los tafileteros, los talabarteros, los bolseros y los zapateros, y que san Lorenzo fue quemado con cáscaras de huevo. Os lo juro, camaradas. Preciosa, hay claro de luna; mira por la claraboya cómo el viento desgarra las nubes. Así haré yo con tu corpiño.

¡Eh, chicas! ¡Quitad los mocos a los niños y arreglad las mechas de esas velas! ¡Por Cristo y por Mahoma! ¿Qué es lo que estoy comiendo? ¡Por Júpiter! Los cabellos que no se encuentran en la cabeza de estas rameras, me los encuentro en el plato. ¡Oye, vieja! ¿Sabes? Me gustan las tortillas calvas. ¡Que el diablo te deje pasmada! ¡Valiente hostelería de Belcebú en donde las rameras se peinan con los tenedores!

Y después de todo esto rompió su plato contra el suelo y se puso a cantar a voz en grito:

No tengo,
en el nombre de Dios, ni fuego ni ley,
ni rey ni Dios.

Mientras tanto Clopin Trouillefou había acabado ya con la distribución de armas y se aproximó a Gringoire que parecía sumido en una profunda meditación, con los pies apoyados en la parrilla de la chimenea.

—Amigo Pierre —le dijo el rey de Túnez—: ¿En qué diablos estáis pensando? Gringoire se volvió hacia él con una sonrisa melancólica.

—Me gusta el fuego, querido señor. No por la razón trivial de que puede calentarnos los pies o de que sirve para calentar la sopa, sino porque tiene chispas. A veces me paso horas enteras mirando las chispas y descubro mil cosas en esas estrellas que espolvorean el fondo negro del hogar. Es como si esas estrellas fueran otros tantos mundos.

—¡Que me parta un trueno si lo entiendo! —le dijo el truhan—. ¿Sabes qué hora es?

—No lo sé —respondió Gringoire.

Clopin se acercó entonces al duque de Egipto.

—Camarada Mathias, el cuarto de hora no es bueno. Dicen que el rey Luis XI está en París.

—Razón de más para arrancarle a nuestra hermana de las garras —le respondió el viejo bohemio.

—Hablas como un hombre, Mathias —le dijo el rey de Túnez—. Además actuaremos rápidos. No hay que temer resistencia en la iglesia. Los canónigos son como liebres y nosotros somos muchos. La gente del parlamento se va a quedar mañana con un palmo de narices cuando vengan a buscarla. ¡Por las tripas del papa!

¡No quiero que la cuelguen a esa bella niña!

Clopin salió de la taberna.

Mientras tanto, Jehan seguía gritando con voz ronca:

—¡Bebo, como, estoy borracho, soy como el mismo júpiter! ¡Eh! ¡Tú, Pierre L'Assommeur!, si me sigues mirando así lo voy a desempolvar la nariz de un papirotazo.

Por su parte, Gringoire, arrancado a sus meditaciones, se había puesto a considerar lo animado de aquella escena tan alborotadora que le rodeaba y comentaba entre dientes.

—Luxuriosa res vinum et tumultuosa ebrietas. ¡Ay! ¡Qué bien hago no bebiendo! Y con cuanto tino dijo San Benito: «El vino hace apóstatas incluso a los mismos sabios».

En aquel momento entró Clopin gritando con voz de trueno.

—¡Medianoche!

A esta palabra que hizo el efecto de una botasilla en un regimiento que ha hecho alto, todos los truhanes, hombres, mujeres y niños, salieron tumultuosamente fuera de la taberna con gran ruido de armas y hierros.

La luna se había ocultado. La Corte de los Milagros se había quedado a oscuras. No había ninguna luz, pero estaba muy lejos de quedar desierta pues podían distinguirse muchos grupos de hombres y mujeres hablando entre ellos en voz baja. Se oía el rumor de sus voces y se veía relucir toda clase de armas en la oscuridad. Clopin se subió a una gran piedra.

—¡A vuestras filas, los de la germanía, a vuestras filas los de Egipto y vosotros también galileos!

Un gran movimiento se produjo en la oscuridad y todo aquel enorme gentío pareció formarse en columnas.

Minutos más tarde el rey de Túnez elevó la voz.

—¡Ahora silencio para cruzar París! ¡El santo y seña es pequeña llama vagabunda!

¡No se encenderán las antorchas hasta llegar a Nuestra Señora! ¡En marcha!

Diez minutos más tarde, la ronda de a caballo huía despavorida ante una larga procesión de hombres negros y silenciosos que bajaba hacia el Pont-au-Change, a través de las calles tortuosas que atraviesan en todas direcciones el denso barrio de las Halles.

IV: Un torpe amigo

Aquella noche Quasimodo no dormía. Acababa justo de hacer la última ronda por la iglesia y no se había fijado siquiera que, en el momento en que estaba cerrando las puertas, el archidiácono había pasado cerca de él y había mostrado un cierto malhumor al verle echar cuidadosamente los cerrojos de la enorme armadura de hierro que daba a las dos anchas hojas de la puerta la solidez de una muralla. Dom Claude mostraba además un aspecto más preocupado que de costumbre. Por otra parte, maltrataba constantemente a Quasimodo desde aquella aventura nocturna en la celda de la Esmeralda. Pero por más rudo que fuera su trato, y aunque incluso alguna vez le pegara, nada era capaz de quebrantar la sumisión, la paciencia y la entrega del fiel campanero. Soportaba todo lo que viniese del archidiácono sin un reproche y sin ninguna queja. Ya fueran injurias, amenazas a incluso golpes. Todo lo más le seguía con su mirada inquieta cuando dom Claude subía por la escalera hacia la torre, aunque, desde aquella ocasión, el archidiácono no había vuelto voluntariamente a presentarse ante los ojos de la egipcia.

Sin embargo, aquella noche, después de haber echado una última mirada a sus pobres campanas, tan descuidadas ahora, a Jacqueline, a Marie y a Thibauld, había subido hasta lo más alto de la torre septentrional y allí, dejando en el tejado su linterna sorda, bien cerrada, se había quedado contemplando París. La noche, como ya hemos dicho, era muy oscura y París que, por decirlo así, no estaba iluminado en aquella época, presentaba a la vista un confuso montón de masas negras, cortado aquí y allá, por la curva blancuzca del Sena.

Quasimodo sólo veía luz en la ventana de un edificio lejano cuyo perfil vago y sombrío se perfilaba muy por encima de los tejados, hacia la Porte de Saint-Antoine. También allí había alguien en vela.

Dejando flotar por aquel horizonte de brumas su mirada cínica, el campanero presentía muy dentro de sí una vaga preocupación. Hacía ya varios días que se sentía inquieto y vigilante. Veía rondar continuamente en torno a la catedral a hombres de aspecto siniestro que vigilaban a la joven y pensaba que se estaba tramando algún complot contra la desventurada refugiada. Se imaginaba que existía un odio popular hacia ella igual que existía ese odio hacia él y tenía la impresión de que muy pronto podría ocurrir algo imprevisto. Por eso permanecía en el campanario, al acecho, soñando en sus ensueños como dice Rabelais, con el ojo tan pronto en la celda como en París, montando la guardia, como un buen perro, con el corazón lleno de temor y desconfianza.

De pronto, mientras escrutaba la gran ciudad con aquel único ojo que la naturaleza, por una especie de compensación, le había hecho tan penetrante que casi bastaba para reemplazar a los demás órganos de los que carecía Quasimodo, le pareció que la silueta del muelle de la Vieille-Pelleterie tenía algo especial, que había un cierto movimiento en aquel punto que la línea del pretil que se destacaba en negro sobre el reflejo blanco del agua, no estaba igual que la de los otros malecones, sino que se ondulaba ante la vista, como las olas de un río o como las cabezas de una muchedumbre en marcha.

Aquello le pareció raro y miró con más atención. Aquel movimiento parecía dirigirse hacia la Cité, pero no se veía ninguna luz. Se mantuvo durante algún tiempo en el malecón y luego iba fluyendo poco a poco, como dirigiéndose hacia el interior de la isla, hasta que de pronto cesó y el aspecto del malecón volvió a verse recto a inmóvil como siempre.

En el momento en que Quasimodo se hacía sobre ello un montón de conjeturas, creyó distinguir que el movimiento aquel reaparecía otra vez por la calle del Parvis y que se prolongaba por la Cité, perpendicularmente a la fachada de Nuestra Señora. Aunque la oscuridad era intensa, logró distinguir por fin, cómo una cabeza de columna desembocaba por esa calle y cómo un enorme gentío se extendía en un momento por la plaza. En medio de aquella oscuridad sólo fue capaz de distinguir que se trataba de un enorme gentío.

Aquel espectáculo producía miedo por sí mismo; y es que el silencio de aquella procesión tan especial, tan interesada en ocultarse en las sombras oscuras de la noche, no era menos profundo que la propia oscuridad. Sin embargo, algún ruido tenía que originar, aunque sólo fuera el producido por sus pisadas aunque éste no pudiera llegar a nuestro sordo. Aquella muchedumbre de la que apenas si lograba ver algo y de la que no oía nada, andaba y se agitaba sin embargo muy cerca de él y le producía el efecto de un desfile de muertos, mudo a impalpable, perdido entre las sombras.

Le parecía ver que avanzaba hacia él una niebla llena de hombres y que las sombras se movían en la oscuridad.

Entonces renacieron sus temores y por un momento le vino a la mente la idea de una tentativa contra la gitana y sintió confusamente la violencia de aquella situación y fue entonces cuando reflexionó con unos razonamientos más rápidos y mejores de lo que habría cabido esperar de un cerebro tan mal organizado como el suyo.

¿Sería conveniente despertar a la gitana? ¿Ayudarla a huir? ¿Por dónde? Las calles estaban sitiadas y la iglesia pegada al río por la parte posterior. No tenía barca y entonces comprendió que no había escapatoria por ahí. Existía sin embargo una posibilidad: luchar hasta la muerte si fuera preciso, en el pórtico de la catedral; resistir al menos hasta que pudieran venir a ayudarle, si es que alguien podía venir, en vez de turbar el sueño de la Esmeralda, pues siempre sería demasiado pronto el despertar a la pobre desgraciada para morir.

Detenido en esta decisión, se puso a estudiar al enemigo con más calma.

El gentío aumentaba por momentos en la plaza del Parvis. Deducía que no debían hacer apenas ruido puesto que las ventanas de las calles y de la plaza permanecían cerradas. De pronto vio brillar una luz y en un instante se encendieron siete a ocho antorchas que se paseaban por encima de las cabezas agitando sus mechones de fuego. Quasimodo vio entonces claramente cómo se amontonaba en la plaza un terrible rebaño de hombres y mujeres, harapientos, armados con guadañas, picas, hoces, partesanas cuyas mil puntas relucían; por todas partes bieldos negros ponían cuernos a aquellas caras horribles. Se acordó vagamente de aquel populacho y creyó reconocer en aquellas caras a quienes unos meses antes le habían saludado como papa de los locos. Un hombre que llevaba una antorcha en una mano y un látigo en la otra se subió a una piedra del pretil de la plaza y parecía arengar al gentío. Luego vio cómo aquel extraño ejército tomaba posiciones en torno a la iglesia. Quasimodo recogió su linterna y bajó a la plataforma de entre las tomes para poder ver de más cerca y preparar la manera de defenderse.

Clopin Trouillefou se había colocado ante el gran pórtico de Nuestra Señora y había organizado a su tropa para la batalla. Aunque no esperaba ninguna resistencia, quiso, como un general prudente, conservar un orden que le permitiera hacer frente, en caso de necesidad, a un ataque súbito, a la vigilancia o a la guardia de los doscientos veinte arqueros. Así, pues, había escalonado a su brigada de tal manera que, vista desde lo alto y desde lejos, se habría pensado en el triángulo romano de la batalla de Ecnoma, en el hocico de cerdo de Alejandro o en la famosa cuña de Gustavo Adolfo. La base de este triángulo se apoyaba en el fondo de la plaza, de manera que cerraba la calle del Parvis; uno de sus lados miraba al Hôtel-Dieu y el otro a la calle de Saint-Pierre-aux-Boeufs. Clopin Trouillefou se había situado en la cúspide con el duque de Egipto, nuestro amigo Jehan y los epilépticos más atrevidos.

No era cosa muy rara en las ciudades de la Edad Media una empresa como la que los truhanes intentaban en aquellos momentos contra Nuestra Señora. Lo que hoy llamamos policía no existía entonces. En las ciudades populosas, en las capitales, sobre todo, no había un poder central, único y regulador. El feudalismo había construido de una manera muy curiosa estas grandes comunas. La ciudad estaba formada por un conjunto de mil señoríos que la dividían en numerosos compartimentos de formas y tamaños diversos. De ahí las mil policías contradictorias; es decir, la falta de policía. En París, por ejemplo, independientemente de los ciento cuarenta y un señores con pretensiones feudales, había veinticinco que se creían con derechos propios; desde el obispo de París, que tenía ciento cinco calles, hasta el prior de Notre-Dame-des- Champs que tenía cuatro. Todos estos justicieros feudales no reconocían más que nominalmente la autoridad soberana del rey. Todos tenían derechos viarios y todos se encontraban en sus propios feudos.

Luis XI fue aquel obrero infatigable que inició y avanzó notablemente en la demolición del edificio feudal, continuado más tarde por Richelieu y Luis XIV, en beneficio de la monarquía, y acabado por Mirabeau en beneficio del pueblo.

Luis XI intentó romper la red de señoríos que cubría París, lanzando contra ellos, violentamente, dos o tres decretos de policía general. Así en

1465, se dio orden a los habitantes de que, una vez llegada la noche, iluminasen con velas sus ventanas y de que cerrasen a sus perros bajo pena de horca; en aquel mismo año ordenó que por las noches fueran cerradas las calles con cadenas de hierro y se prohibió que por la noche se llevasen dagas o cualquier otra arma ofensiva. Pero muy poco después todos estos intentos de legislación general cayeron en desuso y la gente dejó que el viento apagara las velas de sus ventanas y que los perros vagasen por las calles; las cadenas de hierro sólo se utilizaron en épocas de sitio y la prohibición de llevar dagas no acarreó más cambios que el nombre de la calle Coupe-Gueule por el de Coupe- Gorge, lo que no deja de ser un progreso evidente. El viejo armazón de las jurisdicciones feudales se mantuvo en pie; era inmenso el amontonamiento de bailiajes y de señoríos que se cruzaban en la ciudad, estorbándose, mezclándose, enredándose unos con otros; era inútil la maraña de rondas, de contrarrondas y de subrondas, a través de las cuales pasaban, a mano armada, el bandidaje, la rapiña y la sedición. Así que, dentro del desorden general, no podían considerarse como un acontecimiento inaudito estos asaltos, por una parte del populacho, hacia palacios, residencias o a las casas mismas, en los barrios más poblados. En la mayor parte de los casos, los vecinos no se mezclaban en el asunto, salvo si les afectaba de una manera directa. Se taponaban los oídos ante los disparos, cerraban las contraventanas, atrancaban sus puertas, dejaban que el asunto se arreglase con la guardia o sin la guardia y al día siguiente se comentaba en París: «Esta noche han robado en casa de Étienne Barbette; han asaltado al mariscal de Clermont… Por eso tenían almenas en los muros e incluso matacanes por encima de las puertas no sólo las mansiones reales, como el Louvre, el Palais, la Bastille, las Tournelles, sino también las residencias señoriales como el Petit- Bourbon, l'Hôtel de Sens, l'Hôtel d'Angoulême, etc. Otros, entre los que no se encontraba la catedral, estaban fortificados. El abad de Saint-Germain-des-Prés estaba almenado como un barón y la abadía había gastado más dinero en bombardas que en campanas. Todavía en 1610 podía contemplarse la fortaleza de la que hoy apenas si queda la iglesia».

Pero volvamos a Nuestra Señora.

Una vez tomadas las primeras disposiciones, y hay que decir en honor a la disciplina de los truhanes que las órdenes de Clopin fueron ejecutadas en silencio y con una precisión admirable, el digno jefe de la banda se subió al pretil de la plaza y elevó su voz ronca y áspera, mirando hacia la catedral y enarbolando su antorcha cuyas llamas agitadas por el viento y veladas por su propia humareda, hacían aparecer y desaparecer a la vista la rojiza fachada de la iglesia.

—A ti, Louis de Beaumont, obispo de París, consejero en la corte del parlamento, yo Clopin Trouillefou, rey de Túnez, gran Coésre, príncipe de la germanía, obispo de los locos, te digo: Nuestra hermana, falazmente condenada por magia, se ha refugiado en tu iglesia y en consecuencia le debes asilo y protección. Sin embargo, la corte del parlamento quiere prenderla y tú has consentido en ello, tanto que mañana mismo la colgarían en la Grève, si Dios y los truhanes no estuvieran aquí; por eso venimos a ti, obispo. Si tu iglesia es sagrada, también lo es nuestra hermana. Y si nuestra hermana no es sagrada, tampoco lo es tu iglesia. Por esto te conminamos a que nos la entregues si quieres salvar tu iglesia; o nos la devuelves o asaltamos tu iglesia y estará bien hecho. En testimonio de lo cual, planto aquí mi bandera y ¡que Dios te guarde, obispo de París!

Desgraciadamente Quasimodo no pudo oír aquellas palabras, pronunciadas con un aire de majestad sombría y salvaje. Uno de los truhanes presentó su bandera a Clopin, que solemnemente la plantó entre dos adoquines. Era una horca de cuyas púas colgaba, sanguinolento, un trozo de carne podrida.

Hecho esto, el rey de Túnez se volvió y paseó su mirada sobre su ejército, formado por una feroz multitud de hombres entre los que las miradas brillaban tanto como las picas.

Después de una breve pausa:

—¡Adelante hermanos! ¡Al trabajo cerrajeros!

Treinta hombres fornidos, de musculatura robusta y cara de cerrajeros, salieron de las filas con martillos, tenazas y barras de hierro al hombro. Se dirigieron hacia la puerta principal de la catedral, subieron los escalones y pronto se les vio a todos bajo la ojiva, forzando la puerta con tenazas y palancas. Un montón de truhanes los seguía para ayudarlos o simplemente para mirarlos; entre todos abarrotaron las once gradas del pórtico. Pero la puerta aguantaba.

—¡Demonios! ¡Qué dura y qué testaruda! —decía uno.

—¡Es vieja y tiene los cartílagos endurecidos! —decía otro.

—¡Ánimo, camaradas! —insistía Clopin—. Me apuesto la cabeza contra una zapatilla, a que habéis abierto la puerta, recuperado a la muchacha y desvalijado el altar mayor antes de que se haya despertado un solo perdiguero. ¡Fijaos!, parece que la cerradura está a punto de saltar.

Un estrépito horrible que resonó en aquel momento detrás de él, interrumpió las palabras de Clopin. Se dio la vuelta y vio cómo una enorme viga acababa de caer del cielo aplastando a una docena de truhanes sobre la escalinata misma de la iglesia; después había rebotado sobre el empedrado con el estruendo de un cañonazo, destrozando aquí y allá las piernas de unos cuantos truhanes que se apartaban con gritos de terror. En un abrir y cerrar de ojos el recinto reservado de la plaza quedó vacío. Los cerrajeros, aunque protegidos por las profundas bóvedas del pórtico, abandonaron la puerta y hasta el mismo Clopin se retiró a una distancia respetuosa de la iglesia.

—¡De buena me he librado! —exclamó Jehan—. ¡Oí el silbido de la viga! ¡Pero Pierre L'Asommeur ha quedado aplastado!

No es posible describir la sorpresa y el pánico que la caída de aquella viga provocó en los asaltantes. Durante algunos minutos se quedaron con la vista fija en el aire, más temerosos por la caída de aquellos maderos que por veinte mil arqueros del rey.

—¡Por Satanás! —mascullo el duque de Egipto—; ¡esto huele a magia!

—Es la luna la que nos ha tirado ese tronco —dijo André le Rouge.

—Y eso que dicen que la luna es amiga de la Virgen —exclamó François Chanceprune.

—¡Por mil papas! —gritaba Clopin—. ¡Sois todos unos imbéciles! —pero tampoco él sabía cómo explicar la caída del madero.

Sin embargo, no podían distinguir nada en la fachada, a cuya parte superior no llegaba la claridad de las antorchas.

El pesado madero estaba allí en medio y se oían los gemidos de algunos desgraciados que habían recibido el primer impacto y que estaban partidos en dos al haberles pillado contra el ángulo de los escalones de piedra.

Pasados los primeros momentos de asombro, el rey de Túnez encontró por fin una explicación que pareció plausible a sus compañeros.

—¡Maldita sea! ¿Será que los canónigos se defienden? Entonces, ¡a saco!, ¡a saco!

—¡A saco! —repitió la muchedumbre con un «hurra» furioso, al tiempo que lanzaban una primera descarga de flechas y de arcabuces contra la fachada de la catedral.

Ante esta detonación, los tranquilos habitantes de las casas circundantes se despertaron y se vieron abrir unas cuantas ventanas y aparecer en ellas gente con gorros de noche y velas en las manos.

—¡Tirad contra las ventanas! —gritó Clopin y éstas volvieron a cerrarse inmediatamente dejando a los curiosos, que apenas si habían tenido tiempo de echar una ojeada asustada a aquel escenario de luces y tumulto, sudando de miedo y volviéndose junto a sus mujeres. Se preguntaban si no se estaría celebrando un aquelarre en la plaza de la catedral o si se trataría de un nuevo asalto de los borgoñones, como en el 64. Entonces los maridos empezaban a pensar en los pillajes, las mujeres en las violaciones y todos se echaban a temblar.

—¡A saco! —repetían los truhanes; pero no se atrevían a aproximarse. Miraban a la iglesia y al madero y éste no se movía; la iglesia conservaba su aspecto tranquilo y desierto, pero había algo que helaba de terror a los truhanes.

—¡Vosotros, cerrajeros, manos a la obra! —gritó Trouillefou—. Hay que forzar la puerta —pero nadie dio un paso.

—¡Por todos los demonios! ¡Pero es que tenéis miedo de una viga! Un viejo cerrajero se dirigió a él.

—Capitán, no es la viga la que nos asusta; es la puerta que está toda cosida con barras de hierro y las tenazas no sirven de nada.

—¿Qué necesitaríais, pues, para derribarla? —les preguntó Clopin.

—¡Ah! Se necesitaría un ariete.

El rey de Túnez se acercó valientemente hacia el enorme madero y puso el pie encima.

—Aquí tenéis uno —les dijo—; os lo han enviado los canónigos —y saludando burlonamente hacia la iglesia dijo—: ¡Gracias canónigos!

La bravata produjo su efecto; el embrujo del madero se había roto y los truhanes recobraron su valor. Pronto la pesada viga, levantada como una pluma por doscientos brazos vigorosos, vino a lanzarse con furia contra la gran puerta que ya antes habían intentado derribar. Viéndolo así, con la semiclaridad que las escasas antorchas esparcían por la plaza, aquel largo madero empujado por aquella multitud de hombres, que le precipitaban corriendo contra la iglesia, se habría creído ver a un monstruoso animal de mil patas embistiendo, con la cabeza baja, al gigante de piedra.

Al choque de la viga, la puerta semimetálica resonó como un inmenso tambor; no se rompió, pero la catedral entera se estremeció y se oyeron retumbar las cavidades profundas del edificio. En aquel instante, una lluvia de peñascos comenzó a caer de lo alto de la fachada sobre los asaltantes.

—¡Demonios! —exclamó Jehan—. ¿Será que las torres nos lanzan sus balaustradas a la cabeza?

Pero ya el impulso se había dado y el rey de Túnez predicaba con el ejemplo: decididamente era el obispo que intentaba defenderse. Entonces se empezó a atacar la puerta con más rabia, a pesar de las enormes piedras que, cayendo de lo alto de las torres, rompían cabezas a diestro y siniestro.

Lo más destacable era que aquellas piedras caían de una en una pero muy seguidas. Los truhanes sin embargo notaban siempre dos al mismo tiempo; una en sus piernas y otra en la cabeza. Quedaban muy pocos sin recibir ningún golpe y un montón de heridos, envueltos en sangre, se removía bajo los pies de los asaltantes que, cada vez más excitados y furiosos, redoblaban sus ímpetus. La larga viga continuaba golpeando la puerta a intervalos regulares, como el badajo de una campana, la lluvia de piedras no cesaba y la puerta seguía gimiendo.

El lector habrá podido adivinar fácilmente que aquella resistencia inesperada que tanto exasperaba a los truhanes venía de Quasimodo.

Por desgracia, la casualidad estaba ayudando al valiente sordo.

Cuando bajó a la plataforma situada entre las torres, sus ideas eran muy confusas. Había corrido durante algunos minutos por la galería, yendo y viniendo como un loco, viendo desde arriba la masa compacta de los truhanes, dispuestos a asaltar la iglesia y pidiendo, a Dios o al diablo, que salvase a la gitana.

Había tenido la idea de subir al campanario meridional y tocar a rebato. Pero antes de llegar a poner la campana en movimiento, antes de que la enorme voz de Marie hubiera tenido tiempo de lanzar un solo clamor, ¿no lo habrían tenido los truhanes, más que sobrado, para derribar diez veces la puerta de la iglesia? Coincidía justo con el momento en que los cerrajeros avanzaban hacia ella con todas sus herramientas.

¿Qué hacer entonces?

De pronto se acordó de que algunos albañiles habían estado todo el día reparando el muro, el armazón y el tejado de la torre meridional. Aquello fue como un rayo de luz: el muro era de piedra, la techumbre de plomo y la armazón de madera. Se trataba de aquella armazón prodigiosa, tan tupida, que la llamaban el bosque.

Quasimodo corrió hacia aquella torre. Los espacios inferiores estaban efectivamente llenos de materiales. Había montones de piedra, láminas de plomo enrolladas, haces de listones, sólidas vigas aserradas ya y montones de cascote. Todo un arsenal.

La situación era apremiante, pues las tenazas y los martillos estaban trabajando abajo, en la puerta. Entonces, con una fuerza, que el sentimiento del peligro hacía aumentar, levantó una de las vigas, la más larga y pesada, la sacó por una claraboya y luego, cogiéndola por la parte exterior de la torre, la fue deslizando por el ángulo de la balaustrada que rodea la plataforma y la arrojó al vacío. La enorme viga, en aquella caída de ciento sesenta pies, arañando la fachada y arrancando esculturas, dio varias vueltas sobre sí misma, como el aspa de un molino que fuese volando por los aires. Cuando llegó al suelo, se alzó aquel horrible grito y la negra viga, rebotando en el suelo parecía una serpiente que saltara.

Quasimodo vio cómo los truhanes se dispersaban a la caída del madero, como se esparce la ceniza cuando un niño sopla encima.

Supo aprovechar su espanto y mientras ellos se quedaron mirando supersticiosamente el madero, caído del cielo, y dejaban tuertos a los santos de piedra del pórtico con una descarga de saetas y perdigones, Quasimodo iba amontonando en silencio cascotes, piedras y morrillos e incluso hasta los sacos de herramientas de los albañiles, en los bordes de la balaustrada por donde ya había lanzado la viga.

Por eso, en cuanto se dispusieron a embestir la gran puerta, la granizada de piedras comenzó a caer y les pareció que la iglesia se demolía a sí misma sobre sus cabezas.

Si alguien hubiera visto a Quasimodo en aquellos momentos se habría asustado. Independientemente de los proyectiles que había amontonado junto a la balaustrada, había apilado también un montón de piedras en la misma plataforma, y cuando se le acabaron los morrillos del borde anterior, cogía del otro montón. Así que se agachaba, se levantaba, se volvía a agachar y a levantar, con una actividad increíble. Su enorme cabeza de gnomo se asomaba por la balaustrada y caía al vacío una enorme piedra y luego otra y otra más. De vez en cuando, seguía con la vista la caída de un buen pedrusco y cuando daba en el blanco decía:

—¡Hun!

Pero los truhanes no desmayaban y ya la gruesa puerta, con más de veinte embestidas, había temblado ante el ímpetu del ariete, multiplicado por la fuerza de cien hombres. Los paneles se cuarteaban; los cincelados saltaban hechos astillas, los goznes se levantaban sobre sus machos a cada embestida, los tablones crujían y las maderas se deshacían entre las nervaduras de hierro. Por suerte para Quasimodo, había más hierro que madera.

Pero él se daba cuenta de que aquella enorme puerta estaba cediendo y, aunque no lo oía, cada golpe repercutía a la vez en las cavernas de la iglesia y en sus entrañas. Desde arriba veía cómo los truhanes, triunfantes y llenos de rabia, levantaban sus puños a la tenebrosa fachada; entonces echaba de menos, para la gitana y para él mismo, las alas de los búhos que huían en bandadas por encima de su cabeza. Aquella lluvia de pedruscos no era bastante para rechazar a los asaltantes.

En aquellos momentos de angustia, observó, un poco más abajo de la balaustrada, desde donde él seguía aplastando a los truhanes, que había dos largas gárgolas de piedra situadas exactamente por encima de la puerta. El orificio interno de las gárgolas daba sobre el pavimento de la plataforma y entonces tuvo una idea: corrió a buscar un haz de leña a su cuartucho de campanero, colocó sobre la leña muchas latas y rollos de plomo y municiones aún sin usar y, bien dispuesta la hoguera en el agujero de las dos gárgolas, la prendió fuego con su farol.

Mientras tanto, y como ya no caían piedras, los truhanes habían dejado de mirar a lo alto. Los bandidos, jadeantes cual una jauría que acosa al jabalí en su cubil, se apresuraba, tumultuosamente en torno al gran portón, muy desvencijado ya por el ariete, pero todavía de pie; esperaban con gran agitación el golpe definitivo que lo abatiera por completo. Se apelotonaban para estar lo más cerca posible, para lanzarse los primeros, cuando se abriese, en aquella opulenta catedral, receptáculo inmenso en donde, durante tres siglos, se habían concentrado enormes riquezas. Se recordaban unos a otros, con rugidos de placer y de avaricia, las hermosas cruces de plata, las bellas capas de brocado, las suntuosas túnicas de plata dorada, las magnificencias del coro, el esplendor solemne de las grandes fiestas, las Navidades deslumbrantes de cirios, las Pascuas henchidas de sol; en fin, toda la magnificencia de aquellas solemnidades esplendorosas, en donde las custodias, candelabros, cálices, tabernáculos y relicarios recubrían los altares con una capa de oro y de diamantes. Es cierto que en aquel momento los leprosos y los tullidos pensaban mucho menos en la liberación de la gitana que en el saqueo de Nuestra Señora. Podríamos pensar, sin temor a error, que, para muchos de ellos, la Esmeralda no era más que un pretexto, si es que los ladrones tuvieran necesidad de pretextos.

De pronto, cuando se habían agrupado en torno al ariete para asestar un golpe definitivo, conteniendo toda la respiración y tensando sus músculos para aplicar toda su fuerza a la embestida, un alarido, más espantoso aún que el que estallara cuando la caída del madero, se alzó entre ellos. Los que no gritaban, los que aún estaban vivos, se quedaron atónitos mirando. Dos chorros de plomo fundido caían de lo alto del edificio sobre lo más denso de aquella multitud. Aquella marea de hombres acababa de derrumbarse bajo el chorro del metal fundido, que había hecho, en los dos puntos en donde caía, dos agujeros negros y humeantes entre la multitud como lo haría el agua caliente cayendo sobre la nieve.

Se veía allí revolcarse a gentes moribundas, medio calcinadas, que aullaban de dolor. Además de los dos chorros principales caían también gotas que se esparcían sobre los asaltantes y penetraban en las cabezas como barrenas de fuego. Era un fuego pesado que acribillaba a aquellos miserables como una herviente granizada.

Los gritos eran desgarradores. Todos huían ciegamente tanto los más valientes como los más asustadizos, dejando caer el pesado madero encima de los cadáveres, y la plaza del Parvis quedó vacía por segunda vez.

Todas las miradas se dirigían a la parte superior de la catedral y era algo extraordinario lo que estaban viendo: en la parte más elevada de la última galería, por encima del rosetón central, había una gran llama que subía entre los campanarios con torbellinos de chispas, una gran llama revuelta y furiosa, de la que el viento arrancaba a veces una lengua en medio de una gran humareda.

Por debajo de aquella llama, por debajo de la oscura balaustrada de tréboles al rojo, dos gárgolas con caras de monstruos vomitaban sin cesar una lluvia ardiente que se destacaba contra la oscuridad de la fachada inferior. A medida que aquellos dos chorros líquidos se aproximaban al suelo, se iban esparciendo en haces, como el agua que sale por los mil agujeros de una regadera.

Por encima de la llama, las enormes torres, de las que en cada una se destacaban dos caras, una toda negra y otra totalmente roja, parecían aún más altas por la enorme sombra que proyectaban hacia el cielo. Sus innumerables esculturas de diablos y de dragones adquirían un aspecto lúgubre y daba la impresión de que la inquieta claridad de la llama les insuflara movimiento. Había sierpes que parecían reír, gárgolas que podría creerse que aullaban, salamandras que resoplaban en las llamas, tarascas que estornudaban por el humo; y entre todos aquellos monstruos, despertados así de su sueño de piedra por aquella llama y por

378

aquel clamor, había uno que andaba y al que, de vez en cuando, se le veía pasar por el frente de la hoguera como un murciélago ante una luz. Seguramente aquel extraño faro iba a despertar, a lo lejos, al leñador de las colinas de Bicetre, temeroso al ver temblar sobre sus brezos la sombra gigantesca de las torres de Nuestra Señora.

Un silencio de terror se extendió entre los truhanes durante el cual sólo se oyeron los gritos de alarma de los canónigos, encerrados en su claustro, inquietos como caballos en una cuadra que arde; se oía también el ruido furtivo de ventanas que se abrían y cerraban rápidamente, el barullo interior de las casas y del Hôtel-Dieu, el viento entre las llamas, los últimos estertores de los moribundos y el continuo chisporroteo de la lluvia de plomo contra el suelo.

Los principales truhanes se habían retirado bajo el porche de la mansión de Gondelaurier para tomar decisiones. El duque de Egipto, sentado en una de las piedras esquineras del porche, contemplaba con temor religioso la fantasmagórica hoguera que relucía a más de sesenta metros en el aire. Clopin Trouillefou se mordía los puños con rabia.

—Es imposible entrar —murmuraba entre dientes.

—¡Es una vieja iglesia encantada! —mascullaba el viejo bohemio Mathias Hungadi Spicali.

—¡Por los bigotes del papa! —añadía un socarrón canoso que había estado en el ejército—. Estas gárgolas de iglesia escupen plomo derretido mejor que los matacanes de Lectoure.

—¿Veis ese demonio que va y viene por delante del fuego? —decía el duque de Egipto.

—¡Pardiez! —dijo Clopin—. Es el maldito campanero, es Quasimodo. El gitano asintió con la cabeza.

—Os digo que es el alma de Sabnac, el gran marqués, el demonio de las fortificaciones. Toma la forma de un soldado armado con cabeza de león y a veces monta en un horrible caballo. Convierte a los hombres en piedras y hace las torres con ellas. Manda a más de cincuenta legiones. Seguro que es él. Le reconozco. A veces se viste con una túnica dorada a la manera de un turco.

—¿Dónde está Bellevigne de l'Etoile? —Preguntó Clopin.

—Ha muerto —respondió una truhana.

André le Rouge sonreía con una risa estúpida.

—Nuestra Señora está dando trabajo al Hôtel-Dieu, —decía.

—¿Pero no va a haber manera de derribar la puerta? —exclamó el rey de Túnez dando una patada.

El duque de Egipto le mostraba tristemente los arroyos de plomo hirviendo que no cesaban de rayar la negra fachada como dos largos husos de fósforo.

—Se han visto iglesias que se defendían así ellas solas —comentó suspirando—. Santa Sofía de Constantinopla, hace ya de esto cuarenta años, echó al suelo en tres ocasiones seguidas a la media luna de Mahoma, sacudiendo sus cúpulas, que son sus cabezas. Guillaume de París, que construyó ésta, era un mago.

—¿Habrá que retirarse entonces vergonzosamente como unos vulgares cobardes? —dijo Clopin— y ¿dejaremos ahí a nuestra hermana para que esos lobos encapuchados la cuelguen mañana?

—¿Y la sacristía en donde hay oro a espuertas? —añadió un truhán del que lamentamos desconocer el nombre.

—¡Por las barbas de Mahoma! —gritó Trouillefou.

—¡Hay que intentarlo una vez más! —insistió el truhán. Mathias Hungadi asintió con la cabeza.

—Pero no entraremos por la puerta. Hay que encontrar el defecto de la armadura a la vieja bruja: un agujero, una falsa poterna, cualquier juntura.

—¡Qué dices! ¡Vuelvo ahora mismo! —dijo Clopin—. Por cierto, ¿dónde estará el estudiante ése, Jehan, que se puso tan pertrechado?

—Estará muerto seguramente porque no se le oye reír —dijo alguien. El rey de Túnez frunció el entrecejo.

—¡Cuánto lo siento! Había un corazón valeroso bajo aquella chatarra. ¿Y maese Pierre Gringoire?

—Capitán Clopin —dijo André el Rojo—, se largó antes de que llegáramos al Pont- aux-Changeurs.

Clopin golpeó el suelo con el pie.

—¡Maldita sea! Es él quien nos mete en el jaleo y luego nos deja plantados en medio. ¡Cobarde charlatán!

—¡Capitán Clopin! —gritó André el Rojo, que estaba mirando hacia la calle del Parvis—. Ahí viene el estudiante.

—¡Alabado sea Plutón! —dijo Clopin—, pero ¿qué diablos trae arrastrando?

En efecto, era Jehan, que corría tanto como se lo permitían su pesada vestimenta de paladín y una larga escalera que iba arrastrando por el suelo, más sofocado que una hormiga transportando una hoja de hierba veinte veces más larga que ella.

—¡Victoria! ¡Te Deom! —gritaba el estudiante—. Ésta es la escalera de los descargadores del puerto Saint-Landry.

Clopin se aproximó a él.

—Pero muchacho, ¿qué diablos quieres hacer con esa escalera?

—Ya la tengo —respondió Jehan sofocado—. Sabía que la guardaban en el cobertizo de la casa del teniente. Allí hay una moza que me conoce y que me encuentra hermoso como un Cupido. Me las he arreglado para que me dé la escalera. La moza ha venido a abrirme en camisón.

—Bueno, pero, ¿qué pretendes hacer con la escalera? —le insistió Clopin.

Jehan le miró con aire de complicidad a hizo sonar sus dedos como castañuelas. Estaba sublime en aquel momento. Tenía en la cabeza uno de esos cascos recargados del siglo XV que asustaban al enemigo con sus cimeras quiméricas. Su cimera iba erizada con diez puntas de hierro, de manera que Jehan hubiera podido disputar el temible epíteto de δεχεμβολος al navío homérico de Néstor.

—¿Que qué pretendo hacer con ella augusto rey de Túnez? ¿Veis esa fila de estatuas con cara de idiotas, ahí arriba, encima de los pórticos?

—Sí, ¿y qué?

—Es la galería de los reyes de Francia.

—Y ¿qué más me da? —le respondió Clopin.

—¡Esperad! Hay una puerta, al final de esa galería, que sólo está cerrada con pestillo; con esta escalera subo y estoy en la iglesia.

—Muchacho, déjame subir el primero.

—Nada de eso, camarada; la escalera es mía. Vos seréis el segundo.

—¡Que Belcebú lo lleve! —le dijo Clopin malhumorado—. No quiero ir detrás de nadie.

—En ese caso, Clopin, búscate una escalera.

—Y Jehan echó a correr por la plaza arrastrando su escalera a la vez que gritaba:

—¡Seguidme, muchachos!

En un momento apoyaron la escalera en la balaustrada de la galería inferior, por encima de los pórticos laterales. Todo un grupo de truhanas con gran alboroto se arremolinó junto a ella para subir, pero Jehan mantuvo su derecho y fue el primero que puso los pies en los banzos. El trayecto era bastante largo. La galería de los reyes de Francia está hoy elevada unos veinte metros por encima del suelo. Las once gradas de la escalinata la elevaban aún más. Jehan subía lentamente, estorbado por su pesada armadura; con una mano se cogía a los banzos de la escalera y con la otra sostenía la ballesta. Cuando iba por la mitad echó una ojeada, apenada, a los pobres truhanes muertos que llenaban la escalinata.

—¡He aquí un montón de cadáveres digno del quinto canto de la Mada! —y continuó subiendo seguido de los truhanes que llenaban la escalera. Al ver cómo iba elevándose onduladamente en las sombras aquella línea de espaldas acorazadas, se habría pensado en una serpiente con escamas de acero, trepando por la pared de la catedral. Jehan que sería la cabeza y que iba silbando, completaba aquella fantasía.

El estudiante llegó por fin al balcón de la galería y saltó por encima con bastante agilidad entre los aplausos de toda la truhanería. Sintiéndose dueño de la ciudadela, lanzó un grito de alegría y, de pronto, se detuvo petrificado. Acababa de descubrir a Quasimodo, con su ojo resplandeciente, oculto entre las sombras, tras una de las estatuas de los reyes.

Antes de que un segundo asaltante hubiera puesto el pie en la galería, el fornido jorobado llegó de un salto hasta la escalera y, sin decir palabra, cogió con sus poderosas manos los extremos de los dos largueros, los levantó alejándolos del muro, balanceó durante un momento, entre clamores de angustia la larga escalera plegable, llena toda ella de truhanes y, súbitamente, con una fuerza sobrehumana, lanzó aquel racimo de hombres a la plaza. La escalera, lanzada hacia atrás, permaneció un momento derecho y de pie, osciló después, y finalmente, describiendo un terrorífico arco de círculo de veinticinco metros de radio, cayó al empedrado, con su carga de bandidos, con más rapidez que un puente levadizo del que se rompen las cadenas. Se oyó una inmensa imprecación y luego todo se acabó. Algunos desgraciados, heridos, se retiraron arrastrándose por entre aquel montón de muertos.

Un rumor de dolor y de cólera sucedió a los primeros gritos de triunfo. Quasimodo observaba impasible, con los dos codos apoyados en la balaustrada. Parecía un viejo rey melenudo asomado a su ventana.

Jehan Frollo, por su parte, se encontraba en una situación crítica. Se hallaba en la galería con el temible campanero, solo, separado de sus compañeros por un muro vertical de veinticinco metros. Mientras Quasimodo se entretenía con la escalera, el estudiante se había precipitado hacia la poterna, que suponía abierta. Pero no lo estaba. Al entrar en la galería, el sordo la había cerrado tras él. En vista de ello Jehan se había escondido tras uno de los reyes de piedra, no atreviéndose ni a respirar y mirando temeroso al monstruoso jorobado, como un hombre que, cortejando a la mujer del guardián de una casa de fieras, al dirigirse una noche a su cita amorosa, se equivocara de pared, en su escalada, y se encontrara de pronto, frente a frente, con un oso blanco.

En los primeros momentos el sordo no se preocupó de él; por fin volvió la cabeza y enderezó su cuerpo deforme. Había descubierto al estudiante.

Jehan se preparó para un choque violento pero el sordo permaneció inmóvil.

Únicamente se había vuelto hacia el estudiante al que se quedó mirando.

—¡He, he! —le dijo Jehan—. ¿Por qué me miras con ese ojo tuerto y melancólico? Y mientras decía esto el joven tensaba astutamente su ballesta.

—¡Quasimodo! —le gritó—; voy a cambiarte el mote. Te llamarán el ciego.

La flecha surgió de la ballesta, silbando y fue a clavarse en el brazo izquierdo del jorobado. Quasimodo no se inmutó y arrancándose la saeta de su brazo la partió tranquilamente contra su enorme rodilla y luego dejó caer los dos trozos. Jehan no tuvo tiempo de dispararle una segunda vez. Una vez rota la flecha, Quasimodo resopló con violencia y dio un salto como un saltamontes para caer sobre el estudiante cuya armadura quedó aplastada contra la pared.

Y desde aquella penumbra por la que flotaba el resplandor de las antorchas, se contempló una escena horrible.

Quasimodo había cogido con su mano izquierda los brazos de Jehan, que no oponía resistencia porque ya se consideraba perdido. Con la derecha el sordo le iba quitando, una a una y en silencio, con una calma desesperantemente siniestra, todas las piezas de su armadura; la espada, los puñales, el casco, la coraza, los brazales. Se habría dicho un mono descortezando una nuez. Quasimodo iba dejando a sus pies, pieza a pieza, la cáscara de hierro del estudiante.

Al verse así desarmado, inofensivo y desnudo entre aquellas terribles manos, no intentó hablar al sordo, sino que se echó a reír descaradamente y a cantar, con su intrépida despreocupación de joven de dieciséis años, aquella canción, muy popular por entonces.

Elle est bien habillée la ville de Cambrai. Marafin l'a pillée...

No pudo terminarla. Se vio a Quasimodo de pie, en el pretil de la galería que, con una sola mano, tenía cogido al estudiante por los pies haciéndole girar sobre el vacío como una honda. Después se oyó un ruido como el de una caja ósea que estalla contra una pared y se vio caer algo que se quedó colgado a mitad de la caída en uno de los salientes de la fachada. Era un cuerpo muerto el que se quedó allí colgado, doblado en dos, con la espalda partida y la cabeza rota.

Un grito de horror surgió de entre los truhanes.

—¡Venganza! —gritó Clopin.

—¡A saco! —respondió la multitud—. ¡Al asalto! ¡Al asalto! Y entonces se produjo un griterío prodigioso en donde se mezclaron todas las lenguas, acentos y dialectos. La muerte de aquel estudiante había provocado la furia y el ardor en toda aquella multitud. Se apoderó de ellos la vergüenza y se inflamaron de cólera al comprobar que un solo hombre, un jorobado, les había mantenido en jaque durante tanto tiempo, en su asalto a la iglesia. La rabia encontró más escaleras, multiplicó las antorchas y, al cabo de unos pocos minutos, Quasimodo vio asustado, cómo aquel espantoso hormiguero se lanzaba por todas partes al asalto de Nuestra Señora. Los que no tenían escalas disponían de cuerdas de nudos y quienes no tenían cuerdas trepaban agarrándose a los salientes de las esculturas de la fachada. Unos se colgaban de los harapos de los otros y no había forma de contener aquella marea ascendente de rostros espantosos y excitados en los que brillaba el furor. El sudor chorreaba por sus frentes terrosas y sus ojos estaban encendidos. Todas aquellas muecas, toda aquella miseria y fealdad iba poniendo cerco a Quasimodo. Podría decirse que alguna otra catedral había enviado al asalto de Nuestra Señora a sus gorgonas, a sus dogos, a sus dragones, a sus demonios, a sus esculturas más fantásticas. Era como si una capa de monstruos vivos se hubiera instalado sobre los monstruos de piedra de la fachada.

Pero ahora la plaza se había iluminado con mil antorchas. Aquel escenario desordenado, sumido hasta entonces en la oscuridad, aparecía súbitamente inundado de luz. El Parvis resplandecía deslumbrante en el cielo. La hoguera encendida en la plataforma superior continuaba ardiendo a iluminaba, desde lejos, a toda la ciudad. La enorme silueta de las dos torres, proyectada a lo lejos sobre los techos de París, abría, en medio de aquella claridad, un ancho tajo de sombra. La ciudad entera permanecía conmovida. Se oía a lo lejos un llanto de campanas tocando a rebato. Los truhanes aullaban, jadeaban, vociferaban, juraban, trepaban y mientras Quasimodo, impotente para contener tal avalancha de enemigos, temía por la gitana, al ver cómo aquellos rostros feroces cada vez se acercaban más a su galería, y entonces pedía al cielo un milagro y se retorcía los brazos desesperados.

V: El retiro donde el Rey de Francia reza sus horas

Es probable que el lector no haya olvidado que momentos antes de detectar la banda nocturna de los truhanes, Quasimodo, observando París desde lo alto de su campanario, no veía brillar más que una sola luz, que iluminaba una ventana en el piso más elevado de un alto y sombrío edificio por el lado de la Porte de Saint-Antoine. Aquel edificio era la Bastilla y la luz era la vela de Luis XI.

Efectivamente, hacía dos días que Luis XI se encontraba en París y tenía que marcharse dos días más tarde hacia su fortaleza de Montliz-lès-Tours. Sus visitas a la buena ciudad de París eran siempre muy raras y, en cualquier caso, muy cortas; parece que echaba de menos el no encontrar cerca de él suficientes trampas, horcas y arqueros escoceses.

Aquel día había venido a pernoctar a la Bastilla. La habitación real de cinco toesas cuadradas que tenía en el Louvre, con su hermosa chimenea adornada con doce enormes animales y trece profetas y su gran lecho de tres metros por tres y medio, no le seducía demasiado; se sentía un tanto perdido entre tanta grandeza. Aquel buen rey burgués prefería la Bastilla, con su pequeño dormitorio y una cama sencilla; y además la Bastilla estaba más fortificada que el Louvre.

Aquel cuartito que el rey se había reservado en la famosa prisión era, a pesar de todo, lo suficientemente amplio, y ocupaba la última planta de una torreta unida al torreón principal. Era una estancia de forma redonda, tapizada con esteras de paja brillante con un precioso artesonado, cubierto de adornos con flores de lis de estaño dorado y también decorados con pinturas varias los espacios entre las vigas. Las paredes estaban recubiertas de ricas maderas sembradas de rosetas de estaño blanco y pintadas con un rico verdegay hecho con oropimente y añil.

No había más que una ventana, una gran ojiva enrejada con alambre de latón y barrotes de hierro, oscurecida además con hermosos cristales de colores con las armas del rey y de la reina, valorados en más de veintidós sueldos cada uno.

Sólo había una entrada, una puerta moderna, de medio punto rebajado, tapizada por dentro, y por fuera adornada con uno de esos pórticos de madera de Irlanda, frágiles edificios de una ebanistería, trabajada delicadamente, como aún podían encontrarse en antiguas mansiones de hace ciento cincuenta años. «Aunque no van con los tiempos y desentonan en cualquier parte», dice Sauval con cierto enojo, «nuestros abuelos no quieren deshacerse de ellos de ninguna manera y los conservan, en contra de la opinión del resto de la familia».

No se veía en aquella habitación nada con lo que ordinariamente se amueblan las viviendas normales. Ni bancos, ni esos escabeles comunes, en forma de caja, ni de los otros, más caros, de los de a cuatro sueldos cada uno, con pilares y contrapilares. Sólo se veía una silla plegable de brazos, muy hermosa; la madera estaba pintada con rosas sobre fondo rojo; el asiento de cordobán bermejo, adornado con largas franjas de seda y bordeado de clavos de oro. La soledad de aquella silla era muestra de que sólo una persona tenía derecho a sentarse en aquella habitación. Junto a la silla y muy cerca de la ventana había también una mesa, cubierta con una tela con figuras de pájaros. Encima de la mesa, una escribanía manchada de tinta, varios pergaminos, algunas plumas y una copa de plata cincelada. Algo más lejos, un brasero, un reclinatorio de terciopelo carmesí, realzado con botones de oro; al fondo una cama sencilla, de damasco amarillo y encarnado, sin adornos ni remates. Era la misma cama, famosa por haber soportado el sueño o el insomnio de Luis XI, que aún podía contemplarse; hace doscientos años, en el domicilio de un consejero de estado, descubierta por madame Pilou, célebre en la obra Cyrus, bajo el nombre de Arycidia y de La moral viva.

Así era la habitación a la que llamaban «el retiro en donde reza sus horas el señor Luis de Francia».

En el momento en el que hemos entrado allí con el lector, la habitación estaba muy oscura. El toque de queda había sonado ya una hora antes; era de noche y no había más que la vacilante luz de una vela para iluminar a cinco personajes reunidos en aquel retiro. El primero era un señor, soberbiamente vestido, con unas calzas y un jubón escarlata a rayas plateadas y una casaca de paño dorado con dibujos negros.

Aquella espléndida vestimenta, en donde se reflejaba la luz, parecía salpicada de llamas en todos sus pliegues. El personaje que así vestía llevaba su escudo de armas bordado en el pecho, con vivos colores: un cheurón, acompañado en punta por un gamo rampante. En el escudo figuraban, además, a la derecha, un ramo de olivo y a la izquierda un cuerno de gamo. El personaje llevaba al cinto una rica daga cuyo puño de plata dorada tenía forma de cimera y estaba rematado por una corona condal. Parecía persona poco grata, orgullosa y altiva. En una primera impresión, podría descubrirse en su rostro la arrogancia y luego la astucia. No estaba tocado y llevaba en la mano una pancarta.

De pie, detrás de la silla de brazos, en la que él se sentaba, con el cuerpo semidoblado, en una postura muy descuidada, con una pierna sobre la otra y un codo apoyado en la mesa, había otro personaje muy mal vestido. Imaginémosle con dos rótulas zambas, dos pantorrillas flacas, pobremente cubiertas con malla de lana negra, el torso envuelto en un gabán de fustán, forrado de piel, en el que el cuero se veía más que la piel; y ya para terminar, un viejo sombrero grasiento, de paño negro, muy corriente, rodeado con un cordón de figuritas de plomo. Todo esto, con un raído solideo que apenas dejaba asomar un cabello, distinguía a aquel personaje sentado. Su cabeza estaba tan echada sobre el pecho que no podía verse nada de su cara, exceptuando la punta de la nariz en la que daba un rayo de luz y que parecía bastante grande. Por las arrugas de su mano se deducía que era un anciano. Era Luis XI.

Cerca de ellos hablaban en voz baja dos hombres, vestidos a la moda flamenca, y lo suficientemente iluminados para que, cualquiera de los que hubieran asistido a la representación del misterio de Gringoire, hubiera podido reconocer en ellos a los dos principales flamencos, Guillaume Rym, el sagaz pensionario de Gante, y Jacques Coppenole, el popular calcetero. Se recordará que aquellos dos hombres estaban mezclados en la política secreta de Luis XI.

Y en fin, el último, al fondo, cerca de la puerta, de pie en la penumbra, inmóvil como una estatua, era un hombre fornido, de miembros vigorosos, atuendo militar y casaca adornada con escudo de armas. Su rostro cuadrado, con los ojos saltones, con una enorme boca y con las orejas semiocultas por mechones de pelo liso, sin frente apenas, tenía bastante de perro y de tigre.

Todos permanecían descubiertos excepto el rey.

El caballero que se hallaba junto al rey le estaba leyendo una especie de informe bastante largo que su majestad parecía escuchar con atención. Mientras tanto, los dos flamencos hablaban en voz baja.

—¡Por la cruz de Cristo! —gruñía Coppenole—. Ya estoy cansado de permanecer de pie. Pero, ¿es que no hay posibilidad aquí de encontrar una silla?

Rym le respondió con un gesto negativo, acompañado de una discreta sonrisa.

—¡Por la cruz de Cristo! —insistía Coppenole, molesto por tener que bajar tanto la voz—; me dan ganas de sentarme en el suelo, con las piernas cruzadas, como un calcetero, igual que hago en mi establecimiento.

—Ni penséis en ello, maese Jacques.

—Muy bien, maese Guillaume, pero, ¿es que aquí sólo podemos estar de pie?

—O de rodillas —respondió Rym.

En aquel momento se oyó la voz del rey y los demás se callaron.

—¡Cincuenta sueldos los trajes de nuestros criados y doce libras las capas de los funcionarios de nuestro reino! ¡Eso es! ¡Seguid tirando el oro! ¿Estáis loco, Olivier?

Y mientras hablaba así, el viejo había levantado la cabeza. Se veían brillar en su cuello las conchas de oro del collar de San Miguel. La lámpara iluminaba de pleno su perfil descarnado y malhumorado. Arrancó el papel de las manos de Olivier.

—¡Nos estáis arruinando! —le grito paseando sus ojos hundidos por el informe—.

¿Qué es esto? ¿Para qué necesitamos una residencia tan lujosa? ¡Dos capellanes a razón de diez libras al mes cada uno y un sacristán a cien sueldos! ¡Un ayuda de cámara a noventa libras al año! ¡Cuatro ayudantes de cocina a ciento veinte libras al año cada uno! ¡Un especialista en asados, otro en salsas, otro en potajes, un jefe de cocina, un bodeguero, a razón de diez libras mensuales cada uno! ¡Dos pinches de cocina a ocho libras! ¡Un palafrenero y sus dos ayudantes a veinticuatro libras mensuales! ¡Un recadero, un pastelero, un panadero y dos carreteros a sesenta libras al año! ¡Y el herrero a ciento veinte libras! ¡Y mil doscientas para el encargado del tesoro!

¡Quinientas para el pagador! Pero ¿qué es todo esto? ¡Es una locura! ¡Los sueldos de nuestros criados arruinan al país! ¡Todos los tesoros del Louvre se fundirán con tal tren de gastos! ¡Tendremos que vender hasta la vajilla! Y el año que viene, si Dios y nuestra Señora (aquí levantó su sombrero con respeto) nos lo permiten, tendremos que beber en vasos de estaño.

Al llegar aquí, echó una ojeada a la copa de plata que brillaba encima de la mesa.

Carraspeó y continuó diciendo.

—Maese Olivier: los príncipes que reinan en los grandes señoríos, al igual que los reyes y los emperadores, no deben hacer ostentación de suntuosidad en sus mansiones, pues todo ello se conoce y corre por el reino como si fuera fuego. Así, pues, maese Olivier, entérate bien: nuestros gastos aumentan cada año y ello me desagrada. ¡Cómo diablos puede ser! Hasta el 79 los gastos no han ido más allá de treinta y seis mil libras y en el 80, la suma asciende a cuarenta y tres mil seiscientas diecinueve (tengo todas estas cifras en la cabeza), en el 81, sesenta mil seiscientas ochenta libras y este año: ¡por vida mía, ascenderán a ochenta mil libras! ¡Duplicado en cuatro años! ¡Monstruoso!

Se detuvo sofocado y luego prosiguió más encolerizado.

—¡Sólo veo en torno a mí gente que engorda a costa de mis estrecheces! ¡Me chupáis los escudos por todos los poros!

Todos se mantenían en silencio pues se trataba de uno de esos arrebatos que conviene no interrumpir; después prosiguió.

—Es como esa petición en latín, de la nobleza de Francia, para que nos obliguemos a restablecer lo que ellos denominan las grandes cargas de la corona.

¡Cargas son en efecto!, pero cargas que aplastan. ¡Ay, señores!, decís que no somos un rey, para reinar ¡dapifero nullo, buticulario nullo! ¡Vive Dios, que yo os haré ver si somos o no somos rey!

Al decir esto se sonrió, consciente de su poder; su mal humor se calmó y dijo volviéndose hacia los flamencos.

—Os dais cuenta, amigo Guillaume. El panadero mayor, el bodeguero mayor, el gran chambelán o el gran senescal no sirven de nada. Viéndolos así, a mi alrededor, me recuerdan a los cuatro evangelistas alrededor del gran reloj del palacio, que Philippe Brille acaba de reparar; están muy adornados, con color de oro, pero no marcan las horas y la aguja horaria no los necesita para nada.

Por un momento se quedó pensativo y luego añadió moviendo su vieja cabeza.

—¡Ja, ja! Por Nuestra Señora que yo no soy Philippe Brille y no pienso tener vasallos de adorno. Pienso más bien como el rey Eduardo: salvad al pueblo y matad a los señores. Prosigue, Olivier.

El personaje a quien se dirigía volvió a tomar el cuaderno y se puso a leer en voz alta.

—«… A Adam Tenon, encargado de la custodia de los sellos de la prebostería de París, por la plata y por el grabado de los mencionados sellos, que han sido hechos nuevos pues los anteriores, a causa de su antigüedad, estaban ya caducos y no servían: doce libras parisienses.

»… A Guillaume Frère la suma de cuatro libras y cuatro sueldos parisinos, por sus trabajos y salarios por alimentar y ocuparse de las palomas de los dos palomares del palacio de las Tournelles, durante los meses de enero, febrero y marzo de este año, al haber aportado para estos fines siete sextercios de cebada.

»A un franciscano, por haber confesado a un criminal, condenado a muerte cuatro sueldos parisinos».

El rey escuchaba en silencio y tosía de vez en cuando; entonces se acercaba la copa a los labios y bebía un sorbo haciendo muecas de desagrado.

—«En este año se han hecho, por orden de la justicia, cincuenta y seis pregones a son de trompeta por calles y plazas de París: están pendientes de abono.

»Por haber buscado y excavado en algunos lugares, tanto en París como fuera de París, en búsqueda de dineros que se suponía escondidos en esos lugares, sin haber encontrado nada de lo que se buscaba, cuarenta y cinco libras parisinas».

—¡Enterrar un escudo para desenterrar un sueldo! —dijo el rey.

—«… Por la reparación de seis paneles de vidrio blanco del palacio de las Tournelles, en el lugar en donde se encuentra la jaula de hierro, trece sueldos.

»… Por la forja y entrega, por órdenes del rey y el día de los monstruos, de cuatro escudos con las armas de dicho señor, con capas a su alrededor y sombreros de rosas, seis libras…

»… Por dos mangas nuevas al viejo jubón del rey, veinte sueldos. Por una caja de grasa para lustrar las botas del rey, quince denarios. Por la construcción de un establo nuevo para los cerdos negros del rey, treinta libras parisinas. Por varios tabiques, planchas y trampas para encerrar a los leones de San Pablo, veintidós libras…»

—¡Pues ya resultan caros esos animales! —dijo Luis XI—. Pero, ¡no importa! Es un hermoso lujo del rey. Tengo un enorme león rojizo que me gusta mucho por su arrogancia. ¿Le habéis visto, maese Guillaume? Los príncipes deben tener ese tipo de animales miríficos. Para nosotros, los reyes, los perros deben ser leones y los gatos tigres. Lo grande le va a la corona. En los tiempos paganos, de Júpiter, cuando el pueblo ofrecía a las iglesias cien bueyes y cien ovejas, los emperadores ofrendaban cien leones y cien águilas. Era feroz aquello, pero también hermoso. Los reyes de Francia han tenido siempre rugidos en torno a su trono; pero se me hará justicia si os digo que gasto aún menos dinero que ellos y que tengo un número de leones, de osos, de elefantes y de leopardos en cantidad mucho más modesta. Seguid, seguid, maese Olivier; hemos querido hacer esta indicación a nuestros amigos flamencos.

Guillaume Rym hizo una profunda inclinación, mientras que Coppenole con aspecto enfadado, se parecía a uno de esos osos de los que había hablado el rey. Su majestad, sin embargo, no se fijó en ello; acababa de mojar sus labios en la copa y escupió la bebida diciendo:

—¡Puaf! ¡Qué asquerosa tisana! El que leía prosiguió:

—«Por la manutención de un pícaro de a pie, encarcelado desde hace seis meses en la celda de los ladrones, en espera de lo que se decida sobre él, seis libras y cuatro sueldos».

—Pero, ¿qué es eso? —interrumpió el rey—. Alimentar a quien habría que colgar.

¡Santo cielo! No daré ni un sueldo más para alimentarle. Olivier, encargaos de este asunto con el señor d'Estouteville y hacedme desde hoy mismo los preparativos de bodas de ese galán con la horca. Proseguid.

Oliver hizo una señal con el pulgar en el artículo referente al pícaro de a pie y pasó a otra cosa.

—«A Henriet Cousin, verdugo de la justicia de París, la suma de sesenta sueldos parisinos, cantidad ordenada y fijada por el preboste de París, por haber comprado, de orden del ya indicado señor preboste, una gran espada de hoja, para con ella ejecutar y decapitar a las personas que por justicia son condenadas por sus deméritos y hay que proporcionar a la dicha espada una funda y lo demás que le sea propio; asimismo ha reparado y hecho una funda para la vieja espada que se había mellado al ajusticiar a micer Luis de Luxemburgo, como puede aparecer con claridad…»

El rey le interrumpió:

—Ya basta. Apruebo la suma de todo corazón. Esos gastos nunca los escatimo.

Nunca he lamentado ese dinero, proseguid.

—«Por haber hecho una gran jaula…»

—¡Ah! —exclamó el rey asiéndose con sus manos a los brazos de la silla—. Ya sabía yo que había venido aquí, a la Bastilla, para algo. Esperad, maese Olivier; me gustaría ver personalmente esa jaula. Ya me indicaréis su costo cuando la haya visto. Señores flamencos, vengan a verla; es muy curioso. Entonces se levantó apoyándose en el brazo de su interlocutor, hizo señas a la especie de mudo que se mantenía de pie junto a la puerta para que marchara delante de él y a los flamencos para que le siguieran y salió de la habitación.

La real compañía se incrementó a la puerta de su retiro, con hombres de armas, con pesadas vestiduras de hierro, y esbeltos pajes portadores de antorchas.

Avanzaron durante algunos minutos por el interior de la oscura torre, llena de escaleras y corredores por el espesor de los muros. El capitán de la Bastilla iba en cabeza y hacía abrir las portezuelas ante el viejo rey enfermo y encorvado, que tosía al caminar.

Todas las cabezas se agachaban al pasar por cada una de las portezuelas, excepto la de aquel viejo encorvado ya por los años.

—¡Hum! —decía entre sus encías, pues ya no le quedaban dientes—, estoy ya muy preparado para la puerta del sepulcro. A puerta baja, pasante encorvado.

Por fin, después de franquear una última puerta, tan atiborrada de cerraduras que tardaron casi un cuarto de hora en abrirla penetraron en una amplia y alta sala en ojiva, en cuyo centro se distinguía, al resplandor de las antorchas, un enorme cubo macizo, de mampostería, de hierro y de madera, hueco en su interior Se trataba de una de esas conocidas jaulas de prisioneros de estado, conocidas por el nombre de las hijitas del rey. Había en sus paredes dos o tres ventanucos con un entramado de rejas tan denso que no se veían los cristales. La puerta la formaba una gran losa de piedra lisa, como la de los sepulcros. Eran puertas de esa que sólo sirven para entrar, sólo que aquí el muerto era un vivo.

El rey echó a andar lentamente a su alrededor, examinándolo con cuidado, mientras que maese Olivier, que le seguía, leía en voz alta la memoria de gastos:

—«Por haber hecho una gran jaula de madera, con gruesas vigas, largueros y soleras de nueve pies de largo por ocho de ancho y con una altura de siete pies entre el suelo y el techo, cepillada y claveteada con gruesos pernos de hierro que ha sido colocada en una de las torres de la bastilla de San Antonio, en cuya jaula fue encerrado, por mandato del rey nuestro señor, un prisionero que procedía de otra vieja jaula caduca ya y decrépita. Se han empleado en la mencionada nueva jaula noventa y seis vigas de base y otras cincuenta y dos verticales y diez soleras de tres toesas de largo: la obra ha corrido a cargo de diecinueve carpinteros para escuadrar, trabajar y cortar toda la indiada madera en el patio de la Bastilla durante veinte días…»

—Y de buenos troncos de roble —añadió el rey golpeando con el puño el maderamen.

—«… Se han utilizado para esta caja —prosiguió el otro—, doscientos veinte grandes pernos de hierro, de nueve y ocho pies; los demás de tamaño mediano, con las tuercas, arandelas y contrafuertes para los dichos pernos; todo este material de hierro supone un peso de tres mil setecientas treinta y cinco libras; además ocho grandes escuadras de hierro para sujetar dicha jaula con los crampones y clavos, que pesan en conjunto otras doscientas dieciocho libras de hierro, sin contar el utilizado en el enrejado de las ventanas de la habitación en donde se ha instalado la jaula, ni las barras de hierro de la puerta de la habitación y otras cosas…»

—Es un buen montón de hierro —dijo el rey—, para así contener la ligereza de un espíritu.

—«… El total supone trescientas diecisiete libras, cinco sueldos y siete denarios».

—¡Vive Dios! —exclamó el rey.

Este juramento, que era el favorito de Luis XI, parece que despertó a alguien en el interior de la jaula pues se oyó ruido de cadenas arrastrándose por el suelo y una voz débil que parecía surgida de la tumba decía.

—¡Señor! ¡Señor! ¡Piedad!

Pero no podía verse a quien esto decía.

—¡Trescientas diecisiete libras, cinco sueldos y siete denarios! —insistía Luis XI.

Aquella voz lastimera que había surgido de la jaula, dejó helados a todos los allí presentes, incluso al mismo maese Olivier. Sólo el rey daba la impresión de no haberla oído. A una orden suya, maese Olivier prosiguió con la lectura y su majestad continuó inspeccionando fríamente aquella jaula.

—«… Además de todo esto, se ha pagado también a un albañil que ha hecho los agujeros para colocar las rejas de la ventana y el suelo para la habitación en donde se encuentra la jaula, pues el anterior no habría podido soportar el peso de la misma; veintisiete libras y catorce sueldos parisinos…»

La voz inició de nuevo sus súplicas y sollozos.

—¡Piedad, señor! Os juro que fue monseñor el cardenal de Angers quien hizo aquella traición y no yo.

—¡El albañil sabe lo que hace! —dijo el rey—. Pero, continuad, Olivier.

—«… A un ebanista por ventanas, camastros, silla-retrete y otras cosas, veinte libras y dos sueldos parisinos…»

La voz proseguía aún.

—¡Ay, señor! ¿No queréis escucharme? Os aseguro que no fui yo quien escribió aquello al señor de Guyenne sino monseñor La Balue, el cardenal.

—El ebanista es caro también —observó el rey—. ¿No hay más?

—Ya lo creo, señor. «… A un cristalero, por los cristales de la mencionada jaula, cuarenta y seis sueldos y ocho denarios parisinos…»

—¡Tened piedad, majestad! ¿No es suficiente que se hayan repartido todos mis bienes entre los jueces, mi vajilla al señor de Torcy, toda mi librería a maese Pierre Doriolle, todos mis tapices al gobernador del Rosillon? Soy inocente, señor. Hace ya catorce años que estoy en esta jaula de hierro pasando frío. ¡Tened piedad, señor! El cielo os lo agradecerá.

—Maese Olivier, decidme la suma total —pidió el rey.

—Trescientas sesenta y siete libras, ocho sueldos y tres denarios parisinos.

—¡Virgen Santa! —exclamó el rey—. ¡Es lo que se dice una jaula ultrajante!

Entonces arrancó el cuaderno de las manos de maese Olivier y se puso a contar con los dedos, él mismo, examinando alternativamente la jaula y la nota. Pero el prisionero no cejaba de sollozar. Aquello resultaba lúgubre en la oscuridad y los rostros se miraban entre sí, pálidos.

—¡Catorce años, majestad; desde el mes de abril de 1469! ¡Por la madre de Dios, señor, escuchadme! ¡Vos habéis gozado entretanto del calor del sol! ¡Y yo, miserable de mí, no volveré a ver la luz! ¡Piedad, señor! ¡Sed misericordioso! La clemencia es la más hermosa de las virtudes reales, que rompe las corrientes de la cólera. ¿Cree vuestra majestad que, a la hora de la muerte, puede suponer un gran consuelo para un rey el no haber dejado ninguna ofensa sin castigo? Además, señor, yo no he traicionado a vuestra sociedad; ha sido el señor de Angers. Arrastro una pesada cadena con una enorme bola de hierro, tanto más pesada cuanto que es injusta.

¡Señor! ¡Tened piedad de mí!

—Olivier —dijo el rey moviendo la cabeza—, observo que se cobra el modio de yeso a veinte sueldos y sólo cuesta a doce. Habrá que rehacer este informe.

Y dando la espalda a la jaula, se dispuso a salir de aquella habitación; el desventurado prisionero, ante el alejamiento de las antorchas y del ruido, dedujo que el rey se estaba retirando y gritó desesperadamente.

—¡Señor! ¡Señor!

La puerta se cerró y ya no vio ni oyó más que la voz ronca del carcelero que le cantaba la canción:

Maître Jean Balue a perdu la vue

de ses évêches; Monsieur de Verdun n'en a plus pas un tous sont dépêches.

El rey subía en silencio a su retiro, seguido de su cortejo, que estaba asustado por los últimos lamentos del condenado. De pronto, su majestad se volvió hacia el gobernador de la Bastilla.

—A propósito, ¿había alguien en la jaula?

—¡Pardiez, señor! —respondió el gobernador estupefacto por la pregunta.

—¿Quién era?

—El señor obispo de Verdun.

El rey lo sabía mejor que nadie, pero ésa era una de sus manías.

—¡Ah! —exclamó ingenuamente, como si fuese la primera vez que pensara en ello—; Guillaume de Harancourt, el amigo del señor cardenal La Balue. ¡Un buen diablo, ese obispo!

Un momento después, se abrió la puerta del retiro para volver a cerrarse de nuevo tras la entrada de los cinco personajes, conocidos ya del lector desde el comienzo de este capítulo. Todos volvieron a sus sitios, a sus actitudes y prosiguieron sus charlas en voz baja.

Durante la ausencia del rey, habían dejado en su mesa algunos despachos a los que el mismo rey se aprestó a romper los lacres y comenzó presto a leerlos uno tras otro. Hizo un gesto a maese Olivier, que parecía desempeñar junto a él el oficio de ministro, para que tomase la pluma y, sin hacerle partícipe del contenido de los despachos, comenzó a dictarle en voz baja las respuestas que éste escribía, bastante incómodo, arrodillado delante de la mesa.

Guillaume Rym observaba.

El rey hablaba tan bajo que los flamencos no oían nada de lo que dictaba, a no ser algún trozo aislado y poco inteligible como:

—… Conservar para el comercio los lugares fértiles y los estériles para las manufacturas… Enseñar a los señores ingleses nuestras cuatro bombardas, la Londres, la Bravante, la Bourg-en-Bresse y la Saint-Omer… A causa de la artillería, la guerra se hace ahora más juiciosamente… Al señor de Bressuire, nuestro buen amigo… Sin tributos no puede mantenerse un ejército… etcétera.

En una ocasión alzó la voz.

—¡Vive Dios! El señor rey de Sicilia sella sus cartas con lacre amarillo, como un rey de Francia. Quizás sea un error el permitírselo. Mi buen primo el príncipe de Borgoña no concedía escudos de armas sobre campo de gules. La grandeza de las casas se asegura con la integridad de las prerrogativas. Toma nota de esto, Olivier.

Y en otra ocasión.

—¡Oh! ¡Oh! ¡Oh! ¡Qué despacho tan largo! ¿Qué es lo que nos reclama esta vez nuestro hermano el emperador?

Luego añadía, recorriendo con los ojos la misiva y entrecortándola con interjecciones:

—¡Es cierto! Las Alemanias son tan grandes y tan poderosas que apenas si puede creerse. Claro que no nos olvidamos del viejo proverbio: «El más bello condado, Flandes; el ducado más bello, Milán, y el más hermoso de los reinos, Francia». ¿No es cierto, señores flamencos?

Esta vez Coppenole hizo una reverencia a la vez que Guillaume Rym; era un halago al patriotismo del calcetero.

Hubo aún un último despacho que hizo fruncir el ceño a Luis XI.

—¡Qué es esto! —exclamó—. ¡Quejas y protestas contra nuestras guarniciones de la Picardía! Olivier, escribid ahora mismo al señor mariscal de Rouault indicándole que la disciplina se relaja, que los gendarmes de las ordenanzas, la guardia noble, los arqueros, los suizos, todos están provocando molestias infinitas entre los villanos. Que los soldados, no satisfechos con los bienes que encuentran en casa de los labradores, les obligan a bastonazos o a golpes de guja, a ir a buscarles vino a la ciudad o pescado de las pescaderías y otros abusos. Que el señor rey está enterado de todo ello y que estamos dispuestos a preservar a nuestro pueblo de tales molestias, robos y pillajes. Que estamos decididos a ello, ¡por Nuestra Señora! Que además no nos satisface que ningún menestral, barbero, ni escudero, vaya vestido como un príncipe, con ropas de terciopelo, de seda y con anillos de oro. Que tales veleidades ofenden a Dios. Que nos, que somos gentilhombre, nos contentamos con un jubón de paño de a dieciséis sueldos la vara de París. Que también los señores lacayos pueden rebajarse hasta ahí. Mandad y ordenad: a nuestro amigo, el señor de Rouault.

Dictó esta carta, en voz alta, con un tono firme y cortado. Estaba acabando cuando se abrió la puerta y dio acceso a un nuevo personaje que se precipitó, todo asustado, en la habitación gritando.

—¡Señor! ¡Señor! ¡Hay una sedición popular en París!

El rostro grave de Luis XI se contrajo, pero aquella emoción visible pasó como un relámpago. Se contuvo y dijo con una severidad tranquila.

—¡Compadre Jacques, entráis con mucha brusquedad!

—¡Señor! ¡Es una revuelta! —prosiguió sofocado el compadre Jacques.

El rey, que se había levantado, le cogió con rudeza por el brazo y le dijo al oído, de modo que sólo él pudo oírlo, con cólera concentrada y echando una mirada de lado a los flamencos.

—¡Cállate o habla bajo!

El recién llegado comprendió en seguida y empezó a hacerle, muy bajo y muy alarmado, una narración que el rey escuchaba con calma, mientras que Guillaume Rym hacía observar a Coppenole el rostro y las ropas del recién llegado; su capucha forrada de piel, caputia fourrata, su epitoga corta, epitogia curia, su toga de terciopelo negro, que definían a un presidente del tribunal de cuentas.

Apenas este personaje hubo dado al rey algunas explicaciones, cuando Luis XI se echó a reír a carcajadas.

—¡La verdad es que podéis decirlo en voz alta, compadre Coictier! ¿Por qué habláis así de bajo? Nuestra Señora sabe muy bien que nada ocultamos a nuestros buenos amigos flamencos.

—¡Pero, Señor!

—¡Hablad alto!

El «compadre Coictier» permanecía mudo de asombro.

—Hablad ya, señor —insistió el rey—. ¿Hay una revuelta de villanos en nuestra buena villa de París?

—Sí señor.

—¿Que va dirigida, decís, contra el señor bailío del Palacio de Justicia?

—Eso parece —respondió el compadre, entre balbuceos confuso todavía por el cambio brusco a inexplicable que acababa de producirse en la actitud del rey.

Luis XI prosiguió.

—¿Y dónde decís que la ronda ha encontrado a ese gentío?

—Iban en marcha desde la Grande-Truanderie hacia el Pont-aux-Changeurs. Yo mismo la he encontrado mientras me dirigía hacia aquí para dar cumplimiento a las órdenes de vuestra majestad. Incluso he podido oír cómo algunos gritaban: «¡Abajo el bailío de París!».

—¿Y qué quejas tiene esa gente contra el bailío?

—¡Ah! —dijo el compadre Jacques— pues que es su señor.

—¿Sólo eso?

—¡Sólo eso, señor! Son los bribones de la Corte de los Milagros y hace ya mucho tiempo que se quejan del bailío del que dependen. No quieren reconocerle ni como su juez ni como veedor de su zona.

—¡Vaya, vaya! —prosiguió el rey con una sonrisa de satisfacción que intentaba, en vano, disimular.

—En todas sus demandas ante el parlamento —prosiguió el compadre Jacques—, afirman siempre que sólo tienen como señores a vuestra majestad y a su Dios, que me parece a mí que es el diablo:

—Vaya, vaya —dijo el rey frotándose las manos y riendo con aquella risa interior que le iluminaba el rostro.

No podía disimular su alegría, aunque a veces intentara reportarse. Nadie podía comprender lo que pasaba ni el propio «maese Olivier».

Por un momento se quedó silencioso y pensativo, pero con gesto alegre.

—¿Son muchos? —preguntó de pronto.

—Ciertamente, señor —respondió el compadre Jacques.

—¿Cuántos?

—Unos seis mil, al menos.

El rey no pudo evitar el decir:

—¡Muy bien! —y preguntó—: ¿Están armados?

—Con guadañas, picas, arcabuces, picos; con todo tipo de armas agresivas y muy violentas.

Al rey no pareció inquietarle lo más mínimo aquella relación de armas, hasta el punto de que el compadre Jacques se creyó en la obligación de añadir:

—Si vuestra majestad no envía con presteza auxilios al bailío, está perdido.

—Se los enviaremos —manifestó el rey con una apariencia de seriedad—; está bien. Vamos a enviárselos porque el bailío es amigo nuestro. ¿Seis mil, decís? ¡Son tipos muy decididos! La audacia es maravillosa, pero nos estamos muy enojados. La verdad es que esta noche tenemos poca gente disponible. Pero mañana por la mañana proveeremos.

El compadre Jacques protestó:

—¡Tiene que ser ahora mismo, majestad! Habrá tiempo para saquear al bailío más de veinte veces; violarán a la señora y le colgarán a él. ¡Por Dios, señor! ¡Enviadle ayuda, antes de mañana!

El rey le miró de frente.

—He dicho mañana por la mañana. Era una de esas miradas que no podían tener réplica.

Después de un silencio Luis XI elevó de nuevo el tono de su voz.

—Compadre Jacques, vos tenéis que saberlo… ¿Cuál era…? —rectificó. ¿Cuál es la jurisdicción feudal del bailío?

—Señor, el bailío del Palacio tiene la calle de la Calandre hasta la calle de la Herberie, la plaza de Saint-Michel y los lugares vulgarmente conocidos como los Muneaux, situados cerca de la iglesia de Notre-Dame-des-Champs (aquí Luis XI levantó el borde de su sombrero). Son unos trece en total más la Corte de los Milagros, más la leprosería llamada la Banlieue, más toda la calle que comienza en la leprosería y termina en la Porte-de-Saint-Jacques. Es veedor de todos esos lugares y administrador del alta, media y baja justicia; en una palabra, señor absoluto.

—Ya —dijo el rey rascándose la oreja izquierda con la mano derecha—; ¡es una buena parte de mi ciudad! ¡Vaya, vaya! ¿Así que el señor bailío era rey de todo esto?

Esta vez no se corrigió y prosiguió, como hablándose a sí mismo:

—¡Muy bonito, señor bailío! Teníais entre los dientes un bonito pedazo de nuestro París.

Y de pronto explotó:

—¡Vive Dios! Pero, ¿qué se han creído esas gentes que se pretenden veedores, jueces y dueños absolutos en nuestra casa? ¿Quiénes son para creerse los amos de las calles, justicias y verdugos en los barrios? De modo que, igual que los griegos creían que había tantos dioses como fuentes y los persas tantos como estrellas, ¿el francés cree que hay tantos reyes como patíbulos puede contar? ¡Pardiez, que es mala cosa y que esta confusión me desagrada! Me gustaría saber si es por la gracia de Dios por la que haya en París otro veedor que el rey, otra justicia que la de nuestro parlamento y otro emperador que nos en este imperio. ¡Por mi alma que será preciso que venga el día en que no haya en Francia más que un rey, un señor, un juez o un verdugo, al igual que en el cielo hay un solo Dios!

Levantó de nuevo su sombrero ante este nombre y prosiguió, siempre con aire soñador y con el acento del cazador al acecho que lanza, de pronto, la jauría.

—¡Muy bien, pueblo mío! ¡Valiente! ¡Destruye a esos falsos señores! Haz bien tu trabajo. ¡Píllalos! ¡Cuélgalos! ¡Saquéalos! ¡Hala! ¿No queréis ser reyes, señores míos?

¡Vamos, pueblo!

Al llegar aquí se interrumpió bruscamente y se mordió el labio, como para retomar su pensamiento medio escapado. Luego se quedó observando, con su mirada penetrante, uno a uno, a los cinco personajes que le rodeaban y, de pronto, cogiendo el sombrero con ambas manos y mirándole fijamente, le dijo.

—¡Seguro que lo quemarías si supieras lo que arde en mi cabeza!

Después, echando de nuevo a su alrededor la mirada inquieta y atenta del zorro que vuelve, astuto, a su madriguera, añadió:

—Pero, ¡no importa! Socorreremos al señor bailío. Por desgracia tenemos aquí muy pocas tropas en este momento para luchar contra tal gentío. Hay que esperar a mañana. Estableceremos el orden en la Cité y colgaremos sin miramientos a cuantos cojamos.

—¡A propósito, señor! —intervino el compadre Coicitier—, lo había olvidado en el primer momento de turbación; la vigilancia ha cogido a dos rezagados de la banda; si vuestra majestad desea verlos, tengo aquí a esos dos hombres.

—¡Que si quiero verlos!, pero, ¿qué dices? ¡Vive Dios! ¡Olvidársete una cosa así!

¡Rápido, Olivier! ¡Ve a buscarlos!

Maese Olivier salió y volvió momentos más tarde con los dos prisioneros, rodeados por los arqueros de la ordenanza.

Al primero se le notaba la sorpresa en su cara regordeta de idiota y de borracho. Iba vestido de harapos y andaba doblando la rodilla y arrastrando un pie. El segundo era una figura pálida y sonriente que el lector ya conoce.

El rey los examinó durante un momento, sin decir una palabra, y luego preguntó al primero.

—¿Cómo te llamas?

—Gieffroy Pincebourde.

—¿Tu oficio?

—Truhan.

—¿Qué pensabas hacer en ese condenado motín?

El truhan miró al rey, mientras balanceaba sus brazos con aire de atontado. Era una de esas cabezas mal conformadas en donde la inteligencia se encuentra tan a gusto como una llama debajo de un apagavelas.

—No sé. Todos iban y yo iba también.

—¿No ibais a atacar y a asaltar a vuestro señor el bailío de palacio?

—Sólo sé que íbamos a coger algo en casa de alguien. No sé más. Un soldado mostró al rey una hoz que habían quitado a un truhán.

—¿Reconoces esta arma? —le preguntó el rey.

—Sí; es mi hocino. Soy viñador.

—¿Reconoces a este hombre como compañero tuyo? —le preguntó Luis XI, señalando al otro compañero.

—No; no le conozco de nada.

—¡Basta! —dijo el rey. Y haciendo un gesto con el dedo al personaje silencioso a inmóvil que se encontraba cerca de la puerta y al que ya conocemos—: Compadre Tristan; este hombre es para vos.

Tristan l'Hermite hizo una reverencia y dio orden en voz baja a dos arqueros que se llevaron al pobre truhan.

El rey se había aproximado mientras tanto al segundo prisionero que sudaba la gota gorda.

—¿Tu nombre?

—Señor, Pierre Gringoire.

—¿Tu oficio?

—Filósofo, señor.

—¿Cómo te atreves, bribón, a atacar a nuestro amigo, el señor bailío del Palacio y qué tienes que decir sobre ese motín popular?

—Majestad, yo no estaba allí.

—¿Cómo? ¡Sinvergüenza! ¿No has sido detenido por la ronda entre los amotinados?

—No, majestad; hay un error. Es la fatalidad. Yo escribo tragedias. Majestad, os suplico que me oigáis. Soy poeta. Los de mi profesión paseamos nuestra melancolía por las calles, de noche y esta noche iba paseando por allí. Ha sido una gran coincidencia. Me han detenido equivocadamente. Soy inocente de esta tempestad cívica. Habéis visto, majestad, cómo el truhan no me ha reconocido. Conjuro a vuestra majestad…

—¡Cállate! —le dijo el rey entre dos sorbos de tisana—. Nos estás rompiendo la cabeza.

Tristan l'Hermite se adelantó hacia Gringoire y señalándole con el dedo dijo:

—Majestad, ¿puedo también llevarme a éste? Eran las primeras palabras que había pronunciado.

—Bueno —respondió displicente el rey—: No veo que haya inconvenientes.

—¡Pero yo sí los veo, y muchos! —contestó Gringoire. Nuestro filósofo se encontraba en aquel momento más verde que una aceituna. Dedujo, por el aspecto frío a indiferente del rey, que la única solución podría estar en alguna escena patética y se precipitó a los pies de Luis XI, gritando con gran gesticulación desesperada:

—¡Señor! Majestad, dignaos escucharme. Señor, no os enfurezcáis por tan poca cosa como yo. El gran rayo de Dios no se precipita nunca sobre una lechuga. Majestad, sois un monarca augusto y poderosos, apiadaos de un pobre hombre, honrado, al que le resultaría más difícil provocar cualquier revuelta que a un trozo de hielo sacar chispas. Graciosa majestad; la bondad es una virtud de reyes y leones. ¡Ay!, el rigor no hace sino enfurecer el ánimo; las bocanadas impetuosas del cierzo no serán capaces de arrancar su capa al caminante; sin embargo, el sol, lanzándole sus rayos, le irá calentando poco a poco hasta obligarle a quedarse en camisa. Majestad, vos sois el sol. Insisto ante vos, soberano dueño y señor, en que yo no soy un truhán ladrón y desconsiderado. Las revueltas y el bandolerismo no son los compañeros de Apolo y yo no soy de esos que forman parte de bandas que luego provocan algaradas y sediciones, sino un fiel vasallo de vuestra majestad. El mismo celo que manifiesta el marido por la honra de su mujer, el sentimiento de amor que tiene el hijo para su padre, debe manifestarlos también un buen vasallo para gloria de su rey; debe sacrificarse por el cuidado de su casa ofreciendo con generosidad sus servicios. Cualquier otra pasión por la que se dejase arrastrar no sería más que locura. Éstas son, majestad, mis reglas de conducta. No me consideréis sedicioso y saqueador por mis ropas viejas y gastadas. Si me concedéis vuestra gracia, majestad, emplearé mi vida en rogar a Dios por vos, de rodillas, de la mañana a la noche. ¡Ay! No soy muy rico, es cierto; incluso soy bastante pobre pero no, por ello, vicioso. Todo el mundo sabe que las bellas letras no producen grandes riquezas y que los más que se entregan a la lectura de los buenos libros, no disponen casi nunca de un buen fuego en invierno. La abogacía se lleva todas las ganancias y no deja sino la paja a las demás profesiones de la inteligencia. Existen cuarenta y tres proverbios, excelentes todos, sobre la capa raída de los filósofos. ¡Oh, majestad! Sólo la clemencia es la única luz capaz de iluminar el interior de un alma grande. Es ella la que lleva la antorcha delante de las demás virtudes; sin ella serían como ciegos que buscan a Dios a tientas: La misericordia, que es lo mismo que la clemencia, crea el amor en la gente y es éste el más poderoso cuerpo de guardia para la persona de un

402

príncipe. ¿Qué más os da, a vos, majestad, a quien todos miran deslumbrados, que haya un pobre hombre de más sobre la tierra?

¡Un pobre a inocente filósofo, chapoteando entre las tinieblas de la calamidad, con su bolsillo vacío, resonando sobre su vientre también vacío! Además, majestad, soy escritor y los grandes reyes se colocan una perla en su corona al proteger las letras. Hércules no desdeñaba el título de Musageta. Mathias Corvin protegía a Jean de Monroyal, ornamento de las matemáticas. Sin embargo, no parece una buena manera de proteger las letras el ahorcar a los literatos. ¡Qué mancha habría caído sobre Alejandro si hubiera hecho ahorcar a Aristóteles! Esta mancha no habría sido un pequeño lunar en el rostro de su reputación para embellecerle, sino una úlcera maligna para desfigurarle. ¡Majestad! He escrito un bello epitalamio para Mademoiselle de Flandes y el muy augusto monseñor el delfín. Creeréis que esto no es la obra de un incitador a la rebelión. Ya ve vuestra majestad que no soy un escritorzuelo; que he estudiado con provecho y que poseo una elocuencia natural.

¡Perdonadme, majestad!, y al mismo tiempo será un hecho galante para Nuestra Señora. ¡Os juro además que me provoca un pánico horrible la idea de ser ahorcado!

Mientras así hablaba, el desolado Gringoire besaba las pantuflas del rey y Guillaume Rym comentaba bajito a Coppenole.

—Hace bien en arrastrarse por el suelo, pues los reyes son como el Júpiter de Creta, sólo tienen oídos en los pies.

Sin preocuparse por el Júpiter de Creta, el calcetero respondió con una franca sonrisa y la vista fija en Gringoire.

—¡Oh! ¡Qué bien lo ha dicho! Me parece estar oyendo al canciller Hugonet pidiéndome clemencia.

Cuando Gringoire hubo por fin acabado de hablar, estaba jadeante. Levantó el cabeza tembloroso hacia el rey que se entretenía en raspar con la uña una mancha que tenían sus calzas por la rodilla. Después, su majestad se puso a beber otro poco de tisana, pero no decía nada y aquel silencio torturaba a Gringoire. Finalmente, el rey se quedó mirándole.

—¡Vaya charlatán insoportable! —dijo; luego, volviéndose hacia Tristan l'Hermite, añadió—: ¡Bah! ¡Dejadle!

Gringoire se quedó sentado en el suelo loco de alegría.

—¡En libertad! —gruñó Tristán—. No desea vuestra majestad que quede retenido algún tiempo en la jaula.

—Compadre —prosiguió Luis XI—, crees que hacemos jaulas de trescientas sesenta y siete libras, ocho sueldos y tres denarios para pájaros como éste. Suéltame a ese miserable lujurioso (a Luis XI le gustaba mucho esta palabra que, con ¡Vive Dios! constituía el fondo de su jovialidad) y echadles fuera a patadas.

—¡Uf! —exclamó Gringoire—, ¡éste es un rey! y por miedo a una contraorden, se precipitó hacia la puerta que Tristan le abrió de mala gana. Los soldados salieron también, empujándole y golpeándole, lo que Gringoire soportó como un verdadero filósofo estoico.

El buen humor del rey, desde que le comunicaron la revuelta contra el bailío, se veía en todos sus hechos, y la clemencia inusitada no era una muestra de las menores. Tristan l'Hermite, en su rincón, tenía la misma cara enfurruñada de un dogo al que le han enseñado algo y se lo han quitado.

El rey tamborileaba alegremente con sus dedos en el brazo de su silla la marcha de Pont-Audemer. Era un príncipe bastante astuto, pero sabía ocultar más fácilmente sus penas que sus alegrías. Sus manifestaciones externas de alegría ante cualquiera buena noticia llegaban muy lejos a veces; así, a la muerte de Carlos el Temerario, llegó a ofrecer unas balaustradas de plata a la basílica de Saint-Martin-de-Tours; y con motivo de su advenimiento al trono se olvidó de ocuparse de las exequias de su padre.

—¡Decid, majestad! —exclamó de pronto Jacques de Coictier—. ¿Qué ha pasado con el recrudecimiento de vuestra enfermedad para la que me habéis mandado venir?

—¡Oh! En verdad, compadre, que me hace sufrir mucho; me silban los oídos y tengo como rastrillos de fuego que me desgarran el pecho.

Coictier tomó la mano del rey y buscó el pulso con ademán de médico entendido.

—Fijaos, Coppenole —decía Rym en voz baja—, ahí le tenéis entre Coictier y Tristan; ésa es toda su corte; un médico para él y un verdugo para los otros.

Coictier le estaba tomando el pulso y su gesto era cada vez más alarmante. Luis XI le miraba preocupado pues Coictier se alarmaba a ojos vistas. El buen hombre no tenía otras rentas que la mala salud del rey y la explotaba como mejor podía.

—¡Oh! ¡Oh! ¡Oh! Esto parece grave, desde luego.

—¿Verdad que sí? —inquirió el rey inquieto.

—Pulsus creber, anhelans, crepitans, irregularias —continuaba diciendo el médico.

—¡Vive Dios!

—Esto puede llevarse a un hombre antes de tres días.

—¡Por Nuestra Señora! —exclamó el rey—. ¿Y cuál es el remedio, amigo?

—En ello estoy, majestad.

Hizo sacar la lengua al rey; movió la cabeza con gesto preocupado y en medio de todo aquel paripé.

—Pardiez, majestad —prosiguió de pronto—. Me he enterado de que hay una vacante de recaudador, y yo tengo un sobrino.

—Doy el puesto a tu sobrino compadre Jacques —le respondió el rey—, pero sácame este fuego del pecho.

—Ya que nuestra majestad se muestra tan generoso y clemente no querrá negarme una pequeña ayuda para de mi casa en la calle de Saint-André-des-Arcs.

—¡Bueno! —respondió el rey.

—Estoy ya casi sin recursos —prosiguió el doctor— y sería una lástima que la casa se quedara sin tejado; no por la casa en sí, que es sencilla y muy del gusto burgués, sino por los cuadros de Jehan Fourbault, que alegran las paredes. ¡Hay una Diana voladora, tan extraordinaria, tan tierna y tan delicada, con una expresión tan ingenua! Tiene la cabeza tan bien peinada, con un cuarto creciente como corona, y sus carnes son tan blancas que tienta incluso a quienes la miran con demasiada atención. Hay también una Ceres. Es también una hermosa divinidad. Está sentada sobre unas gavillas de trigo y tocada con una guirnalda galante de espigas entrelazadas con salsifíes y otras flores. No hay nada tan enamorado como sus ojos, ni más torneado que sus piernas, ni más noble que su porte, ni pliegues mejor compuestos que los de su falda. Es una de las bellezas más inocentes y más perfectas que haya ejecutado pincel alguno.

—¡Verdugo! —masculló Luis XI—: ¡Dime a dónde quieres llegar! A continuación:

—Necesito un tejado para esas pinturas, majestad y, aunque no cueste mucho, ya no me queda dinero.

—¿Cuánto vale tu tejado?

—Pero… sería un tejado de cobre, historiado y dorado… unas dos mil libras todo lo más.

—¡Ay, asesino! —gritó el rey—. No me arranca un diente que no me cueste más que un diamante.

—¿Tengo mi tejado entonces? —preguntó Coictier.

—Sí; y vete al diablo, pero cúrame.

Jacques Coiciter dijo, haciendo una profunda inclinación:

—Señor, necesitáis un repercusivo para curaros. Os aplicaremos a los riñones el gran defensivo compuesto de ceraco, bolo de Armenia, clara de huevo, aceite y vinagre. Continuaréis además con vuestra tisana y respondemos de vuestra majestad.

Una lámpara brillando no atrae sólo a un mosquito. Maese Olivier, viendo al rey tan pródigo y creyendo oportuno el momento, se acercó a su vez al rey.

—Majestad…

—¿Qué ocurre ahora? —dijo Luis XI.

—Señor, sabéis que maese Simón Radin ha muerto.

—Bien, ¿y qué?

—Es que era consejero del rey para la justicia del tesoro.

—Bien, ¿y qué?

—Señor su puesto está vacante.

Mientras hablaba así, el rostro altivo de maese Olivier había abandonado la expresión arrogante por otra más humilde. Es el recambio de que dispone la cara de un cortesano. El rey le miró fijamente y dijo con un tono seco.

—Comprendo —y prosiguió—: maese Olivier, el mariscal de Boucicaut decía: «No hay más dones que los de un rey ni más lugar de pesca que el mar». Ya veo que sois de la misma opinión que el señor de Boucicaut, pero tenéis que oír esto también, pues nuestra memoria es muy buena: en el 68 os hemos nombrado doncel de nuestra cámara; en el 69 guardián del castillo du Pont-de-Saint-Cloud, con un salario de cien libras tornesas (vos las queríais parisienses). En noviembre del 73, mediante camas de presentación entregadas a Gergeole, os hemos instituido como conserje del bosque de Vincennes, en lugar de Gilbert Acle, escudero; en el 75 oficial mayor del bosque de Rouvray-lez-Saint-Cloud, en lugar de Jacques le Maire; en el 78 os hemos concedido graciosamente, por camas patentadas, selladas con doble cinta de lacre verde, una renta de diez libras parisinas para vos y vuestra mujer, a percibir por el asentamiento de los mercaderes en la plaza de la escuela de Saint-Germain; en el 79 os hemos nombrado oficial mayor del bosque de Senart, en lugar del pobre de Jehan Daiz; más tarde capitán del castillo de Loches; luego gobernador de Saint-Quintin y capitán del Pont-de-Meulant, del que os hacéis llamar conde. De los cinco sueldos de multa que paga cualquier barbero que afeite en un día de fiesta tres os los guardáis vos y nos dejáis lo que queda. Hemos accedido al cambio de vuestro apellido Le Mauvais, que iba muy bien con vuestro aspecto. En el 74 os hemos otorgado, con gran disgusto de nuestros nobles, escudo de armas de mil colores que os hacen un pecho de pavo real.

¡Vive Dios! ¿No estáis aún satisfecho? ¿No es lo bastante abundante y milagrosa la pesca? ¿No teméis acaso que un salmón de más pueda hacer zozobrar vuestra nave? El orgullo y la avaricia pueden perderos, compadre. Al orgullo le siguen siempre la ruina y la vergüenza. Reflexionad sobre lo que os digo y callaos.

Tales palabras, pronunciadas con severidad, hicieron reflejar de nuevo la insolencia en el rostro despechado de maese Olivier.

—¡Vaya! —murmuró casi en voz alta—. Se ve claro que hoy está enfermo el rey.

Hoy todo es para su médico.

Luis XI lejos de irritarse por esta inconveniencia, añadió con cierta bondad.

—¡Ah! Olvidaba que también os hice embajador mío en Gante cerca de madame Marie. Sí señores —añadió el rey dirigiéndose hacia los flamencos— ha sido incluso embajador. En fin, compadre —prosiguió dirigiéndose ahora hacia maese Olivier—, no nos enfademos, pues somos ya viejos amigos. ¡Qué tarde se ha hecho! Bueno; ya hemos terminado por hoy. Afeitadme.

Seguro que nuestros lectores no han tenido que esperar hasta ahora para reconocer en maese Olivier a ese Fígaro terrible que la providencia, esa gran hacedora de dramas, ha mezclado tan artísticamente a la larga y sangrante comedia de Luis XI. No es éste el momento para extenderse sobre este personaje tan singular. Este barbero real tenía tres nombres: en la corte se le llamaba cortésmente Olivier le Daimy; entre el pueblo era conocido por Olivier el Diablo; su verdadero nombre era sin embargo Olivier le Mauvais.

Olivier le Mauvais permaneció inmóvil, como enojado con el rey, al tiempo que miraba de reojo a Jacques Coictier.

—¡Sí, sí, el médico! —comentaba entre dientes.

—¡Pues sí! El médico tiene aún más crédito que tú —añadió el rey con una sencillez insistente—. Es así de fácil: él me tiene cogido por todo el cuerpo y tú sólo puedes hacerlo por el mentón. Anda, mi pobre barbero, ya veremos cómo lo arreglamos. ¿Qué dirías de mí y qué sería de tu cargo si yo fuera como el rey Chilperico que tenía la costumbre de cogerse la barba con la mano? Venga, compadre, a tu oficio; ve a buscar lo necesario y aféitame.

Viendo Olivier que el rey la había tomado por el lado de la risa y que no había manera de enojarle, salió rezongando a ejecutar sus órdenes.

El rey se levantó entonces y se acercó a la ventana y, al abrirla, dijo de pronto en medio de una gran agitación.

—¡Ah!, claro!, aquel resplandor en el cielo, por el lado de la Cité, es que están quemando al bailío. No puede ser otra cosa. ¡Ay, mi buen pueblo! ¡Qué bien colaboras por fin en la destrucción de los señoríos!

Y entonces, dirigiéndose a los flamencos:

—Señores, venid a ver esto. ¿No es fuego aquel resplandor? Los dos ganteses se acercaron.

—Un gran fuego —dijo Guillaume Rym.

—¡Oh! —añadió Coppenole, cuyos ojos brillaron de pronto—. Eso me recuerda el incendio de la mansión del señor d'Hymbercourt. Debe haberse producido un gran revuelo en ese sitio.

—¿Lo creéis así, maese Coppenole? —y la mirada de Luis XI era en ese momento tan brillante y alegre como la del calcetero.

—¿Verdad que debe tratarse de un asalto difícil de resistir?

—¡Por la cruz de Cristo! Señor, vuestra majestad tendrá que emplear en esa lucha unas cuantas compañías de hombres de armas.

—¿Quién? ¿Yo? Eso es diferente —respondió el rey—; si yo quisiera… El calcetero respondió con osadía.

—¡Si la revuelta es como me imagino, de poco os servirá querer, majestad!

—Compadre —le contestó Luix XI—; con dos compañías de mi ordenanza y unas andanadas de serpentina se liquida rápido una muchedumbre de villanos.

Pero el calcetero parecía dispuesto a plantar cara al rey, a pesar de las señas que le hacía Guillaume Rym.

—Majestad, los suizos eran también unos villanos y el señor duque de Borgoña un gentilhombre que miraba por encima del hombro a aquella canallada. En la batalla de Grandson, señor, también decía: «¡Cañoneros, fuego a los villanos!» y juraba por San Jorge. Pero el cabecilla, magistrado Scharnachtal, se lanzó sobre el apuesto duque con su masa y su pueblo, y en aquel choque contra villanos de piel de búfalo, el reluciente ejército borgoñón se rompió como un cristal con una pedrada. Y aquellos villanos mataron a un buen número de caballeros y se encontró al señor de Château-Guyon, el más alto señor de Borgoña, muerto junto con su gran caballo grisón en un pequeño prado pantanoso.

—Bueno, amigo —prosiguió el rey—, estáis hablando de una batalla y aquí se trata de una revuelta y acabaré con ella en cuanto me plazca fruncir el ceño.

Coppenole le replicó con indiferencia.

—Puede que así sea majestad. Pero en ese caso es que no ha llegado aún la hora del pueblo.

Guillaume Rym se creyó en la obligación de intervenir.

—Maese Coppenole, estáis hablando a un rey poderoso.

—Ya lo sé —respondió gravemente el calcetero.

—Dejadle hablar mi querido amigo —dijo el rey—. Aprecio ese hablar franco. Mi padre, Carlos VII, decía que la verdad estaba enferma; pero yo creía que más bien estaba muerta y que ni siquiera había encontrado confesor. Maese Coppenole acaba de desengañarme.

Entonces, colocando con familiaridad su mano en el hombro de Coppenole, prosiguió:

—¿Qué decíais, pues, maese Jacques?

—Decía majestad, que quizás tengáis razón y que aún no haya sonado la hora para vuestro pueblo.

Luis XI le lanzó una mirada penetrante.

—¿Y cuándo llegará esa hora?

—Ya la oiréis sonar.

—¿Y en qué reloj, por favor?

Coppenole, con su actitud tranquila y rústica, pidió al rey que se aproximara a la ventana.

—Escuchad, señor. Aquí tenéis un torreón, una atalaya, cañones, burgueses y soldados. Cuando suene la alarma en la atalaya y truenen los cañones; cuando el torreón se derrumbe con estrépito, cuando burgueses y soldados griten y se maten entre ellos, entonces habrá sonado la hora.

El rostro de Luis XI se tornó sombrío y soñador. Se quedó un momento en silencio y luego dio unos golpes suaves con la mano en la espesa muralla del torreón, como cuando se acaricia la grupa de un corcel.

—¡A que no! ¡A que tú no vas a derrumbarte tan fácilmente, mi buena Bastilla! Y luego, dirigiéndose, en un gesto brusco, hacia el flamenco.

—¿Habéis presenciado alguna vez una revuelta, maese Jacques?

—Las he hecho —respondió el calcetero.

—¿Cómo os las arregláis para hacer una revuelta? —preguntó el rey.

—¡Oh! —respondió Coppenole— no hay nada más fácil. Hay mil maneras. Primero tiene que haber descontento en la ciudad. La cosa no es rara. Luego está el carácter de sus habitantes; los de Gante son propicios a la revuelta. Quieren siempre al hijo del príncipe, pero jamás al príncipe. Y en fin, una mañana, imagino, se presentan en mi tienda y me dicen: «Tío Coppenole, pasa esto o pasa aquello. La señorita de Flandes quiere salvar a sus ministros, el gran bailío dobla el precio de los granos» o cualquier otra cosa; lo que sea. Entonces yo, voy y dejo el trabajo, salgo de mi calcetería y empiezo a gritar en la calle: «¡A saco!». Siempre se encuentra en cualquier parte algún barril desfondado; me subo a él y empiezo a decir muy alto las primeras palabras que me vengan a la boca, lo que más me preocupe. Empieza a agolparse gente, se levanta la voz, se empieza a gritar, tocan a rebato, se arma a los villanos con las armas que se quitan a los soldados; se arrima la gente del mercado y ¡ya está!, y siempre será igual mientras haya señores en los señoríos, burgueses en los burgos y aldeanos en las aldeas.

—¿Y contra quién os rebeláis de tal suerte? —preguntó el rey—. ¿Contra vuestros bailíos? ¿Contra vuestros señores?

—Sí. A veces. Pero eso depende. A veces también contra el duque. Luis XI fue a sentarse de nuevo y añadió con una sonrisa.

—¡Ah! Aquí, por el momento sólo es contra los bailíos.

En ese instante volvió Olivier le Daim; le seguían dos pajes que llevaban el aseo del rey; pero lo que más llamó la atención de Luis XI fue que venía además acompañado del preboste de París y del caballero de la ronda, personajes ambos que parecían consternados. El rencoroso barbero también daba esa impresión, aunque al mismo tiempo parecía contento. Él tomó la palabra para decir:

—Señor, pido perdón a vuestra majestad por la calamitosa noticia que os traigo.

El rey se volvió tan vivamente que las patas de su silla desgarraron la estera del suelo.

—¿Qué es ello?

—Majestad —prosiguió Olivier le Daim con la expresión malvada del hombre que se alegra de poder comunicar algo violento—. Esta sedición popular no va dirigida contra el bailío.

—¿Contra quién va entonces?

—Contra vos, majestad.

El viejo rey se puso de pie, erguido como un joven.

—¡Explícate, Olivier! ¡Explícate! ¡Y piensa bien lo que dices, porque lo juro, por la cruz de Saint-Lô, que si estás mintiendo, la espada que cortó el cuello del señor de

Luxemburgo no está aún lo bastante mellada para que no pueda segar también el tuyo!

Aquel juramento produjo un efecto formidable. Luis XI no había jurado más que dos veces en toda su vida por la cruz de Saint-Lô.

Olivier acababa de abrir la boca para responder.

—Majestad…

—¡Ponte de rodillas! —le interrumpió violentamente el rey—. ¡Tristan, vigila a este hombre!

Olivier se puso de rodillas y dijo fríamente.

—Señor, la corte del parlamento condenó a muerte a una bruja y ha buscado asilo en Nuestra Señora. El pueblo quiere rescatarla de viva fuerza. El señor preboste y el señor caballero de la ronda, que vienen del motín, pueden desmentirme si no digo verdad. El pueblo ha puesto sitio a Nuestra Señora.

—¡No faltaba más! —dijo el rey en voz baja, pálido y temblando de cólera—.

¡Nuestra Señora! ¡Asaltan a Nuestra Señora en su catedral, a mi buena dueña!

¡Levántate Olivier! Tienes razón. Te concedo el cargo de Simón Radin. Tienes razón ya que es a mí a quien atacan pues si la bruja está bajo la salvaguardia de la iglesia, la iglesia está bajo mi protección. ¡Y yo que pensaba que estaban atacando al bailío! ¡Van contra mí!

Rejuvenecido por el furor empezó a andar a grandes pasos por la habitación. Ya no se reía; estaba enfurecido a iba y venía nervioso. El zorro se había convertido en hiena y su sofoco le impedía hablar; sus labios se movían de rabia y sus puños descarnados se crispaban. De pronto levantó la cabeza, sus ojos hundidos parecían llenos de luz y su voz resonó como un clarín.

—¡Mano dura, Tristan! ¡Mano dura a esos villanos! ¡Anda, Tristan amigo mío! ¡Mata!

¡Mata! ¡Mata!

Pasada aquella erupción, volvió a sentarse y dijo con rabia fría y concentrada.

—¡Ven aquí, Tristan! Aquí cerca, en esta misma Bastilla, tenemos las cincuenta lanzas del vizconde de Gil, que supone trescientos caballos.

411

Disponed de ellos. Está además la compañía de los arqueros de nuestra ordenanza de M. de Châteaupers, disponed de ella. Tomad también a las gentes del prebostazo, de los mariscales del que vos sois el preboste. En el Hôtel Saint-Paul encontraréis cuarenta arqueros de la nueva guardia del señor Delfin, tomadla también y con todo ello id pronto a Nuestra Señora. ¡Ay, señores villanos de París que os lanzáis así en contra de la corona de Francia, de la santidad de Nuestra Señora y de la paz de esta república! ¡Extermina, Tristan, extermina! Que no quede nadie sino es para ir a Montfaucon.

—Está bien, majestad —dijo Tristan haciendo una reverencia. Y luego añadió tras un silencio.

—¿Y qué hago con la bruja?

La pregunta obligó al rey a reflexionar.

—¡Ah! La bruja. Señor de Estouteville, ¿qué pretendía hacer el pueblo con ella?

—Señor —respondió el preboste de París—, imagino que, puesto que el pueblo quiere sacarla de su asilo de Nuestra Señora, es que debe sentirse molesto por esa impunidad y quiere colgarla.

El rey pareció reflexionar profundamente y después, dirigiéndose a Tristan l'Hermite.

—Muy bien, compadre. Extermina al pueblo y cuelga a la bruja.

—Eso es —dijo Rym muy bajo a Coppenole—. Castigar al pueblo por querer algo y hacer él luego lo que quiere.

—Muy bien, majestad —respondió Tristan—. Pero si la bruja se encuentra aún en Nuestra Señora, ¿se la puede prender a pesar del asilo?

—¡Vive Dios! ¡El asilo! —dijo el rey rascándose la oreja—, pero de todas formas hay que colgar a esa mujer.

Entonces, como asaltado por una idea súbita, se echó de rodillas delante de la silla, se quitó el sombrero, que dejó en la silla y mirando con devoción una de las figurillas que le adornaban:

—¡Oh! —dijo con las manos juntas—, perdonadme, Nuestra Señora de París, mi graciosa patrona. Sólo lo haré esta vez. Pero hay que castigar a esa criminal. Os aseguro, santísima Virgen, dueña mía, que es una bruja indigna de vuestra bondadosa protección. Vos conocéis, señora, que muchos príncipes y muy piadosos todos, han sobrepasado este privilegio de las iglesias, a la mayor gloria de Dios y por necesidades de estado. San Hugo, obispo de Inglaterra, permitió al rey Eduardo que prendiera a un hechicero en su iglesia. San Luis de Francia, mi señor, transgredió por la misma razón la iglesia del señor San Pablo. Y monseñor Alfonso, hijo del rey de Jerusalén, también transgredió la mismísima iglesia del Santo Sepulcro. Perdonadme por esta vez, Nuestra Señora de París. No volveré a hacerlo y en cambio os donaré una bella estatua de plata, igual a la que el año pasado ofrecí a Nuestra Señora d'Ecouys. Que así sea. Se santiguó, se levantó, volvió a peinarse y dijo a Tristan.

—Daos prisa, compadre. Llevad al señor de Châteaupers con vos y tocad a rebato y aplastad al populacho. Colgaréis también a la bruja. Ya lo he dicho. Creo además que la ejecución debe ser realizada por vos. Tendréis que darme cuenta de ello. Vamos a ver, Olivier, aféitame, que esta noche no voy a acostarme.

Tristan l'Hermite hizo una inclinación y salió. El rey, con un gesto, despidió a Rym y Coppenole, al tiempo que les decía:

—Que Dios os guarde, mis buenos amigos flamencos. Id a descansar un poco. La noche avanza y ya estamos casi más cerca del amanecer que otra cosa.

Los dos se retiraron y al llegar a sus residencias, con escolta del capitán de la Bastilla, Coppenole dijo a Guillaume Rym.

—Bueno; ¡estoy harto de un rey que tose como él! Yo he visto borracho a Carlos de Borgoña y no era tan malo como Luis XI enfermo.

—Maese Jacques —respondió Rym—, ocurre que para los reyes el vino es menos cruel que la tisana.

VI: Llamita en Baguenaud

Al salir de la Bastilla Gringoire bajó por la calle de Saint-Antoine a la velocidad de un caballo desbocado. Llegado a la puerta de Boudoyer, se fue recto hacia la cruz de piedra, que se elevaba en el centro de aquella plaza, como si hubiera sido capaz de distinguir en la oscuridad la figura de un hombre vestido de negro y encapuchado que se hallaba sentado en los escalones del crucero.

El personaje de negro se levantó.

—¡Por la muerte y la pasión de Cristo! me sacáis de quicio, Gringoire. El vigía de la torre de Saint-Gervais acaba de cantar la una y media de la mañana.

—¡Oh! —replicó Gringoire—. La culpa no ha sido mía sino de la ronda y del rey.

¡Acabo de librarme de buena! Me ha faltado un punto para que me ahorquen. Es mi destino.

—Siempre te falta algo —le dijo el archidiácono—. Vamos, date prisa. ¿Conoces el santo y seña?

—Fijaos maestro que he visto al rey. Vengo de allí. Usa calzas de fustán. Ha sido toda una aventura.

—¡Pareces un molino con tantas palabras! ¿Y qué más me dan tus aventuras?

¿Tienes el santo y seña de los truhanes?

—Lo tengo, estad tranquila llamita vagabunda.

—Muy bien, pues sin él no podríamos entrar en la iglesia. Los truhanes han cortado las calles. Y menos mal que han debido encontrar resistencia. Quizás podamos llegar aún a tiempo.

—Sí, maestro, pero, ¿cómo haremos para entrar en Nuestra Señora?

—Tengo la llave de las torres.

—¿Y cómo saldremos?

—Por detrás del claustro hay un portillo que da al Terrain y de allí al río. He cogido la llave y esta mañana he dejado amarrada una barca.

—¡Qué bien me he escapado de la horca! —recordó Gringoire.

—¡Vamos! ¡Pronto! —dijo dom Claude.

Y los dos bajaron a grandes pasos hacia la Cité.

VII: ¡Ayúdanos Châteaupers!

Recuerde el lector la situación crítica en que hemos dejado a Quasimodo. Acosado por todas las partes a la vez, había perdido, si no el coraje, al menos toda esperanza de salvación; no para él —que no pensaba en sí mismo— sino para la gitana. Corría desesperadamente de un lado a otro de la galería, pues la catedral de Nuestra Señora iba a ser saqueada por los truhanes.

De pronto una galopada de caballos resonó en las calles contiguas, y una larga fila de antorchas y una sólida columna de caballeros con las lanzas prestas a la carga, desembocaron como un huracán, entre ruidos furiosos de gritos y cascos, en la plaza del Parvis.

¡Por Francia, por Francia! ¡Ensartad a los villanos! ¡Adelante Châteaupers! ¡Adelante los del prebostazgo!

Los truhanes, aterrados, dieron media vuelta. Quasimodo, que no oía, vio las espadas desenvainadas, las antorchas, los hierros de las lanzas, en fin toda aquella caballería a cuya cabeza reconoció al capitán Febo, observó la confusión de los truhanes, llenos de terror unos, desconcertados los mejores y, gracias a aquella ayuda inesperada, recobró tales fuerzas que arrojó fuera de la iglesia a los primeros intrusos que saltaban ya la galería.

Se trataba, en efecto, de la llegada de las tropas del rey.

Los truhanes reaccionaron con violencia y se defendían desesperadamente. Atacados en un flanco por la calle de Saint-Pierre-aux-Boeufs y en la retaguardia por la calle del Parvis, acorralados contra la catedral, que seguían asaltando, pero que Quasimodo defendía con ahínco, todos, convertidos al mismo tiempo en asediantes y asediados, se encontraban en la misma situación en la que, más adelante, habría de encontrarse el conde Henri d'Harcourt, en el famoso sitio de Turín de 1640, entre el príncipe Thomas de Saboya que atacaba y el marqués de Leganés que le bloqueaba: Taurinum obsessor idem et obressus, como dice su epitafio.

La refriega fue atroz, como entre perros y lobos, que dice P. Mathieu. Los caballeros del rey, de entre los que sobresalía por su valor Febo de Châteaupers, no daban tregua y las espadas acababan con los que habían escapado a las picas. Los truhanes, mal armados, babeaban enloquecidos y hasta mordían. Hombres, mujeres y niños se abalanzaban a las grupas y a los pechos de los caballos y se colgaban de ellos, cual gatos, con dientes y uñas con sus cuatro miembros.

Otros aplastaban sus antorchas encendidas en los rostros de los arqueros y había quienes clavaban ganchos de hierro en el cuello de los jinetes y los tiraban al suelo y allí los despedazaban.

Se vio a uno que con una guadaña reluciente segaba las patas de los caballos. Era espantoso. Cantaba al mismo tiempo una canción y segaba y segaba. A cada brazada quedaban a su alrededor un círculo de miembros cortados. Iba así avanzando hasta el lugar en que más densa era la caballería, con paso tranquilo, con el mismo movimiento de cabeza y la misma respiración acompasada de un segador segando en un trigal. Era Clopin Trouillefou. Fue abatido por un tiro de arcabuz.

Las ventanas se habían vuelto a abrir. Al oír los gritos de guerra de las tropas del rey, los vecinos tomaban ya parte en aquel asunto y desde todas las casas las balas llovían sobre los truhanes. El Parvis aparecía lleno de un humo espeso que los mosqueteros rayaban de fuego con sus disparos. Apenas si se distinguía confusamente la fachada de Nuestra Señora y el decrépito Hôtel Dieu con algunos enfermos macilentos que contemplaban la escena desde el tejado, repleto de ventanas de buhardillas.

Por fin los truhanes hubieron de retroceder; el cansancio, la carencia de armas adecuadas, el espanto producido por aquella sorpresa, los disparos desde las ventanas, el valor de las tropas del rey; todo terminó por abatirlos. Rompieron el cerco de los asaltantes y huyeron en todas direcciones, dejando el Parvis sembrado de muertos.

Cuando Quasimodo, que no había cesado un solo momento de combatir, vio que se retiraban, cayó de rodillas y levantó los brazos al cielo. Después, ebrio de gozo, echó a correr y subió a la velocidad de un pájaro a la celda que con tanto valor había estado defendiendo. Ahora sólo un pensamiento ocupaba su mente; el de arrodillarse ante la que acababa de salvar por segunda vez.

Pero, cuando entró en la celda, la encontró vacía.

LIBRO UNDÉCIMO

I: El zapatito

AL principio, cuando los truhanes asaltaron la iglesia, la Esmeralda dormía, pero más tarde los ruidos en torno al edificio iban aumentando y entre eso y los balidos cada vez más inquietos de la cabra, que se había despertado antes que ella, la sacaron de su sueño. Incorporada en la cama había escuchado primero y mirado a su alrededor después, asustada por el resplandor y el ruido, salió de la celda para intentar ver qué estaba ocurriendo. El aspecto de la plaza, el espectáculo que allí tenía lugar, el desorden de aquel asalto nocturno, aquel gentío repulsivo, moviéndose como una invasión de ranas, adivinada apenas entre las sombras, aquella mezcla de voces roncas de la multitud, las antorchas encendidas cruzándose entre las sombras como fuegos fatuos sobre terrenos pantanosos y brumosos; toda aquella escena le produjo el efecto de una misteriosa batalla librada entre los fantasmas de un aquelarre y los monstruos de piedra de la catedral. Imbuida desde la infancia en supersticiones de la tribu gitana, su primer pensamiento fue el de haber sorprendido en algún maleficio a los extraños espíritus que pueblan la noche y corrió aterrada a esconderse en su celda, pidiendo a su imaginación pesadillas menos horribles.

Pero poco a poco se fueron disipando aquellos primeros vapores del miedo. Ante los ruidos que aumentaban sin cesar y ante otros signos reales, había comprendido que se hallaba sitiada no por espectros sino por seres humanos y su miedo no aumentó sino que se transformó. Pensó incluso en la posibilidad de un motín popular para arrancarla de su asilo. La idea de llegar a perder nuevamente la vida, la esperanza, Febo —al que entreveía siempre en su futuro—, la nada profunda de su propia debilidad, la imposibilidad de una huida, la carencia de ayuda, su abandono, su total aislamiento… todos estos pensamientos y mil más la habían asaltado.

Había caído de rodillas, con la cabeza en la cama, llena de ansiedad y de miedo; aunque era gitana idólatra y pagana, estaba pidiendo, entre sollozos, ayuda al Dios de los cristianos y se había puesto a rezar a Nuestra Señora, que la había acogido en su iglesia pues, aunque no se crea en nada, hay mementos en la vida en que uno siempre se acoge a la religión del templo que más a mano se tiene. Y así permaneció arrodillada durante mucho tiempo; temblando en realidad más que rezando; helada ante los ruidos cada vez más cercanos de aquella multitud enfurecida; sin entender el porqué de aquella furia, ignorante de lo que se estaba tramando, de lo que ocurría y de lo que se pretendía pero con el presentimiento de un final terrible.

Y en medio de aquella angustia oyó pasos próximos a ella; se vuelve y ve que dos hombres que llevan un farol acaban de entrar en la celda. La Esmeralda lanzó un débil grito.

—No temáis; soy yo —dijo una voz que no le resultaba desconocida.

—¿Quién sois vos? —preguntó ella.

—Pierre Gringoire.

Aquel nombre la tranquilizó; abrió los ojos y efectivamente reconoció al poeta. Había también junto a él una figura negra, cubierta de pies a cabeza que la hizo enmudecer.

—¡Ah! —prosiguió Gringoire con un cierto tono de reproche—. Djali me ha reconocido antes que vos.

En efecto, la cabritilla no había esperado a que Gringoire se identificara y nada más entrar se frotaba tiernamente entre sus piernas, abrumando al poeta de caricias y de pelos blancos pues estaba pelechando. Gringoire le devolvió las caricias.

—¿Quién está con vos? —le preguntó la gitana en voz baja.

—Tranquilizaos —respondió Gringoire—, es un amigo.

Entonces el filósofo, dejando el farol en el suelo, se agachó y empezó a gritar con gran contento, apretando a Djali entre sus brazos.

—¡Oh! ¡Qué animalito tan gracioso! Es más interesante por su limpieza que por su altura, sin duda, pero ingenioso, sutil y más culto que un gramático. Vamos a ver, Djali ¿has olvidado alguno de tus trucos? ¿Cómo hace maese Jacques Charmolue?

El hombre de negro no le dejó acabar. Se acercó a Gringoire y le empujó con rudeza por los hombros. Gringoire se levantó.

—Es verdad; me olvidaba de las prisas que tenemos. Pero eso, maestro, no es ninguna razón para empujar así a la gente.

—Mi querida y hermosa niña, vuestra vida está en peligro y la de Djali también.

Somos vuestros amigos y venimos a salvaros. Seguidnos.

—Es verdad —exclamó la gitana consternada.

—Sí; es verdad, venid pronto.

—Os seguiré —respondió—. Pero, ¿por qué no habla vuestro amigo?

—¡Ah! Es que su padre y su madre eran gente muy rara y le formaron un temperamento taciturno.

Tuvo que contentarse con aquella explicación porque su compañero la tomó por la mano, cogió el farol y echó a andar. El miedo aturdía a la joven que se dejó llevar. La cabra les seguía, retozona tan contenta por haber encontrado a Gringoire, que le obligaba a tropezar a cada paso, al meterle los cuernos entre las piernas.

—Así es la vida —decía el filósofo cada vez que estaba a punto de caer—; con frecuencia son nuestros mejores amigos los que nos hacen caer.

Bajaron rápidamente la escalera de las torres y atravesaron la iglesia en medio de la oscuridad. Estaba vacía pero llena a la vez de ruido lo que suponía un gran contraste. Por fin salieron al patio del claustro por la Puerta Roja. El claustro se encontraba solitario, pues los canónigos habían huido al obispado para rezar en común; también el patio estaba vacío y podían descubrirse, acurrucados en los rincones más oscuros, algunos lacayos, aterrados por el estrépito. Se dirigieron a la portezuela que comunicaba el patio con el Terrain; el hombre de negro la abrió con una llave que llevaba consigo. Los lectores ya conocen que el Terrain es una lengua de tierra, rodeada de muros por el lado de la ciudad, perteneciente al capítulo de Nuestra Señora y que remataba la isla hacia el oriente por detrás de la catedral. Aquel recinto estaba también solitario y el tumulto y el ruido eran allí mucho menores. El estrépito del asalto de los truhanes les llegaba más tamizado, menos chillón. El viento húmedo provocado por el río removía las hojas del único árbol plantado a la punta del Terrain con un rumor ya perceptible. Pero aún se encontraban muy cerca del peligro. Los edificios más próximos eran el obispado y la iglesia. En el interior del obispado se apreciaba claramente un gran desorden; su mole tenebrosa estaba surcada por luces que corrían de una ventana a otra, como cuando se quema un papel y queda un sombrío resto de ceniza en el que aparecen mil puntos de luz. Al lado, las enormes torres de Nuestra Señora, vistas por detrás, con la larga nave sobre la que se yerguen, recortadas en negro sobre el rojo y enorme resplandor que llenaba el Parvis, semejaban dos gigantescos atizadores para una chimenea de cíclopes.

El hombre del farol se fue hacia la punta del Terrain. Había allí, al borde del río, los restos carcomidos de unas estacas, unidas con listones, por los que trepaba una parra cuyas débiles ramas semejaban los dedos extendidos de una mano abierta; detrás, entre la oscuridad de aquel emparrado, estaba oculta una pequeña barca. El hombre hizo señas a Gringoire y a su compañera para que entraran. La cabra les siguió. El hombre entró el ultimo. Luego soltó las amarras de la barca, la alejó de la orilla con un largo bichero y cogiendo dos remos se sentó en la proa y empezó a remar con fuerza hacia el centro del río. El Sena es muy rápido en ese lugar y le costó bastante alejarse de la punta de la isla.

Lo primero que hizo Gringoire, cuando estuvo en la barca, fue poner a la cabra en sus rodillas. Se sentó en la popa y la muchacha, a quien el desconocido inspiraba una inquietud difícil de definir, se sentó a su lado apretándose contra el poeta.

Cuando nuestro filósofo vio que la barca se movía, se frotó las manos y besó a Djali entre los cuernos.

—¡Oh! —dijo contento—. ¡Ya estamos salvados los cuatro! —y añadió poniendo cara de profunda reflexión—. El éxito de las grandes empresas se debe a veces a la fortuna y a veces a la astucia.

La lancha bogaba lentamente hacia la orilla derecha. La muchacha seguía observando con un terror secreto al desconocido que, por otra parte, había tapado cuidadosamente la luz de la linterna sorda.

En aquella oscuridad se le distinguía en la proa como a un espectro. Su capucha, siempre echada, le servía como de máscara y a cada vez que, para remar, entreabría sus brazos de los que colgaban unas anchísimas mangas negras, se habría dicho que eran como dos alas de murciélago. Además, no había pronunciado una sola palabra y casi ni había respirado. No se producía en la lancha más ruido que el vaivén de los remos y el roce de los mil pliegues del agua a lo largo de toda la barca.

—¡Por mi alma! —gritó de pronto Gringoire— estamos alegres y gozosos como Ascalfos. ¡Estamos más callados que los pitagóricos o los peces! ¡Vive Dios, amigos que me gustaría que alguien me hablara! La voz es como música para el oído humano y no soy yo el que lo dice sino Dídimo de Alejandría y es, sin duda, una afirmación ilustre pues ciertamente no puede decirse que Dídimo de Alejandría sea un filósofo mediocre. Una sola palabra, hermosa niña, decidme, os lo suplico, una sola palabra. A propósito; antes teníais una simpática mueca muy original, ¿seguís haciéndola?

¿Sabíais, querida amiga, que el parlamento tiene jurisdicción sobre los lugares de asilo y que corríais un gran peligro en vuestro escondite de Nuestra Señora? ¡Ay! ¡Diminuto troquílido que haces tu nido en las fauces del cocodrilo! ¡Maestro, ahí la tenemos; otra vez sale la luna! ¡Ojalá no nos vean! Hacemos algo digno de elogio salvando a la joven y sin embargo nos colgarían por orden del rey si nos cogieran. ¡Ay! ¡Todos los actos humanos tienen dos caras! Se condena en mí lo que en ti se alaba. Quien admira al César censura a Catilina. ¿No es así, querido maestro? ¿Qué os parece esta filosofía? Yo poseo la filosofía del instinto, la natural, ut apes geometriam. ¡Bueno! ¿nadie responde? ¡Pues vaya humor el vuestro! Está visto que tendré que hablar yo solo. Es lo que, en las tragedias, llamamos un monólogo. ¡Vive Dios! Os aseguro que acabo de ver al rey Luis XI y que me he quedado con este juramento. Así que ¡Vive Dios! siguen aún con el mismo jaleo en la Cité. Es un mal rey, viejo y malvado, siempre envuelto en pieles. Todavía me debe el dinero de mi epitalamio y por poco me cuelga esta misma tarde cosa que me habría molestado bastante. Es muy avaro con los hombres de valía. Debería leer los cuatro libros de Salvien de Colonia, Adversus avaritiam. La verdad que es un hombre muy tacaño para con los hombres de letras y comete muchas crueldades. Es una esponja para hacerse con el dinero del pueblo. Su ahorro es el bazo que se hincha a costa de la debilidad de todos los demás miembros. Por eso las quejas contra los rigores de esta época se convierten en murmuraciones contra el príncipe. Bajo este rey afable y devoto, las horcas se rompen de tantos ahorcados como soportan; los tajos se pudren de tanta sangre y las prisiones revientan como barrigas demasiado llenas. Es un rey que tiene una mano para coger y otra para colgar. Es el proveedor de doña Carga Fiscal y de don Patíbulo. Los grandes son despojados de sus dignidades y los débiles abrumados con nuevas cargas. Es un príncipe exorbitante. No me gusta este rey, ¿y a vos maestro?

El hombre de negro dejaba hablar al poeta charlatán y seguía luchando contra la corriente fuerte y violenta que separa la popa de la Cité de la proa de la isla de Nuestra Señora, que hoy llamamos isla de San Luis.

—¡A propósito, maestro! —dijo súbitamente Gringoire—.

Cuando llegábamos al Parvis, en medio de todos aquellos furiosos truhanes, ¿se fijó vuestra reverencia en el pobre diablo al que vuestro sordo estaba machacando la cabeza contra la rampa de la galería de los reyes? No tengo buena vista y no pude reconocerle. ¿Sabéis vos quién podía ser?

El desconocido no respondió una sola palabra pero dejó bruscamente de remar y sus brazos desfallecieron como si se hubieran roto y su cabeza le cayó sobre el pecho. La Esmeralda oyó entonces cómo suspiraba convulsivamente y se estremeció a su vez.

¡Ya había oído en alguna ocasión aquella forma de suspirar!

La barca, abandonada a sí misma, derivó algunos instantes a favor de la corriente pero el hombre de negro se rehízo en seguida, tomó de nuevo los remos y volvió otra vez a remontar río arriba. Dobló la isla de Nuestra Señora y se dirigió hacia el embarcadero del Port-au-Foin.

—¡Eh, fijaos!, allá se ve la mansión Barbeau. Maestro, ¿veis ese grupo de tejados negros que forman esos ángulos tan raros, bajo aquellas nubes deshilachadas, negras y sucias? ¿Los veis allí donde la luna se aplasta y se extiende como la yema de un huevo roto? Allí es. Es una bonita mansión. Tiene una capilla con una pequeña bóveda llena de ricos adornos. Por encima se puede ver el campanario labrado con gran delicadeza y tiene además un jardín delicioso con un estanque y un palomar, un eco, una alameda, un laberinto, una casa de fieras y cantidad de caminos con árboles y mucha vegetación; muy agradable todo para el amor. Tiene sobre todo un hermoso árbol al que llaman el lujurioso, por haber cobijado los amores de una princesa famosa y de un condestable de Francia, galante y cultivado. ¡Pero… en fin! Nosotros, pobres filósofos, somos a un condestable lo que un huerto de coles y rábanos es a un jardín del Louvre; aunque… después de todo… ¿Qué más da? la vida humana siempre está mezclada de bien y de mal, canto para los grandes como para los humildes, y el dolor aparece siempre junto a la alegría, como el espondeo junto al dáctilo.

Permitidme, maestro, que os cuente la historia de la mansión Barbeau. La verdad es que acaba de una manera trágica. Ocurrió en 1319, bajo el reinado de Felipe V, el más largo de todos los reyes de Francia. La moraleja de esta historia es que las tentaciones de la carne son siempre perniciosas y malignas. No debemos fijarnos demasiado en la mujer del prójimo por muy atraídos que nuestros sentidos puedan considerarse ante la belleza. La fornicación es un pensamiento muy libertino… y el adulterio es una curiosidad de la voluptuosidad de otro… ¡Eh!, parece que el ruido se hace más intenso por allá, ¿no?

El tumulto se acrecentaba efectivamente alrededor de Nuestra Señora. Escucharon con atención y oyeron con claridad gritos de victoria. De pronto cientos de antorchas, que hacían resplandecer los cascos de los soldados comenzaron a verse por todas las partes de la catedral; por las torres, por las galerías, por los arbotantes. Daba la impresión de que todas aquellas luminarias buscaban algo y muy pronto aquellos clamores lejanos llegaron nítidamente hasta los fugitivos:

—¡La gitana! ¡A por la bruja! ¡Muerte a la gitana!

La desventurada dejó caer la cabeza sobre sus manos y el desconocido se puso a remar con más furia hacia la orilla. Nuestro filósofo, sin embargo, se había quedado pensativo. Sujetaba fuertemente a la cabra entre sus brazos al tiempo que se apartaba muy despacito de la gitana, que se apretaba cada vez más contra él, como si fuera el último refugio que le quedara.

Gringoire se hallaba en una cruel perplejidad. Pensaba que también la cabra, según la legislación vigente, sería colgada, si se la cogiera, lo que no dejaría de ser una gran pena. ¡La pobre Djali! Pensaba que era demasiado el tener junto a él a dos condenados y que, en fin, su compañero se quedaría encantado de hacerse cargo de la gitana. En su pensamiento se libraba un violento combate, en el cual, como el Júpiter de la Ilíada, sopesaba alternativamente a la gitana y a la cabra. Miraba a la una y a la otra con ojos llorosos, diciéndose entre dientes.

—Pero es que no puedo salvaros a las dos.

Una sacudida les advirtió por fin que la lancha había atracado. En la Cité seguía oyéndose el mismo griterío siniestro de antes. El desconocido se levantó, se acercó a la gitana y quiso asirla del brazo para ayudarla a bajar, pedo ella le rechazó al tiempo que se agarraba de la manga de Gringoire. Éste, a su vez, ocupado con la cabra, casi la rechazó y entonces ella saltó sola de la barca. Se encontraba tan confusa que no sabía ni lo que estaba haciendo ni a dónde dirigirse. Durante un instante, se quedó sola mirando al agua. Cuando, al poco tiempo volvió en sí, se encontró sola con el desconocido en el atracadero. Parece que Gringoire había aprovechado el momento del desembarco para desaparecer con la cabra por entre la manzana de casas de la calle Grenier-sur-l'eau.

La pobre gitana se estremeció al verse sola con aquel hombre. Quiso hablar gritar, llamar a Gringoire, pero su lengua estaba inerte en su boca y no pudo salir de sus labios ningún sonido. De pronto sintió que el desconocido la cogió de la mano. Era una mano fría y fuerte. Sus dientes se entrechocaron y se quedó más pálida que el rayo de luna que la estaba iluminando. El hombre no dijo una palabra y tomó a grandes pasos el camino de la plaza de Grève, llevándola de la mano. Ella presintió entonces, aunque vagamente, que el destino es una fuerza irresistible. Carecía de fuerzas para oponerse y se dejó llevar. Su paso era muy ligero para seguir la marcha del hombre de negro. El muelle era, en aquel lugar, bastante empinado, pero ella habría dicho que iban cuesta abajo.

Miró hacia todos los lados y no vio a nadie. El muelle estaba totalmente desierto. No se oía más ruido ni más ajetreo de hombres que por el lado de la Cité, tumultuosa y enrojecida. Sólo un brazo del Sena la separaba de ella y desde allí oía su nombre mezclado con gritos de muerte. El resto de París se extendía a su alrededor y no eran más que bloques enormes de sombra.

Pero el desconocido seguía silencioso y avanzaba con rapidez. Ella no era capaz de reconocer ninguno de los lugares que atravesaban.

Al pasar ante una ventana iluminada, hizo un esfuerzo, se irguió bruscamente y gritó:

—¡Socorro!

Alguien abrió la ventana y apareció en camisón, con una lámpara en la mano. Miró hacia el muelle, sorprendido, dijo algunas palabras que ella no logró oír y cerró. Era el último rayo de esperanza que se esfumaba.

El hombre de negro no profirió una sola palabra, la sujetó de la mano con más fuerza, y siguió andando con rapidez. Ella ya no opuso resistencia y le siguió.

De vez en cuando se recuperaba un poco, y decía con voz entrecortada por los baches del suelo y por el ahogo de la carrera.

—¿Quién sois? ¿Quién sois? —pero él no respondía.

Llegaron así, siguiendo siempre el camino del muelle, a una plaza bastante grande; era la Grève. Había un poco de luna y se podía distinguir, plantada en el centro, una especie de cruz negra. Era la horca. Entonces, al recordar todo aquello, supo en dónde estaba.

El hombre se detuvo, se volvió hacia ella y levantó la capucha.

—¡Oh! —exclamó petrificada la joven—, ¡sabía que era él!

Era el sacerdote. Parecía su propio fantasma, aunque era una impresión producida por la luz de la luna. Es como si, bajo esta luz, sólo se vieran los espectros de las cosas.

—Escucha —le dijo, y se estremeció la joven al sonido de aquella voz funesta que hacía ya mucho tiempo que no escuchaba. Siguió hablando con frases cortas y jadeantes que revelaban profundos temblores internos.

—Escúchame. Estamos aquí. Voy a hablarte. Esto es la Grève. Nos encontramos en una situación extrema. El destino nos entrega el uno al otro. Yo voy a decidir sobre tu vida y tú sobre mi alma. Estamos aquí de noche y en una plaza; sin más. Así que escúchame. Quería decirte… En primer lugar no me hables de tu Febo —mientras decía estas cosas, iba y venía, inquieto, como un hombre incapaz de permanecer tranquilo en un lugar, y la acercaba hacia él—. No me hables de él. ¿Me oyes? No sé lo que sería capaz de hacer si pronuncias ese nombre, pero seguro que sería algo terrible.

Una vez dicho esto, como un cuerpo que encuentra su centro de gravedad, se quedó inmóvil pero a través de sus palabras se adivinaba aún una gran agitación. Su voz era cada vez más baja.

—No vuelvas la cabeza y escúchame, pues se trata de algo muy serio. En primer lugar, voy a contarte lo que ha ocurrido. Te juro que no es para tomarlo en broma. Pero, ¿qué es lo que lo estaba diciendo? ¡Recuérdamelo! ¡Ah, sí! Hay un decreto del parlamento por el que se lo entrega a la horca. Acabo de arrancarte de sus manos. Pero vienen persiguiéndote, ¿los ves?

Extendió su brazo señalando hacia la Cité en donde la búsqueda parecía seguir. Los ruidos y las voces se acercaban. La torre de la casa del lugarteniente, situada frente a la Grève, estaba llena de ruidos y de luces y se veían correr a los soldados por el otro lado del muelle, gritando y con antorchas en la mano.

—¡La gitana! ¿Dónde está? ¡Muerte a la gitana!

—Te das cuenta de que lo están buscando y que no miento. Yo te amo. No me digas nada. No abras la boca si es para decirme que me odias

424

pues estoy decidido a no oírlo. Acabo de salvarte y estoy decidido a no oír cosas como ésa. Aún puedo salvarte del todo pues lo he preparado muy bien. De ti depende. Si tú quieres puedo hacerlo —se interrumpió violentamente—. No; no es eso lo que tienes que decirme — y acelerando el paso y haciéndola correr pues no la había soltado la mano, se fue derecho hacia el patíbulo y, señalándole con el dedo, le dijo fríamente—: Escoge entre los dos.

Ella logró soltarse y cayó al pie del patíbulo, agarrándose a aquel apoyo fúnebre. Luego, volviendo a medias su hermosa cabeza, miró al cura por encima de sus hombros. Era como la imagen de la Virgen al pie de la Cruz. El cura seguía inmóvil, con el dedo señalando aún hacia la horca, conservando su gesto como una estatua.

Por fin la egipcia respondió.

—Me provoca menos horror que vos.

Entonces él dejó caer lentamente su brazo y se quedó mirando al suelo con un profundo abatimiento.

—Si estas piedras pudieran hablar —murmuró—, tendrían que decir que están viendo a un hombre muy desgraciado.

Y continuó hablando. La muchacha, arrodillada ante la horca y cubierta con su larga cabellera, le dejaba hablar sin interrumpirle. Lo hacía ahora con un acento quejumbroso y suave que contrastaba dolorosamente con la ruda altivez de sus rasgos.

—Pero yo os amo. Os aseguro que es bien cierto. ¿Acaso no se manifiesta externamente nada de ese fuego que me abrasa el corazón? ¡Ay! Estar así noche y día; sí; noche y día, ¿no merece acaso un poco de compasión? Es un amor constante; noche y día os repito; es una tortura. ¡Sufro demasiado, mi pobre niña! Os aseguro que es algo digno de compasión. Veis que os hablo con delicadeza. Desearía que no sintierais hacia mí esa aversión, ese horror… porque… en fin… no es culpa suya cuando un hombre se enamora de una mujer. ¡Oh, Dios mío! ¿Cómo hacer? Entonces, ¿no podréis perdonarme nunca? ¿Me odiaréis siempre? ¿No hay esperanza ninguna?

¡Ni siquiera me miráis! ¿Es posible que podáis pensar en otra cosa mientras que yo aquí, de pie, os estoy hablando y temblando en los límites mismos de nuestra eternidad? ¡Por lo que más queráis, no me habléis del capitán! Aunque me arrojase a vuestras rodillas y besara vuestros pies, ¿todo resultaría inútil? ¿Todo sería inútil aunque sollozara como un niño? Aunque me arrancase del pecho, no palabras sino el corazón y las entrañas, para deciros que os amo, ¿todo sería inútil?

¿Cómo es posible tal cosa si vos no tenéis en el alma más que ternura y clemencia? Irradiáis dulzura y sois toda suavidad, bondad, misericordia y encanto. ¡Ay! ¡Sólo para mí tenéis crueldad!

¡Oh! ¡Qué fatalidad!

Ocultó su rostro entre las manos y la joven le oyó llorar. Fue la única vez. Así, de pie, sacudido por los sollozos, parecía más miserable y suplicante que de rodillas. Estuvo llorando así durante cierto tiempo.

—¡Vaya! —prosiguió una vez pasadas las primeras lágrimas—. No encuentro palabras y sin embargo había pensado muy bien en lo que tenía que deciros. Ahora estoy temblando y me estremezco; me faltan las fuerzas en el momento preciso y siento como si algo superior nos envolviese y comienzo a balbucir. ¡Oh! Presiento que voy a derrumbarme si no tenéis compasión de mí y de vos. ¡No nos condenéis a los dos! ¡Si supierais cómo os amo! ¡Si supierais cómo es mi corazón! ¡Oh! ¡Qué deserción de todas las virtudes! ¡Qué abandono desesperado de mí mismo! Soy doctor y desprecio la ciencia; gentilhombre y mancillo mi apellido; sacerdote y convierto el misal en una almohada de lujuria. Escupo el rostro de mi Dios. ¡Y todo por ti, hechicera! ¡Para ser más digno de tu infierno! ¡Y tú no quieres a los condenados! Pero tengo que decírtelo todo. Hay algo que es más horrible… mucho más horrible.

Al decir estas últimas palabras su rostro adquirió una expresión totalmente turbada. Se calló un instante y prosiguió con una voz fuerte, como hablándose a sí mismo.

—Caín, ¿qué has hecho con tu hermano?

Se hizo un silencio y prosiguió su monólogo.

—¿Qué he hecho con él, señor? Lo recogí, lo he criado, lo he alimentado, lo he amado, lo he idolatrado incluso y lo he matado. Sí señor; acaban de aplastarle la cabeza delante de mí, contra las piedras de vuestra casa. Y todo ha sido por culpa mía, por culpa de esta mujer, por culpa de ella…

Tenía una mirada hosca y su voz era cada vez más débil, aunque todavía repitió varias veces, maquinalmente y a largos intervalos, como una campana que prolonga su última vibración…

—Por culpa de ella… por culpa de ella…

Después, aunque sus labios acusaban algún movimiento, su boca no articuló ya más sonidos perceptibles. De pronto se fue doblando sobre sí mismo, como algo que se derrumba y cayó al suelo permaneciendo allí, quieto, con la cabeza entre las rodillas.

Un roce que le hizo la muchacha al retirar su pie, que había quedado bajo su cuerpo, le hizo volver en sí. Se pasó lentamente sus manos por sus mejillas hundidas, se quedó un rato mirando sus dedos con estupor y, al ver que estaban mojados, murmuró:

—¿Cómo? ¿He estado llorando?

Luego se volvió súbitamente hacia la gitana y le dijo con una angustia indecible.

—¡Ay! ¿Me habéis visto llorar sin inmutaros? ¿Sabes, muchacha, que estas lágrimas son como la lava? ¿Es verdad, pues, que nada conmueve del hombre al que se odia?

¿Podrías, pues, reírte, aunque me vieras morir? ¡Yo, sin embargo, no podría verte morir!

¡Una palabra! ¡Pronuncia una sola palabra de perdón! No me digas que me amas, dime únicamente que lo intentarás y te salvaré. Si no… ¡Oh! ¡El tiempo se acaba! ¡Por lo más sagrado! Te suplico que no esperes que me haga de piedra otra vez como esta horca que también te está llamando. Piensa que tengo entre mis manos nuestros dos destinos, que yo puedo cambiar fácilmente de opinión y que puedo echarlo todo a rodar y precipitarme a un abismo sin fondo, y que mi caída, desgraciada, perseguiría tu vida durante toda la eternidad. ¡Una palabra bondadosa! ¡Dime una palabra! ¡Sólo una palabra!

Ella abrió la boca para responderle y entonces él se precipitó de rodillas ante la joven para recoger con adoración la palabra, tierna quizás, que iba a surgir de sus labios. Ella le dijo:

—¡Sois un asesino!

El cura la tomó entre sus brazos con furia y se echó a reír con una risa abominable.

—¡Muy bien! ¡Un asesino, si! pero serás mía. Si no me quieres como esclavo me tendrás como dueño, pero serás mía. Tengo una guarida y hasta allí te arrastraré. Y vas a seguirme; será necesario que me sigas o te entregaré. ¡Tienes que morir, hermosa, o ser mía! ¡Ser del sacerdote! ¡Ser del apóstata! ¡Del asesino! ¡Desde esta misma noche!

¿Me oyes? ¡Vamos! ¡Un poco de alegría! ¡Bésame, loca! ¡La tumba o mi lecho!

Sus ojos brillaban de lujuria y de rabia y su boca lasciva enrojecía el cuello de la joven que se debatía entre sus brazos mientras él la cubría de besos rabiosos, espumeantes.

—¡No me muerdas, monstruo! —le gritaba ella—. ¡Oh! ¡Déjame, monje infecto!

¡Voy a arrancarte tus asquerosos cabellos y arrojártelos a puñados a la cara!

Él enrojeció primero, luego palideció y finalmente acabó dejándola y la miró con un gesto siniestro.

Ella se creyó entonces vencedora y prosiguió:

—Te he dicho que pertenezco a Febo y que es a Febo a quien amo, que es hermoso mi Febo. Tú, cura, eres viejo y horrible. ¡Vete!

Él lanzó entonces un grito violento, como un miserable al que se le aplica un hierro candente.

—¡Muere, pues! —gritó entre un rechinar de dientes. Ella, al ver su horrible mirada, quiso huir, pero él la cogió de nuevo, la sacudió, la echó al suelo y se dirigió con pasos rápidos hacia la esquina de la Tour-Roland, arrastrándola tras de sí por el suelo.

Una vez allí, se volvió hacia ella:

—Por última vez, ¿quieres ser mía?

—¡No! —respondió ella con energía. Entonces él se puso a gritar:

—¡Gudule! ¡Gudule! Aquí tienes a la gitana. Véngate.

La joven sintió que la cogieron bruscamente por un brazo. Miró. Era un brazo descarnado que salía de un tragaluz de la pared y que la sujetaba fuertemente como un brazo de hierro.

—Sujétala bien —dijo el cura—. Es la gitana huida. No la sueltes que voy a buscar a la guardia. Vas a verla colgada.

Una risa gutural respondió desde el interior a aquellas sangrientas palabras.

La egipcia vio cómo el clérigo se alejaba corriendo en la dirección del Pont Notre- Dame, por donde se oía ruido de caballos y soldados.

La muchacha había reconocido a la malvada reclusa. Jadeante de terror, intentó soltarse. Se retorció y dio bastantes tirones intensos en desesperados intentos, pero la Gudule la sujetaba con una fuerza increíble. Aquellos dedos huesudos se clavaban en sus carnes, se crispaban y la abarcaban todo el brazo. Eran más que una cadena, más que una argolla incluso; eran como una tenaza inteligente y viva que surgía del muro.

Agotada, se apoyó contra la pared y entonces se apoderó de ella el miedo a la muerte. Pensó en la belleza de la vida, en la juventud, en la naturaleza, en el amor, en Febo, en todo lo que se escapaba y en lo que iba a venir, en el clérigo que la denunciaba, en el verdugo, en el patíbulo que estaba allí, ante ella. Sintió entonces que el pánico le subía hasta la misma raíz de sus cabellos y oyó otra vez la risa lúgubre de la reclusa que le decía muy bajo.

—¡Ah! ¡Ah! ¡Ah! ¡Te van a ahorcar!

Moribunda ya, se volvió hacia el ventanuco y vio el rostro casi salvaje de la Sachette a través de los barrotes.

—¿Qué os he hecho yo? —dijo casi desmayada.

La reclusa no respondió; se puso a mascullar, canturreando casi, con irritación y rabia.

—¡Hija de Egipto! ¡Hija de Egipto! ¡Hija de Egipto!

La desventurada Esmeralda dejó caer su cabeza, que quedó oculta entre sus cabellos, como comprendiendo que no trataba con un ser humano.

De pronto la reclusa exclamó, como si la respuesta de la gitana hubiera tardado todo ese tiempo en llegar a su mente.

—¿Qué me has hecho, dices? ¡Ah! ¿Que qué me has hecho, egipcia? Está bien; escucha: yo tenía una niña, ¿sabes? Tenía una niñita. ¡Te digo que tenía una hija! ¡Una preciosa niña! Mi Agnès —dijo turbada, mientras besaba algo en la oscuridad—. ¡Pues bien! ¿Te das cuenta, hija de Egipto? Me la quitaron; me robaron a mi hijita; se comieron a mi niña. Eso es lo que me has hecho.

La joven respondió como el cordero de la fábula.

—Lo lamento mucho; pero seguramente yo no había nacido entonces.

—¡Oh! ¡Sí! —continuó la reclusa—. Seguro que habías nacido. Eras de ellas. Mi hija tendría ahora tu edad. ¡Eso es! Hace quince años que estoy aquí; quince años que estoy sufriendo y rezando. Quince años hace que me golpeó la cabeza contra la pared. Y te digo que son las gitanas las que me la han robado, ¿me oyes? Y ellas me la han comido con sus dientes. ¿Tienes corazón? Imagínate a un niño que está jugando; a un niño de pecho; a un niño dormido. ¡Es algo tan inocente! ¡Pues bien! ¡Eso es lo que me robaron y me mataron! ¡Dios lo sabe muy bien! Pero hoy me toca a mí. Voy a comer carne de gitana. ¡Oh! Cómo te mordería si no hubiera estos barrotes. ¡Mi cabeza es demasiado grande! ¡Pobre niña mía! ¡Mientras estaba durmiendo! Pero aunque la hubieran despertado al cogerla, aunque se hubiera puesto a gritar, habría sido igual, ¡pues yo no estaba allí, junto a ella! ¡Ah, madres gitanas! ¡Vosotras os habéis comido a mi hija! ¡Venid ahora a ver a la vuestra!

Entonces se echó a reír o quizás eran sus dientes que rechinaban pues ambas cosas se confundían en aquella cara furiosa. Comenzaba a despuntar el alba y un reflejo ceniciento iluminaba vagamente esta escena. La horca se veía cada vez mejor en el centro de la plaza. Por el otro lado, hacia el Pont Notre-Dame, la pobre joven creía oír acercarse ruido de caballos.

—¡Señora! —decía juntando las manos, y arrodillada, con el cabello revuelto, perdida, loca de espanto—: ¡Señora! Tened piedad. Ya vienen. Yo no os he hecho nada. ¿Queréis verme morir de esta manera tan horrible ante vuestros ojos? Estoy segura de que sois bondadosa. Es demasiado horrible. Permitid que me salve.

¡Soltadme, por favor! ¡No quiero morir así!

—Pues devuélveme a mi hija.

—¡Piedad! ¡Piedad!

—¡Devuélveme a mi hija!

—¡En el nombre del cielo! ¡Soltadme!

—¡Devuélveme a mi hija!

Otra vez volvió a caer la joven, extenuada, rota, con la mirada vidriosa del que está en una fosa.

—Señora —dijo entre balbuceos—, ya veo que vos buscáis a vuestra hija, pero también yo busco a mis padres.

—¡Devuélveme a mi pequeña Agnès! —insistía Gudule—. ¿Que no sabes en dónde puede estar? ¡Pues entonces muere tú también! ¡Escúchame! Yo era una prostituta y tenía una hija y las gitanas me la robaron, así que ya ves que tú tienes que morir también. Cuando tu madre gitana venga a reclamarte, yo le diré: ¿Sois vos su madre?, pues mirad hacia esa horca. Y también: devuélveme a mi hija. ¿Sabes dónde está mi hijita? Espera; voy a enseñarte algo. Mira; éste es su zapatito; es todo que me queda de ella. ¿Sabes dónde puede estar el otro? Si lo sabes dímelo, pues aunque estuviera al otro lado del mundo, iría a buscarlo andando de rodillas.

Y al decir esto, con el otro brazo que había sacado por el tragaluz, enseñaba a la gitana el zapatito bordado. Había casi amanecido y podían distinguirse con la luz del alba formas y colores.

—¡A ver ese zapatito! —dijo la egipcia presa de un estremecimiento—. ¡Dios mío!

¡Dios mío! Al mismo tiempo, con la mano que tenía libre, abrió prestamente el bolsito adornado de abalorios verdes que llevaba colgado del cuello.

—Anda, anda —mascullaba Gudule—. Rebusca en tu amuleto del demonio —de pronto, se interrumpió y exclamó gritando con una voz que venía del fondo de sus entrañas.

—¡Mi hija!

La gitana acababa de sacar de su bolso un zapatito totalmente igual al otro. El zapatito llevaba atado un pergamino con este pareado:

Quand le parell retrouveras Ta mère te tendra les bras.

Con la velocidad de un rayo, la reclusa había confrontado los zapatos, había leído la inscripción del pergamino y había pelado su cara, deslumbrante de gozo, a los barrotes de la lucera, gritando.

—¡Mi hija! ¡Mi hija!

—¡Madre! ¡Madre! —respondió la egipcia.

En este punto renunciamos a describir la escena.

El muro y los barrotes de hierro se interponían entre las dos.

—¡Oh! ¡Este muro! —gritaba la reclusa—. ¡Verla y no poder abrazarla! ¡Tu mano! Dame tu mano —la joven le pasó su brazo a través de la lucera y la reclusa se abalanzó sobre él y se puso a besarlo; así permaneció, abismada en aquel beso, no dando más signo de vida que algún sollozo que, de cuando en cuando, estremecía su cuerpo. La verdad es que estaba llorando a torrentes, en silencio, en aquella oscuridad como una lluvia de noche. La pobre madre vaciaba a oleadas sobre aquella mano adorada el negro y profundo pozo de lágrimas que llevaba dentro, filtrado gota a gota por su dolor desde hacía quince años.

De pronto se levantó; apartó su larga cabellera gris que le caía sobre la frente y, sin decir una sola palabra, empezó a forcejear con sus dos manos sobre los barrotes de su celda como una leona furiosa. Los barrotes aguantaron aquella sacudida. Entonces se fue a buscar en un rincón de la celda una especie de adoquín que le servía de almohada y lo lanzó sobre ellos con tal violencia que uno de los barrotes se rompió lanzando mil chispas al mismo tiempo. Un segundo golpe destrozó por completo la vieja cruz de hierro que cerraba el tragaluz. Luego, con ambas manos, acabó de romper y arrancar los trozos oxidados de la reja. Hay momentos en que las manos de una mujer tienen una fuerza sobrehumana.

Una vez libre el paso, y no necesitó para ello más de un minuto, cogió a su hija por la cintura y la introdujo en la celda.

—Ven; quiero sacarte del abismo —murmuró.

Luego la dejó suavemente en el suelo, para volver a cogerla otra vez. La cogía en brazos como si siguiera siendo su pequeña Agnès. Iba y venía por la estrecha celda, ebria, alocada, gozosa, cantando, besando a su hija, hablándole, riendo, llorando; todo a la vez y arrebatadoramente.

—¡Mi hija! ¡Mi hija! —decía—. ¡He recuperado a mi hija! ¡Está aquí! ¡Dios me la ha devuelto! ¡Que vengan todos! ¡Hay alguien por ahí para que vea que tengo a mi hija!

¡Dios mío, qué hermosa es! ¡Me habéis hecho esperar quince años, Dios mío, ¡pero ha sido para devolvérmela más hermosa! ¡Pero entonces las egipcias no me la habían comido! ¿Quién me lo había dicho entonces? ¡Mi niña! ¡Hija mía! ¡Bésame! ¡Qué buenas son las gitanas! ¡Las quiero mucho! ¿Así que eres tú? ¡Por eso me saltaba el corazón cada vez que pasabas por aquí! ¡Y yo que creía que eso era odio! ¡Perdóname, mi buena Agnès, perdóname! He debido parecerte muy mala, ¿verdad? ¡Cuánto te quiero! ¿Todavía tienes aquella señal en el cuello? Vamos a ver. Sí que la tienes. ¡Qué hermosa eres! ¿Sabéis, señorita, que soy yo quien os ha hecho esos bellos ojos?

¡Abrázame! ¡Te amo! Ya me da igual que las demás madres tengan niños; ¡ahora me puedo reír de todas ellas! Que vengan si quieren; también yo tengo la mía. ¡Mira qué cuello y qué ojos y qué cabellera y qué manos! ¡A ver quién encuentra algo más hermoso! ¡Ah! ¡Os aseguro que ha de tener muchos enamorados! ¡Quince años he pasado llorando! ¡Toda mi belleza se ha ido pero ella ha vuelto! ¡Abrázame!

Así estuvo diciéndole mil cosas más; extravagantes, pero hermosas por el tono con que las decía. Recogía las ropas de la muchacha hasta sonrojarla, le alisaba con las manos sus cabellos de seda le besaba los pies, las rodillas, la frente, los ojos y se maravillaba por todo. La joven se dejaba hacer, repitiendo a intervalos, muy bajo y con una ternura infinita:

—¡Madre mía!

—¿Te das cuenta, mi niña? —insistía la reclusa, cortando todas sus palabras con besos—, ¿te das cuenta cómo voy a quererte? Nos iremos de aquí y seremos muy felices. He heredado algo en Reims, en nuestra tierra. En Reims, ¿sabes? No; claro que no lo sabes; ¡eras tan pequeña entonces! ¡Si supieras lo linda que eras a los cuatro meses! ¡Con tus piececitos que la gente venía a ver, por curiosidad, desde Epergay, que está a siete leguas! Tendremos una casita y un terreno. Te acostaré en mi cama.

¡Dios mío! ¡Dios mío! ¿Quién podría creerlo? ¡Tengo a mi hija otra vez!

—¡Oh, madre mía! —exclamó la joven encontrando por fin fuerzas para hablar—. La egipcia me lo había asegurado. Había entre nosotras una buena egipcia que murió el año pasado y que me cuidó siempre como si hubiera sido mi nodriza. Ella misma me colgó del cuello este saquito y me repetía constantemente: «Mi niña, guarda siempre esta joya. Es un tesoro que te permitirá encontrar a tu madre. Es como si llevaras siempre a tu madre colgada del cuello». ¡Me lo había predicho la egipcia!

La Sachette estrechó una vez más a su hija entre sus brazos.

—¡Deja que te bese! ¡Lo dices todo tan graciosamente! Cuando estemos en nuestra casa, calzaremos a un Niño Jesús de la iglesia con estos zapatitos. ¡Todo esto se lo debemos a la Santísima Virgen! ¡Dios mío, qué bonita voz tienes! ¡Me estabas hablando hace un momento y era como si oyera música! ¡He encontrado a mi hija, Dios mío! ¡Casi no puedo creer toda esta historia! ¡Creo que es imposible morirse puesto que yo no me he muerto de gozo!

Luego comenzó a aplaudir, a reírse y a gritar:

—¡Qué felices vamos a ser!

En aquel momento retumbó en la celda un ruido de armas y un galopar de caballos que parecía proceder del Pont Notre-Dame y acercarse cada vez más por el muelle del río. La gitana se lanzó angustiada en los brazos de la Sachette.

—¡Madre mía, salvadme! ¡Vienen los soldados! La reclusa se quedó pálida.

—¡Cielo Santo! ¡Qué dices! ¡Había olvidado que lo buscaban! ¿Qué es lo que has hecho?

—No lo sé —respondió la desventurada joven—, pero estoy condenada a muerte.

—¡A muerte! —dijo Gudule, como fulminada por un rayo—. ¡Morir! —dijo lentamente mirando a su hija.

—Sí, madre —respondió la joven medio trastornada—. Quieren matarme. Míralos; vienen a buscarme. Esa horca es para mí. ¡Ya llegan! ¡Salvadme! ¡Salvadme!

La reclusa permaneció durante algunos instantes inmóvil, como petrificada; luego movió la cabeza dubitativamente y, de pronto, le volvió aquella risotada espantosa.

—¡Ho! ¡Ho! ¡No puede ser! Es un sueño lo que me estás contando. ¡Claro! ¡La habría perdido y su pérdida se habría prolongado durante quince años luego la habría encontrado y esto sólo duraría un minuto, al cabo del cual vendrían a quitármela otra vez! ¡Y es precisamente ahora, cuando es hermosa, cuando ha crecido, cuando me habla y me ama, cuando vendrían a comérmela bajo mis ojos, bajo los ojos de su madre! ¡Oh, no! ¡Eso no es posible! ¡Dios no permite cosas así!

En aquel momento la cabalgada pareció detenerse y se oyó una voz lejana que decía:

—¡Por aquí, maese Tristán! El sacerdote dice que la encontraremos en el agujero de las ratas.

De nuevo volvió a resonar el ruido de los caballos. La reclusa se puso de pie con un grito desesperado.

—¡Sálvate! ¡Sálvame! ¡Hija mía! Ahora me acuerdo de todo. Tienes razón, ¡es tu muerte! ¡Horror! ¡Sálvate!

Asomó la cabeza por la lucera y la retiró con rapidez.

—Quédate —le dijo con voz baja y lúgubre, al tiempo que apretaba entre convulsiones la mano de la gitana, que se encontraba más muerta que viva—.

¡Quédate! ¡No respires! Hay soldados por todas partes. No puedes salir. Hay ya demasiada luz.

Sus ojos lanzaban fuego y durante un momento se quedó sin hablar. Daba grandes zancadas por la celda deteniéndose a intervalos para arrancarse puñados de pelo que luego rompía con sus dientes.

De pronto dijo:

—Ya se acercan. Voy a hablarles. Escóndete aquí. No podrán verte. Les diré que te has escapado; que te solté yo misma.

Entonces dejó a su hija —pues todavía la tenía en brazos— en un ángulo de la celda que no podía verse desde afuera. La colocó con cuidado de que ni sus pies ni sus brazos sobrepasaran la zona de sombra. Le soltó su melena negra que esparció por su vestido blanco para tratar de ocultarlo; puso ante ella su jarra y el adoquín que le servía de almohada, sus únicos muebles, imaginando que la jarra y el adoquín podrían ocultarla. Después, ya más tranquila, se puso de rodillas y rezó. El día acababa de amanecer y dejaba aún muchas sombras en el agujero de las ratas.

En aquel momento, la voz del sacerdote, aquella voz infernal, pasó muy cerca de la celda gritando.

—¡Por aquí, capitán Febo de Châteaupers!

Al oír este nombre, la Esmeralda, oculta en su rincón, hizo un movimiento.

—¡No te muevas! —le dijo Gudule.

Acababa apenas de decirlo cuando un tropel de hombres, de espadas y de caballos se detuvo en torno a la celda. La madre se levantó con rapidez y fue a colocarse ante el tragaluz para taparlo. Vio un tropel de hombres armados, de a pie y de a caballo colocados en la Grève. El que lo mandaba desmontó y se acercó hacia la Sachette.

—¡Eh, vieja! —inquirió aquel hombre que tenía una expresión atroz—, buscamos a una bruja para colgarla. Nos han dicho que tú la tenías.

La pobre madre respondió, fingiendo la mayor indiferencia posible:

—No sé muy bien lo que queréis decir. El capitán prosiguió:

—¡Por todos los diablos! ¿Qué es lo que nos ha dicho entonces ese loco de archidiácono? ¿Dónde se ha metido?

—Monseñor —dijo un soldado—, ha desaparecido.

—Ten cuidado, vieja loca —dijo el comandante—: no me mientas. Te entregaron una bruja para que la guardaras. ¿Qué has hecho con ella?

La reclusa no quiso negarlo todo por miedo a despertar sospechas y respondió con acento sincero y enfadado.

—Si me habláis de la muchacha que me han puesto en las manos hace un rato, tengo que deciros que me mordió y que tuve que soltarla. Eso es todo; dejadme tranquila.

El comandante hizo un gesto de contrariedad.

—No me vayas a mentir, viejo espectro. Me llamo Tristan l'Hermite y soy compadre del rey; Tristan l'Hermite, ¿me oyes? —y añadió mirando a la plaza de Grève—: Es un nombre que tiene bastante «eco» en este lugar.

—Aunque fuerais Satán l'Hermite —replicó Gudule que recobraba esperanzas—, no tendría otra cosa que deciros, ni podríais tampoco causarme miedo.

—Por todos los diablos —dijo Tristan—; ¡esto es una comadre! ¡Ah! ¡La muchacha bruja se ha escapado! ¿Y por dónde se fue?

Gudule respondió con tono despreocupado.

—Creo que por la calle del Mouton.

Tristan volvió la cabeza a hizo señas a sus tropas para que prosiguiera la marcha.

La reclusa suspiró.

—Monseñor —dijo de pronto un arquero—, preguntad a la vieja bruja por qué los barrotes de su tragaluz están tan destrozados.

Aquella circunstancia provocó una gran angustia en el corazón de la infeliz madre, pero supo mantener una cierta presencia de espíritu y respondió entre balbuceos:

—Siempre han estado así.

—Bueno —prosiguió el arquero—, todavía ayer formaban una hermosa cruz negra que movía a la devoción.

Tristan echó una ojeada oblicua a la reclusa.

—¡Se diría que la comadre se pone nerviosa!

La infeliz comprendió que todo dependía de su serenidad y con la muerte en el alma se echó a reír burlona. Las madres tienen fuerzas para hacer cosas así.

—¡Bah! Ese hombre debe estar borracho. Hace más de un año que la trasera de una carreta chocó contra mi tragaluz y rompió los barrotes. ¡Pues no solté injurias contra el carretero!

—Es verdad —añadió otro arquero—, yo mismo estaba allí.

En todas partes se encuentra uno con personas que lo han visto todo. Aquel testimonio inesperado del arquero animó a la reclusa a la que el interrogatorio obligaba a atravesar un abismo en el filo de un cuchillo. Pero ella estaba condenada a una continua alternativa de esperanzas y de sobresaltos.

—Si lo hubiera roto una carreta —prosiguió el primer soldado—, los trozos de los barrotes se habían doblado hacia adentro mientras que éstos lo están hacia afuera.

—¡Vaya, vaya! —dijo Tristan al soldado—, tienes olfato de instructor del Châtelet.

¡A ver, vieja; responded a lo que os dice!

—¡Dios mío! —exclamó la reclusa, acorralada y con voz quejumbrosa, a pesar del esfuerzo por evitarlo—: Os juro, monseñor, que una carreta rompió los barrotes. Ya ha dicho ese hombre que lo vio, ¿no? Y, además, ¿qué tiene que ver esto con la gitana?

—¡Hum! —gruñó Tristan.

—¡Diablos! —prosiguió el soldado, halagado por el elogio del preboste— ¡las roturas de los hierros se ven aún recientes!

Tristan movió la cabeza. Ella palideció.

—¿Cuánto tiempo hace lo de la carreta?

—Un mes, quince días, quizás, monseñor. ¡Ya no me acuerdo!

—Antes ha dicho que hacía más de un año —observó el soldado.

—¡Esto empieza a ser sospechoso! —dijo el preboste.

—Monseñor —gritó ella, colocada siempre ante la lucera y temerosa de que la sospecha no les empujara a meter la cabeza dentro de la celda—. Monseñor, os juro que fue una carreta la que rompió la reja. ¡Os lo juro por todos los ángeles del cielo!

¡Que me vaya al infierno si no ha sido una carreta!

—Mucho calor pones en este juramente —dijo Tristan con mirada de inquisidor.

La pobre mujer sentía desvanecerse cada vez más su confianza. Había empezado a cometer torpezas y observaba, no sin terror, que no decía lo que habría debido.

En este momento llegó otro soldado gritando.

—¡Monseñor, la vieja bruja miente! La hechicera no se ha escapado por la calle del Mouton. Las cadenas han estado echadas toda la noche y el guardacadena no ha visto pasar a nadie.

Tristan, cuyo aspecto se hacía siniestro por momentos, interpeló a la reclusa.

—¿Qué tienes que alegar a esto?

Ella intentó de nuevo hacer frente a este contratiempo.

—Pues no lo sé, monseñor; me habré equivocado. Creo que, en efecto, ha debido pasar al otro lado del río.

—Es justo el lado opuesto —añadió el preboste—. Además, no parece nada normal que haya querido volver a la Cité, por donde precisamente la estaban persiguiendo.

¡Creo que mientes, vieja!

—Y, además —añadió el primer soldado—, no hay barca ni a este lado del río ni al otro.

—Pues lo habrá pasado a nado —replicó la reclusa, defendiendo palmo a palmo su terreno.

—¿Acaso nadan las mujeres? —respondió el soldado.

—¡Por todos los diablos! ¡Estás mintiendo, vieja! ¡Estas mintiendo! —exclamó Tristan lleno de cólera—. Me dan ganas de dejar a la bruja y de colgarte a ti. Un cuarto de hora de tortura lo arrancaría la verdad del gaznate. ¡Andando! ¡Vas a venir con nosotros!

Ella se agarró a estas palabras con gran avidez.

—¡Como queráis, monseñor! Hacedlo si queréis. Me parece bien lo de la tortura.

¡Llevadme! ¡Pronto! ¡Pronto! ¡Vayamos ya! (Mientras tanto, pensaba la mujer, mi hija podrá salvarse).

—¡Vive Dios! —dijo el preboste—, ¡qué interés en que lo pongamos en el potro!

No entiendo a esta loca.

Un viejo sargento de la guardia, con la cabeza canosa, salió de las filas y dirigiéndose al preboste:

—¡Creo que en efecto está loca, monseñor! Si ha dejado escapar a la egipcia no habrá sido por culpa suya, pues no le gustan nada las gitanas. Hace ya quince años que hago la ronda y todas las noches la oigo renegar de las mujeres gitanas con todo tipo de injurias. Si la que estamos persiguiendo es, como creo, la joven bailarina de la cabra, es precisamente a ella a la que más aborrece de todas.

Gudule hizo un esfuerzo y precisó:

—A ésa, sobre todo.

El testimonio unánime de los hombres de la ronda confirmó al preboste las palabras del viejo sargento. Tristan l'Hermite, desesperado por no poder sacar nada en limpio de la reclusa le volvió la espalda y ella le vio, con una ansiedad inenarrable, dirigirse hacia su caballo.

—Vamos —decía entre dientes—: ¡en marcha! ¡Continuaremos la búsqueda! No descansaré hasta que hayamos colgado a la gitana.

Sin embargo, aún tuvo un momento de duda antes de subir al caballo y Gudule palpitaba entre la vida y la muerte al ver pasear por toda la plaza aquel rostro inquieto. Semejaba un perro de caza que siente cerca la guarida de la presa y se resiste a abandonar el lugar. Por fin hizo un movimiento de cabeza y saltó a la silla. El corazón tan terriblemente comprimido de Gudule se dilató y dijo en voz baja echando una ojeada a su hija a la que todavía no se había atrevido a mirar desde la llegada de los soldados.

—¡Salvada!

La pobre muchacha había permanecido durante todo aquel tiempo en su rincón, sin moverse, sin respirar apenas, con la idea de la muerte de pie ante ella. No se había perdido nada de la escena entre Gudule y Tristan y todos los temores y las angustias de su madre las había también vivido ella. Había oído cómo se iban rompiendo cada uno de los hilos que formaban la cuerda que la mantenía suspendida en el abismo; más de veinte veces había creído que la cuerda se rompía y por fin comenzaba a respirar y a sentir los pies en tierra firme. En aquel momento oyó una voz que decía al preboste:

—¡Cuernos! Señor preboste, no es asunto mío, de un hombre de armas como yo, el colgar brujas. La canalla popular está allá, así que os dejo a vos este trabajo. Supongo que encontráis lógico que vaya a reunirme con mi compañía ya que se encuentra sin su capitán.

Aquella voz era la de Febo de Châteaupers. Lo que ella sintió entonces fue algo indecible. ¡Aquél era su amigo, su protector su apoyo, su asilo, su Febo! Se levantó y antes de que su madre hubiera podido impedírselo se lanzó hacia la lucera gritando:

—¡Febo! ¡A mí, Febo!

Febo ya no estaba. Acababa de desaparecer al galope por la esquina de la calle de la Coutellerie. Pero Tristan aún no se había marchado. La reclusa se precipitó sobre su hija con un rugido y la retiró violentamente hacia atrás hundiéndole sus uñas en el cuello. Una tigresa no se anda con miramientos en casos así. Pero era demasiado tarde. Tristan la había visto.

—¡He! ¡He! —exclamó con una risotada que dejó al descubierto todos sus dientes.

Su cara parecía entonces el hocico de un lobo—. ¡Dos ratones en la ratonera!

—Ya me parecía a mí —dijo el soldado. Tristan le dio unas palmadas en la espalda.

—¡Eres un buen gato! Vamos —añadió—, ¿dónde está Henriet Cousin?

Un hombre que ni por sus ropas ni por su aspecto parecía soldado, salió de entre las filas. Tenía el pelo liso. Llevaba un traje la mitad gris y la mitad marrón, mangas de cuero y un rollo de cuerdas en una de sus enormes manos. Aquel hombre acompañaba siempre a Tristan quien, a su vez, acompañaba siempre a Luis XI.

—Amigo —dijo Tristan l'Hermite—, imagino que debe tratarse de la bruja que andamos buscando. A ver si la cuelgas. ¿Has traído tu escalera?

—Hay una en el cobertizo de la Maison-aux-Piliers —respondió aquel hombre—.

¿Vamos a colgarla en esa horca? —preguntó señalando la horca de piedra de la plaza.

—Sí.

—¡Ja! ¡Ja! —dijo el hombre soltando una risotada más bestial aún que la del preboste—. No tendremos que andar mucho.

—¡Date prisa! —dijo Tristan—. Ya tendrás tiempo de reír después.

Desde que Tristan descubrió a la muchacha, la reclusa no había dicho ni una sola palabra. Toda esperanza parecía perdida. Había arrojado a la pobre gitana, medio muerta, en un rincón de la cueva y se había vuelto a colocar en el tragaluz, con las manos apoyadas en un lado del repecho, como dos garras. Desde allí se la veía mirar desafiante a todos los soldados con una mirada casi salvaje. Cuando Henriet Cousin se acercó a la celda, le hizo una mueca tan feroz que tuvo que retroceder.

—Monseñor —preguntó dirigiéndose al preboste—, ¿a quién de las dos hay que coger?

—A la joven.

—Menos mal, porque la vieja parece más difícil.

—¡Pobre bailarina de la cabra! —dijo el viejo sargento de la ronda.

Henriet Cousin se aproximó a la lucera, pero no pudo sostener la mirada de la madre y dijo con cierta timidez.

—Señora…

Ella le cortó con una voz baja y agresiva.

—¿Qué quieres?

—No es a vos; es a la otra.

—¿A qué otra?

—A la joven.

Ella se puso entonces a sacudir la cabeza gritando:

—¡Aquí no hay nadie! ¡Aquí no hay nadie! ¡No hay nadie!

—Sí —insistió el verdugo—; y vos lo sabéis bien. Dejadme que coja a la joven. A vos no quiero haceros daño.

Ella le respondió con una risa extraña.

—¡Ah! Así que no quieres hacerme daño.

—Dejadme a la otra, señora. Son órdenes del señor preboste. La vieja repitió medio alocada.

—¡Aquí no hay nadie!

—Os digo que sí —replicó el verdugo—, todos hemos visto que erais dos.

—¡Pues ven a verlo! —dijo la reclusa riendo burlonamente—. Mete la cabeza por el tragaluz.

El verdugo se fijó en las uñas de la madre y no se atrevió.

—¡Abrevia! —gritó Tristan que había terminado de colocar a sus soldados en torno al agujero de las ratas y permanecía a caballo junto al patíbulo.

Henriet, totalmente desconcertado, se dirigió de nuevo hacia el preboste. Había dejado la cuerda en el suelo y daba vueltas nervioso al sombrero que tenía entre sus manos.

—Monseñor —le preguntó—, ¿por dónde entro?

—Por la puerta.

—No hay puerta.

—Por la ventana entonces.

—Es demasiado estrecha.

—Hazla más grande —le respondió Tristan encolerizado—. ¿No tienes picos?

Desde el fondo de su antro, la madre, en acecho continuo, observaba con atención. Ya no esperaba nada; ni siquiera sabía lo que deseaba, pero no estaba dispuesta a que le arrebataran a su hija.

Henriet Cousin fue a buscar la caja de herramientas para las ejecuciones que había en el cobertizo de la Maison-aux-Piliers. Recogió también una escalera de tijera que colocó directamente contra la horca. Cinco o seis hombres del preboste se armaron de picos y palancas y Tristan se dirigió con ellos hacia el tragaluz.

—A ver, vieja —dijo el preboste con tono severo—, entréganos a esa muchacha por las buenas.

Ella se quedó mirándole como alguien que no comprende nada.

—¡Maldita sea! —exclamó Tristan—. ¿Por qué tienes tanto empeño en impedir que colguemos a esa bruja, como quiere el rey? La infeliz se echó a reír con su risa feroz.

—¿Que por qué tanto empeño? Porque es mi hija.

El tono con que pronunció esta última palabra hizo estremecer hasta al mismo Henriet Cousin.

—Lo lamento mucho —replicó el preboste—, pero son los deseos del rey. Ella se echó a reír de forma mucho más terrible y gritó:

—¿Y qué me importa a mí tu rey? Te digo que es mi hija.

—Perforad la pared —ordenó Tristan.

Para abrir un agujero lo bastante amplio bastaba con desmontar una hilera de piedras por debajo del tragaluz. Cuando la madre oyó cómo los picos y las palancas comenzaban a minar su fortaleza, lanzó un grito espantoso y comenzó a pasear con gran rapidez por su celda. Era ésta una costumbre de fiera salvaje, provocada por el encierro tan prolongado en aquella celda. No decía nada, pero sus ojos lanzaban fuego. Los soldados miraban con el corazón lleno de angustia.

De pronto cogió su adoquín con las dos manos y lo lanzó sobre los trabajadores. Por fortuna no alcanzó a nadie pues sus manos temblaban al lanzarlo y fue a detenerse a los pies del caballo de Tristan. Los dientes de la reclusa rechinaban.

Aunque el sol no había salido del todo, era ya de día y una bella luz rosada alegraba las viejas y carcomidas chimeneas de la Maison-aux-

Piliers. Era la hora en que las ventanas más madrugadoras de la gran ciudad se abrían alegremente sobre los tejados. Algunos campesinos y algunos vendedores de frutas que se dirigían a los mercados, montados en sus asnos, comenzaban a atravesar la plaza de Grève y se detenían un instante ante el grupo de soldados formados en torno al Agujero de las Ratas. Miraban sorprendidos la escena y proseguían su marcha.

La reclusa se había sentado junto a su hija y la cubría con su cuerpo. Su mirada estaba fija sobre ella y escuchaba a la infeliz muchacha, que no se movía y que únicamente murmuraba en voz baja:

—¡Febo! ¡Febo!

A medida que el trabajo de los obreros avanzaba, la madre retrocedía maquinalmente y apretaba cada vez más a su hija contra la pared. Pero la reclusa seguía vigilante a los trabajos de demolición y cuando observó que las piedras cedían y oyó la voz de Tristan animando a los trabajadores, salió del abatimiento en que estaba sumida desde hacía ya un buen rato y comenzó a gritar. Mientras lo hacía, su voz tan pronto desgarraba los oídos, como una sierra, como sollozaba y se agitaba,

como si todas las maldiciones se hubiesen amontonado en sus labios para estallar al mismo tiempo.

—¡Pero todo esto es horrible! ¡Sois unos bandidos! ¿Pero de verdad vais a quitarme a mi hija? ¡Os repito que es mi hija! ¡Pandilla de cobardes! ¡Miserables verdugos! ¡Malditos asesinos! ¡Socorro! ¡Socorro! ¡Fuego! ¿De verdad que pensáis arrebatarme a mi hija? ¿Y Dios va a permitirlo?

Entonces se dirigió a Tristan con la boca crispada, con sus ojos alocados, encrespada toda ella y arrastrándose como una pantera.

—Acércate, si te atreves a arrebatarme a mi hija. ¿Pero no eres acaso capaz de entender que esta mujer lo está diciendo que se trata de su hija? ¿Sabes tú lo que es tener una hija? ¿Eh? ¡lobo asesino! ¿No has cohabitado nunca con tu loba? ¿Nunca has tenido lobeznos? Si los tienes, ¿no se te conmueven las entrañas cuando los oyes aullar?

—¡Acabad ya con esa piedra! —dijo Tristan—, ¡ya casi se cae sola!

Las palancas levantaron el pesado sillar. Era, ya lo hemos visto, el último refugio de la madre y se abalanzó sobre ella queriendo sujetarla. La arañó con sus uñas pero no pudo sujetar aquel bloque macizo, que movido por seis hombres, se fue deslizando despacio hasta el suelo, sostenido por las palancas de hierro.

La madre, al ver el camino abierto, se echó en la brecha cerrándolo con su cuerpo, agitando los brazos, golpeando la piedra con su cabeza y gritando con una voz ronca ya y que, a duras penas, podía entenderse.

—¡Socorro! ¡Fuego! ¡Fuego!

—Coged a la muchacha —ordenó Tristan impasible.

La madre se quedó mirando a los soldados de forma tan terrible que habrían preferido retroceder en vez de avanzar.

—¡Vamos ya! —repitió el preboste—. ¡Tú el primero, Henriet Cousin! Pero nadie se movió.

El preboste empezó a lanzar juramentos.

—¡Por la Cruz de Cristo! ¡Y son mis soldados! ¡Les asusta una mujer!

—Monseñor —respondió Henriet—, ¿llamáis a esto una mujer?

—Tiene las melenas de un león —añadió otro.

—¡Vamos ya! —prosiguió el preboste—. La brecha es bastante ancha. Entrad de tres en fondo como en la brecha de Pontoise. Acabemos ya, ¡por Mahoma! ¡Al primero que retroceda lo parto en dos!

Colocados entre el preboste y la madre, amenazadores los dos, los soldados dudaron un momento y luego se decidieron a lanzarse contra el Agujero de las Ratas.

Cuando la reclusa lo vio se incorporó sobre las rodillas, apartó la melena de su cara y luego dejó caer sus manos descarnadas en sus muslos.

Entonces unos enormes lagrimones comenzaron a surgir, uno a uno, de sus ojos deslizándose por una arruga a lo largo de sus mejillas como se desliza un torrente por el surco que él mismo se ha abierto y se puso a hablar con una voz, esta vez tan suplicante, tan dulce, tan sumisa y tan desgarradora que, entre las gentes de Tristan, más de un veterano, capaz de comerse viva a la gente, se enjugó los ojos.

—¡Monseñores! ¡Señores sargentos, permitidme una palabra! Es algo que debo deciros. Es mi hija, ¿os dais cuenta? Es mi pequeña que me habían robado. Escuchadme. Es toda una historia. Creedme que conozco muy bien a los sargentos porque siempre han sido buenos conmigo, sobre todo cuando los niños me tiraban piedras porque hacía vida de amor. ¿Os dais cuenta? Estoy segura de que me dejaréis a mi hija cuando lo sepáis. Soy una pobre mujer de la vida. Las gitanas me la robaron. Durante quince años he guardado su zapatito. ¡Miradle, aquí lo tengo! ¡Así de chiquitito era su pie! ¡En Reims! ¡La Chantefleurie! ¡En la calle de la Folle Peine! A lo mejor la habéis conocido en vuestros años jóvenes. Era yo. Eran buenos tiempos entonces. ¡Qué buenos momentos pasábamos! Os apiadaréis de mí, ¿verdad señores? Las egipcias me la robaron y la tuvieron escondida durante quince años. Ya la creía muerta. Pensad, mis buenos amigos, que la creía muerta. Y he pasado quince años aquí, en esta cueva, sin fuego en el invierno. Ha sido muy duro. ¡Mi adorado zapatito! He gritado tanto que por fin Dios me ha oído y esta noche me ha entregado a mi hija. Ha sido un milagro de Dios. No estaba muerta y estoy segura de que no me la quitaréis. Si se tratase de mí no diría que no, pero se trata de ella, ¡de una niña de dieciséis años! ¡Dejadla que tenga tiempo de gozar del sol! ¿Qué os ha hecho ella?

¡Nada, en absoluto! Yo tampoco. Si supierais que sólo la tengo a ella, que ya soy vieja y que es una bendición que me concede la Santísima Virgen. ¡Además, sois todos tan buenos! Antes no sabíais que era hija mía pero ahora ya lo sabéis. La quiero mucho. Mi señor, gran preboste ¡preferiría un agujero en mis entrañas que un arañazo en su dedo!

¡Vos tenéis aspecto de un buen señor! Lo que os acabo de decir lo explica todo, ¿no es así? ¡Os lo suplico! ¡Si tenéis madre monseñor…! ¡Dejadme a mi hija! Vos podéis hacerlo pues sois el capitán. Considerar que os lo suplico de rodillas como se ruega a Jesucristo. No pido nada a nadie; soy de Reims, señores, y tengo un huertecito de mi tío Mahiet Pradon. No soy una mendiga. No quiero nada. ¡Sólo quiero a mi hija!

¡Quiero quedarme con mi hija! ¡Dios, que es su dueño, no me la ha devuelto, así como así! ¡El Rey! ¡Habéis dicho el rey! ¡No creo que le complazca mucho que matéis a mi hija! Y además, el rey es bueno. ¡Es mi hija! ¡No es del rey! ¡Ni vuestra tampoco!

¡Quiero marcharme! ¡Todos queremos marcharnos! En fin, a dos mujeres que pasan, madre a hija, se les deja pasar. ¡Dejadnos pasar! ¡Somos del Reims! ¡Vosotros sois tan buenos, señores sargentos! Os quiero a todos. No me arrebataréis a mi hija; es imposible. ¿A que es totalmente imposible? ¡Hija mía! ¡Hija mía!

No vamos a intentar dar una idea de sus gestos, de su acento, de las lágrimas que sorbía al hablar, de cómo juntaba las manos y luego las retorcía, de sus sonrisas desgarradoras, de sus miradas ahogadas por las lágrimas, de sus gemidos y de sus suspiros, de sus gritos sobrecogedores que se mezclaban con sus palabras desordenadas, locas a inconexas. Cuando se hubo callado, Tristan frunció el ceño, pero fue más bien para ocultar una lágrima que se asomaba a sus ojos de tigre. Se sobrepuso a esta debilidad y dijo con sequedad:

—Así lo quiere el rey.

Luego, inclinándose al oído de Henriet Cousin, le dijo muy bajo:

—¡Acaba pronto!

Quizás el temible preboste sentía que también a él se le ablandaba el corazón.

El verdugo y los sargentos penetraron en la celda. La madre no ofreció ninguna resistencia y todo lo que hizo fue arrastrarse hasta su hija y cubrirla con su cuerpo. Cuando la gitana vio que lo soldados se acercaban, el horror de la muerte la reanimó y comenzó a gritar con un indescriptible acento de desesperación.

—¡Madre! ¡Madre! ¡Defendedme, que vienen!

—Sí, mi amor; yo te defenderé —le respondió con una voz apagada y, estrechándola fuertemente entre sus brazos, la cubrió de besos. Así, abrazadas las dos en el suelo, madre a hija, ofrecían un espectáculo digno de compasión.

Henriet Cousin asió a la muchacha por debajo de sus bellos brazos. Cuando ella sintió que la cogían, dijo:

—¡Oh!, —y se desmayó. El verdugo, a quien se le escapaban algunos lagrimones que caían sobre la joven, quiso tomarla en brazos. Intentó separarla de la madre que, por así decirlo, había anudado sus dos manos en torno a la cintura de su hija, pero se había agarrado a ella con tanta fuerza, que fue imposible separarlas. Henriet Cousin arrastró entonces a la joven fuera de la celda llevándose a la madre tras ella. También la madre tenía los ojos cerrados.

El sol estaba saliendo en aquel momento y había ya en la plaza un buen número de personas que miraban, a distancia, lo que arrastraban por el suelo hacia la horca. Había orden del preboste Tristan, y era ésta una de sus manías de que ningún curioso se aproximara durante las ejecuciones. Nadie estaba asomado a las ventanas; sólo se veía, a lo lejos, en lo alto de la que había en las torres de Nuestra Señora, que domina la Grève, dos hombres que parecían contemplar la escena. Ambos iban vestidos de negro y se destacaban sobre el cielo claro de la mañana.

Henriet Cousin se detuvo con todo lo que llevaba a rastras al pie mismo de la fatal escalera y, casi sin respiración por lo enternecido que se encontraba, pasó la cuerda alrededor del adorable cuello de la muchacha. La desventurada joven sintió el horrible contacto del cáñamo. Abrió los ojos y vio el brazo descarnado de la horca de piedra, extendido por encima de su cabeza. Entonces dio una fuerte sacudida y gritó con voz alta y desgarradora.

—¡No! ¡No! ¡No quiero!

La madre, que tenía la cabeza oculta entre el vestido de su hija, no pronunció una sola palabra, pero se vio cómo se estremecía todo su cuerpo y se oyó también el ruido precipitado y casi continuo de los besos que daba a su hija. Este momento fue aprovechado por el verdugo para desanudar con rapidez los brazos con los que estrechaba a la infeliz condenada. Bien por agotamiento o bien por desesperación ella no opuso ninguna resistencia, así, pues, echó a la joven sobre sus hombros, desde donde la encantadora criatura colgaba, graciosamente doblada en dos, y luego puso el pie en la escalera para subir.

En aquel momento la madre, de cuclillas en el suelo, abrió los ojos y, sin lanzar ningún grito, se puso en pie con una expresión terrible en su rostro; después, como un animal salvaje se lanza sobre su presa, ella se lanzó sobre la mano del verdugo y le mordió. Fue todo rápido, como un relámpago. El verdugo lanzó un alarido de dolor. Se acercaron a él y con gran esfuerzo lograron retirar su mano ensangrentada de entre los dientes de la madre que se había quedado allí inmóvil y silenciosa. La retiraron con cierta violencia y se observó entonces que su cabeza caía pesadamente al suelo. La levantaron y volvió a caer. Estaba muerta.

El verdugo, que no había soltado a la muchacha, empezó otra vez a subir la escalera.

II: La creatura bella bianco vestita (Dante)

Cuando Quasimodo vio que la celda estaba vacía, que la Esmeralda ya no se encontraba en ella, que mientras él la defendía alguien se la había llevado, se cogió los cabellos con ambas manos y pateó el suelo de sorpresa y de dolor. Luego echó a correr por toda la iglesia en busca de su gitana, lanzando extraños alaridos hacia todos los rincones y sembrando de cabellos rojos todo el suelo de la catedral. Coincidió precisamente con el momento en que los arqueros del rey entraban victoriosos en Nuestra Señora, buscando también a la gitana. Quasimodo les ayudó en esta tarea, sin sospechar nada, el pobre sordo, de sus fatales intenciones pues creía que los enemigos de la gitana eran los truhanes. Él mismo condujo a Tristan l'Hermite a todos los escondites posibles, le abrió las puertas secretas los dobles fondos de los altares y los trasfondos de las sacristías. Si la desventurada Esmeralda se hubiera encontrado allí, él mismo la habría entregado.

Cuando la decepción de no encontrarla hubo desesperado a Tristan que, por otra parte, no se entregaba con facilidad, Quasimodo siguió buscándola solo. Veinte veces, hasta cien veces recorrió la iglesia de arriba a abajo, por todas partes, subiendo, bajando, corriendo, llamando, gritando, olfateando, acechando, re-buscando, metiendo la cabeza por todos los sitios, iluminando con una antorcha todas las bóvedas. Estaba loco, desesperado. Un macho que ha perdido a su hembra no ruge tanto ni aparece tan furioso. Cuando por fin se convenció de que la gitana no estaba en la iglesia, que sus esfuerzos eran baldíos, que se la habían robado, subió lentamente la escalera de las torres, la misma escalera por la que con tanto orgullo y tan triunfalmente había subido el día que la salvó.

Volvió a pasar por los mismos lugares con la cabeza baja, sin voz, sin lágrimas y casi sin aliento. La catedral se hallaba desierta otra vez y había recobrado su silencio. Los arqueros se habían marchado para acosar a la bruja por la Cité. Quasimodo, solo en la inmensa catedral de Nuestra Señora, asediada con tan gran tumulto momentos antes, se dirigió hacia la celda en la que la gitana había dormido tantas semanas bajo su cuidado. Al acercarse se imaginaba que tal vez pudiera encontrarla en ella y, cuando al doblar la esquina de la galería que da al tejado de las naves laterales, vio la pequeña celda con su ventanuco y su puertecilla, escondida bajo un gran arbotante como un nido de pájaro bajo la rama de un árbol, el corazón empezó a latirle con gran fuerza y tuvo que apoyarse en un pilar para no caerse. Se imaginó que tal vez podría haber vuelto; que algún genio bueno podría haberla guiado de nuevo hasta allí; que aquella celda era lo suficientemente tranquila, segura y hasta encantadora para que ella se encontrara allí y no se atrevía a avanzar un solo paso por miedo a que sus ilusiones se esfumasen.

—Sí —se decía a sí mismo—; seguramente está durmiendo o rezando. No hay que molestarla.

Por fin reunió todo el coraje necesario y, avanzando de puntillas, miró y entró.

¡Vacía! la celda seguía vacía. El infeliz sordo la recorrió a pasos lentos, levantó la cama y miró debajo como si pudiera estar escondida entre el suelo y el colchón. Después meneó la cabeza y se quedó allí como atontado.

De pronto pisoteó con furia la antorcha y sin decir ni una palabra ni lanzar un suspiro, golpeó el muro con la cabeza y cayó al suelo desvanecido.

Cuando volvió en sí se arrojó sobre la cama se revolcó en ella y besó con frenesí el lugar, tibió aún, en donde la joven había dormido, y allí se quedó, inmóvil, durante algunos minutos como si fuera a morirse. Después se levantó sudoroso, jadeante, enajenado y empezó a dar con la cabeza en las paredes con la espantosa regularidad del badajo de sus campanas, y la decidida resolución de quien pretende rompérsela en el lance. Por fin cayó nuevamente al suelo, agotado, y se arrastró de rodillas hasta afuera de la celda, quedándose en cuclillas frente a la puerta con un gesto de sorpresa. Así permaneció durante más de una hora, sin hacer movimiento alguno, con el ojo fijo en la celda desierta, más triste y pensativo que una madre sentada entre un ataúd lleno.

No decía nada; sólo a grandes intervalos un sollozo estremecía violentamente todo su cuerpo; era un sollozo sin lágrimas, como esos relámpagos de verano que no hacen ruido.

Parece que fue entonces cuando, buscando en el fondo de su ensoñación quién pudo haber sido el inesperado raptor de la gitana, pensó en el archidiácono.

Se acordó de que sólo dom Claude tenía una llave de la escalera que llevaba a la celda y recordó también sus tentativas nocturnas sobre la joven, colaborando él mismo en la primera a impidiendo la segunda. Pensó en mil detalles más y llegó a la convicción de que el archidiácono le había robado a la gitana. Sin embargo, era tal su respeto hacia el sacerdote; su reconocimiento, su entrega y su amor para con este hombre tenían raíces tan profundas en su corazón, que resistían, incluso en aquellos momentos, a las garras de los celos y de la desesperación. Pensaba que el archidiácono había sido el causante, y la cólera de sangre y de muerte que hubiera sentido contra cualquier otro, desde el momento en que se trataba de dom Claude, en aquel pobre sordo se transformaba en un aumento de su dolor.

En el momento en que sus pensamientos estaban así concentrados en el sacerdote y cuando el alba blanqueaba ya los arbotantes, observó en el piso superior de Nuestra Señora, en el recodo de la balaustrada exterior que gira allí en torno al ábside, una figura en movimiento. Aquella persona venía hacia él y la reconoció enseguida; era el archidiácono. Claude caminaba con paso lento y grave, sin mirar hacia adelante. Se dirigía hacia la torre septentrional pero su rostro miraba hacia otro lado, hacia la orilla izquierda del Sena. Mantenía la cabeza alta como si intentara ver algo por encima de los tejados. Los búhos mantienen con relativa frecuencia esta misma actitud oblicua; vuelan hacia un punto y miran hacia otro. El sacerdote pasó así por encima de Quasimodo sin verle.

El sordo, a quien esta brusca aparición había petrificado, le vio perderse por la puerta de la escalera de la torre septentrional. El lector conoce ya que ésta es la torre desde donde se ve el ayuntamiento de la ciudad. Quasimodo se levantó y siguió al archidiácono. Subió la escalera de la torre para saber con qué objeto había ido allí el archidiácono. Por otra parte, el pobre campanero no sabía lo que iba a hacer ni lo que iba a decir; ni siquiera sabía lo que quería. Estaba lleno de rabia y de miedo. El archidiácono y la gitana se entrechocaban en su corazón.

Al llegar a lo alto de la torre, antes de salir de la oscuridad de la escalera y entrar en la plataforma, examinó con precaución dónde se encontraba el clérigo. Éste le daba la espalda en aquel momento. Hay una balaustrada calada que rodea la plataforma del campanario. El sacerdote, cuya mirada se perdía en la ciudad, tenía el pecho apoyado en el lado de la balaustrada que da hacia el puente de Nuestra Señora.

Quasimodo avanzó silenciosamente hacia él para ver lo que estaba mirando con tanta atención. El clérigo se hallaba tan absorto en sus pensamientos que no oyó a Quasimodo.

París es un magnífico y encantador espectáculo; sobre todo el París de entonces, visto desde lo alto de las torres de Nuestra Señora entre la luz fresca de un amanecer de verano.

Debía tratarse de un día del mes de julio. El cielo estaba sereno. Algunas estrellas tardías se iban apagando aquí y allá pero había una que permanecía aún, con brillo intenso, hacia el levante, en lo más claro del cielo. El sol estaba ya a punto de salir y París comenzaba a desperezarse. Una luz blanca, muy pura, hacía resaltar vivamente a la vista todos los planos que presentaban al oriente sus cientos de casas. La sombra gigante de los campanarios se proyectaba por los tejados de una parte a otra de la ciudad. Había ya barrios en donde se hablaba y había bullicio. El repicar de una campana por aquí, unos martillazos por allá, el complicado traqueteo de una carreta en marcha. Algunas humaredas surgían aquí y allá sobre los tejados como por las fisuras de una inmensa solfatara. El río que rompe sus aguas contra las piedras de tantos puentes, contra las proas de tantas islas, se veía con reflejos de plata. En torno a la ciudad más allá de las murallas, la vista se perdía entre un gran círculo de vapores de algodón a través de los cuales podía distinguirse confusamente la línea imprecisa de las llanuras y el ondulamiento gracioso de las colinas. Toda clase de rumores flotaban y se dispersaban por esta ciudad, a medio desperezarse aún. Por el oriente, la brisa mañanera desplazaba hacia el cielo algunas nubecillas arrancadas a las brumas de las colinas.

En el Parvis, algunas mujeres que llevaban en la mano su jarra de leche veían con gran asombro los destrozos singulares sufridos en la gran puerta de Nuestra Señora y los dos regueros de plomo solidificado entre las grietas de las piedras. Era todo lo que había quedado del tumulto de la noche anterior. La hoguera encendida por Quasimodo entre las torres se había apagado. Tristan había despejado la plaza y habían mandado arrojar al Sena a todos los muertos. A reyes como Luis XI les preocupaba mucho dejar pronto bien lavado el suelo después de una masacre.

Por fuera de la balaustrada de la torre, precisamente debajo del lugar en donde se había detenido el archidiácono, había una de esas gárgolas de piedra, fantásticamente labradas, que erizan los edificios góticos y en una de las grietas de la gárgola dos hermosos alhelíes en flor, agitados por el aire, se hacían alocados saludos, como si tuvieran movimiento propio. Por encima de las torres, arriba, muy lejos sobre el fondo del cielo, se oía piar a los pájaros.

Pero el archidiácono no oía ni miraba nada de todo esto. Era uno de esos hombres para los que no existen amaneceres, ni pajarillos, ni flores. En aquel inmenso horizonte que abarcaba tantas cosas a su alrededor, su contemplación se reducía a un solo punto.

Quasimodo ardía en deseos de preguntarle lo que había hecho con la gitana pero el archidiácono parecía encontrarse fuera del mundo en aquel momento. Estaba pasando visiblemente por uno de esos minutos violentos de la existencia en los que no se es capaz de notar que se está hundiendo la tierra. Tenía los ojos invariablemente fijos en un lugar determinado y permanecía inmóvil y silencioso. Aquel silencio y aquella inmovilidad encerraban algo tan temible que hacían temblar al siniestro campanero y no osaba afrontarlos. Como única manera de interrogar al archidiácono, seguía la dirección de su vista; de esta forma la mirada del desgraciado sordo fue a detenerse en la plaza de Grève.

Vio así lo que el clérigo estaba mirando. La escalera estaba puesta junto al cadalso. En la plaza podían verse algunas personas y muchos soldados. Un hombre arrastraba por el suelo una cosa blanca a la que iba agarrada algo negro y se detuvo al llegar junto al cadalso. Entonces ocurrió algo que no llegó a ver Quasimodo. No porque su único ojo hubiera perdido potencia en la visión, sino porque se había interpuesto un pelotón de soldados que le impedía distinguir con claridad. Además acababa de salir el sol en aquel momento y, más allá del horizonte, se desbordó una oleada tal de luz, que parecía como si todas las puntas de París, todas las flechas, chimeneas y piñones se hubieran encendido a la vez.

El hombre aquel empezó a montar la escalera y fue entonces cuando Quasimodo lo vio todo claramente. Llevaba una mujer a la espalda, una muchacha vestida de blanco y con una cuerda al cuello. Quasimodo la reconoció; era ella.

El hombre llegó a lo alto de la escalera y allí empezó a preparar el nudo. Entonces el clérigo, para poder verlo mejor, se puso de rodillas en la balaustrada.

De pronto el verdugo empujó bruscamente la escalera con su talón y Quasimodo, que hacía ya un rato que estaba conteniendo la respiración, vio cómo se balanceaba en el otro extremo de la cuerda, y a cuatro metros del suelo, la desventurada muchacha, con el verdugo a horcajadas sobre sus hombros. La cuerda giró varias veces sobre sí misma y Quasimodo vio cómo horribles convulsiones se producían en todo el cuerpo de la gitana. El sacerdote, por su parte, con el cuello estirado y los ojos fuera de las órbitas, contemplaba aquel espantoso cuadro del hombre y la muchacha; de la araña y la mosca.

En el momento más horrible una risa demoníaca, una risa imposible de encontrar en un hombre, estalló en el rostro lívido del archidiácono. Quasimodo no podía oírla, pero la vio. El campanero retrocedió unos pasos y se colocó tras el archidiácono y, de repente, abalanzándose con furia sobre él, con sus dos enormes manos, le dio un empujón en la espalda, lanzándole al abismo al que dom Claude estaba asomado.

El sacerdote exclamó:

—¡Maldición!

Y cayó. La gárgola sobre la que se hallaba le detuvo en su caída. Se agarró a ella desesperadamente con ambas manos y al abrir la boca para lanzar un segundo grito, vio pasar a Quasimodo por el borde de la balaustrada y se calló.

Estaba colgado del abismo. Una caída de casi setenta pies y el suelo. En aquella terrible situación, el archidiácono no dijo ni una sola palabra, ni profirió un solo gemido; lo único que hizo fue retorcerse sobre la gárgola con esfuerzos inauditos para lograr elevarse, pero sus manos no podían agarrarse al granito y sus pies arañaban los negruzcos muros sin conseguir afianzarse. Quienes hayan subido a las torres de Nuestra Señora saben que hay un saliente de piedra justo debajo de la balaustrada. Era exactamente ahí donde se debatía el miserable archidiácono. No se debatía en un muro cortado a pico sino con un muro que se escapaba bajo sus pies.

Para sacarle del abismo, Quasimodo no habría tenido más que tenderle la mano, pero ni siquiera le miró. Estaba mirando hacia la Grève a la horca; a la gitana. El sordo había apoyado los codos en la balaustrada, en el mismo lugar en donde momentos antes se hallaba el archidiácono y allí, sin apartar su mirada del único objeto que, en aquellos momentos, existía para él en el mundo, permanecía inmóvil y mudo, como fulminado por el rayo, y un largo reguero de llanto fluía silencioso de aquel ojo que hasta entonces no había vertido más que una sola lágrima.

El archidiácono jadeaba; el sudor corría por su frente calva, sus uñas sangraban, y sus rodillas se despellejaban contra el muro. Oía también cómo, a cada sacudida que daba, se le iba desgarrando la sotana, enganchada en la gárgola. Para colmo de desgracias, aquella gárgola terminaba en un tubo de plomo que se doblaba bajo el peso de su cuerpo. El archidiácono notaba cómo aquel tubo se iba doblando lentamente. Se decía, el miserable, que cuando sus manos se partieran por la fatiga, cuando su sotana acabara de desgarrarse y cuando aquella tubería se doblara por completo, entonces habría que caer y el pánico le roía las entrañas. A veces miraba con turbación una especie de plataforma estrecha que se formaba, a unos tres metros más abajo, por los salientes de las esculturas, y pedía al cielo, desde lo más profundo de su alma desesperada, que le fuera posible acabar su vida en aquel espacio de dos pies cuadrados, aunque tuviera que vivir cien años. Una sola vez miró hacia abajo, hacia la plaza, hacia el abismo. Cuando alzó la cabeza tenía cerrados los ojos y sus cabellos estaban totalmente erizados. Era algo espantoso el silencio entre aquellos dos hombres. Mientras el archidiácono agonizaba de aquella manera horrible, a unos pasos de él, Quasimodo lloraba y seguía mirando a la plaza.

Cuando el archidiácono se convenció de que todos sus esfuerzos sólo servían para debilitar el frágil punto de apoyo que le quedaba, tomó la decisión de no moverse. Se encontraba, pues, allí, agarrado a la gárgola, casi sin respirar y moviéndose apenas, pues, en cuanto a movimientos, sólo tenía el de esa convulsión mecánica que se nota en el vientre cuando, durante los sueños, se siente uno caer al vacío. Sus ojos fijos permanecían abiertos, con aspecto enfermizo y asustado. Poco a poco, sin embargo, iba perdiendo terreno y sus dedos se iban deslizando por la gárgola. Cada vez sentía más la debilidad de sus brazos y la pesadez de su cuerpo. La tubería de plomo que le sostenía iba cediendo paso a paso hacia el abismo y, cosa terrible, veía bajo sus pies, pequeño, cual un mapa plegado en dos, el tejado de Saint Jean-le-Rond. Miraba una tras otra las impasibles esculturas de la torre, suspendidas sobre el abismo, como él mismo, pero sin terror alguno para ellas y sin piedad para él. Todo a su alrededor era de piedra; ante sus ojos los monstruos con sus fauces abiertas, y abajo, en el fondo, la plaza, el empedrado. Encima de su cabeza, Quasimodo llorando.

Había en el Parvis grupos de curiosos que intentaban adivinar quién podría ser el loco que se divertía de manera tan extraña. El sacerdote les oía decir, pues aunque debilitadas, sus voces llegaban hasta él claras:

—¡Ese hombre va a romperse la cabeza! Quasimodo seguía llorando.

Por fin, el archidiácono, lleno de rabia y de espanto, comprendió que todo era inútil. Sin embargo aún juntó todas las fuerzas que le quedaban para un último intento. Se agarró a pulso, rígidamente, a la gárgola, golpeó la pared con sus rodillas para tomar algo de impulso y pudo asirse con ambas manos a una grieta de la piedra; desde allí logró elevarse unos treinta centímetros más o menos, pero la violencia de aquel impulso dobló bruscamente el tubo de plomo en el que se apoyaba y, al mismo tiempo, la sotana acabó de desgarrársele por completo. Entonces, sintiendo que todo le fallaba bajo los pies y no contando más que con sus manos rígidas y ya sin fuerzas para agarrarse, el infortunado cerró los ojos y soltó la gárgola. Su cuerpo se precipitó en el vacío. Quasimodo se quedó mirando cómo caía.

Una caída desde tal altura es muy raramente perpendicular y el archidiácono, lanzado así al espacio, cayó primero con la cabeza hacia abajo y los brazos extendidos para dar después varias vueltas sobre sí mismo. El viento le empujó contra el tejado de una casa en donde el desgraciado comenzó a destrozarse, aunque no estaba aún muerto cuando cayó sobre él. El campanero le vio una vez más intentar agarrarse al piñón con sus uñas, pero el piano era demasiado inclinado y él ya no tenía fuerzas. Se deslizó rápidamente por el tejado como una teja que se suelta y fue a rebotar contra el empedrado. Y allí ya no volvió a moverse.

Quasimodo alzó entonces su ojo hacia la gitana de la que veía, a lo lejos, cómo su cuerpo, colgado en la horca, se estremecía aún, bajo su vestido blanco, con los últimos estertores de la agonía; después la dirigió de nuevo hacia el cuerpo del archidiácono, aplastado al pie de la torre, y ya sin forma humana, y exclamó con un sollozo que agitó su pecho desde lo más profundo.

—¡Oh! ¡Todo lo que he amado!

III: El casamiento de Febo

Al anochecer de aquel día, cuando los oficiales de justicia del obispo procedieron al levantamiento del cadáver dislocado del archidiácono, Quasimodo había desaparecido de Nuestra Señora.

Corrieron muchos ruidos sobre el tema. Todos estaban seguros de que había llegado el día en que, según el pacto el demonio debía llevarse a Claude Frollo, es decir, al brujo. Se supuso que le había roto el cuerpo para apoderarse de su alma, como esos monos que rompen la cáscara para comerse la nuez.

Por eso el archidiácono no fue inhumado en tierra sagrada. Luis XI murió al año siguiente, en el mes de agosto de 1483.

En cuanto a Pierre Gringoire, consiguió salvar a la cabra y obtuvo muchos éxitos en la tragedia. Parece que, después de haber probado la astrología, la filosofía, la arquitectura, la hermética y un poco todas esas locuras, volvió a la tragedia que es la mayor de las locuras. Era justamente lo que él mismo llamaba haber tenido un final trágico. A propósito de sus triunfos dramáticos, esto es lo que puede leerse, ya en 1483, en el libro de cuentas del Ordinario: «A Jehan Marchand y Pierre Gringoire, carpintero y compositor, que han hecho y compuesto el misterio representado en el Châtelet de París para la entrada del señor legado, ordenando los personajes, revistiéndolos y preparándolos según lo requerido para el referido misterio, e igualmente por haber construido todo lo relativo a la carpintería de la representación: cien libras para cubrir a todo lo expuesto».

Febo de Châteaupers tuvo también un fin trágico: se casó.

IV: Un hallazgo perturbador: dos esqueletos abrazados

Acabamos de decir que Quasimodo había desaparecido de la catedral el día de la muerte de la gitana y del archidiácono. No se le volvió a ver, en efecto, y no se supo lo que había sido de él.

La noche siguiente al suplicio de la Esmeralda, los encargados del patíbulo descolgaron su cuerpo de la horca, y lo habían llevado, según costumbre a los sótanos de Montfaucon.

Montfaucon era, al decir de Sauval, «el más antiguo y soberbio patíbulo del reino». Entre los barrios del Temple y de Saint-Martin, a unos cien metros de las murallas de París y a varios tiros de ballesta de la Courtille, se veía en la cima de un pequeño altozano, lo bastante elevado y destacado para ser visto a varias leguas a la redonda, un extraño tinglado que se asemejaba bastante a un crómlech celta y en donde también se realizaban sacrificios.

Imaginemos en la cima de una colina cretácea un enorme paralelepípedo de mampostería, de unos cinco metros de alto, treinta de ancho y cuarenta de largo, con una puerta, una rampa exterior y una plataforma. En la plataforma dieciséis enormes pilares de piedra sin trabajar plantados allí de diez metros de altura alineados en torno a tres de los cuatro lados de la plataforma, unidos entre sí, en lo alto, por sólidas vigas de las que cuelgan cadenas a intervalos regulares; de todas las cadenas cuelgan esqueletos. En las proximidades, en la llanura, una cruz de piedra y dos horcas secundarias que parecen crecer, como brotes del árbol central. Por encima de todo este decorado, un vuelo perpetuo de cuervos: esto es Montfaucon.

A finales del siglo XV, el formidable patíbulo, que databa de 1328, se hallaba ya en estado ruinoso. Sus vigas estaban apolilladas, las cadenas oxidadas y los pilares recubiertos de verdín. Las piedras talladas de la base de los pilares se veían agrietadas todas en sus juntas y la hierba crecía en aquella plataforma que ningún pie pisaba. Aquel monumento dibujaba un perfil horrible sobre el cielo; sobre todo por la noche, cuando la luna se reflejaba sobre aquellos cráneos blancos o cuando la brisa vespertina hacía chocar cadenas y esqueletos que se movían entre las sombras. Sólo con ver plantado allá aquel patíbulo, bastaba para convertir en lugares siniestros todos los alrededores.

El macizo de piedra que servía de base a aquel odioso edificio estaba hueco. Se había habilitado en él un amplio espacio, cerrado con una vieja verja de hierro ya usada, en donde se arrojaban no sólo los restos humanos que se iban desprendiendo de las cadenas de Montfaucon, sino también los cuerpos de todos los desgraciados que se ajusticiaban en cualquiera de las demás horcas permanentes de París. En aquel inmenso osario en el que tantos crímenes y tanta miseria humana se han podrido juntos, muchos grandes de este mundo muchos inocentes han venido allí a dejar sus huesos, desde que Enguerrand de Marigni que estrenó Montfaucon, y que era un hombre justo, hasta el almirante de Coligni que lo clausuró y que también era un hombre justo.

Por lo que se refiere a la misteriosa desaparición de Quasimodo, esto es lo que se ha podido descubrir.

Unos dos años o, más concretamente, dieciocho meses después de los acontecimientos con los que se termina esta historia, cuando vinieron a buscar a Montfaucon el cadáver de Olivier le Daim, que había sido ahorcado dos días antes y a quien Carlos VIII concedía la gracia de ser enterrado en Saint-Laurent, en mejor compañía, se encontraron entre aquel montón horrible de restos humanos dos esqueletos, uno de los cuales estaba extrañamente abrazado al otro. Uno de los dos esqueletos, que era el de una mujer, conservaba aún algunos jirones de vestido, con todas las apariencias de haber sido un tejido blanco. Se veía también en torno a su cuello un collar con cuentas de azabache, y un bolsito de seda, adornado con abalorios verdes que aparecía abierto y vacío. Era tan escaso el valor de aquellos objetos que no habían llegado a interesar al verdugo. El otro esqueleto que tan estrechamente estaba abrazado al primero, era de un hombre. Se observó que tenía desviada la columna vertebral, que la cabeza se unía directamente con los omóplatos y una de sus piernas era más corta que la otra. No presentaba, por otra parte, ninguna ruptura vertebral en la nuca y era evidente que no había muerto ahorcado. El hombre a quien hubiera pertenecido debía, pues, haber llegado hasta allí y allí haber muerto.

Cuando se pretendió separarlo del otro esqueleto al que estaba abrazado, se deshizo en polvo.

"15 DE ENERO DE 1831. SEIS Y MEDIA DE LA TARDE."

www.ingramcontent.com/pod-product-compliance
Lightning Source LLC
Chambersburg PA
CBHW030349130626
46549CB00004B/1425